手相気血色鑑定秘伝

木村伯龍［著］

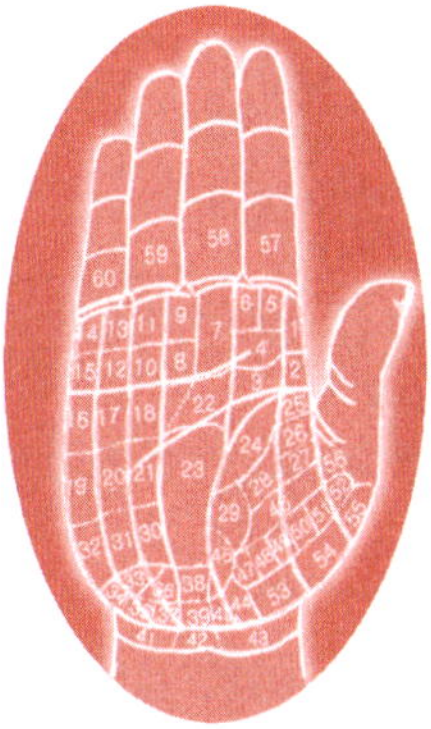

八幡書店

推薦の辞

私が木村伯龍先生に初めてお会いしたのは、先生の評判を聞いて心斎橋の鑑定室で鑑定をして頂いた時ですから、もうかれこれ七、八年になりましょうか。電話で「天道春樹と申します。鑑定をお願いしたいのですが、同業者ですが構いませんか」と言いますと、「ハイハイどうぞ〜いいですよ」と気軽に承諾してくれました。当日は色々と話も弾みまして、あっという間に時間が来てしまいました。鑑定は非常に流れが速くハッキリしていてサスガだと感心しました。以来親しくさせて頂いております。

先生は古書を頼りに独学で実践をして今の鑑定法を確立したとのことで、独特の判断をします。例えば、家出人や旅行の判断の場合などは、顔の部位を指して、「ここが梅田で、ここが淡路ですわ」てな調子ですから、こちらはただ「ハア〜?」と言うしかありません。手相でも「ここがアメリカですわ」、「ここが叔父さんで、ここが叔母さんですわ」ですからね。人相でも風景の画相を見て場所を判断することはありますが、それは先輩がすでに発表しています。

そして、木村先生の人柄ですが、人を包み包容力があって先生の周りには直ぐに人の輪ができます。人相もモワモワとした温かさと好い加減さが相まって、人を安心させる独特の雰囲気があります。私も先生と居ると心が解放されて癒されます。それに、先生が人を批判するのを聞いたことがないのも嬉しい限りですし、人気の秘密でもありましょう。

又、先生ほど実践の好きな人も少なかろうと思います。私が取り合わないような「占いなんか当たるカ〜、バカヤロ〜」と絡んでくる酔っ払いでも「まあまあ手を出して〜」と言って手を出させれば、後は機関銃のような鑑定にさすがの酔っ払いも「いやあ〜、ありがとう」と礼を言って帰るのですから。初対面の誰もが先生に「はい、手を出して〜」と言われるでしょうし、不思議と素直に手を出すことでしょう。

先生が研究熱心なことは手相の部位の細かさと多さでも分かります。実践家の誰もが細かく具体的に判断することを追求していると思うのですが、それを成し遂げて発表したのが今回の本です。毎日多くの人の手相を拝見して研究した結果でしょう。先生の人気は相当のもので、そうでないと今回のような実践に裏付けられた内容の本は出版されなかったでしょう。

それと、判断法にも特長があります。西洋流の手相の流行で、特に近年忘れ去られている血色気色観法を駆使することです。私が若い頃に観て頂いた手相の先生の中には、気色をよく見る先生が何人かいました。所が近年はどうでしょうか。手相専門の先生でも気色による鑑定の仕方を発表している人が何人いるでしょうか。

人相術の古典には「骨格は一世の栄枯たり。気色は行年の休咎を定む」とありますが、人相も手相も骨格や肉付きや紋などとは別に気色があることをハッキリと言っています。この点を取り上げただけでも、今回の木村伯龍先生が気色と血色による判断法を出されたことは称賛に値します。この機会に是非、気血色による判断法を修得して鑑定に役立てて頂きたい。尚、最近やっと重い腰を上げられて、教室を持ち著作をして後輩のための活動を開始されたこともお伝えしておきます。本書を読んで実地をして、分からないことは教室で直接先生に訊ねて下さい。
以上、今回八幡書店より『手相気血色鑑定秘伝』が発行されるにあたり、喜びの余り私から進んで推薦の辞を書かせて頂きました。

平成二十八年九月吉日

大阪天命堂あびこ店鑑定所にて

天道　春樹

まえがき　〜八卦と十二宮について

本書では、手相における気色・血色を解説していますが、八卦と十二宮は、気色・血色を見る部位として重要です。

まず図1をご覧いただきたい。平安時代に中国から渡ってきた『神相全編』という書に載っている八卦と十二宮の図です。

『神相全編』は、五代十国〜北宋の時代の仙人・陳希夷が著したとされる人相の秘伝書です。この書なくしては、観相学も人相学も世に存在しなかったと評されるほどの原典中の原典です。

ちなみに、『神相全編』が、日本で一般の人でも読めるように刊本として上梓されたのは、慶安年間（一六四八〜一六五二）であるといわれています。

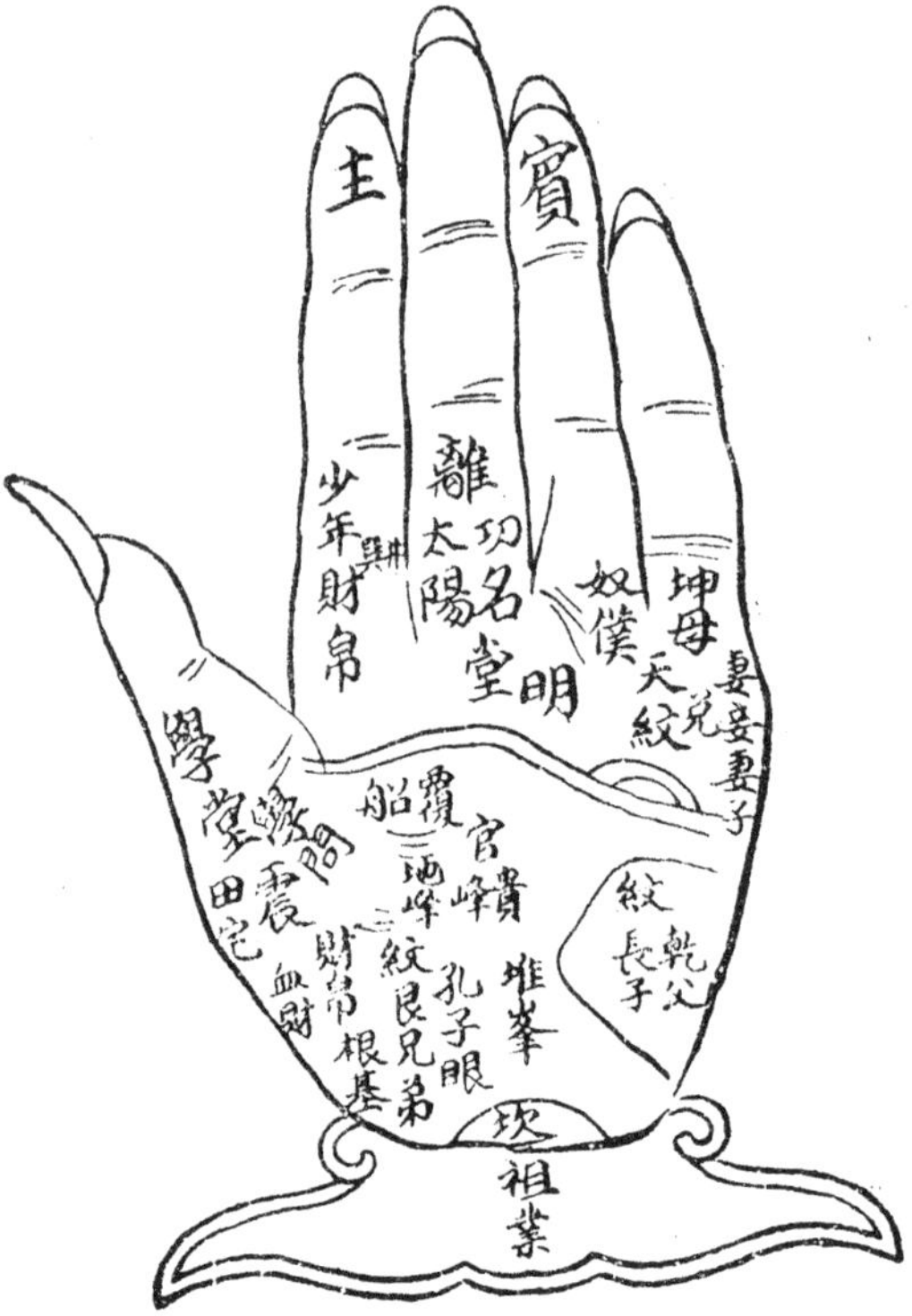

図１　『神相全編』より

次に図2です。

二代目・石龍子先生が『神相全編』の誤りを正し、文化二年（一八〇五）に三代目・石龍子先生が執筆して改定した『神相全編正義』の図です。

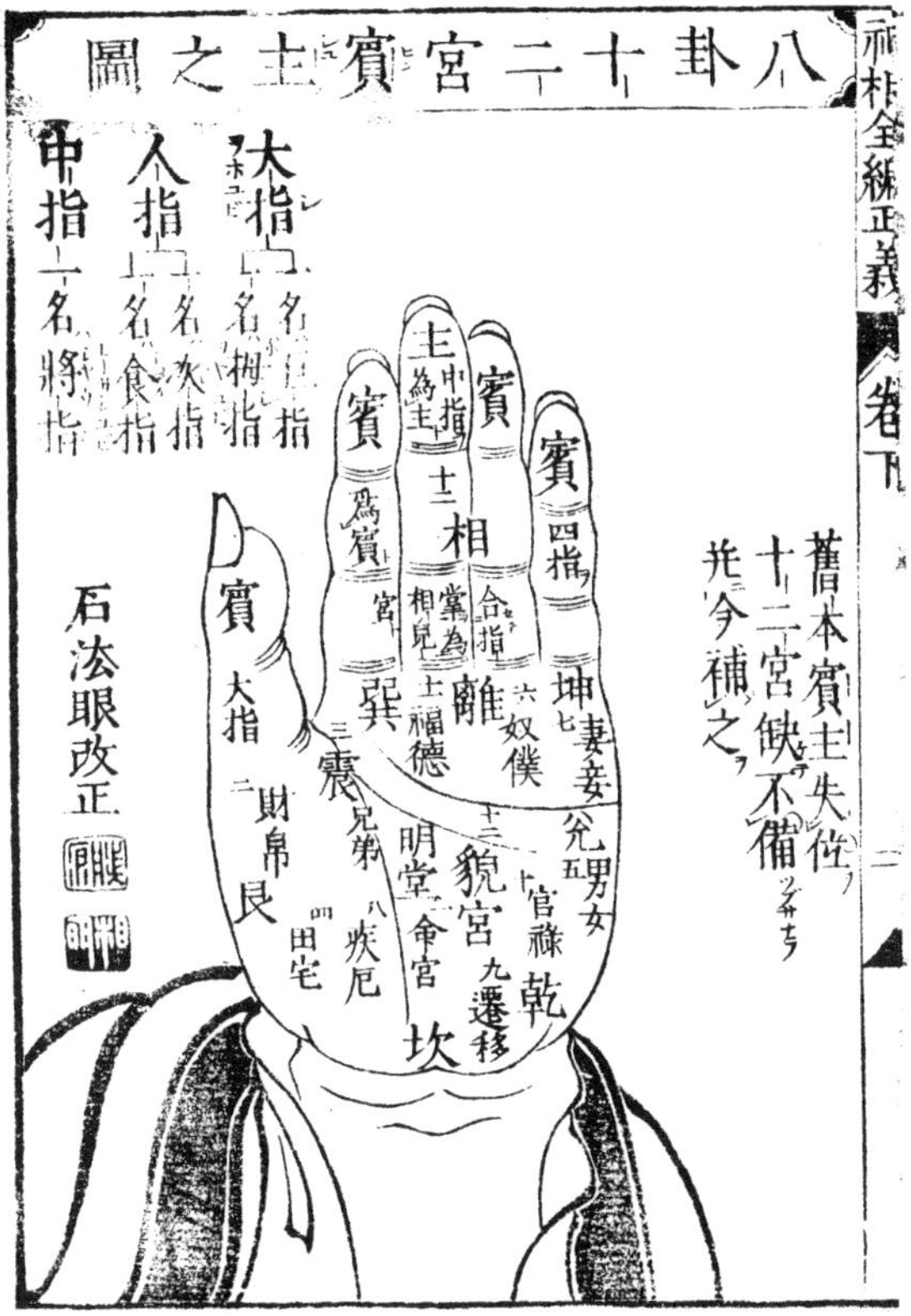

図2　八卦十二宮賓主之図（『神相全編正義』より）

図1と2を比べてみれば一目瞭然ですが、八卦と十二宮が手直しされ配置されているのがわかります。

石龍子先生は『神相全編正義』の中で、「旧本は、主人と賓（客）の位（場所）が違う。十二宮は欠けていたので、これを補う」と書いてあります。本書では、この『神相全編正義』の八卦と十二宮の配置を参考に、論を進めてまいります。

次に図3です。これは、蘆塚斎《あしづかさい》先生の『続・手相即座考』に収録された図です。

『手相即座考』は、文化三年（一八〇六）に上梓された本ですが、実際のところ、それより五十年程前の宝暦六年（一七五六）秋には、既に原稿は出来上がっていたようです。

なぜ出版が遅れたかというと、当時は、占術書の出版には、京都の土御門家の允可が必要な時代だった、という特殊事情があったようです。

安永九年（一七七九）に、三代目・石龍子先生が土御門家との裁判にて、観相は医術であると

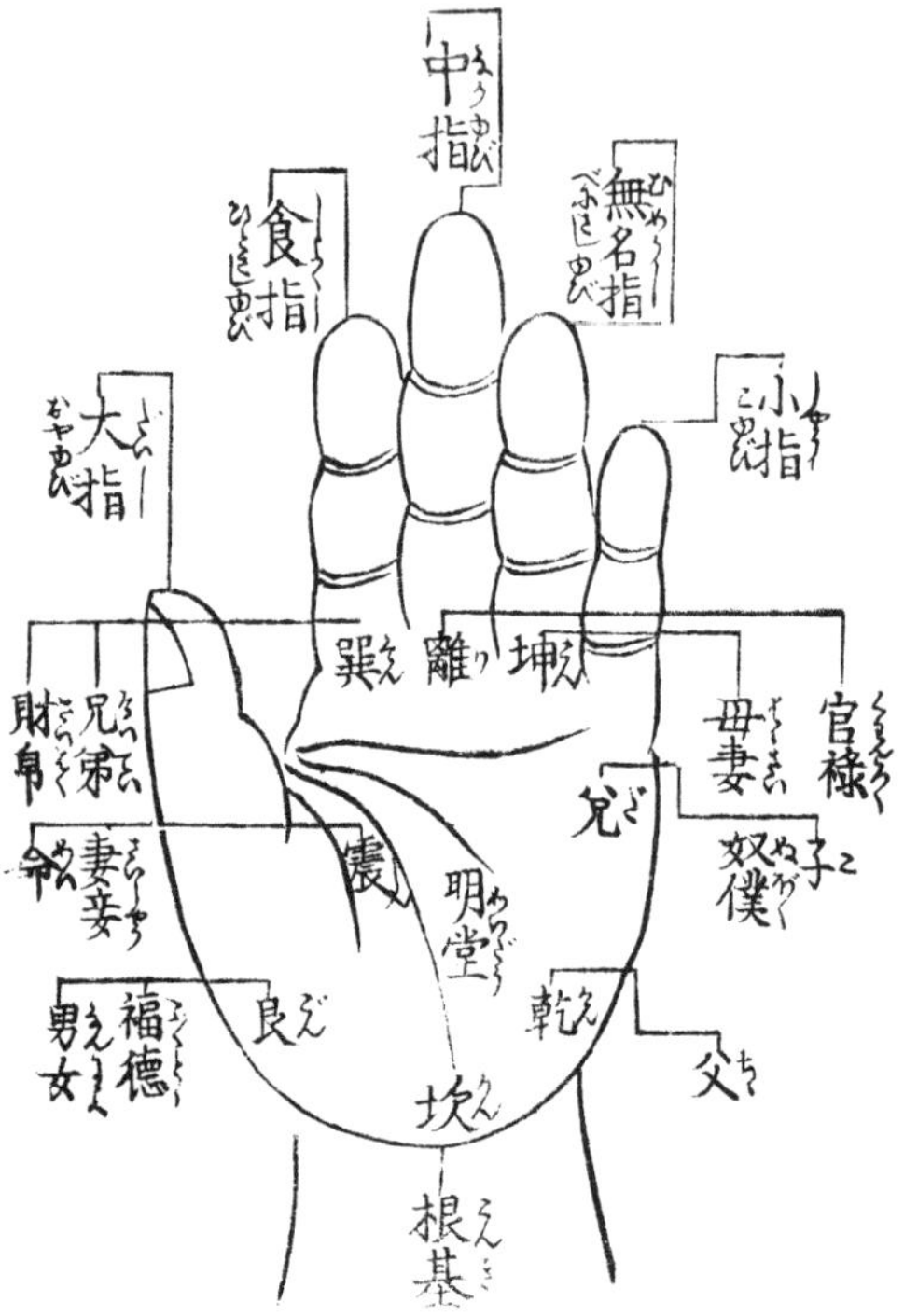

図3　『続・手相即座考』より

いう判決を勝ち取り、以降、前述の『神相全編正義』を始め、観相の本が自由に出せるようになり、蘆塚斎先生の本もようやく出版することができたのです。その後、文政六年（一八二三）になって、続編が上梓されています。

『続・手相即座考』を読むと、既にこの頃には、手相の気色・血色の研究がされていたことがわかります。

本書では、手相における気色・血色を中心として著述しておりますが、その理論のもとになるのは、この『続・手相即座考』になります。これは、古書市場でも比較的入手困難ですし、変体仮名で記されているため、現代の方には読みにくいものとなっております。そこで、本書の第二章に、気色・血色の箇所の訳文を掲載して、読者の便に供することとしました。

ちなみに、蘆塚先生は『手相即座考』の中で、「手相を第一に見て、面部の色を照らし合わせ参考にする」と書いてあります。まずは手相を観て、その後、人相の気色・血色を参考にしていたということになります。

なお、本書においては、八卦図は井田亀学先生の基本八卦の図を、十二宮図は『神相全編正義』の十二宮の図を参考にしています。

それでは、手相における気色・血色の本論に入っていきましょう。

目次

第三章　手相月割り鑑定法　193

第四章　手相鑑定応用編　217

第一章　八卦・十二宮で見る気血色

◎全体の気の流れ

次の図は、気の流れを象徴的に表したものです。

髪の毛が根、頭は根元、腕や脚が枝で、手の平や足が葉っぱに当たります。

気の流れは、大気を髪の毛の根から吸い上げることから始まり、頭の大きな根っこから出発して、腕や脚を通り、脈々と手の平や足先まで流れています。

体の中には、気脈というものが走っており、陰の気と陽の気の両方が流れています。これが、足の裏から頭の先まで流れているのです。

しかし、この図を見ればわかりますが、気の流れの方向は、頭から足の裏にと流れています。髪が潤って艶《つや》のある時は、髪の毛にあたる根が元気なため、多くの気を吸い上げて行きます。そして、根からの気が体全体に行き渡っていくので、幹である我々の体も元気になります。

逆に根が枯れて栄養を吸収しなければ、幹は成長もしないし、発展も期待できません。そのような時は、髪に艶も無く、大きな根っこの顔にも生気は感じられません。

気の流れの末端にあたる手の平に紅色の美色があり、肉に潤いがある時は、良い気が体の中に充実して、やる気がある時ということがいえるでしょう。

顔色というものは、髪の毛の根より、吸い上げている大気の元が顔に集められて出ているものという事になります。ここを見るのが人相というわけです。

そして、手の平においては、吸い上げられた気の良否を見ることにより現在の状況が分かるという事になります。ここを見るのが手相というわけです。

掌中にあって、一番多く気の流れ出るところは「明堂《めいどう》」で、手の平の中心部に位置します。大きな気の流れの源である頭を「水源」とすれば、手の平の明堂は「泉」にあたります。

自分の頭の中にある計画事や心配事が、吸い上げられた気と共に、「明堂」より気色・血色になって出て来ます。昔より、「大きな望み事は明堂で見て、小さな望み事は離宮で見る」と言われるのは、「明堂」が大きな気の集まるところだからです。なお、この「離宮」は、八卦の離宮のことで、中指の根元に位置します。

「明堂」以外にも、もう一つ大きな流れがあります。それは、手首の元より指先に流れる気の流れです。

これは、髪の毛の根っこから吸い上げられた気が、皮膚の表面を通って手の平まで上がり、指先に抜けて行く大気の流れです。

手首からの気は、八卦や十二宮という形の仕切りを設けて見るのですが、日常生活における出来事の全般を現しています。

次に、この手首から指先に流れて行く気の流れを詳しく見て行きましょう。

◎手の平には大きな気の流れの川が六本ある

次頁の二枚と次々頁の二枚の写真をじっくり見ていただくと、手の平には大きな気の流れがあることに気付かれると思います。

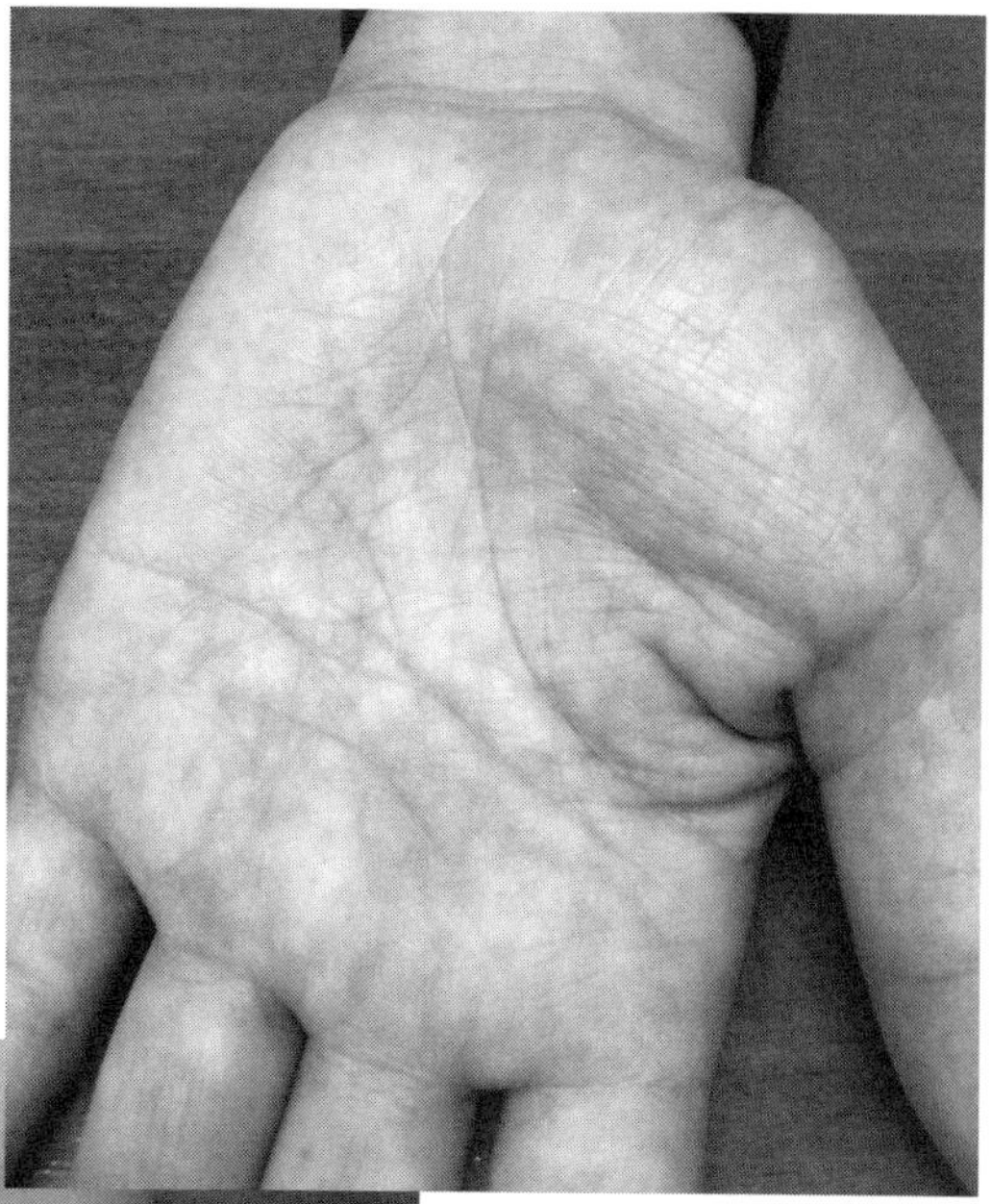

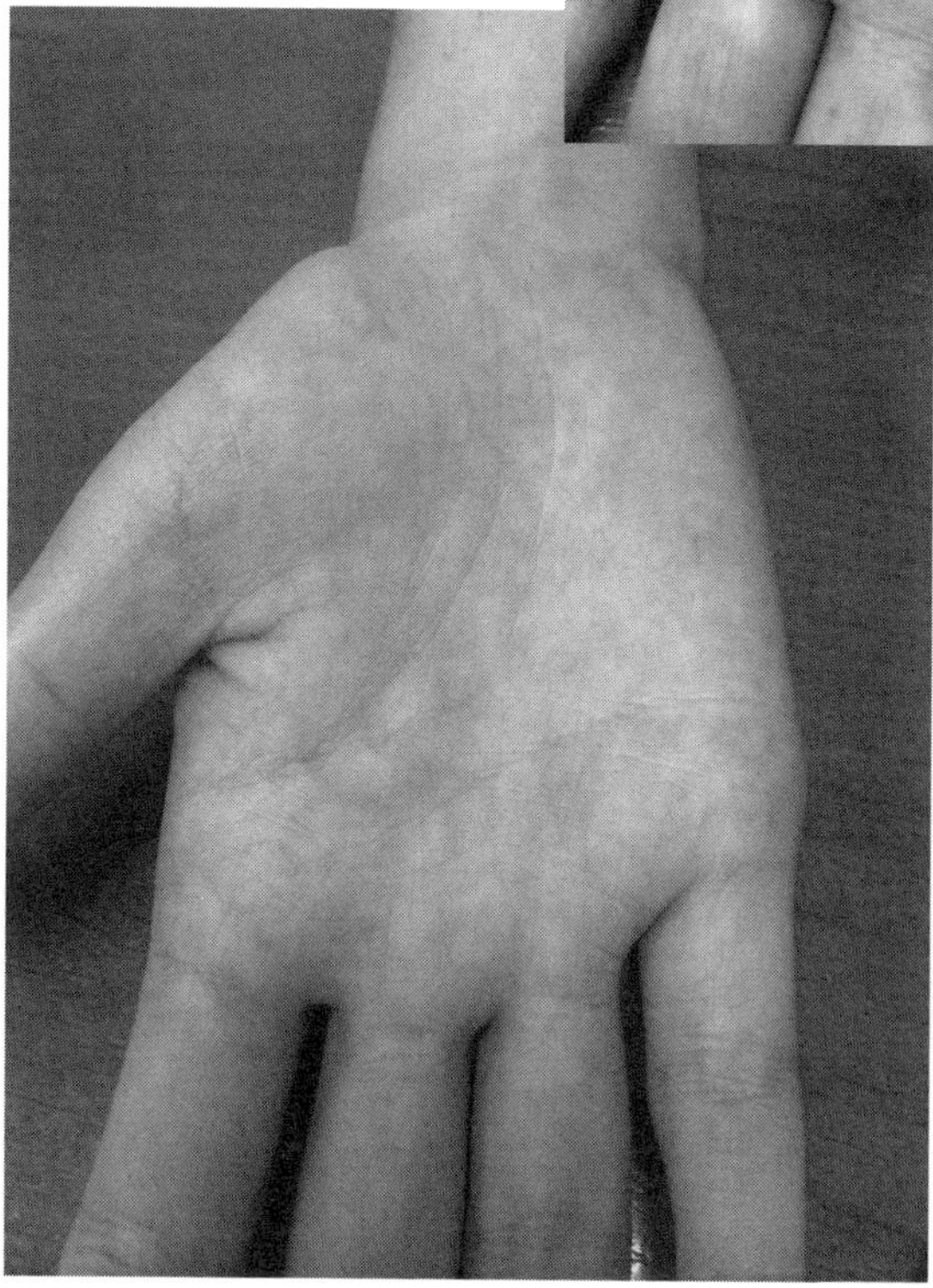

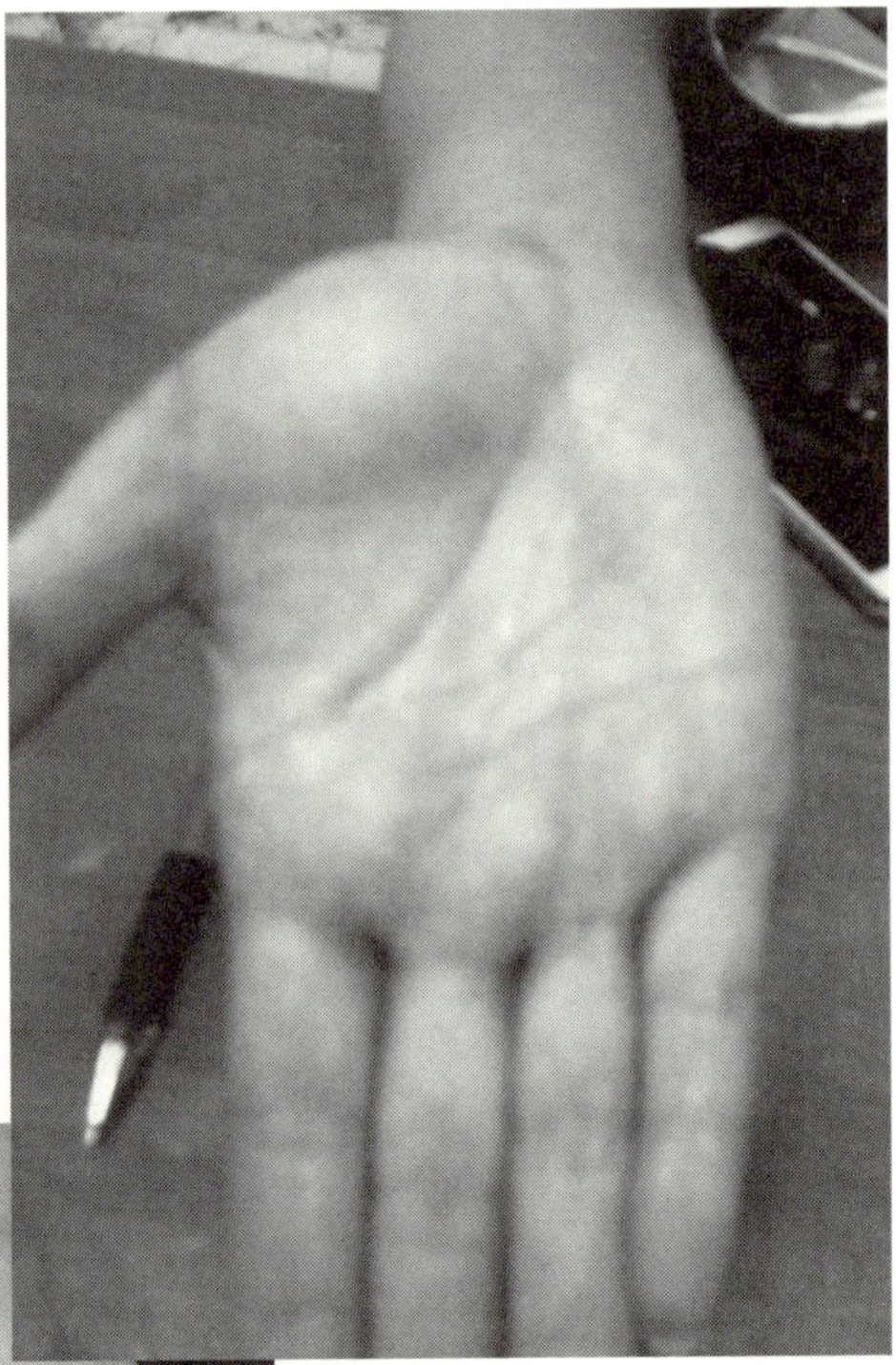

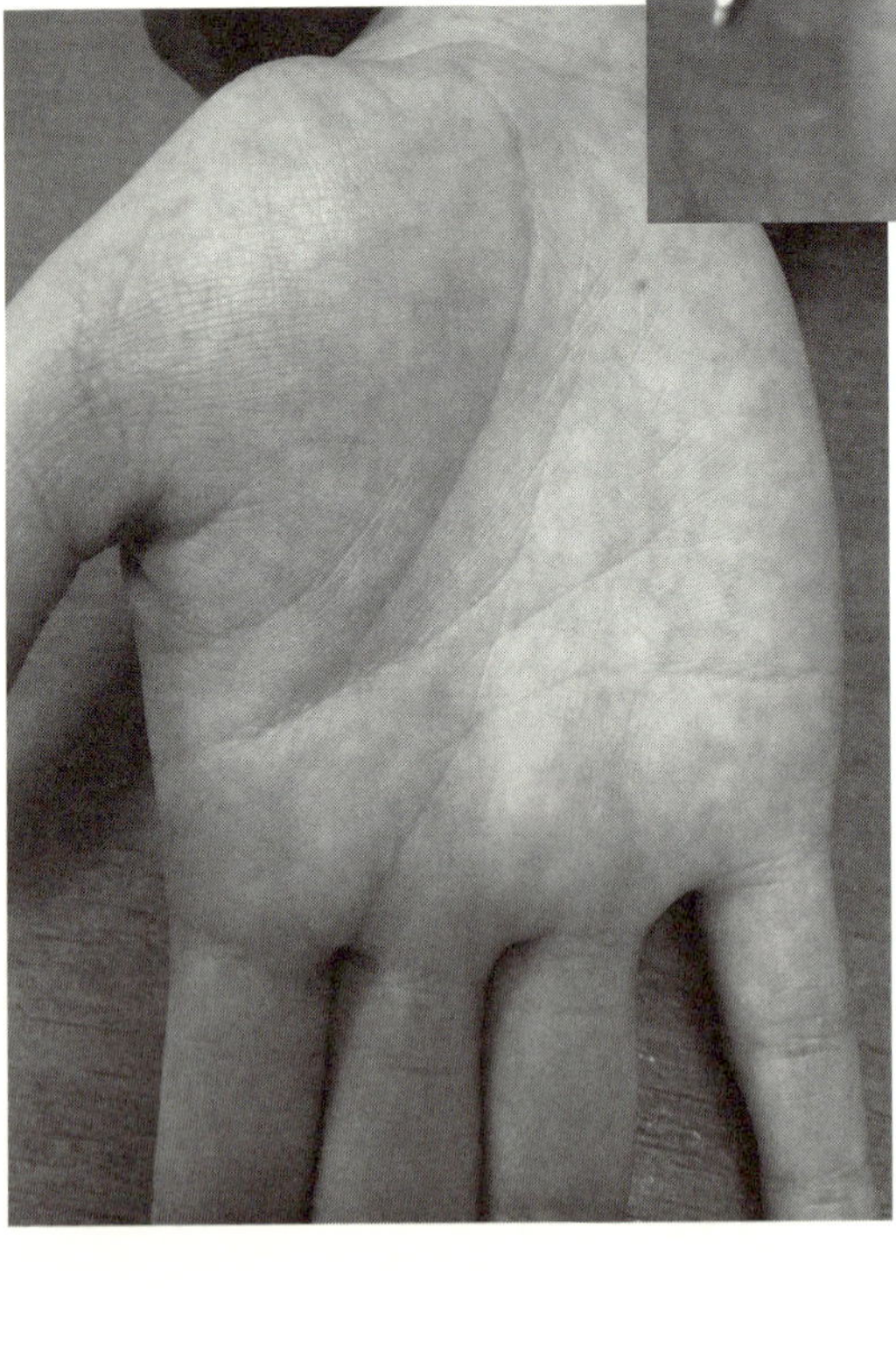

よく見ると、大きな気の流れは六本あります。手の中に六本の川がある、と思っていただければと思います。

また、手首には、気の出る基が二ヶ所あります。

一つは、『神相全編正義』（九頁の図２）の中に見える、親指の元の方にある「艮宮」の根基、もう一つは、『続・手相即座考』（十頁の図３）の中に見える、手首の元にある「坎宮」の根基です。次頁の図をご参照ください。

気の流れは、この二ヶ所の根基より出て、指先の方へ昇って行きます。根基は根気です。気の根元ともいえましょう。

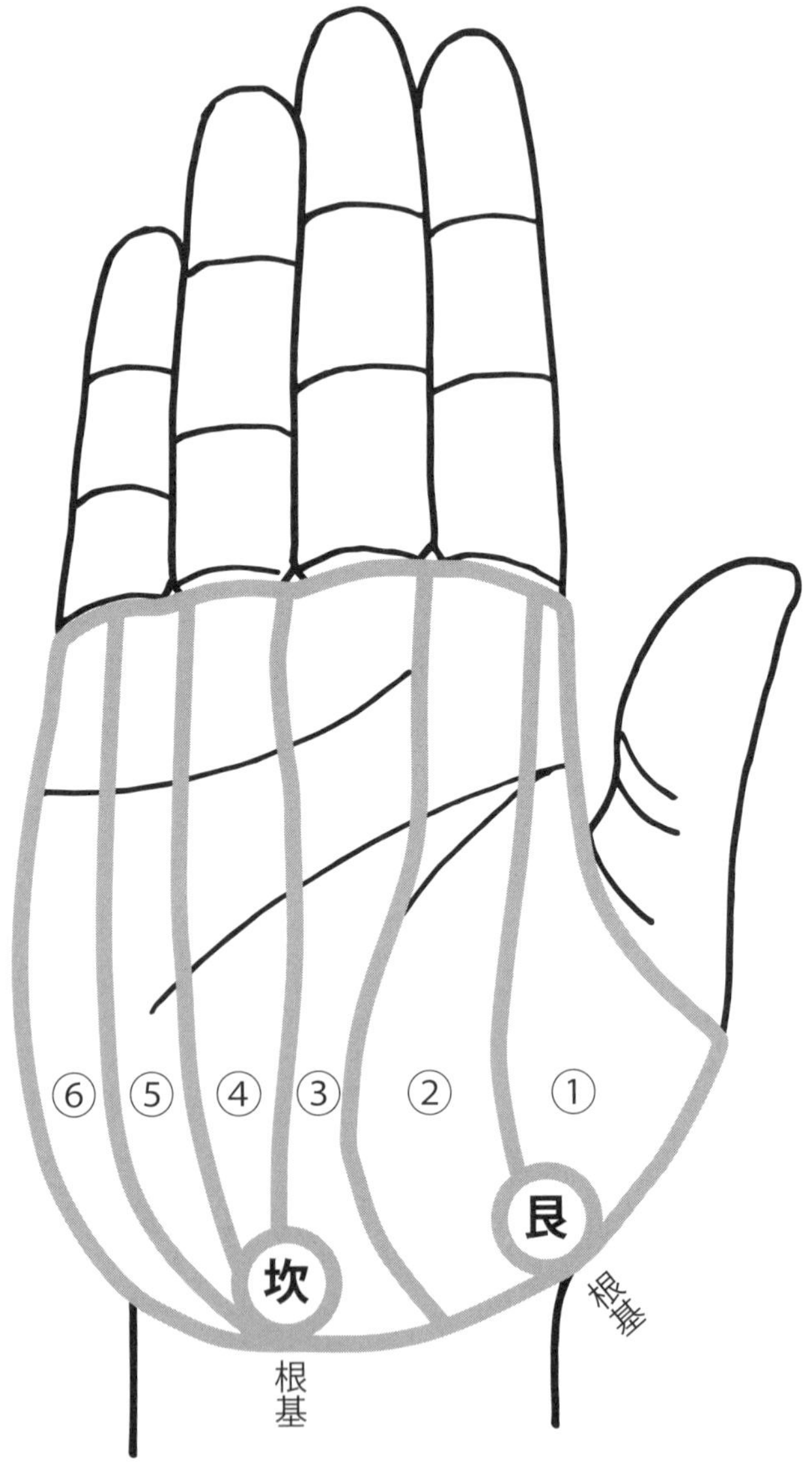
⑥
⑤
④
③
②
①
坎
艮
根基
根基

◎大きな気の流れは、八卦と関って流れている

六本の大きな気の流れを整理すると、以下のようになります。

①「艮宮」より出て、親指の根元を通って「巽宮」に流れて行きます。
艮は、「家族」、「身内」、「親戚」などを表します。

②「艮宮」より出て、「震宮」「巽宮」に関わっています。
艮の「家族」、「身内」、「親戚」などから、震の「長男」を通って、巽の「長女」へと流れて行きます。

震には「情報」、巽には「連絡」という意味もありますので、親戚・身内の情報や出来事が関係するということになります。

③「坎宮」より出て、「明堂」を通り、「離宮」に走ります。
坎は北の水を表し、離は南の火を表します。水は陰の中心であるし、火は陽の中心です。

北の陰気が上に昇って南の陽気と「明堂」で交わります。陰気、陽気、絡まって一元気を作ります。

この筋の色が良ければ、気の流れは良好なので、身体や精神は安定していると見ます。

「明堂」の色が悪いのは、陰と陽の気の流れがうまく流れていないので、心配事や悩みがあると見ます。

④「坎宮」より出て、「乾宮」に絡み、「明堂」を通り「坤宮」に向かいます。
坎の水が、「乾宮」の天より「坤宮」の大地に降り注ぐ形になります。

ここは③の流れより、乾の公事（会社、学校、サークル）から始まり、坤の大衆に至る形なので、より現実的な事が出ます。

たとえば、入学試験や入社試験の合否や、自分の周りの人の結婚や妊娠、また、会社の人間関係や取引先との関係などもここに出て来ます。「明堂」は、その時々の状況が反映されて出て来ます。
⑤「坎宮」より出て、「乾宮」を通り、「坤宮」に向かいます。
乾の「夫」、坤の「妻」といった夫婦の形なので、自分の縁談や妊娠出産の話もこの流れに出ます。
⑥「坎宮」より出て、「乾宮」を通り、「兌宮」を通り、「坤宮」に向かいます。
乾の「夫」、坤の「妻」、兌の「契約」があるので、結納などはこの流れに出ます。


六本の大きな気の流れは、八卦の場所で、吉凶成敗の色を出すと考えたら良いでしょう。

しかし、八卦の一つの宮の範囲が広すぎて多くの象意が入り混じる事になりますので、ここにもう少し細かい区分けが必要になります。すなわち、特別に大きな流れが出る所として、十二宮の配置が必要になってくるのです。

占う時は、八卦を「体」、十二宮を「用」として用います。

そこで、手相の八卦の仕切りと、十二宮の場所の認識が必要という事になります。

◎基本八卦の図

八卦は『神相全編正義』の八卦ですが、八卦の図としては、井田亀学先生の『相学辨蒙』の掌中八卦の図を引用しています。後天定位盤を八角形で仕切り図にしているからです。

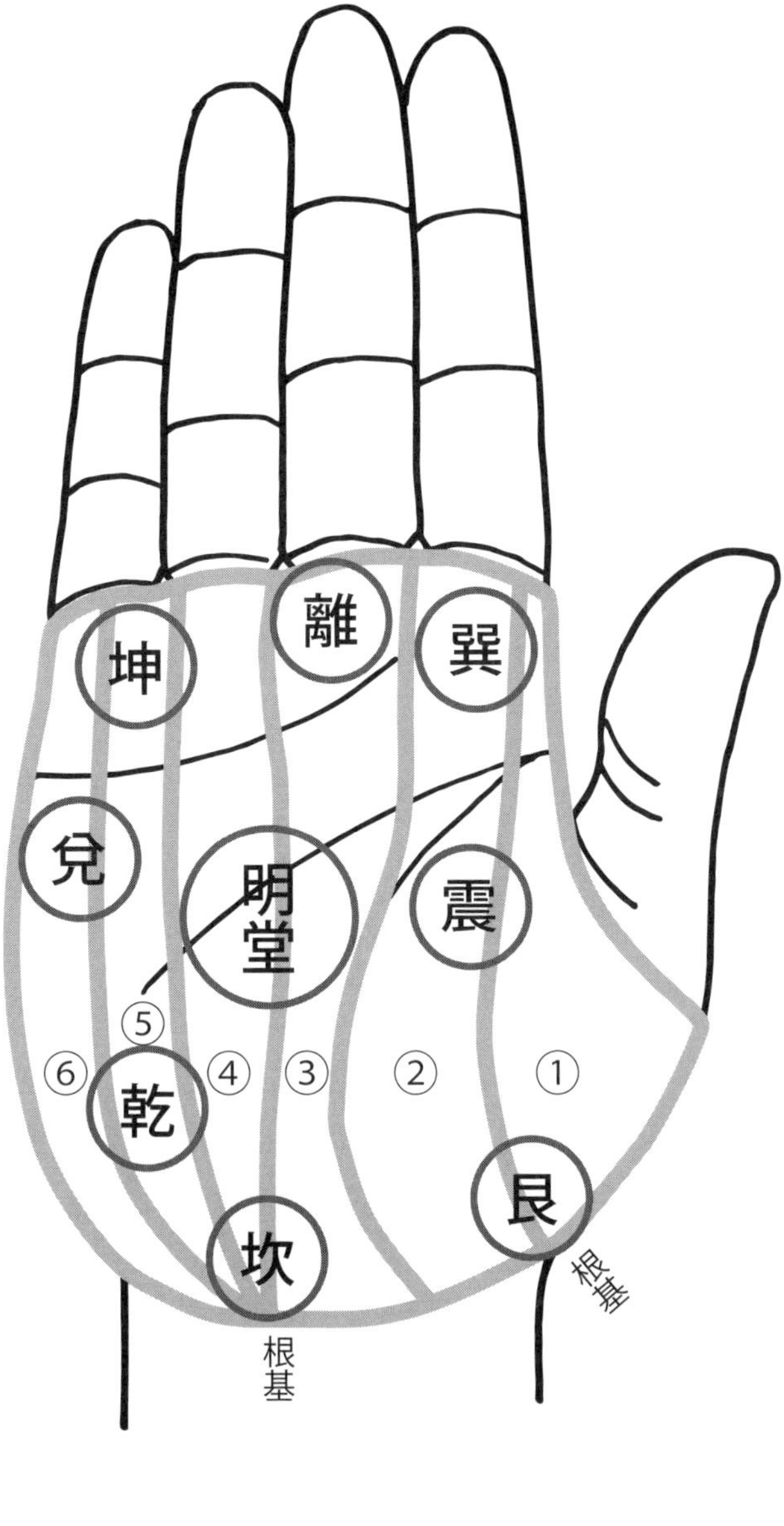

一 離《リ》宮 官禄ノ事ト表向ノ吉凶ヲ視ルへシ

一 坤《コン》宮 母ノ事ト妻妾ノ縁又女難ノ事ヲ主ル

一 兌《ダ》宮 子孫ト奴僕又家内ノ治乱ヲ視ルへシ

一 乾《ケン》宮 父ノ縁ト君辺惣テ目上ノ事ヲ主ル

一 坎《カン》宮 住所ト根基又寿命ノ長短ヲ視ルへシ

一 艮《ゴン》宮 福徳ト寿命ヲ主ル又物ノ始終ヲ可レ断

一 震《シン》宮 兄弟ノ有無ト運ノ善悪ヲ視ルへシ

一 巽《ソン》宮 家業ト藝能或ハ高名不高名ノ事ヲ主ル

掌中八宮之図

先血色

○八宮ノ中其血色ノ出ル処ヲ以テ其義理ヲ定メ又其時節ヲ云方角ヲ指スニ大抵時日ノ不レ違モノ也

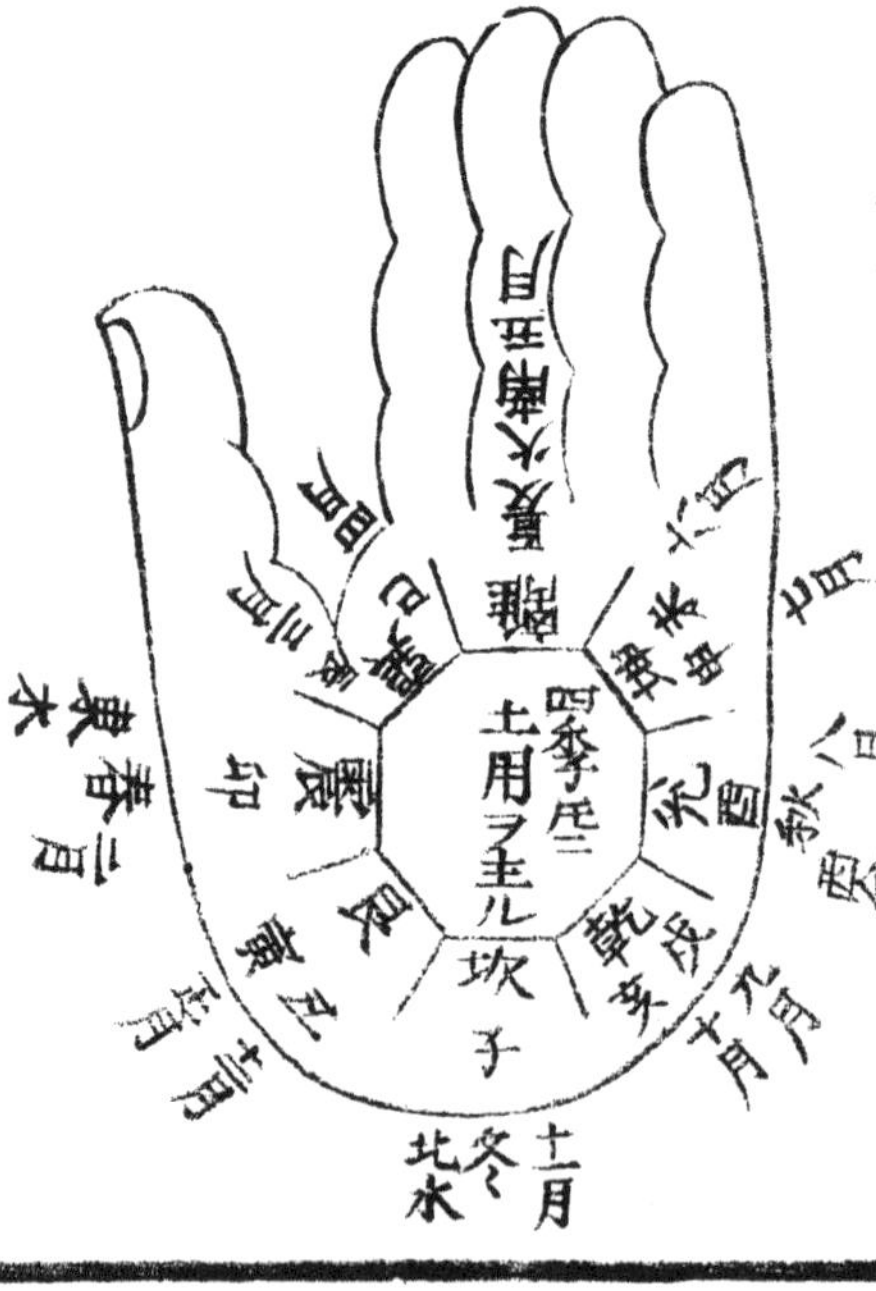

○右掌中八宮ハ何レノ処ニテモ缺陥有カ又肉薄ク或ハ常ニ血色鮮明不レ成モノハ諸事運気凶ク発達栄昌ヲ妨クト可レ知

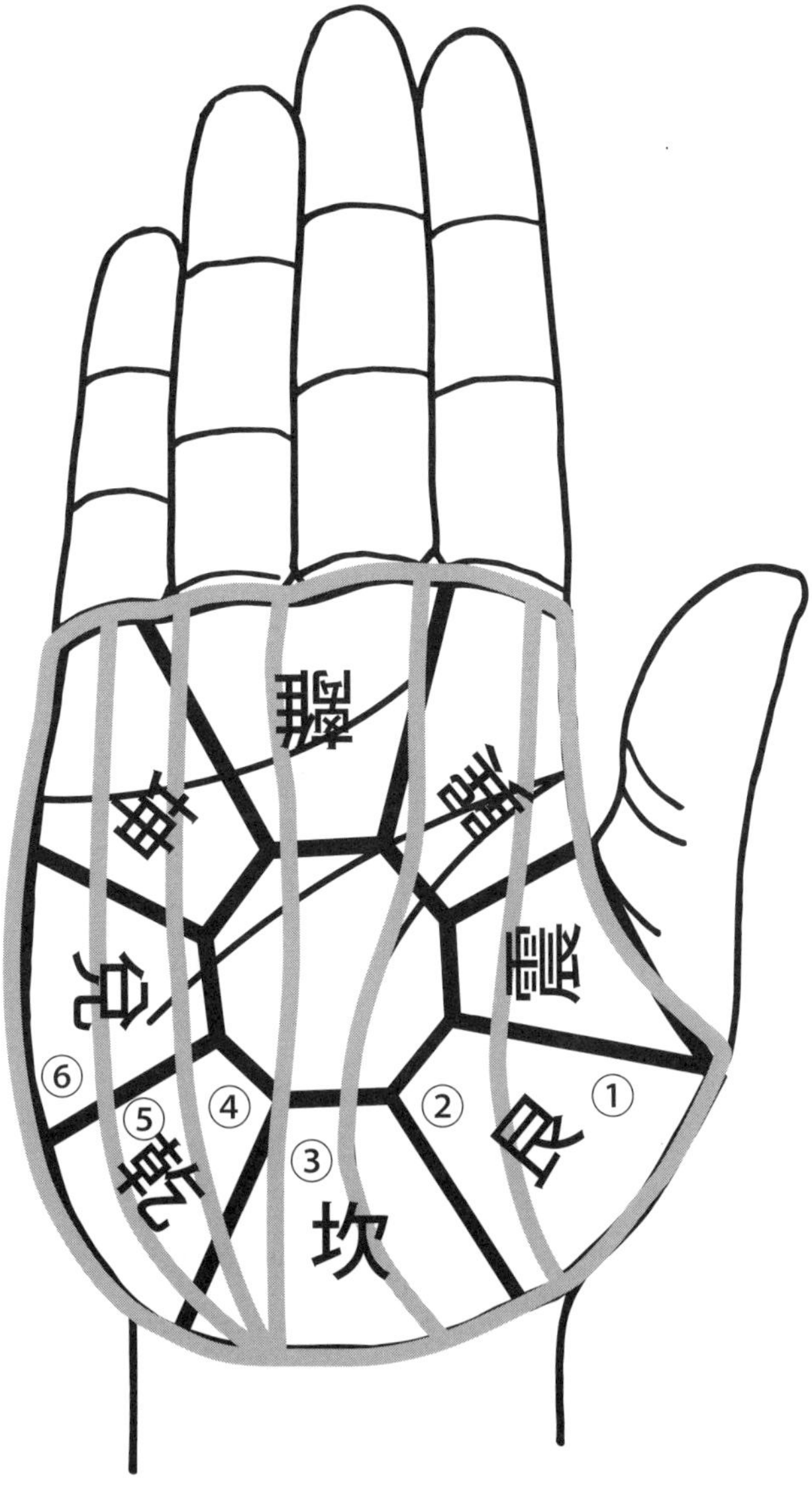
離
坤
巽
兌
震
艮
坎
乾
①
②
③
④
⑤
⑥

◎十二宮の場所について

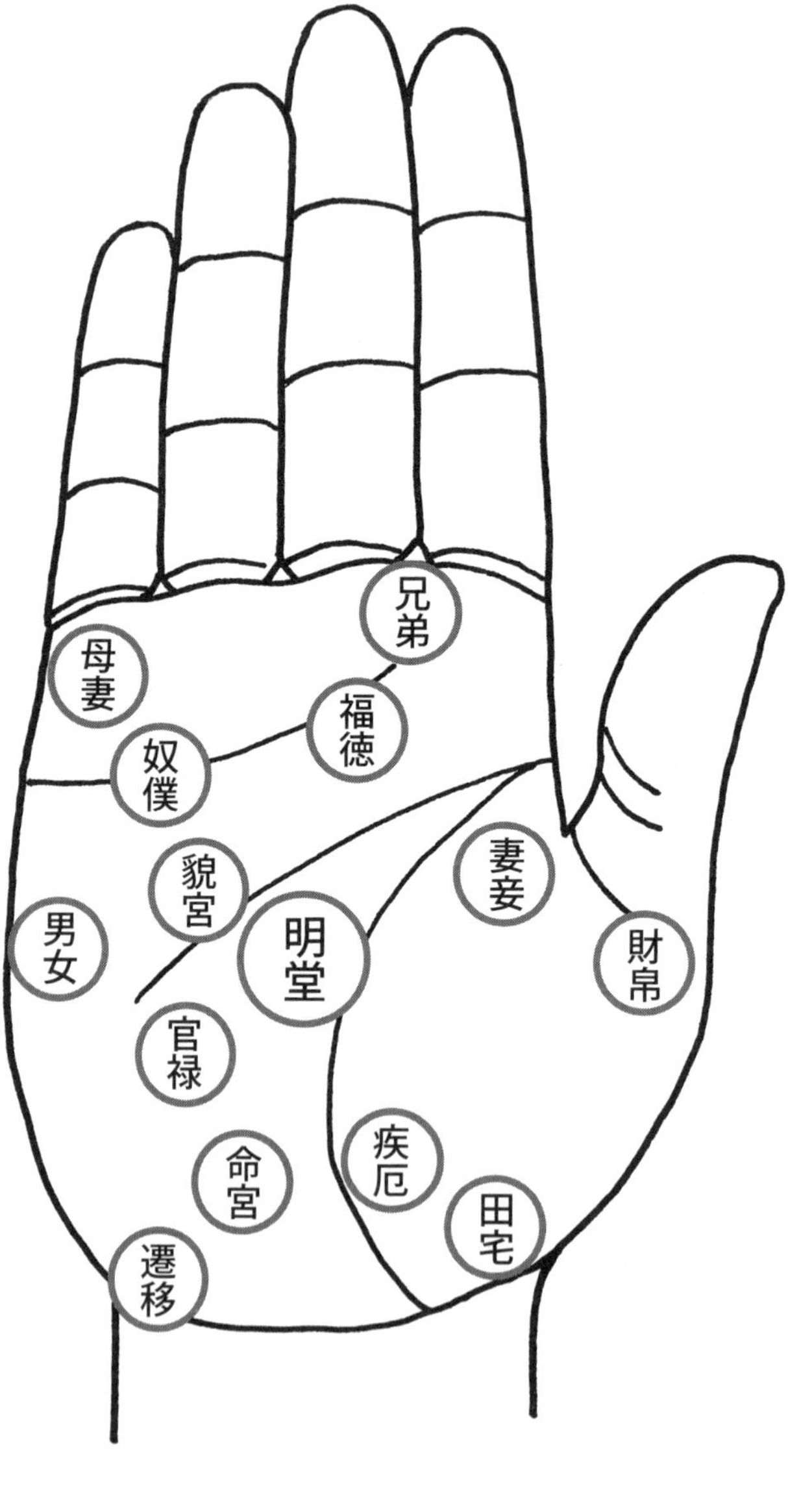

十二宮の図を見せられただけで、十二宮の場所を明確に把握できる方は少ないと思います。古人は、気の流れる道筋に気の集まる場所があり、そこでは気が絶えず動くと考えました。『南北相法』「十八穴の図」のように、顔には「穴所」という穴があいていて、その穴は天に通じ、また過去にも未来にも通じており、吉事が来る時は、良い気が降りて溢れ出るし、凶事が来る時は、悪い気が溢れ出て悪い色が出るとしています。

前頁の手相の図で、○で囲んだ所が穴所の大きさだと思って見るのもひとつですが、風が吹いたら落ち葉が自然と集まる所があって、そのように気が集まる場所だともいえます。

人によって、手の大きさも気色・血色の大きさも違いますが、この○で囲んだ中から、気色は良い色なのか、悪い色なのか、または、右へ流れるのか左に流れ出るのか、斜めなのか、と目で追って行って、その場所の意味を汲み取って判断することが必要になります。

八卦の場合は範囲がかなり広くなりますので、もう少し細かく場所の認識をするために、十二宮を使います。人相の十二宮とおおむね同じなので、大体の意味はお分かりになると思います。

大きな気の流れは、二十九頁の図のように、八卦の大きな範囲を占めて出ていますが、その時々の判断は、この十二宮の判断が重要になります。

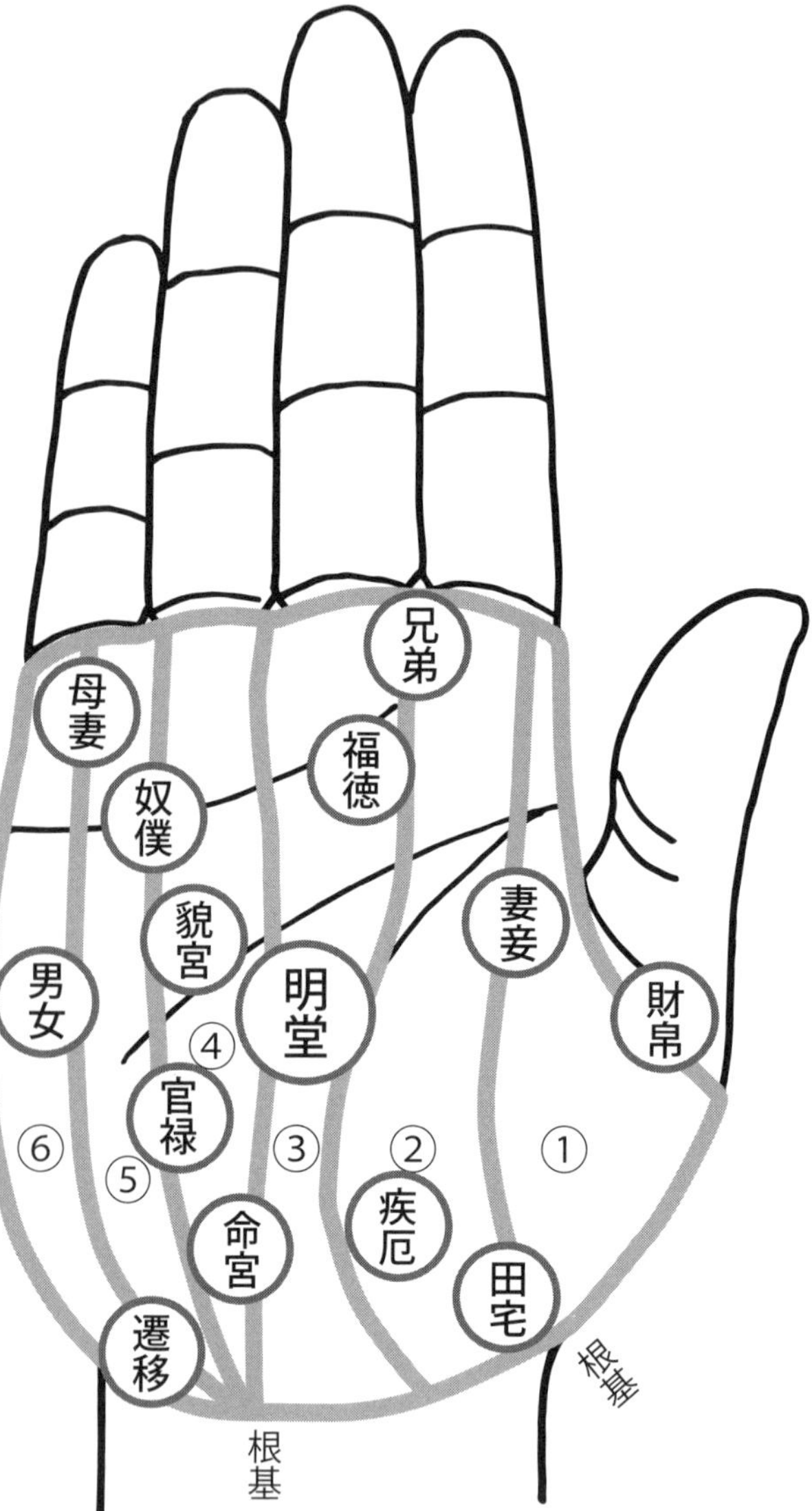

◎手相の地図を作る

今度は、十二宮を「体」として、その周りの気の集まる部分を「用」として仕切っていきましょう。

その仕切り方は、六本ある気の流れを、一本ずつ十二宮との関わる範囲の中で定めていきます。

そこに縦の気の流れを「筋」とし、横の流れを「通り」とした仕切りを作ることにより、四角い枡が出来ます。その枡に番号を付けて、十二宮の「用」として使っていくのです。

十二宮を「体」として、仕切った番号を「用」として、手全体を一種の地図として扱うことで、その場所が把握しやすいようになります。


八卦の穴所を見てもらうと分かるのですが、それぞれの八卦の真ん中に穴所は位置しています。

ここより気が流れ出て、いま自分に起きている出来事や、自分の周りにいる他人の出来事も気色、血色として流れ出ています。

その気の流れが、どちらの方へ流れ出ているのか、位置の確認をする為に、八卦の大きな穴所を「市」として、次に大事な十二宮の穴所を「町」として、数字を「番地」として見て、番地に一から六十までの数字の番号を付けるのです。

こうして、いつ見ても、何回見ても、縦の筋と横の通りを照らし合わせながら行けば、的をは

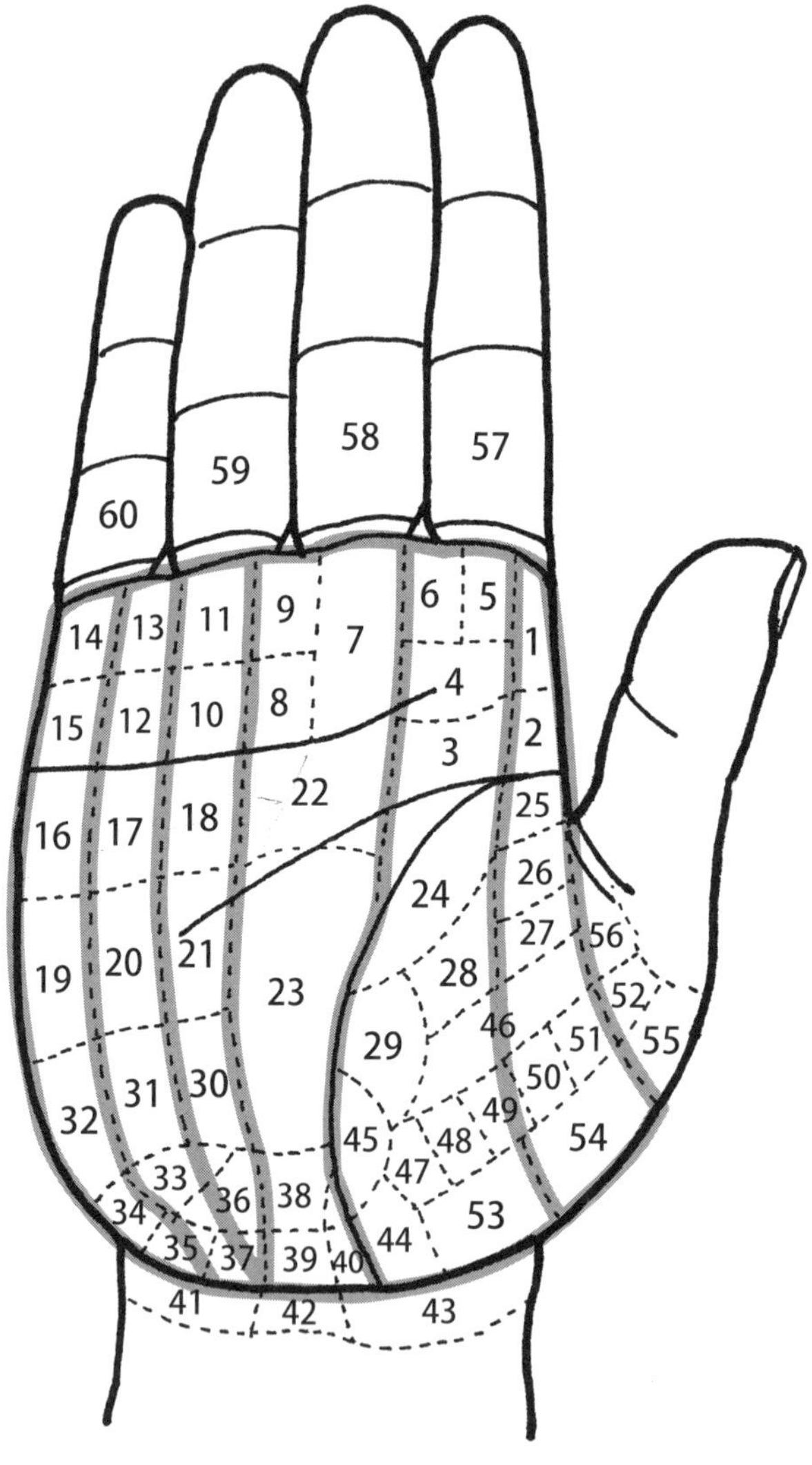

ずさず、迷わずその場所に行くことができるようになるのです。

これによって、定期的に出て来る気色や血色が、日常の出来事と相関性があるのかという事を調べて研究することができます。

まず場所を覚える事から始めて、何丁目の何番地に良い気色・血色がある、これはこういう意味だ、と捉えるための手相の地図です。

自分の手を毎日見て実験して行くと分かるのですが、日常そのものが手の中に出てきます。大した意味の無い事でさえも、気色・血色として出てくるのです。

しかしながら、大きな出来事や大きな精神的緊張が起こると、気色・血色はたちまちに様相を変えて、今までとは違った流れで出て来ます。大きな出来事なら、多くの番地をまたいで大きな広さで出て来るのです。

この違いが分かって、それが何なのかが言えるようになると一人前です。お客さんの手相を見て、「どうして、それが分かるのですか？」と言ってもらえるでしょう。

◎手相の地図を活用するためのポイント

手相の地図を活用するうえで、大切なことが四点あります。

八卦が「体」で十二宮が「用」、十二宮が「体」で番地は「用」、ということは前述しました。

まずひとつ大切なことは、この番地の説明の内容と、八卦や十二宮の説明が重複する所がありますが、これはこれですべて憶えるようにして下さい。番地には無いが、十二宮としては意味を成すものもあるのです。

次に大切なことは、必ず気は根基より昇るので、六本の大きな気の流れを下（手首側）から、上（指先）に向かって見ていき、それから今度は逆に、指先側から手首に向かって、横の線を引いていくということです。

そうすると、先に引いた縦の線と、後から引いた線の中に、白い気色・血色が残る所と、何も目には残らず通り過ぎていく所ができます。目に付いた所だけが、今の時点で動いている物事です。

第三のポイントは、気色や血色の状態によって、八卦、十二宮、手相の地図の番地のどれを重点的に見るかということです。

八卦の「用」として十二宮があり、十二宮の「用」としてこの手相の地図があります。

大きな気色や血色の動きが無く、広範囲に現れていれば、八卦の象意と見ます。

さほど大きくない範囲で、部分的に動きのある気色・血色がある時は、十二宮の象意を見ます。

小さな仕切りの枡中にある気色・血色は、この番地の意味を取れば良いでしょう。気の流れとはあまり関係せず、意外に単体で出る事が多いのが特徴です。

第四のポイントは、手相の図を反対にして見るということです。手相を独学で学ぶ時、どうしても自分の手が実験台になりがちです。しかしながら、求められるのは相談者の手です。自分が学ぶ時と違って、反対の手の形を見て判断することを余儀なくされるのです。

実践に強くなるためには、普段から相手の手を見る練習をしましょう。

次頁の写真と図の場所を照らし合わせて憶えるようにしてください（手相の地図は六十部位にしています）。

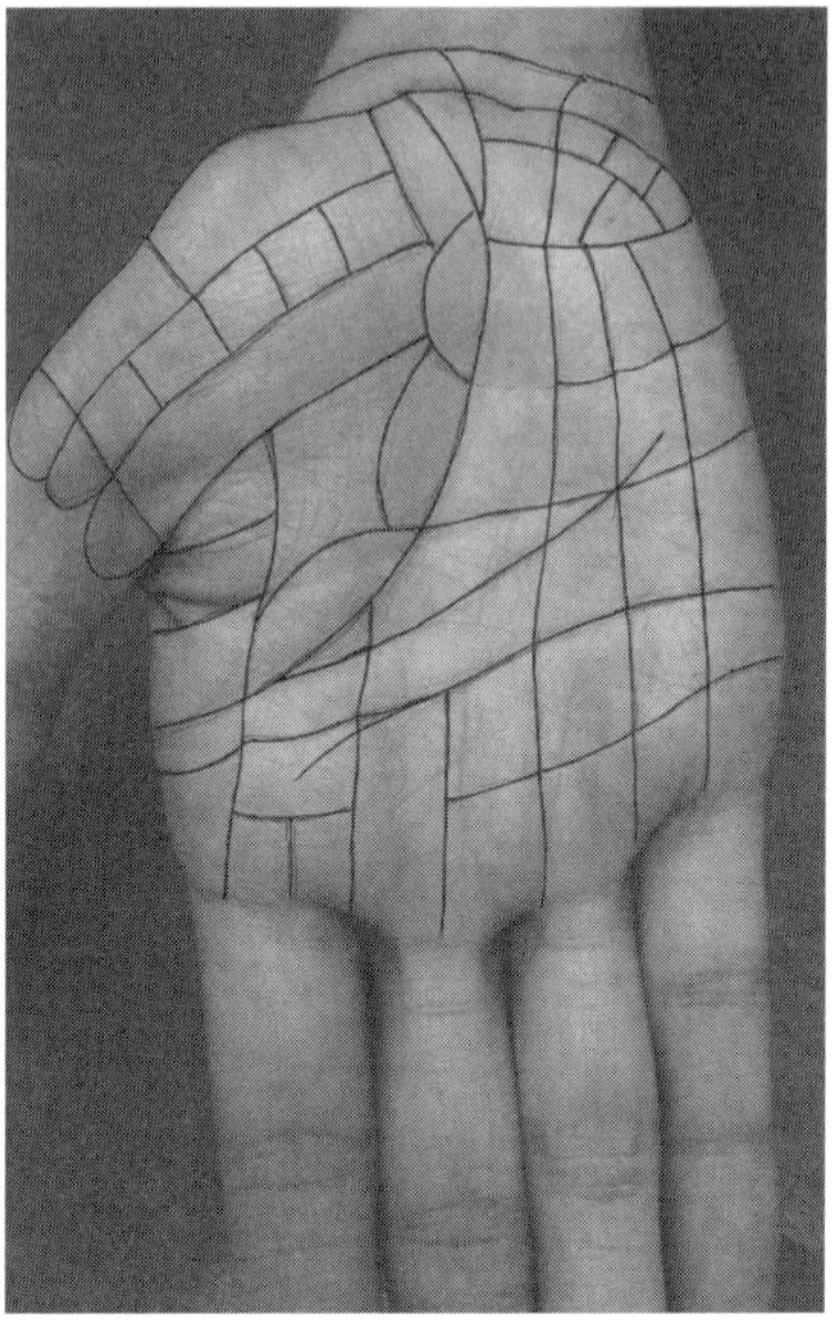

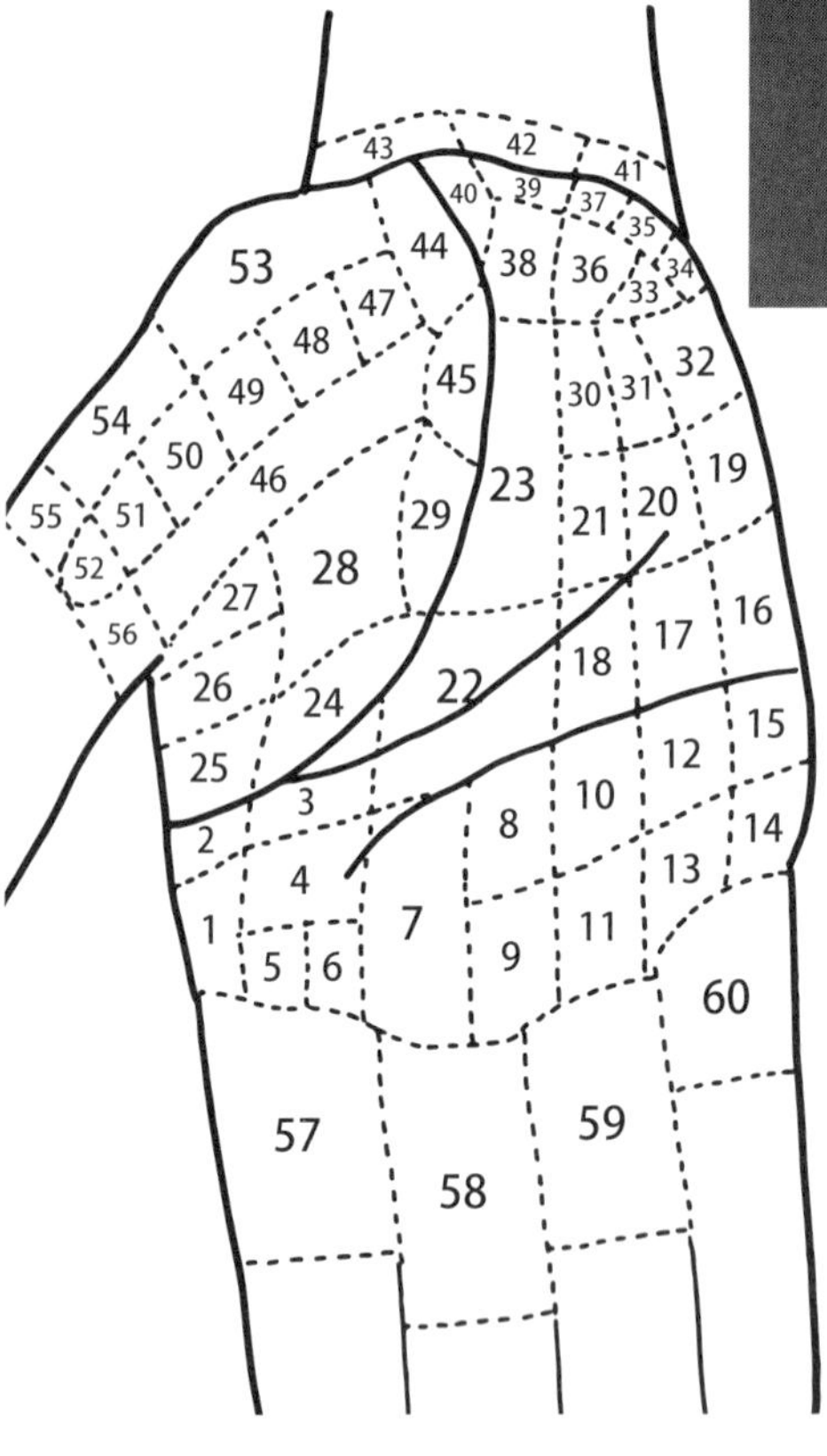
43 42 41
40 39 37 35
53 44 38 36 34 33
47 48 32
49 45 30 31
54 50 46 23 19
55 51 29 21 20
52 28 27 16
56 17 18 22
26 24 15
25 12
3 10 14
2 8 13
4 7
1 5 6 9 11 60
57 59
58

◎手相の地図　番地ごとの要点

1　四月の月割り。親戚や親類の話題。
2　兄弟のこと。
3　ツキの有無。
4　感情や気の集まるところ。
5　旅行の計画。
6　銀行やお金のこと。
7　不動産。
8　自分の部屋。
9　大家《おおや》。
10　明堂から昇って貌宮の上。運気の良し悪し。
11　坤宮と接しているので、家族や身内のこと。昔のパートナー。
12　旅行のこと。子供のこと。
13　母、子供の相手の家の事情とか雰囲気。
14　妻にまつわる話。
15　友達と待ち合わせ。

16 契約に関すること（特に結納）。孫に関すること。
17 子供のこと。部下とか目下に関すること。
18 連絡のやり取り。友達や仲間。イベントや飲食。
18 妊娠、出産に関する話。
19 次の計画事やこれから先の展開。
20 結婚や婚約に関係しての計画や話が動く時。
21 入社試験や転職の良否。
22 ツキの有無。
23 その人の心の状況を見る。
24 友達や仕事仲間や身近な人たちの関わり。
25 連絡のやり取り。兄弟や身内の話題。
26 運気の通路。
27 結婚している人は、妻の事。していない人は、恋人の事。
28 友達や仲間の状況。
29 結婚について。人気。
30 会社の業績や新しいプラン。目上の人の評価。
31 乾宮の中心で、会社の組織が出てくる所。自分の居場所。

32 税務署や監査。出費。
33 仕事上の部下。取引先の下請け。海外のお話。
34 ヨーロッパ。
35 オーストラリア。
36 物事の遅速を見るところ。不動産や契約の成否。海外（ハワイ・グァム・サイパン）。
37 アメリカ。
38 不動産。引越しの話。南の島々（沖縄）。
39 宮古島。与論島。石垣島。
40 韓国。
41 ヨーロッパやオーストラリアに住んでいる人。
42 アメリカや南の島に住んでいる人。
43 韓国や中国などアジアに住んでいる人。
44 不動産。弟や妹の出来事。
45 ストレスや疲れなどの症状。
46 身内や親戚・親類の関わり。
47 妹・弟。
48 次男・次女。

49　長男・長女。
50　母。
51　父。
52　祖父・祖母。
53　病院・病人。
54　親戚・親類。
55　金運。
56　親との関係。
57　父親。
58　母親。
59　自分のこと。
60　子供の事。

◎手相の地図の説明

気色・血色は、何番から何番へとまたがって出ています。

初めての方は、なかなか気色・血色と言ってもわかりづらいと思いますので、白い色、白くて輝いている色、薄いピンクの色、赤みがかった色、ちょっと薄汚れた色、黒っぽい色、赤黒い色などと見ていけば良いと思います。

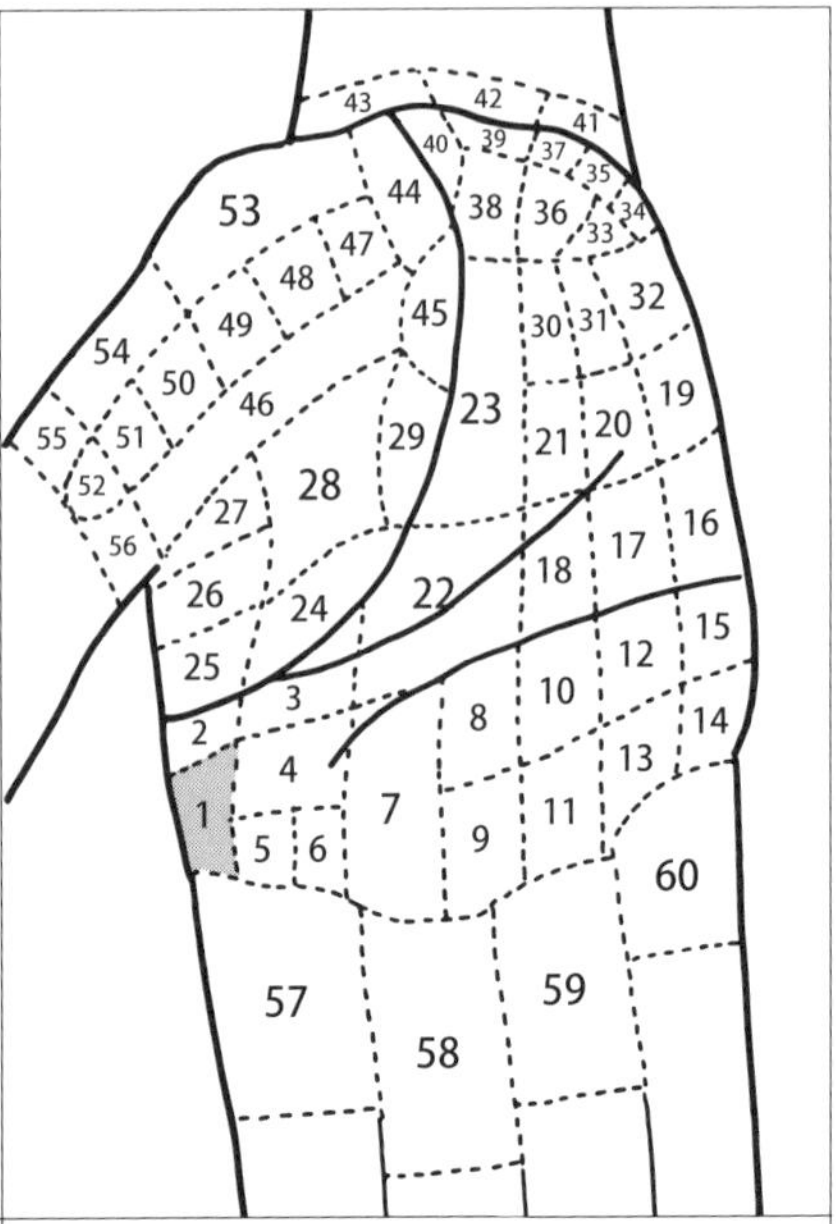

1

四月の月割りの色が出る。

「艮宮」から「震宮」に流れ「巽宮」に至るので、身内や親戚などの、情報のやり取り。暗色滞蒙（七十七頁参照）の色があれば、母親が病人や法事の事で心配している。

白色があれば、連絡のやり取りをしている。

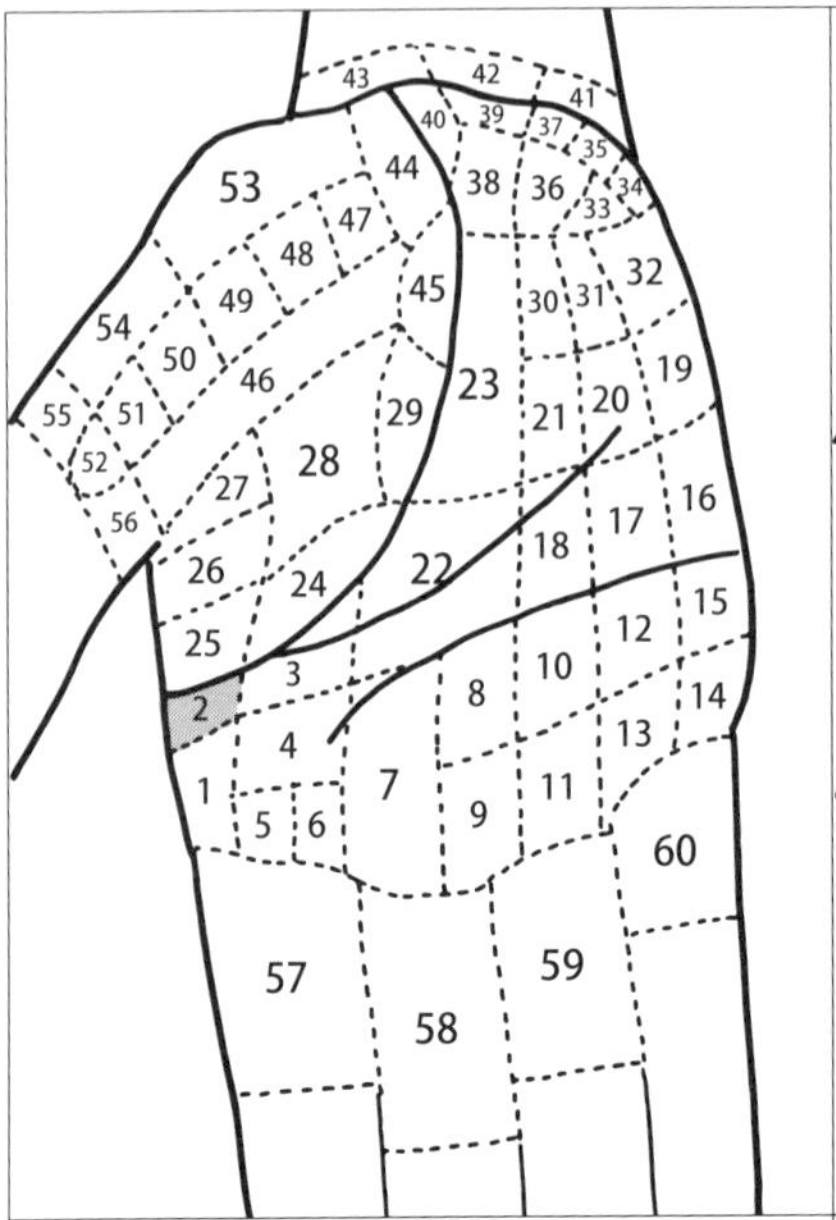

2

頭脳線の元にあるので、その人の思っていることや気分的な事が出て来る。

また身の回りの出来事に対しても、自分なりの反応が出て来る。例えば、妹の妊娠なども、「兌宮」17の白色美色と一緒に出る。

計画事の下調べや準備の時（「震」の情報と「巽」の計画）に白点が生じ、計画がまとまると白い気色となる。

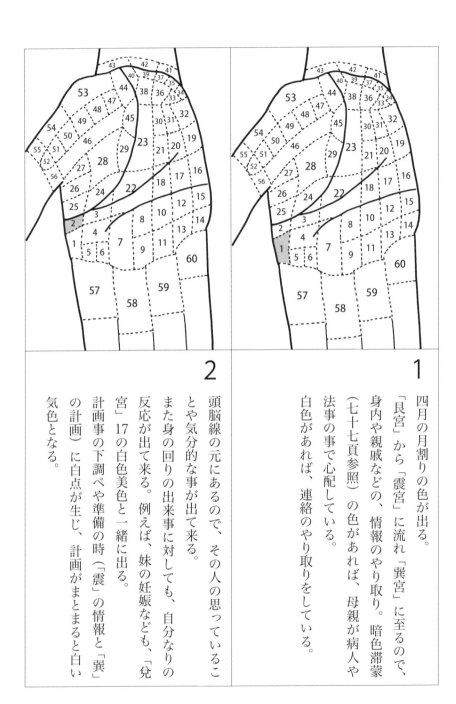

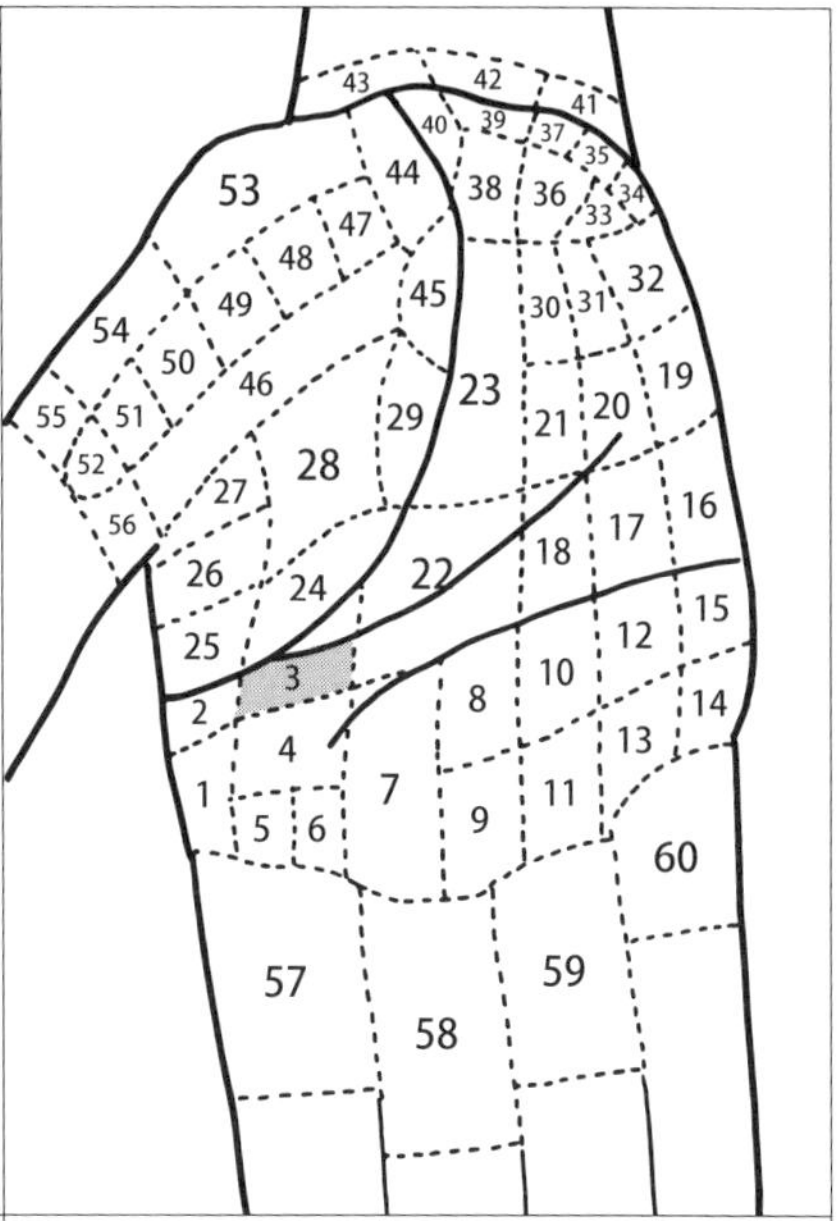

3

ここは頭脳線の上にあり、感情線の下に位置しているので、運気の通り道。暗滞蒙の色がある時は、「艮宮」から昇っている流れなので、家族や身内の事について心配事や悩み事がある。

「震宮」は妻や妾の場所なので、別れ話などある場合は、赤色や赤点が出る。

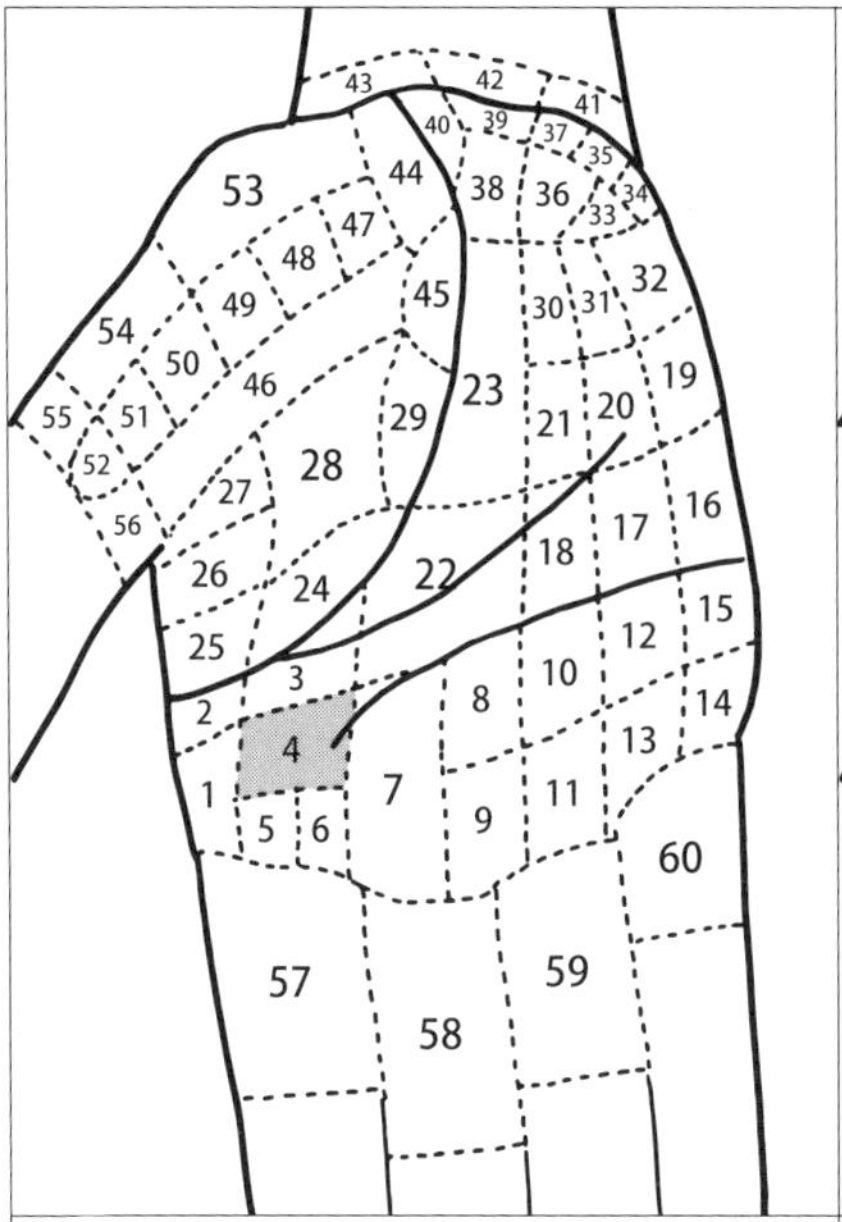

4

「巽宮」の中心の急所。運気の良否や精神的な事が出て来る。

白色で美色なら、仕事がうまくいっている。

4を軸に「巽宮」全体に白色が広がる時は、ある事に対して研究するとか、計画を練る気持ちが動いている。

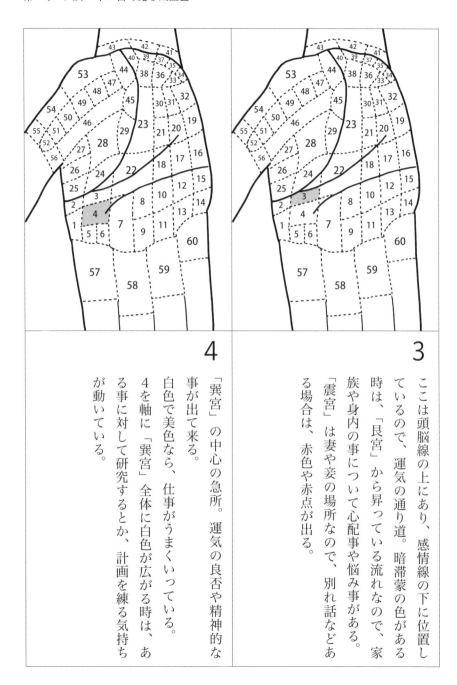

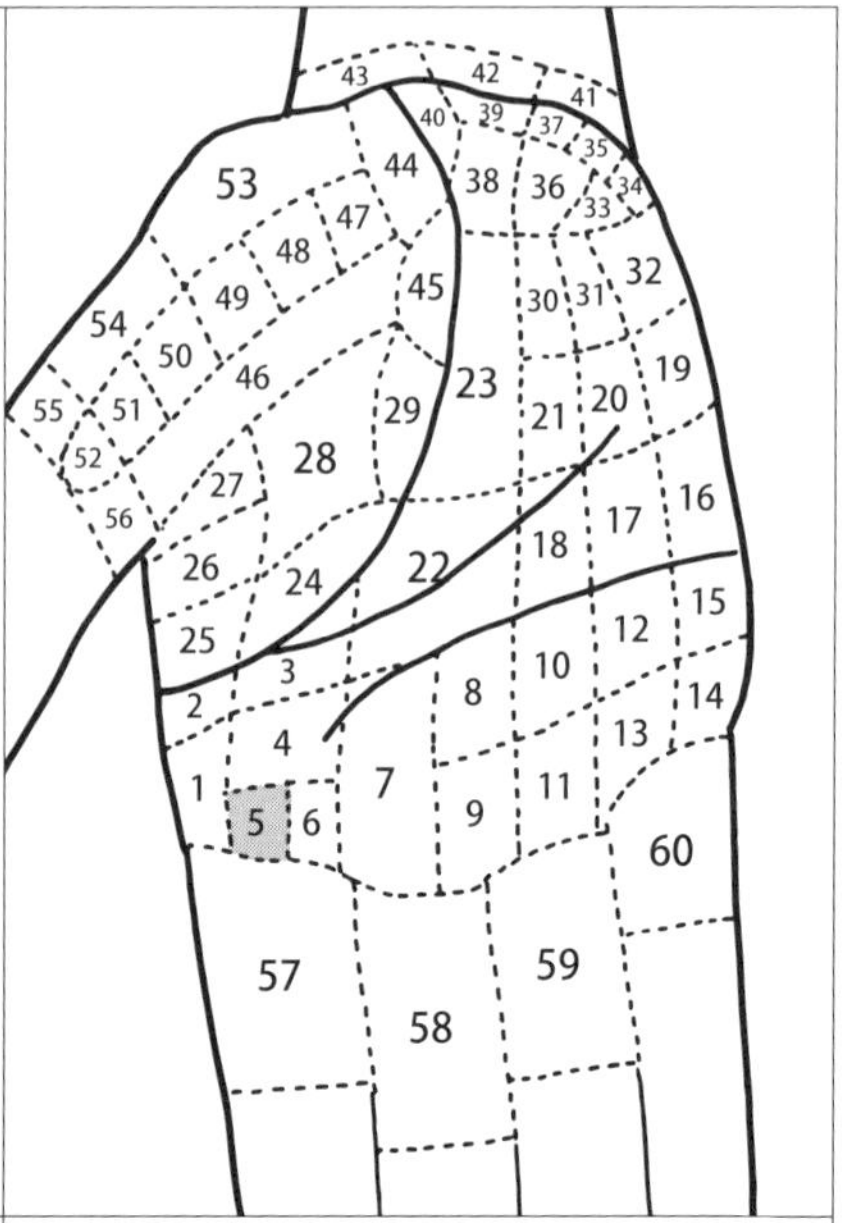

5

近距離（国内）の旅行の場合、「巽宮」の３から始まり、４・５と人差し指の方へ白い気線が昇る。

一本なら一つ、二本あれば、二つ旅行が入っている。

その時、妻が旅行を考えている場合は、「震宮」の24番から気線が昇る。

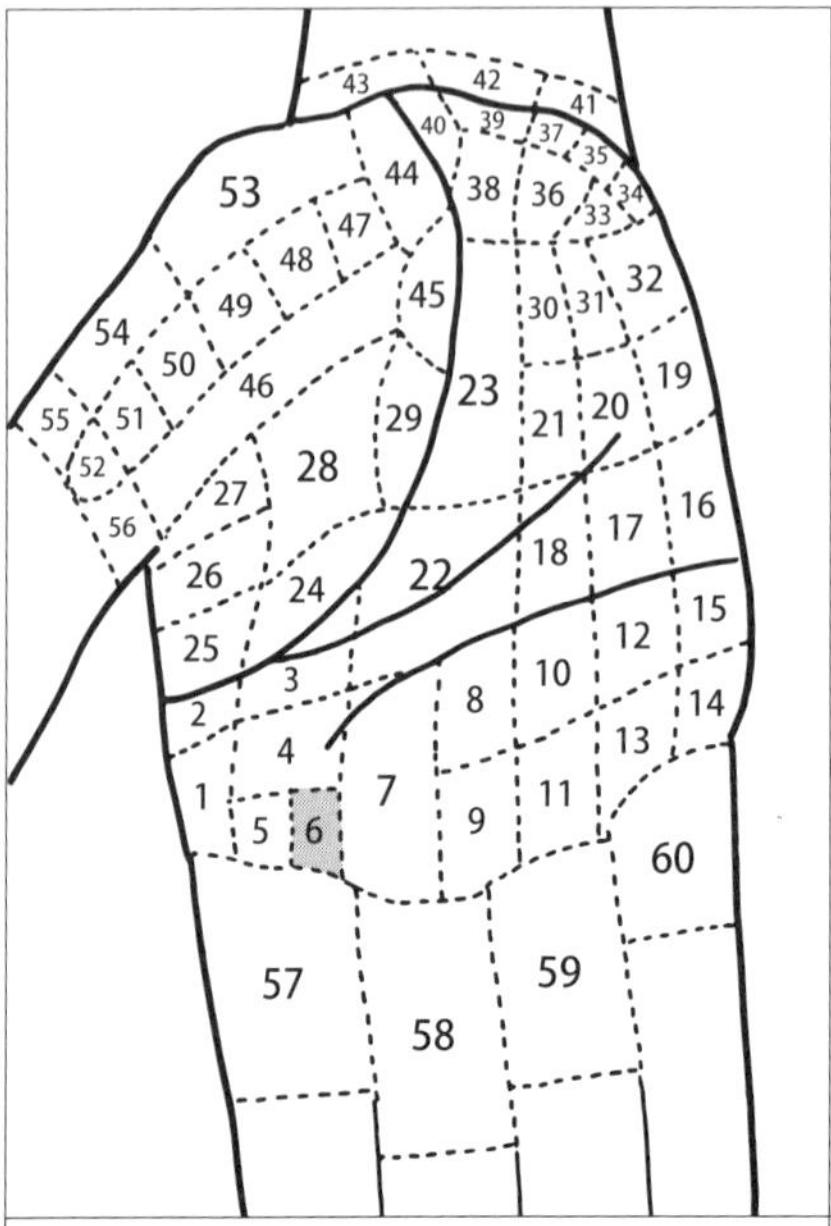

6

金融関係の場所。銀行や証券会社など、お金にまつわる場所である。

コンビニのＡＴＭを使っても、ここに白色が出る。

金銭の貸借に関しては６から、気色が４の方へ下がり出てくる。

赤色で出るか、暗滞蒙の色なら、金銭の貸借は調わない。

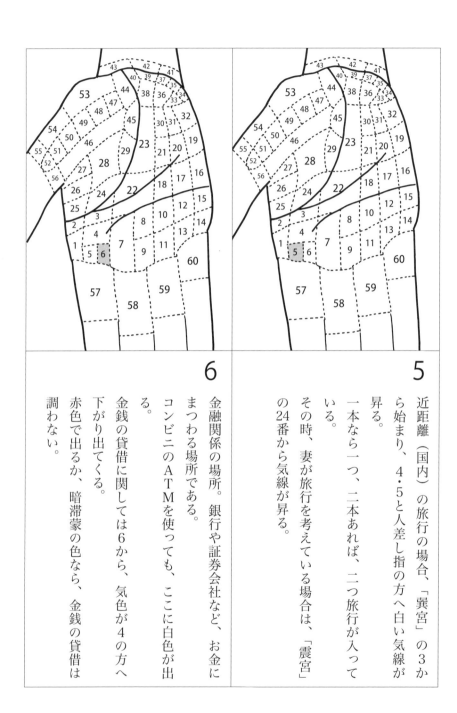

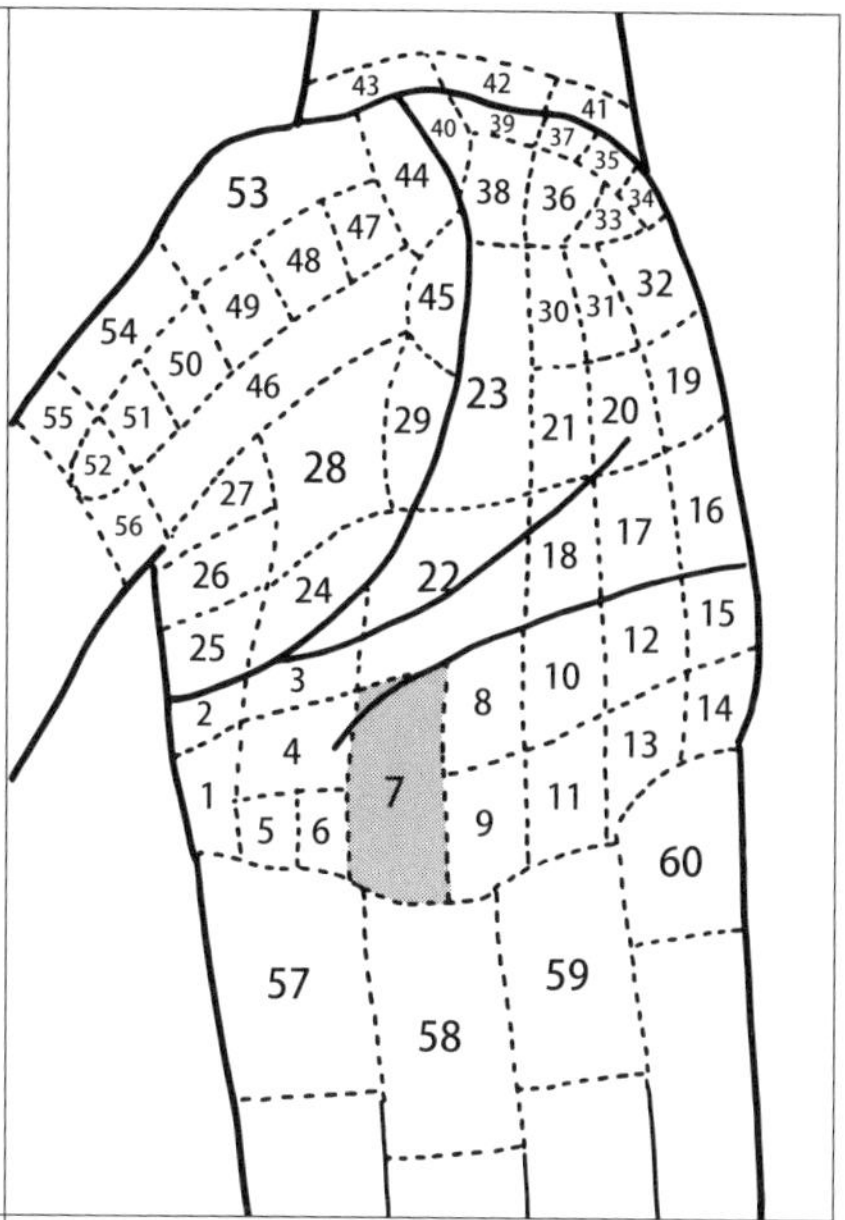

7

運気の良く現れる場所。この場所の色が良い時は、何事も良好であるが、色が悪いと物事が停滞する。

4の「希望」の所と隣り合わせで、感情線の上に乗っているので、運気が出やすい。

不動産の場所、引越しなどの話があれば、7全体が白色で埋まる。

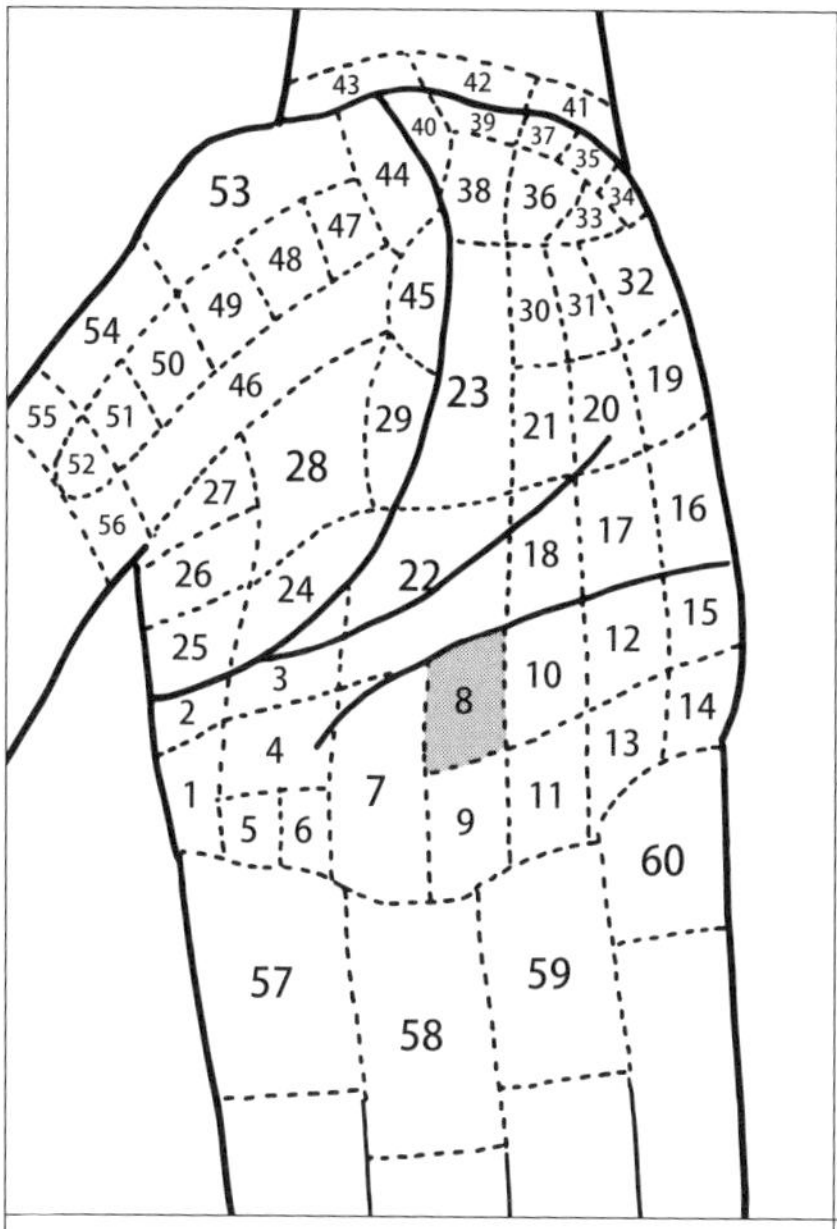

8

「離宮」の中心的存在。美色あればツキあり。艶があれば喜び事あり。8・9と色が連なって出て来る事が多い。

引越しの場合も、この8・9と白色は出るが、38に色が無ければ、他人の引越しである。

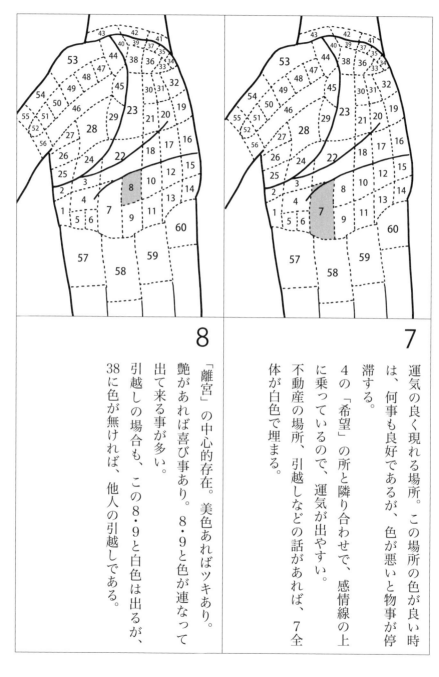

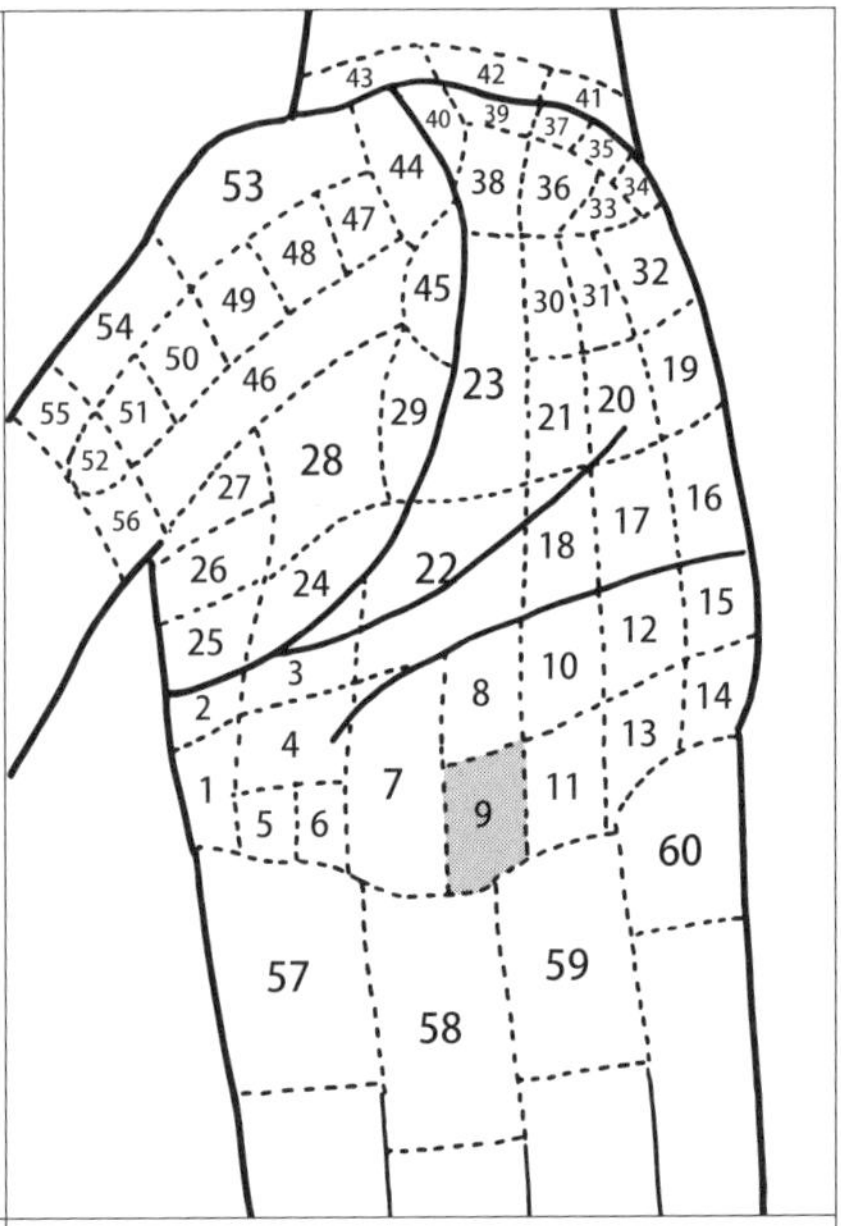

9

企画書の作成や、契約書の作成など、本来の「離宮」の「文章」の意味合いが多く出る。

8番と連動して、運気の良否や不動産に絡む話もこの場所に出てくる。

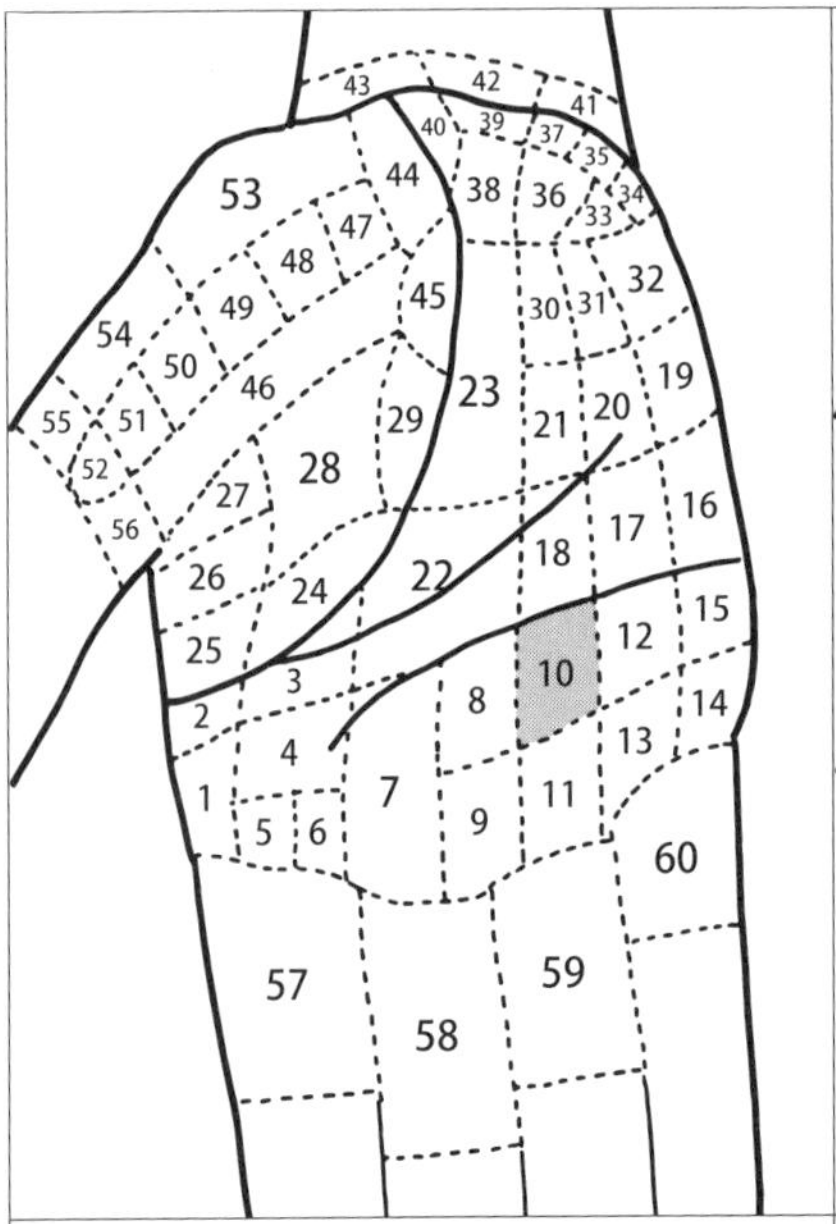

10

引越しの荷物の移動。結婚や離婚で荷物の移動を考えている時は、ここに白色の色が出る。

引越しを伴わず荷物の移動だけなら、「離宮」7には何も色は無く、「離宮」8だけに色が出る。

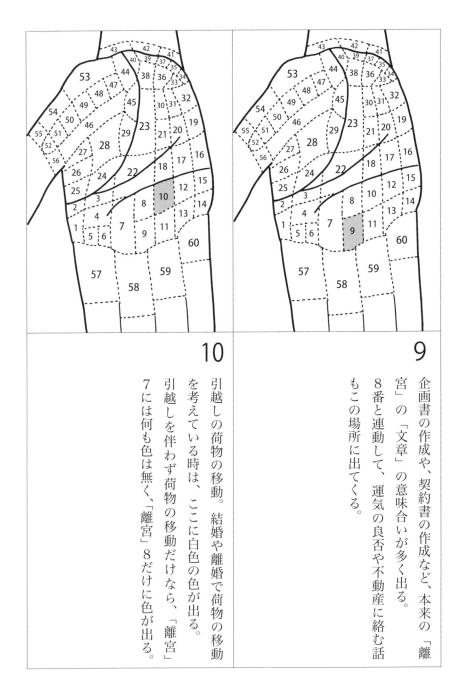

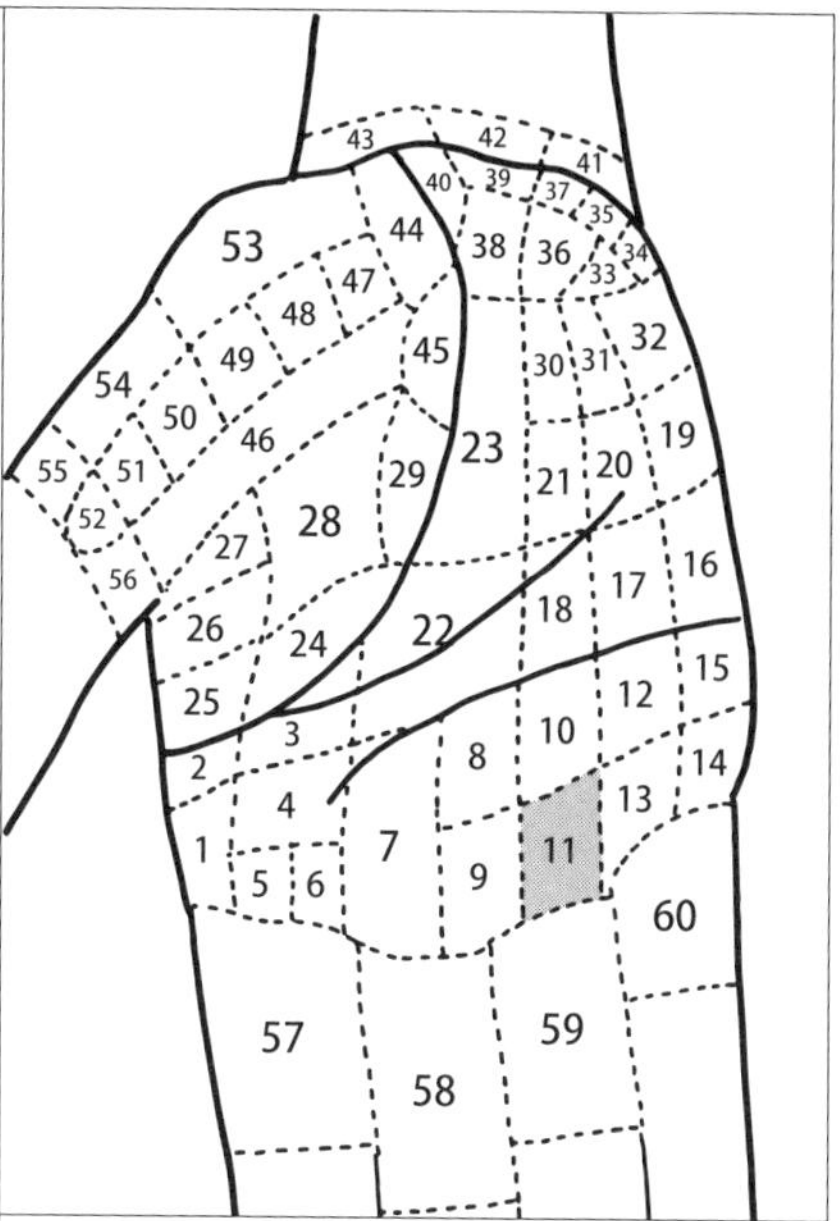

11

不動産でも大家とのやり取りの出る所。

8・9辺りの中間に赤暗色がある時は、自分の部屋が散らかっている。

家賃の滞納があれば、青暗色がでる。

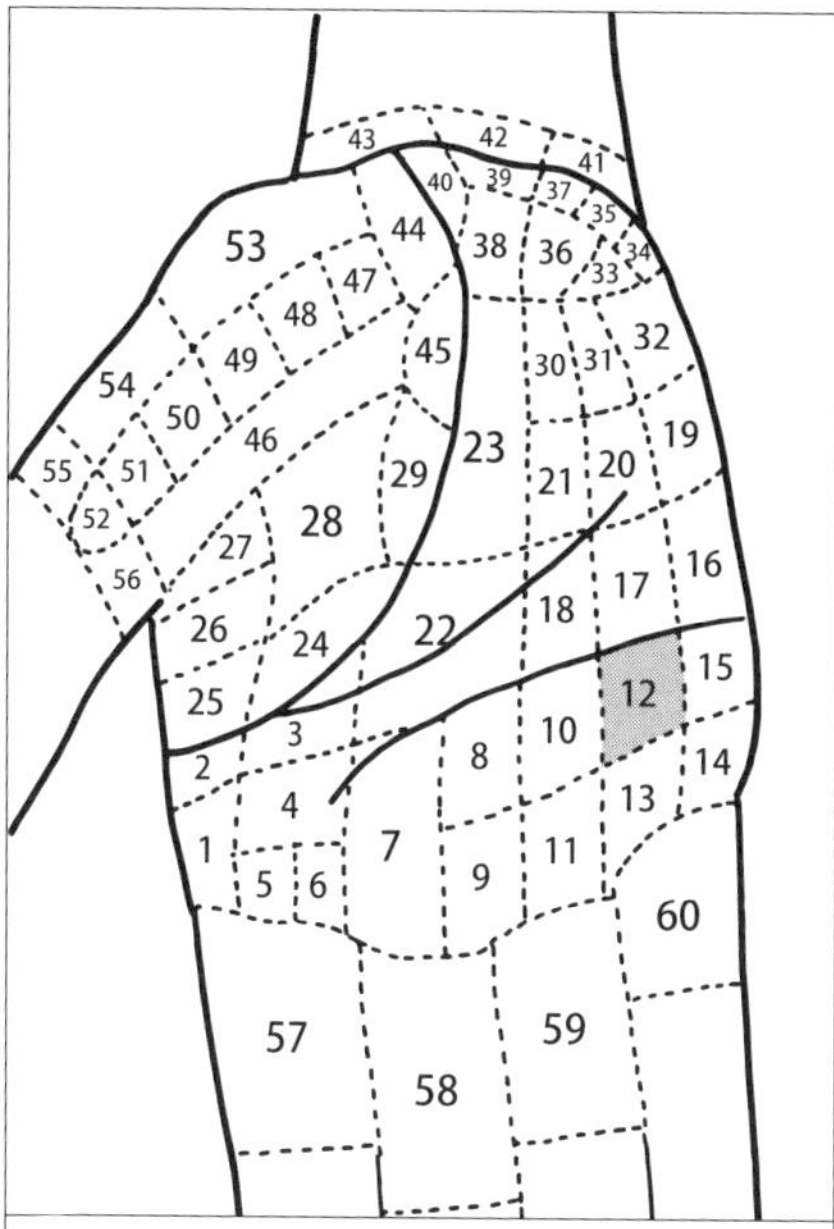

12

「坤宮」なので、母親に関することが出て来る。母親が、自分の孫の事について考えている。

十二宮では「奴僕」にあたり、仕事関係の部下や従業員の事。

手相の八卦では、「坤宮」は先天盤の「巽宮」に当たるので、旅行の計画を見る。海外旅行は「巽宮」に出ないでここに出る。

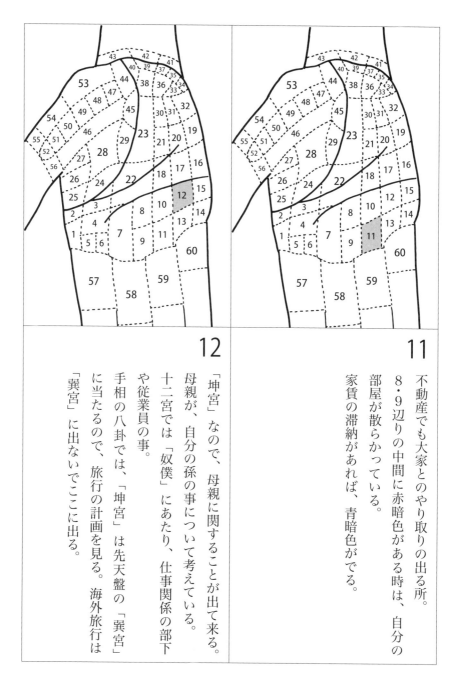

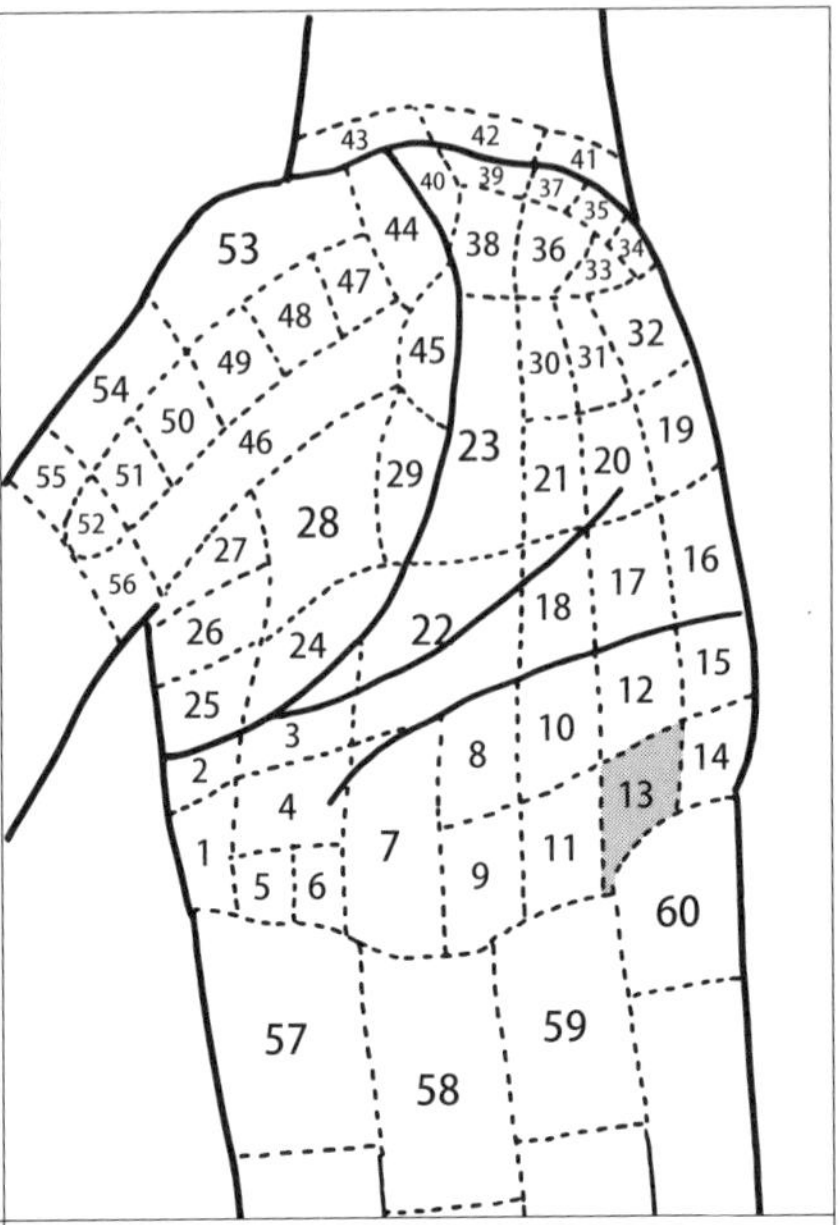

13

「坤宮」の中心である。母親の心情とか健康が出て来る。

母親を今年亡くした人は、針で付いたような赤点が出る。

海外旅行は、12から13へと白色が縫《ほう》（百五十三頁参照）の方へ向かう。

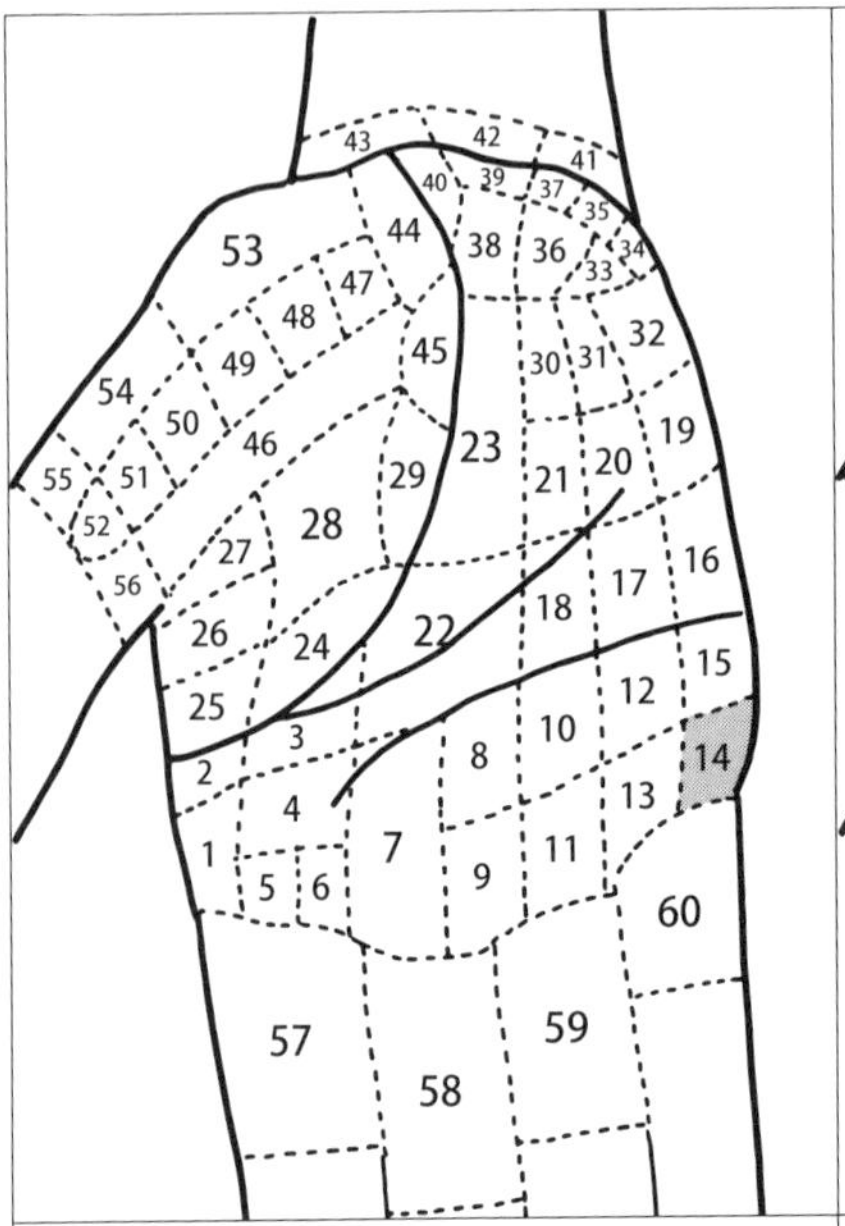

14

小指の下なので、子供の事について見る。

男性は、妻の事もここで見る。

小指に近い方が子供で、下側が妻である。

14の狭い場所ではあるが、上下間違わないように。

また、妻は「震宮」の26と比べて見る。

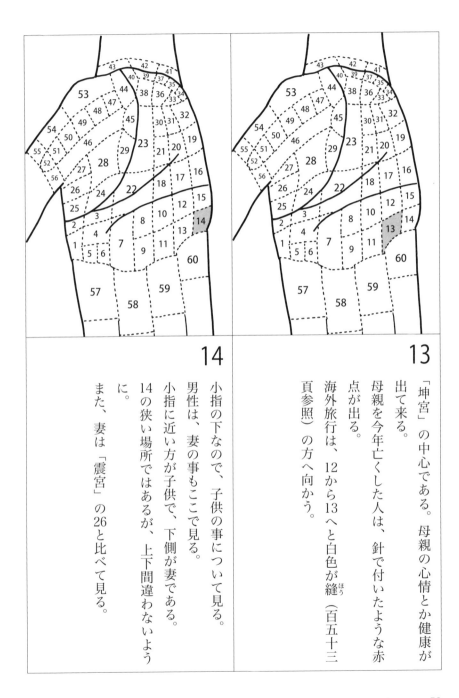

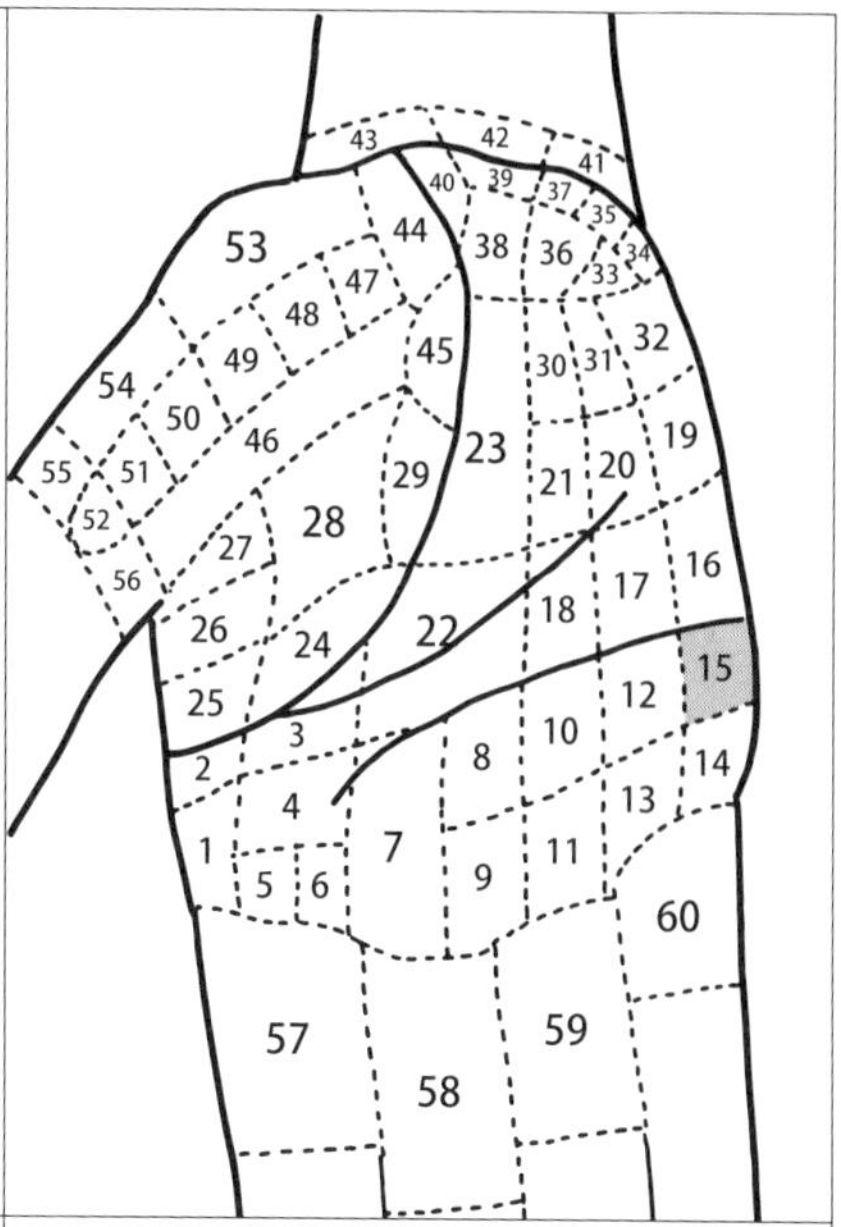

15

結婚線の場所なので、結婚している人は結婚生活を見る。赤色美色は、結婚生活は良好であるが、暗滞蒙や赤暗色がある時は、うまくいってないか、倦怠期である。

「兌宮」16から白色美色が15まで昇るのは、結納が終わって、こちらの母や自分がほっとしている。誰かと待ち合わせの約束がある時は、小さく白色・気色だけが出る。

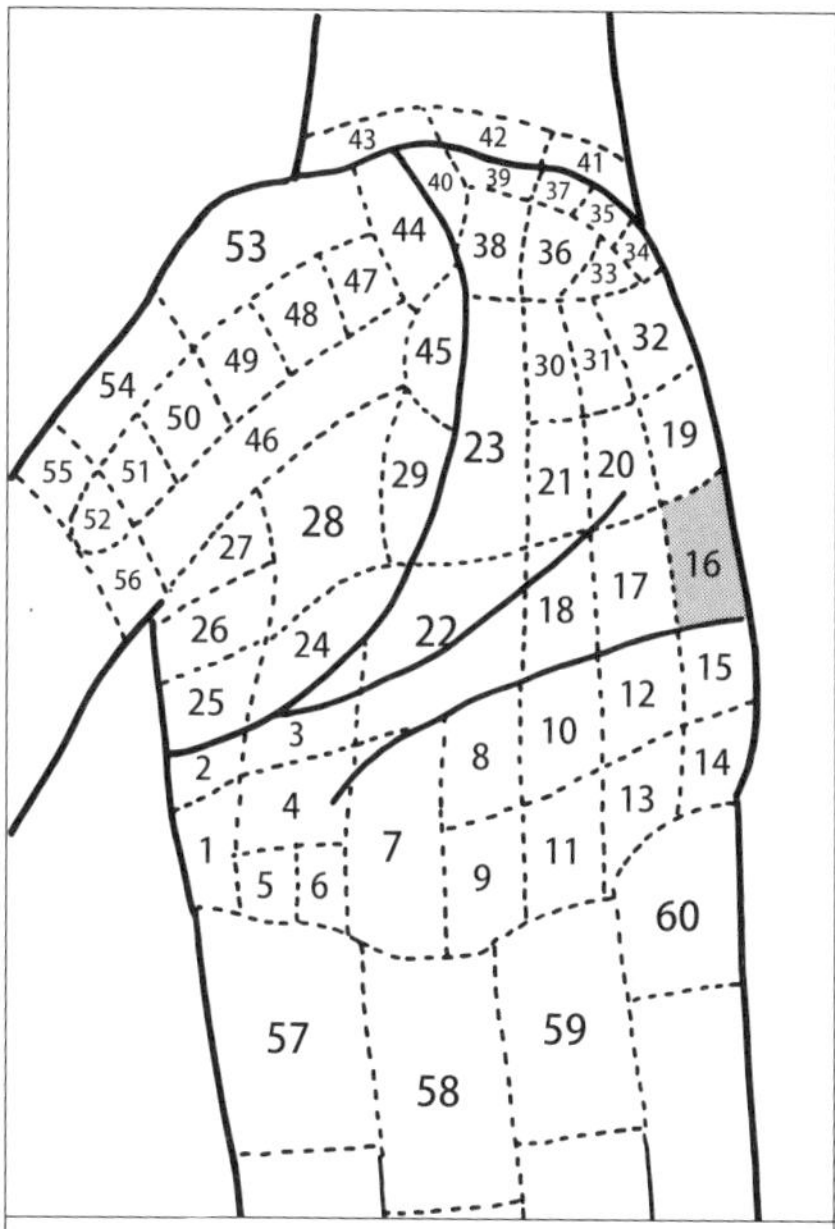

16

契約に関すること。結納の時に、白色美色を引く。

お見合いや紹介話もここに出る。

結納の時は、白色気色の幅が広く、お見合いは気線なので、細い気線が二本あれば、二つのお見合い話が来るし、三本あれば三つ話が来る。

自分の結婚が決まった時は、「乾宮」19から美色が昇る。

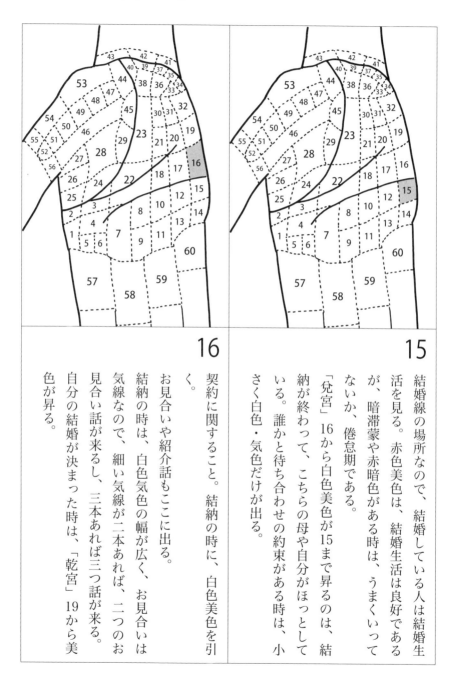

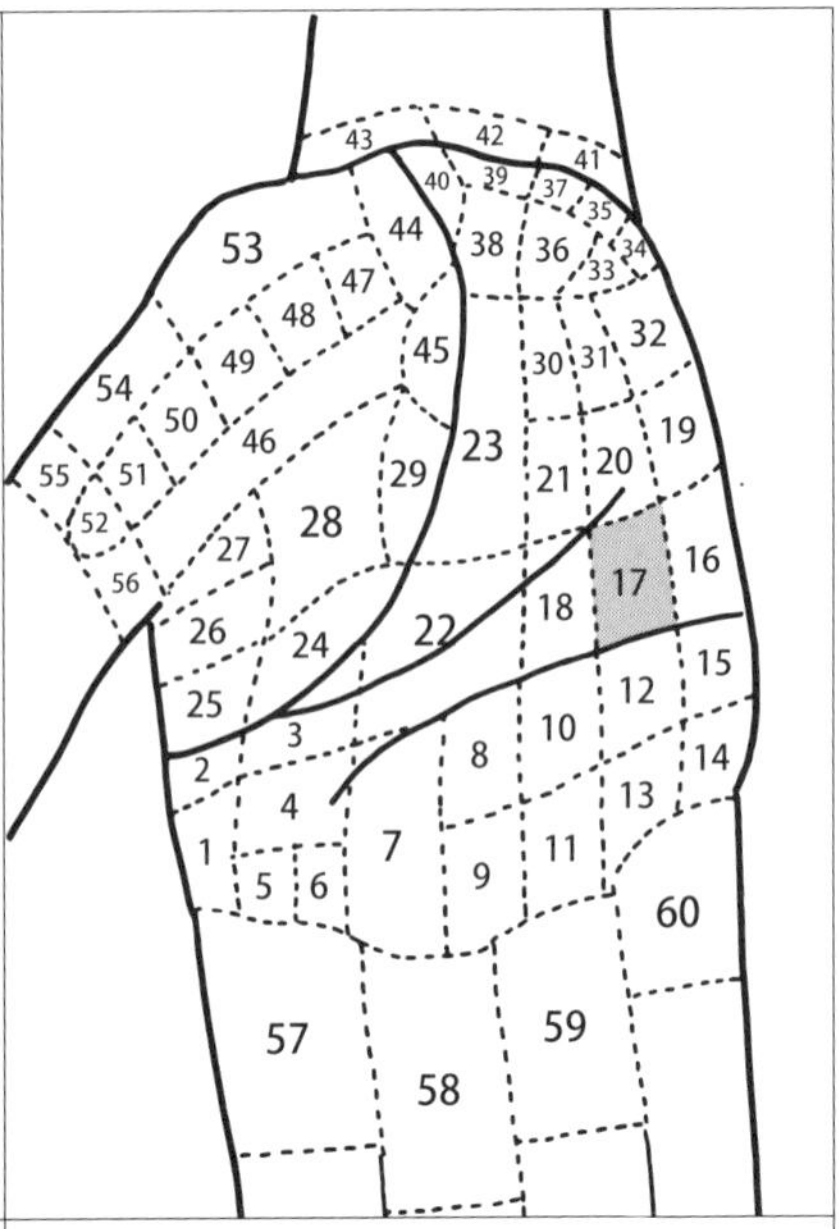

17

周りで妊娠出産の話を聞く。身内であれば「艮宮」に美色あり。

会社関係でも友達でも、周りで妊娠の話はここに出る。妊娠している人が一人なら一つ、二人なら二つ、白色美色が出て来る。

十二宮の「奴僕」の場所なので、子供や部下の話もここに出る。

相談者が祖母の場合は、孫もここに出る。

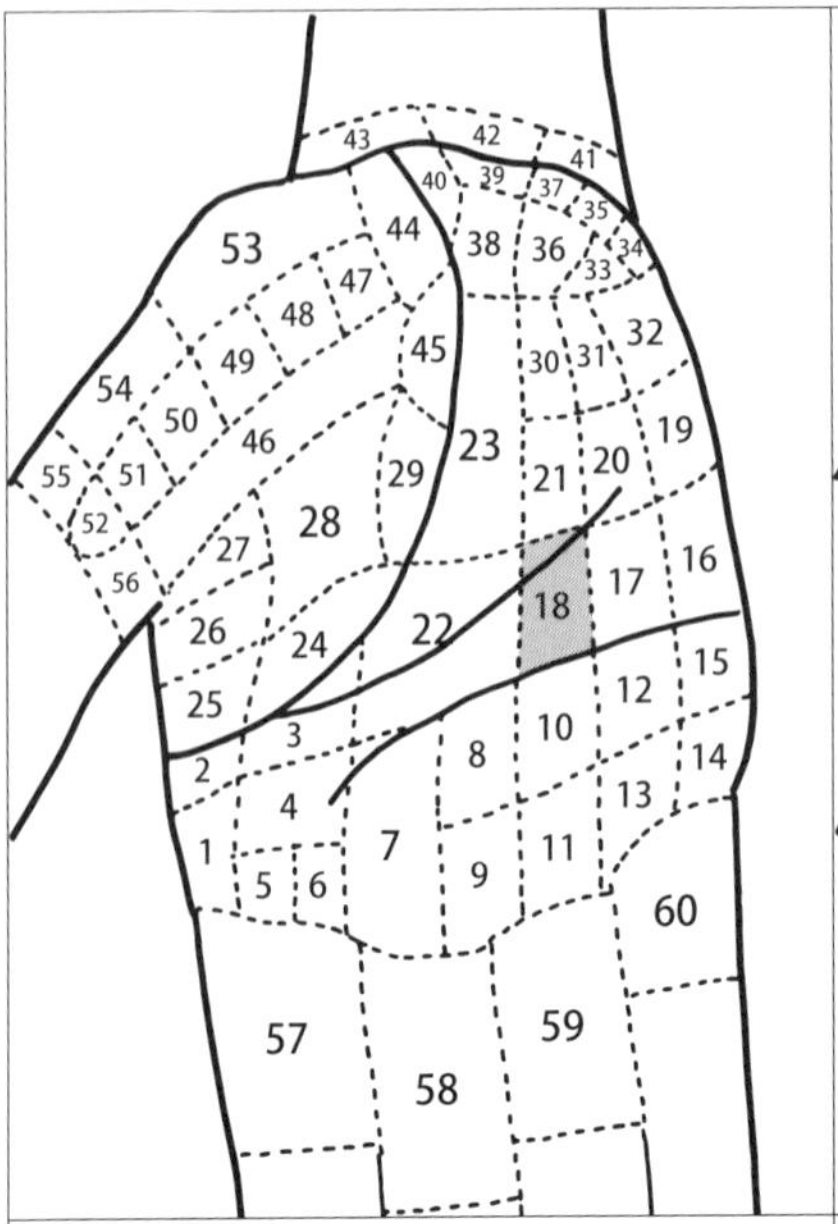

18

十二宮の「貌宮」と中央の「明堂」と共有する部分。

願望や希望がその人の運気に合っているかを見る場所である。

入社試験や大学受験などの当否はここで見る。

失業している人は、ここより10・11と薬指の方に白色美色が昇れば、職は決まる。

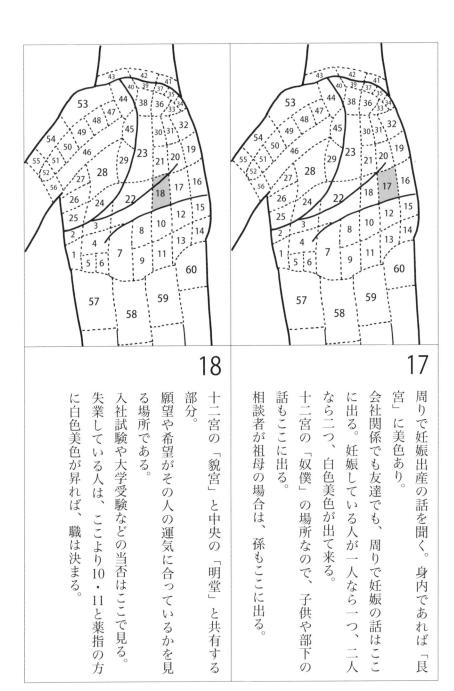

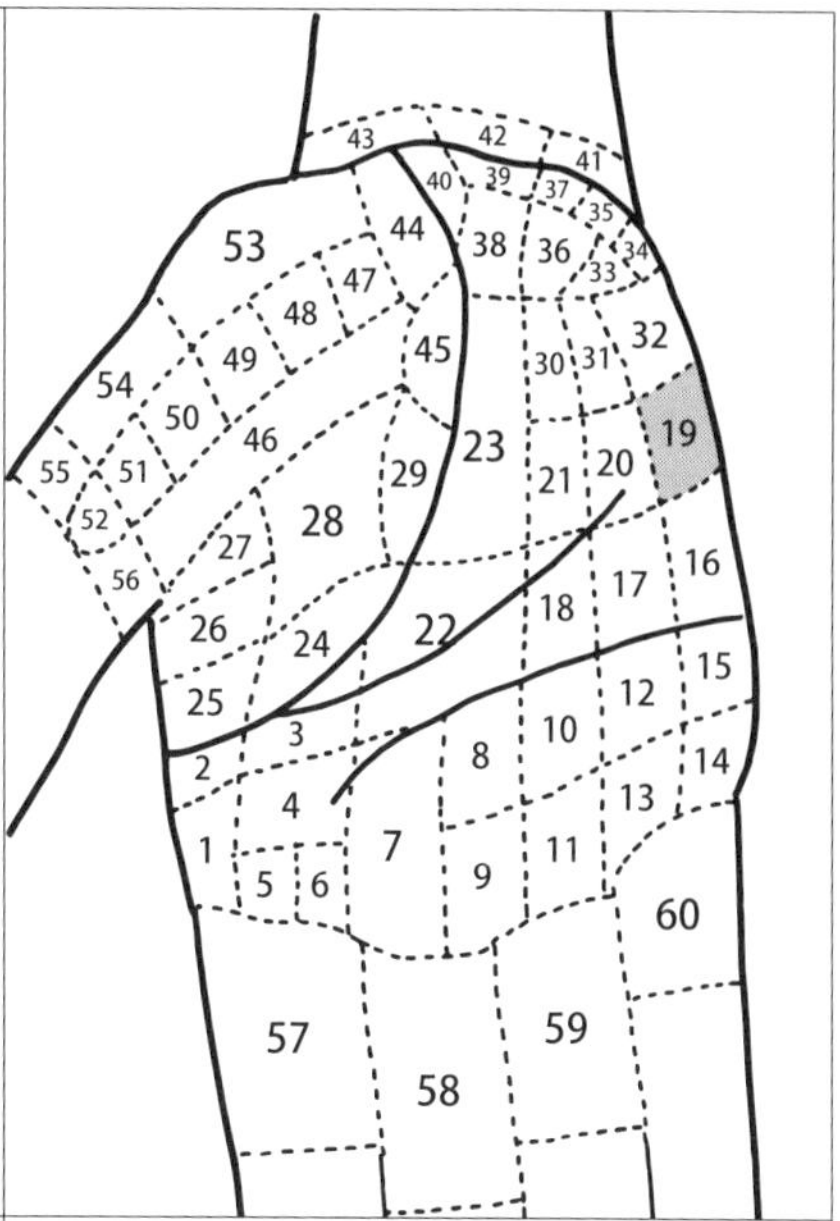

19

イベント事や飲食などの連絡のやり取りが出る。

この場合は、31から白い気線を引いて出る。

男女の連絡のやり取りもここに出る。

別れた男性の未練もここに出る。蒙色でボーと出る。

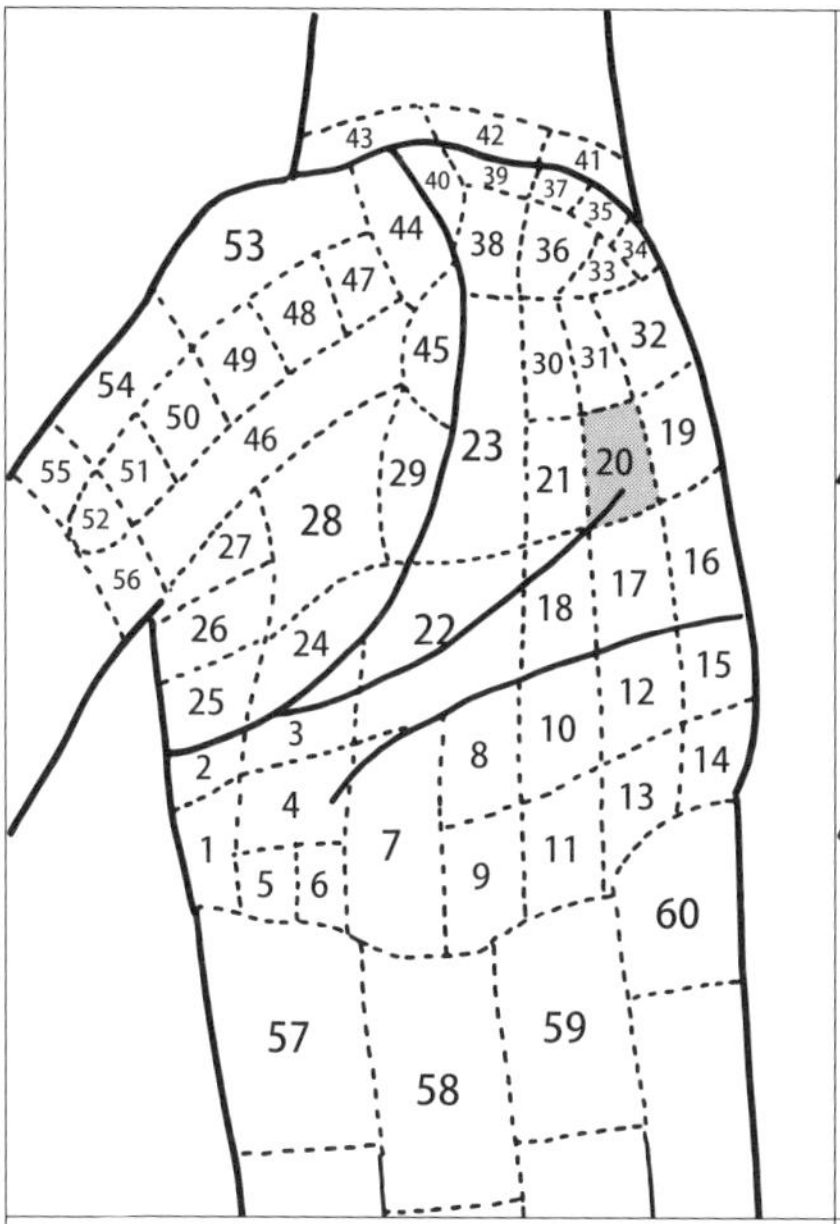

20

「乾宮」の上部にして、十二宮の「貌宮」と「官禄」を共有している。

仕事上の目上の人や大きな団体との関りを表す場合と、次の仕事や展開の思惑がある時は、ここに何らかの色が出る。

白色美色なら調うし、暗滞蒙なら調わない。

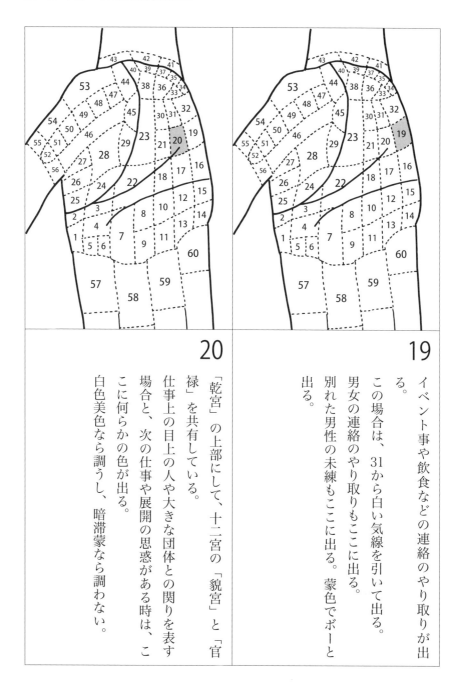

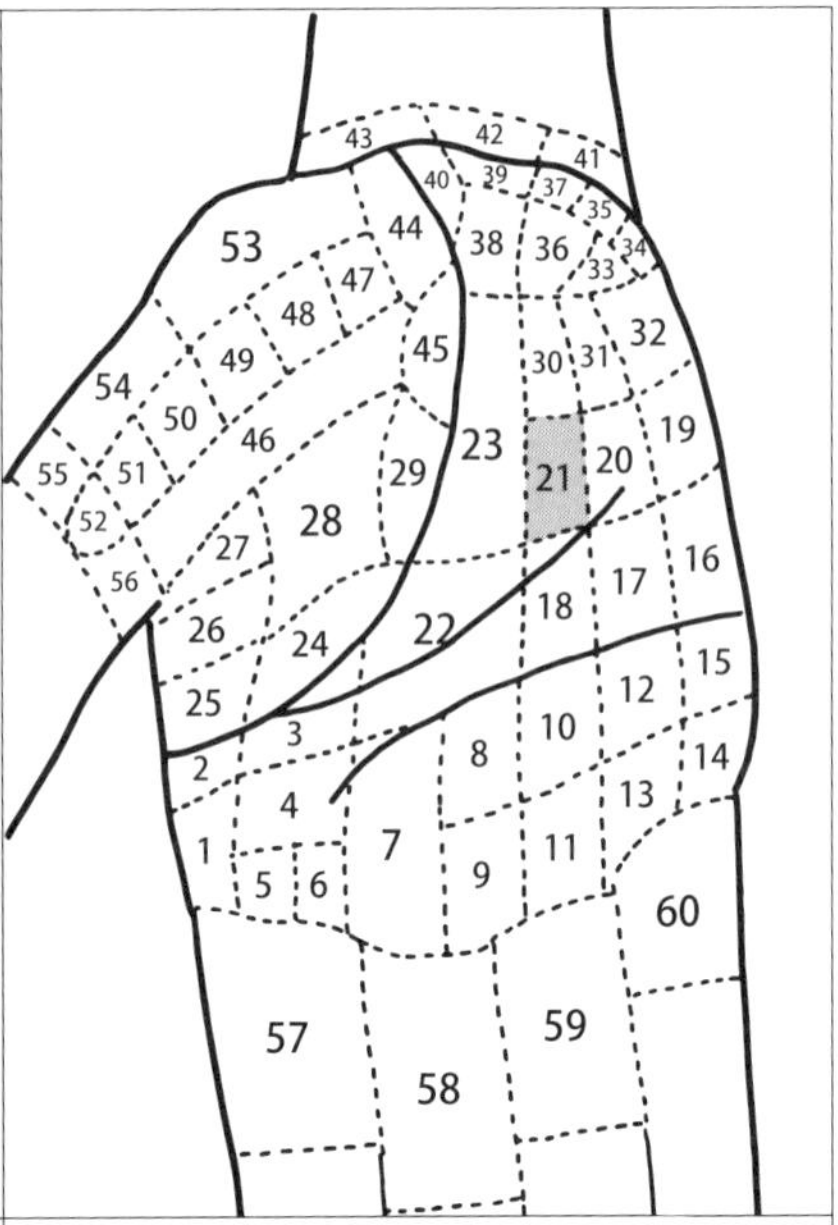

21

十二宮の「貌宮」と「明堂」と「官禄」を共有しているので、運気に直接的に関係がある。全体的に白色で美色なら運気も良く、仕事の流れも順調である。

また、「乾宮」の上部なので、上司との関係もここで見る。

白色美色は良好であるが、赤暗色では上司に対して不信がある。

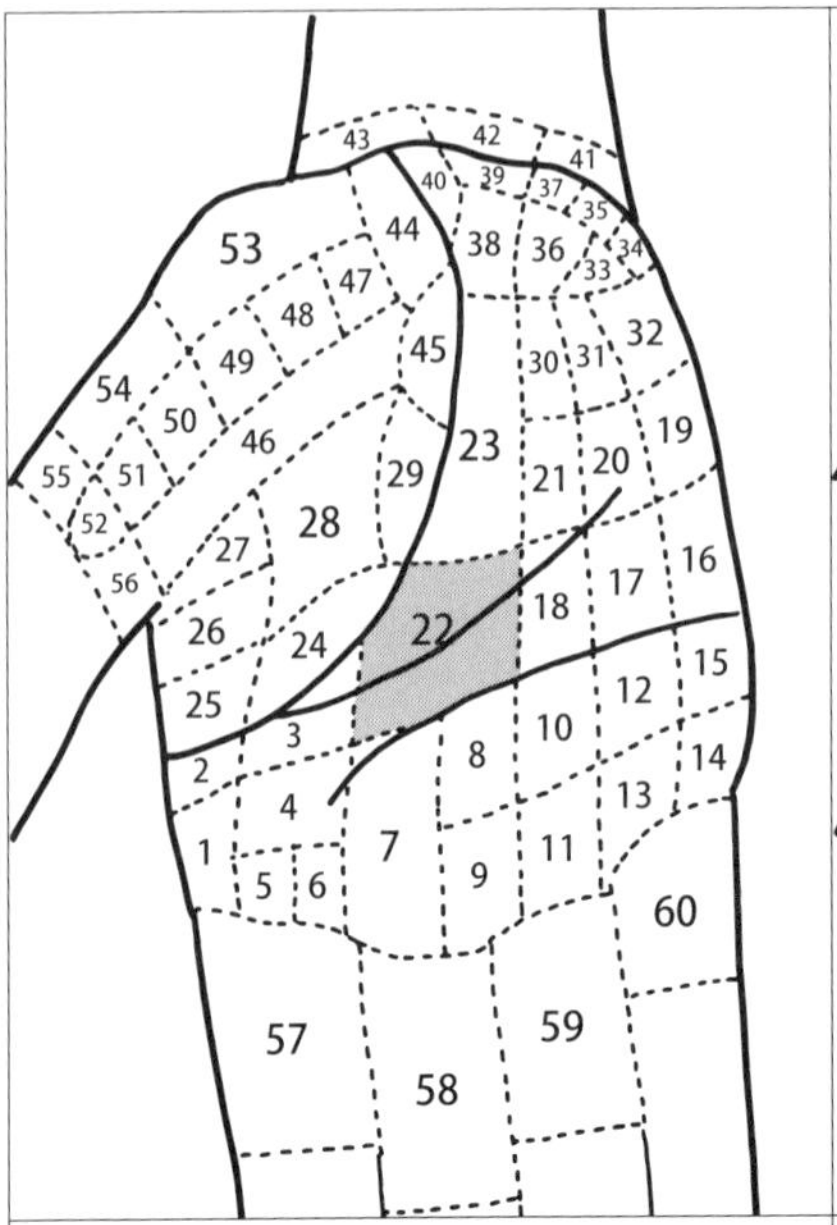

22

「明堂」と「離宮」の中間にあって美色がある時は、運気が良好である。またここは、「福徳」とも接しているので、人気や評判などが出て来る。感情線の下であり頭脳線の上で両方に挟まれているので、理性や感情の機微が出やすい所。投機の話や仕事上のチャンスなどもここに出やすい。暗滞蒙の色は、自分の計画に邪魔が入って反対される。

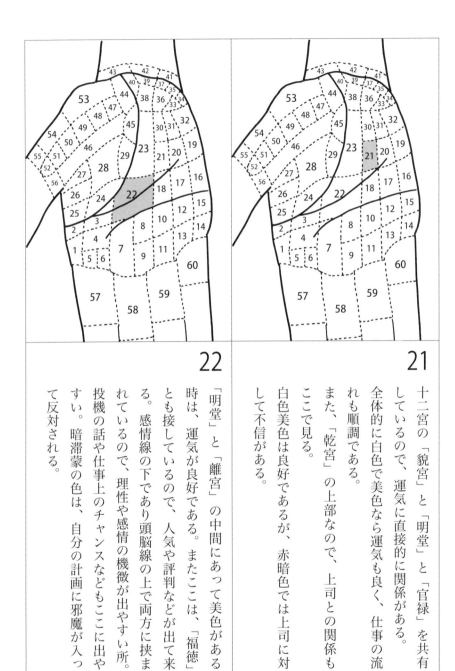

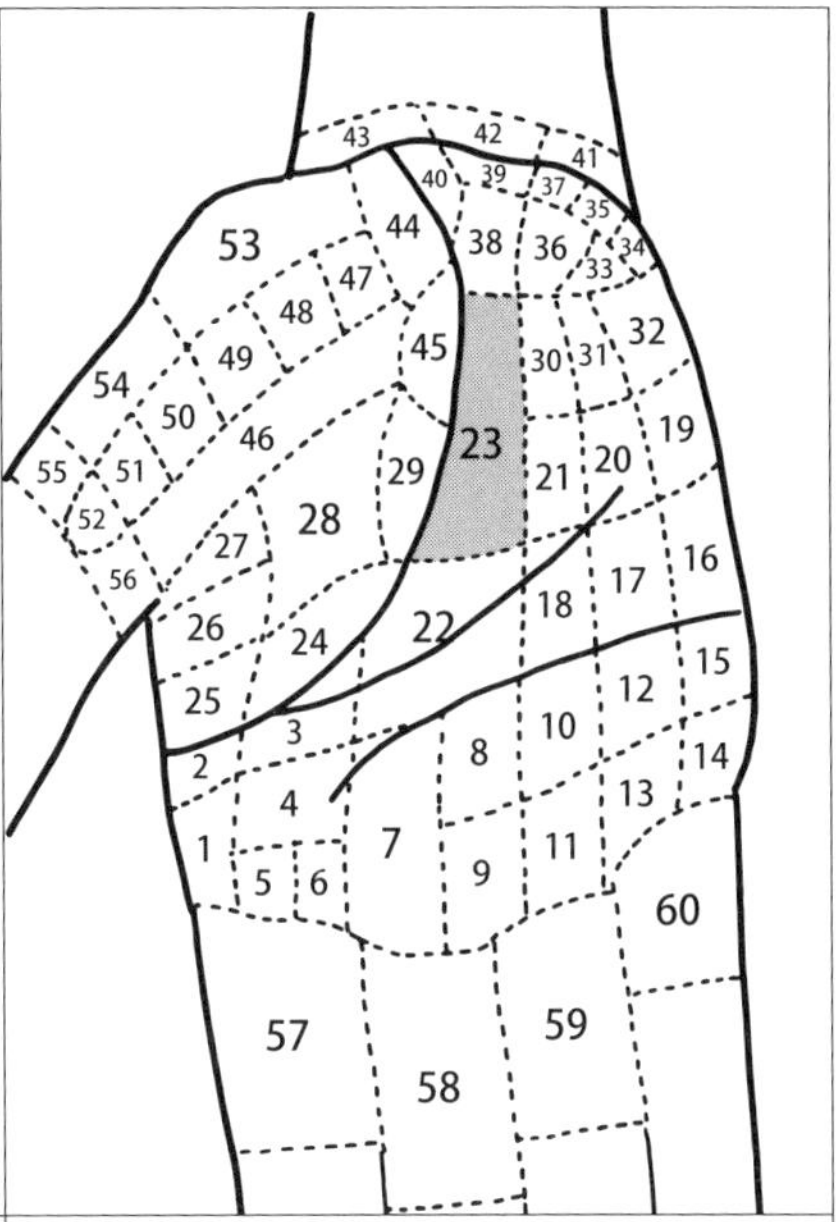

23

「明堂」である。大きな気の流れの出る所。

「坎宮」は、先天は「坤宮」であるし、「離宮」は、先天は「乾宮」である。この場所は「坤宮」の大地と「乾宮」の天との真ん中にあたる。

小さな望み事は「離宮」で見て、大きな望み事は「明堂」で見る。「坎宮」にある「命宮」より「明堂」に昇り「離宮」に至る。白色や美色は、運を開く時である。

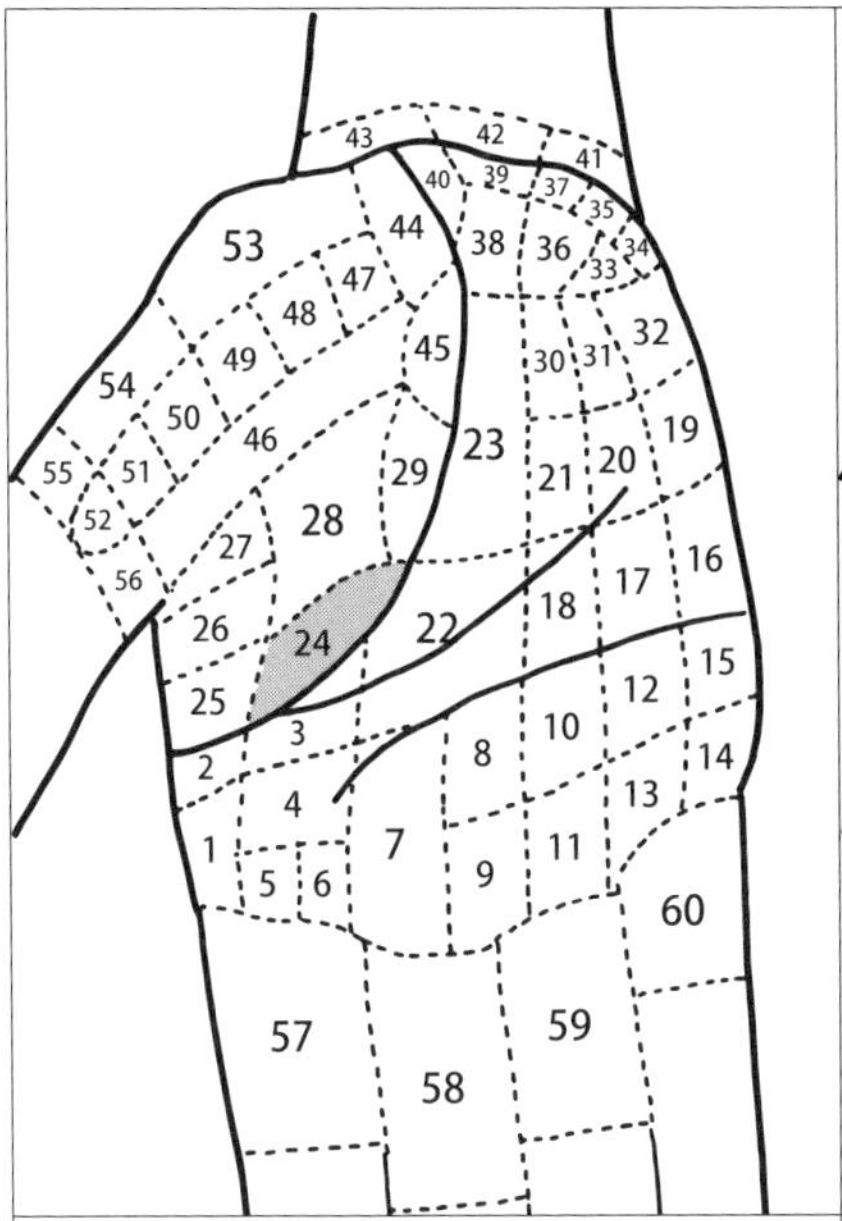

24

仕事仲間や身近な友達との関わりが多く出る。イベントや飲食の話、旅行の計画はここに出て来る。

「艮宮」の家族が、「震宮」の友達と「巽宮」の旅行に行く。

身内の喜び事や自分の結婚なども、美色として出て来る。

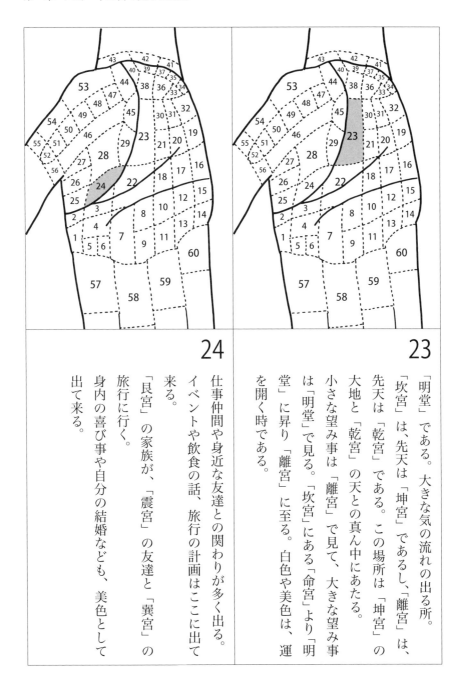

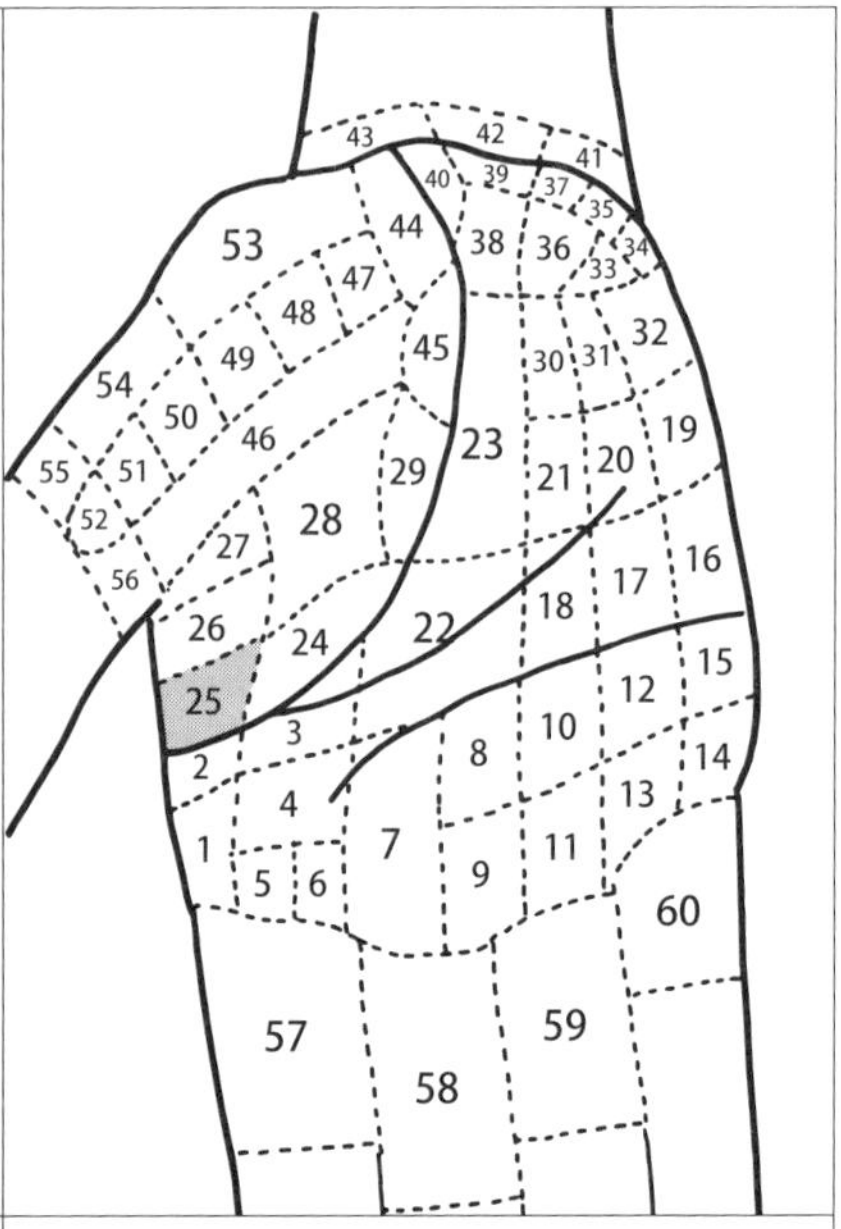

25

頭脳線の下に当たり、何がしかの計画事がある場合や、現実に進行している事があれば、白色気色の色がある。

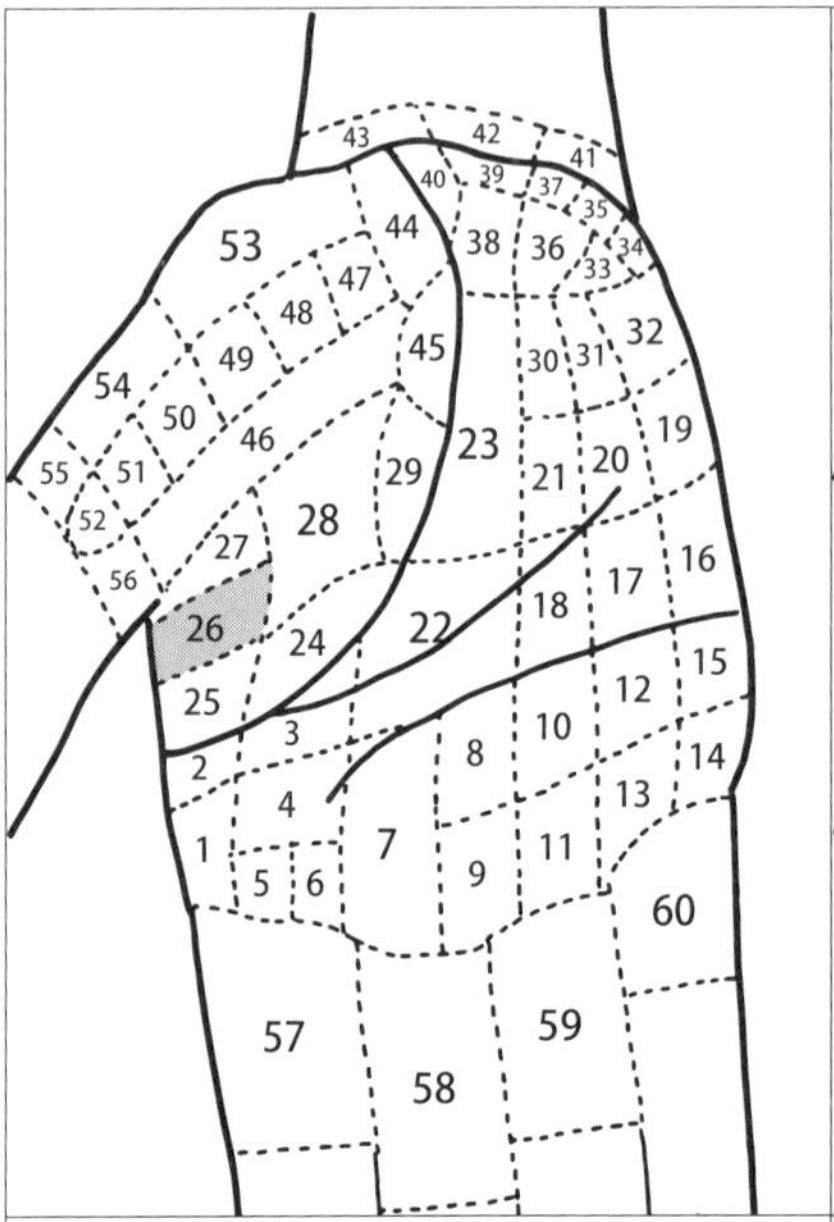

26

「龍宮」（百五十四頁参照）の裏に当たるので、ツキの有無を見る。大きなツキの流れではなく、目先の流れである。ここに肉があれば、長生きであるし、優しい人である。

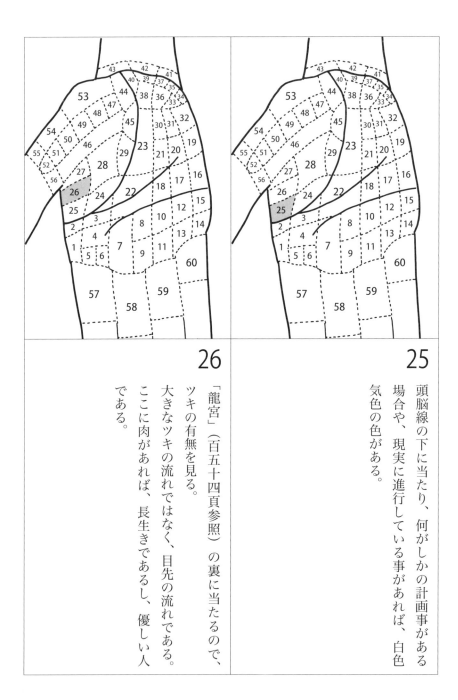

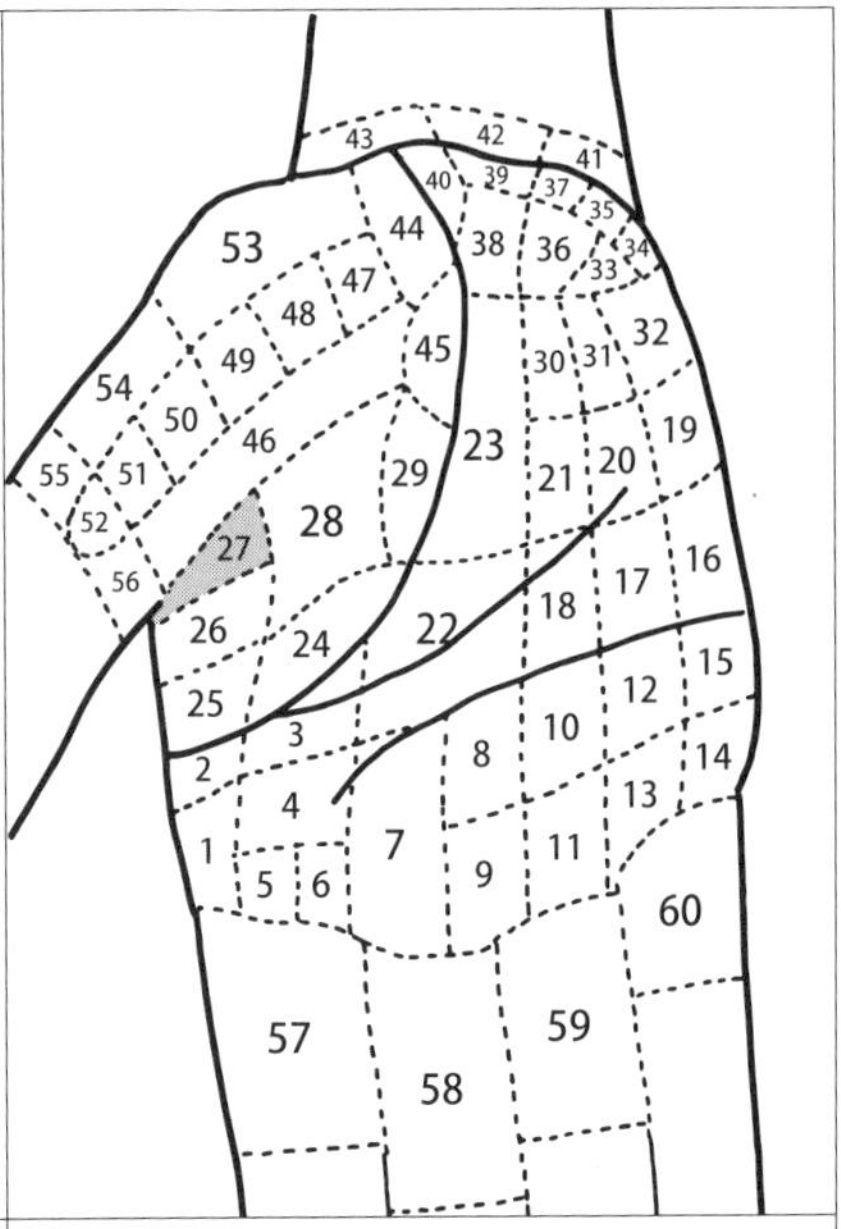

27

ここは「震宮」ではあるが、妻の事について出て来る。
妻がいない人は、彼女の事が出て来る。
白色美色ある時は、妻の妊娠などの喜び事がある。
暗滞蒙は、妻が病気か、妻と不和の時である。

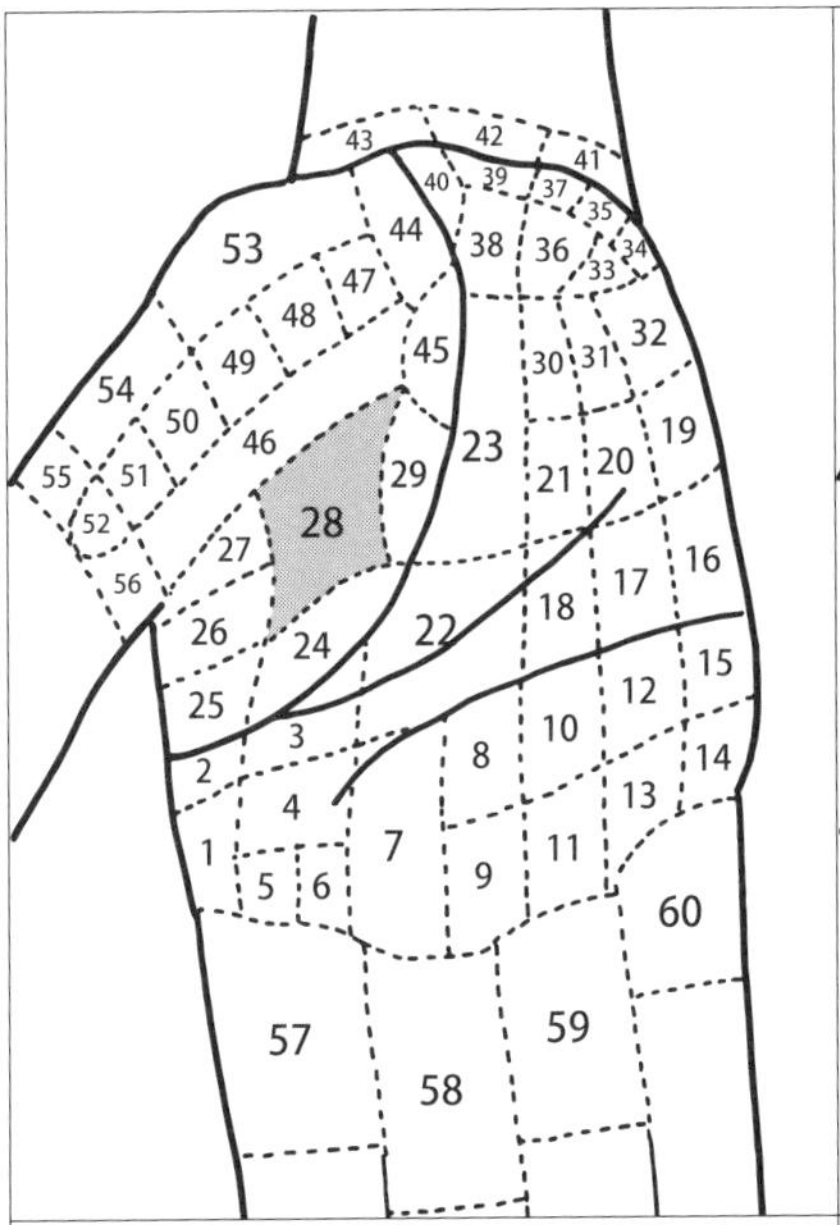

28

ここは、27と同じく、妻の機嫌や健康などを見る。
赤色ある時は、妻が怒っている。
妊娠している時は、24までが白くなる。

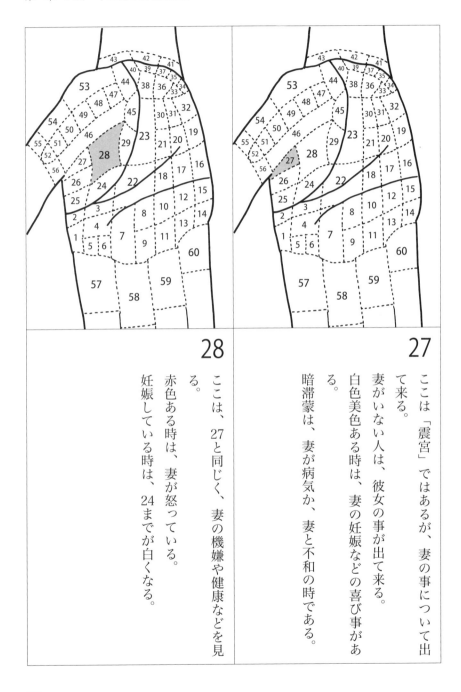

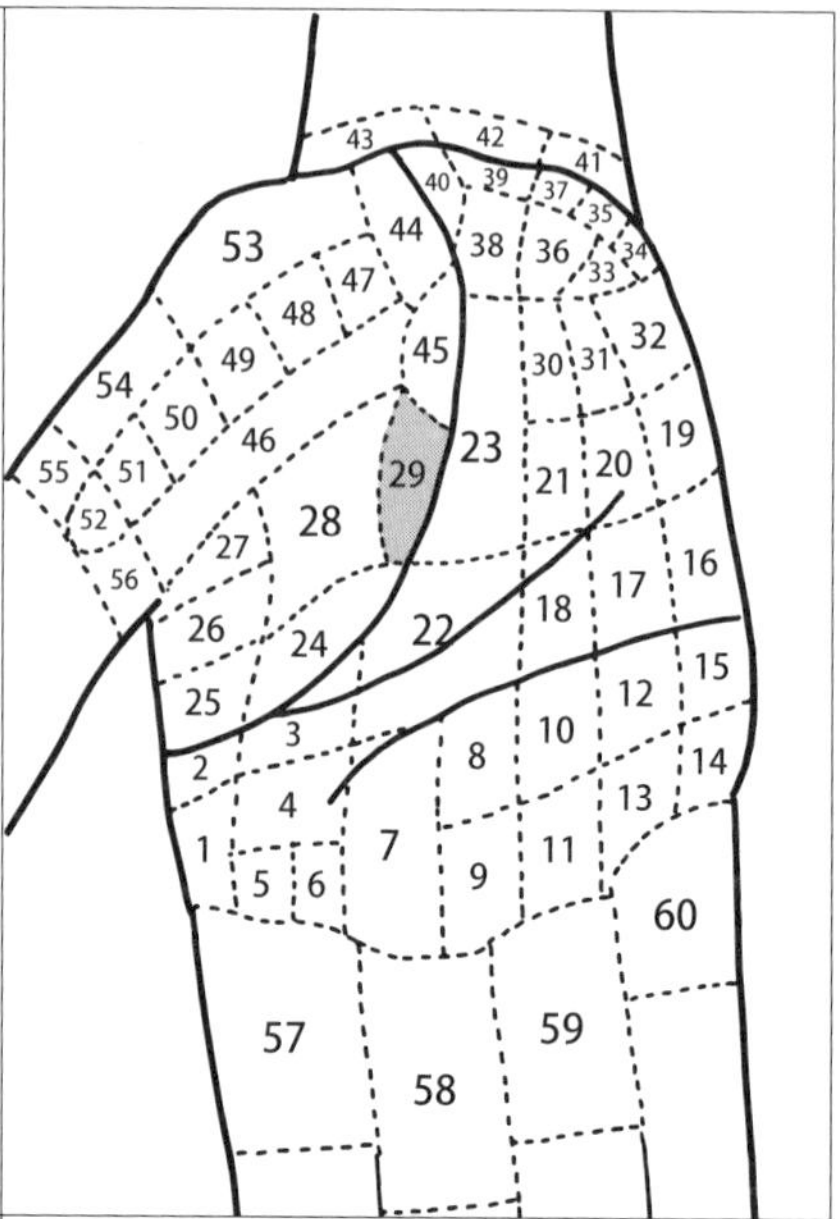

29

「明堂」との関わりから現状の運気を見る。

交友の場所なので、友達の事が出て来る。

45の「疾厄」の隣にあり、長期に及ぶストレスは、「疾厄」だけでは収まらず、ここまで暗滞蒙の気が出て来る。

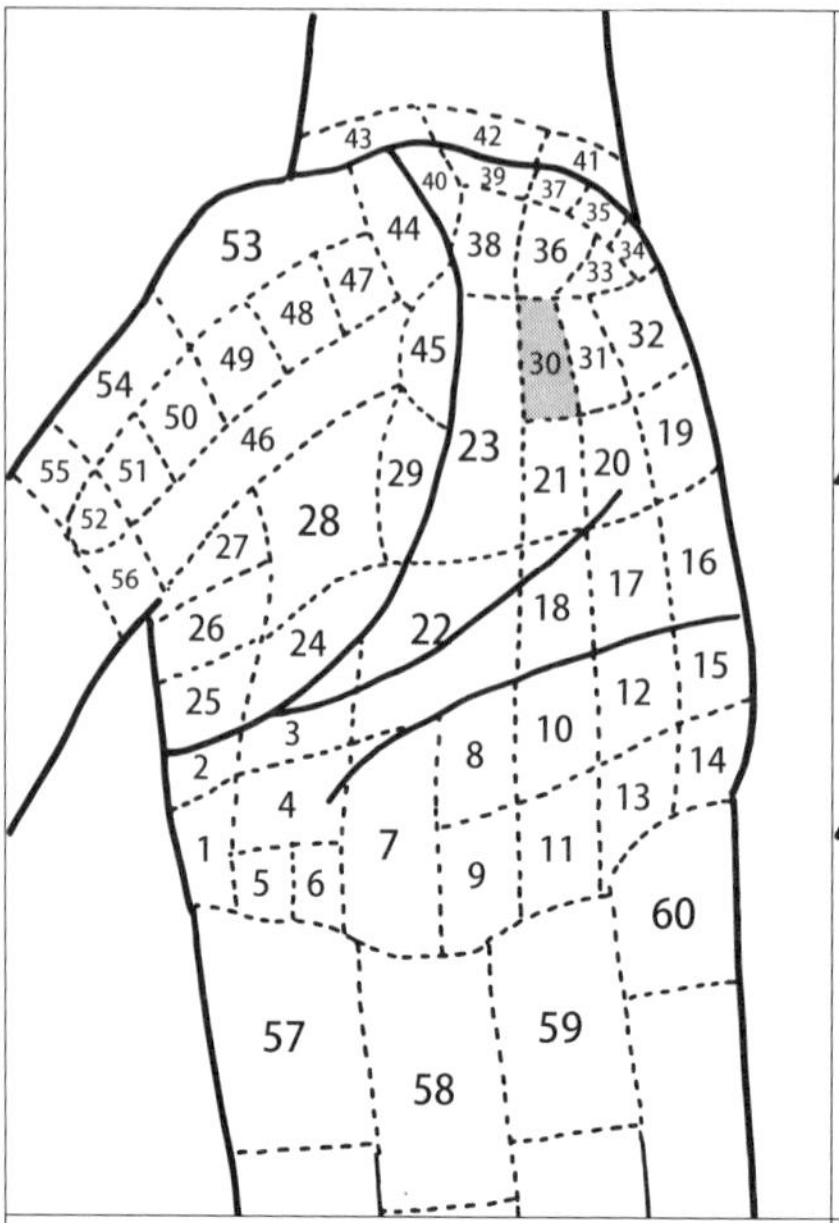

30

「命宮」の上部なので、ほとんど「命宮」の役割をする所。

「官禄」と接しているので、会社での自分の立ち位置が見える。

白色美色なら、会社における自分の評価は良い。

暗滞蒙なら、人間関係で悩む。会社の財務内容も出る。

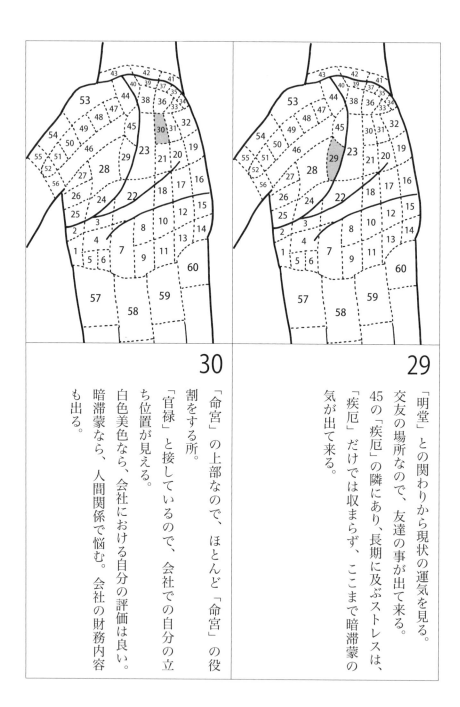

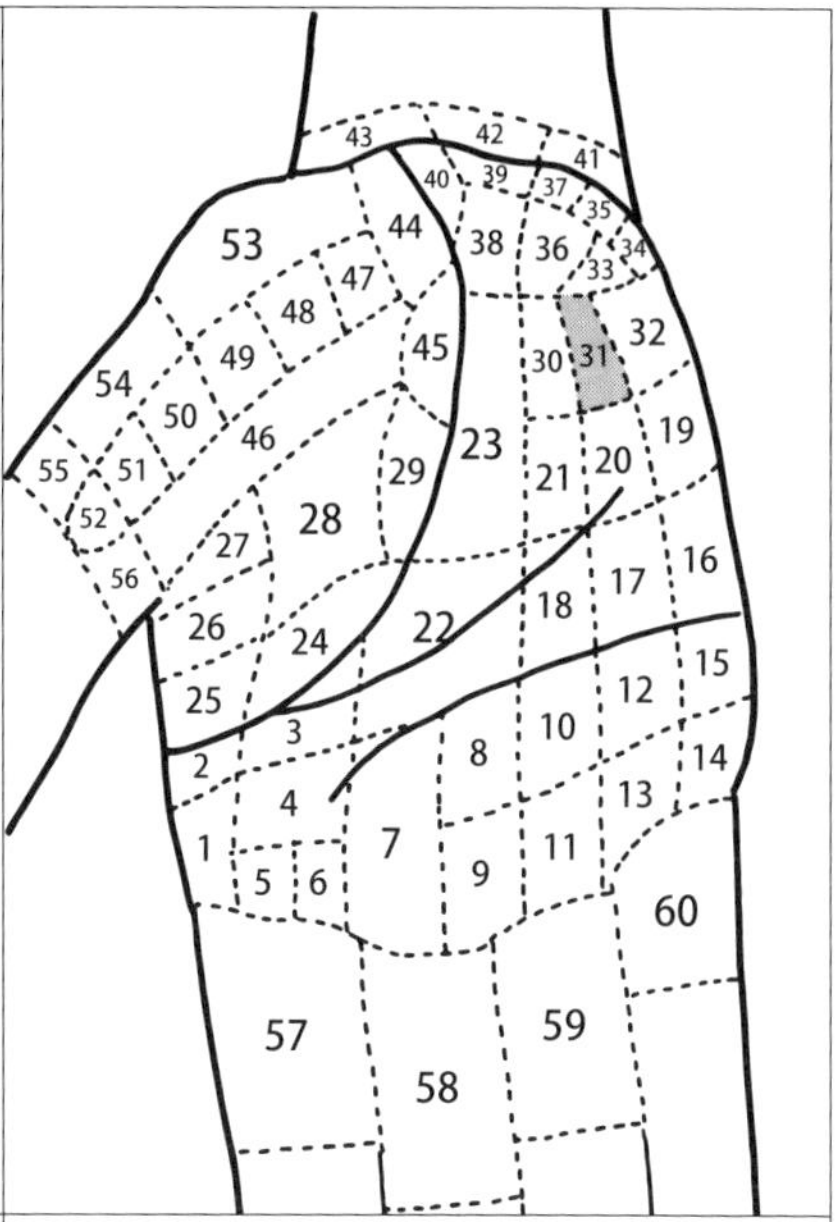

31

「乾宮」の中心の場所。仕事関係の人間関係が出て来る。
「官禄」の20が上司に当たる。後輩は33の場所である。
合う、合わないは色で見る。

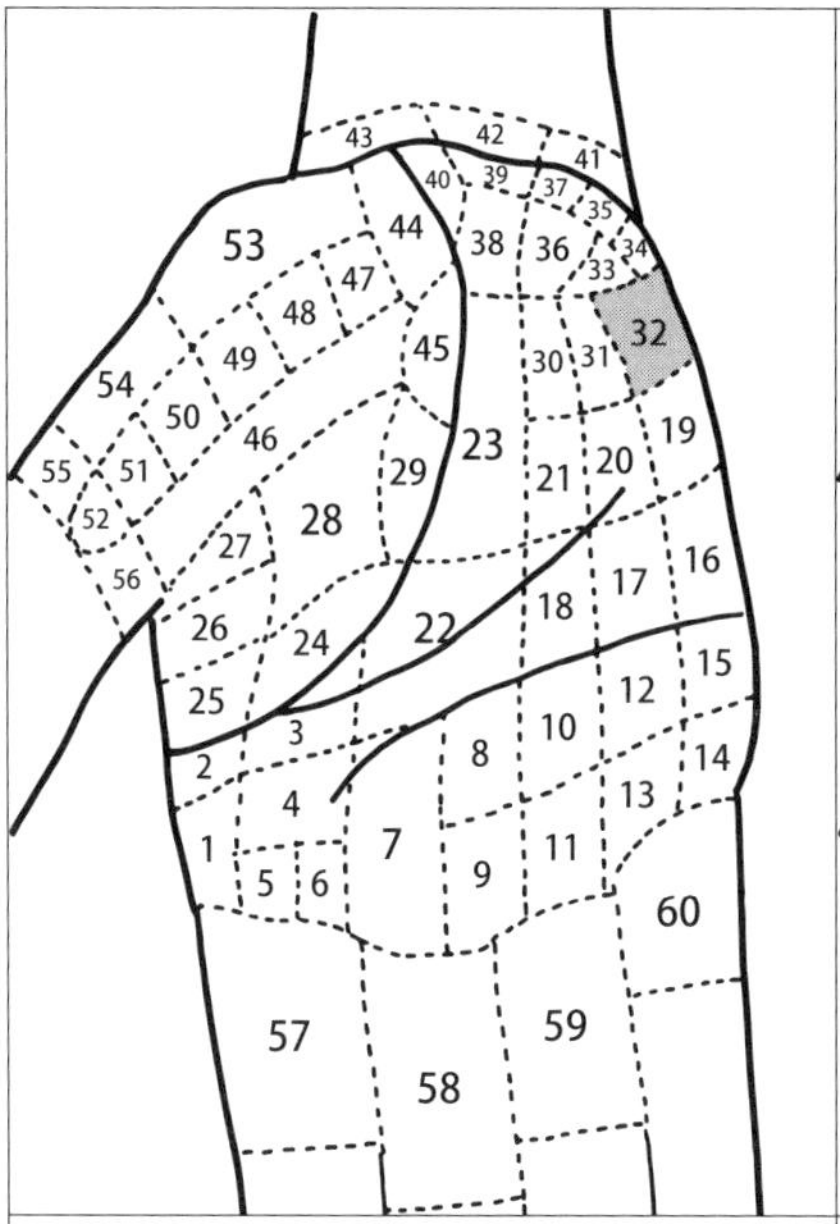

32

役所や税務署が出て来る。会社では監査が入る時に、暗滞蒙の色が出る。
針で突いたような赤点が出れば、相続や養子縁組の話である。

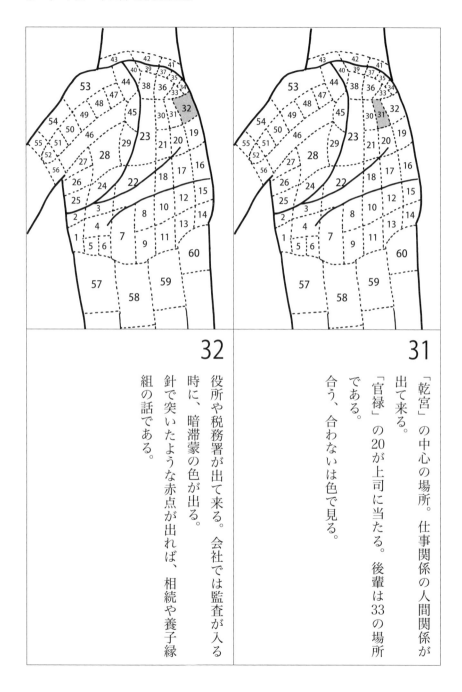

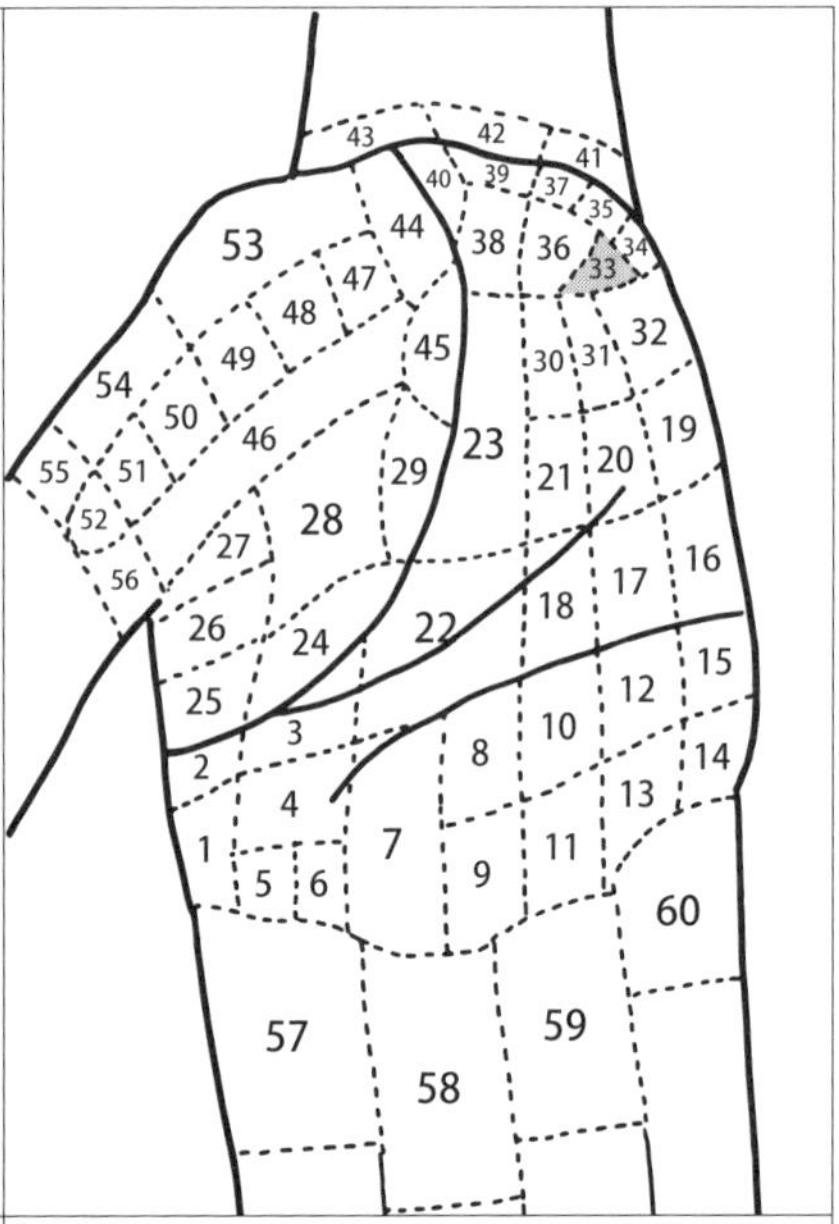

33

会社関係でいえば、部下や目下の人間である。

十二宮の「遷移」と関わるので、旅行の計画や海外に行く時の拠点である。ここを軸に気線が出て行く。

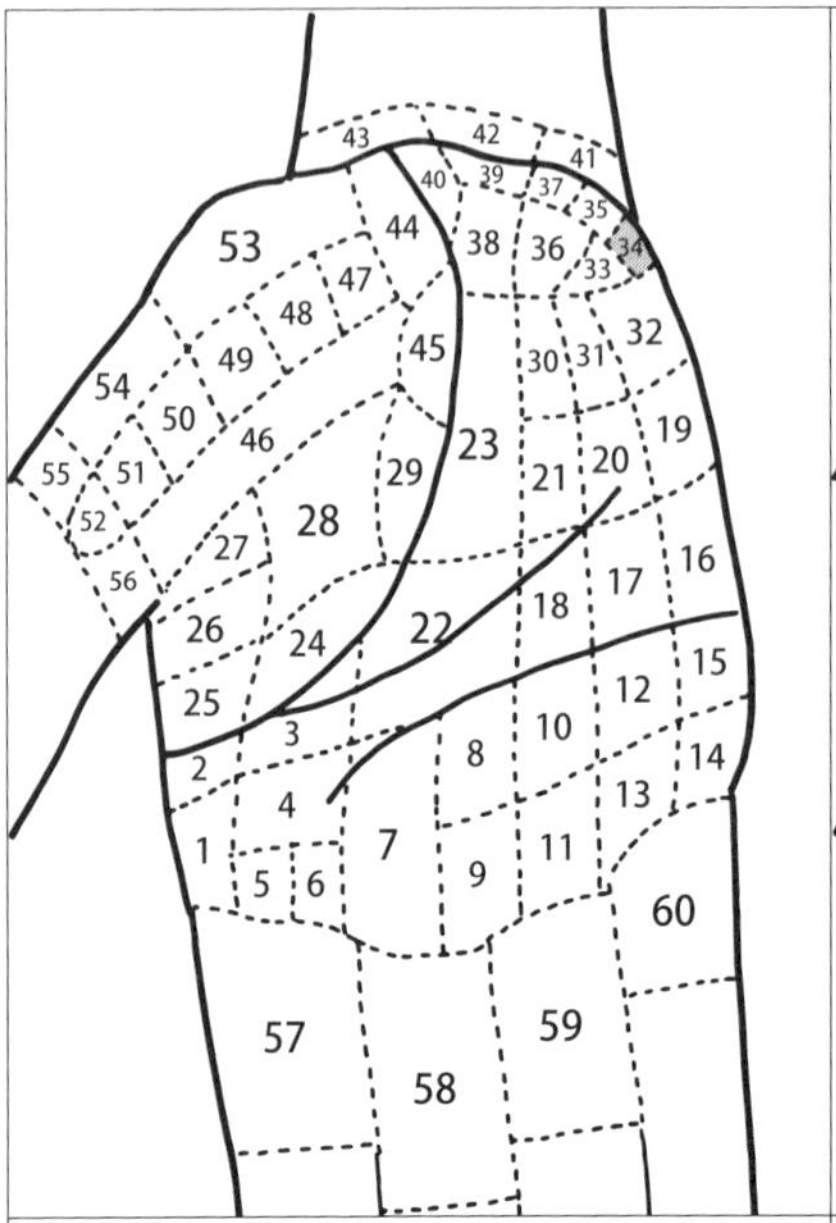

34

海外の渡航である。
33から気線を引く時は、ヨーロッパの旅行である。
白い色がある時は、トラブルも無く行ける。

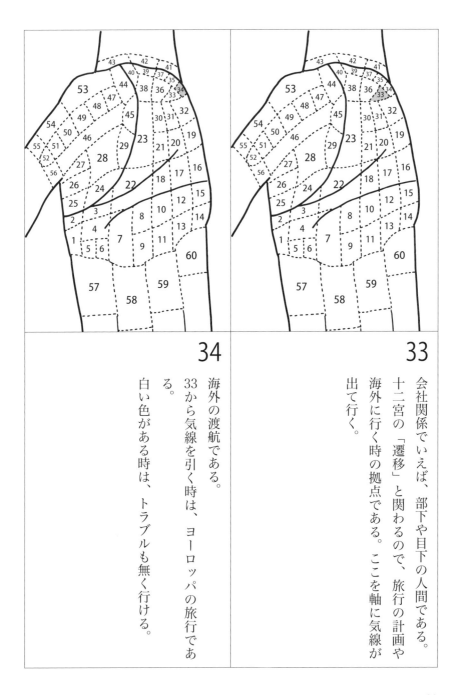

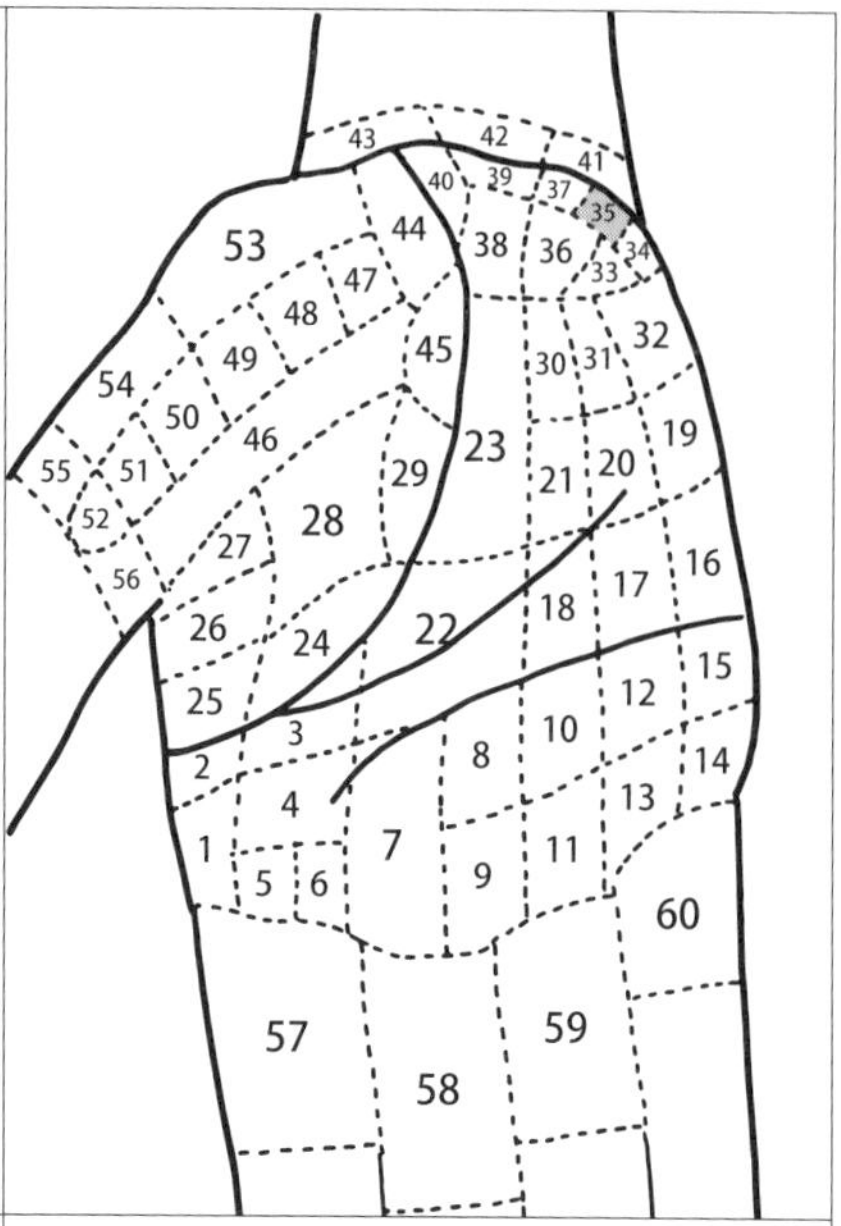

35

オーストラリア方面の旅行は、36から気線を引く。

37の方に寄っている時は、カナダである。

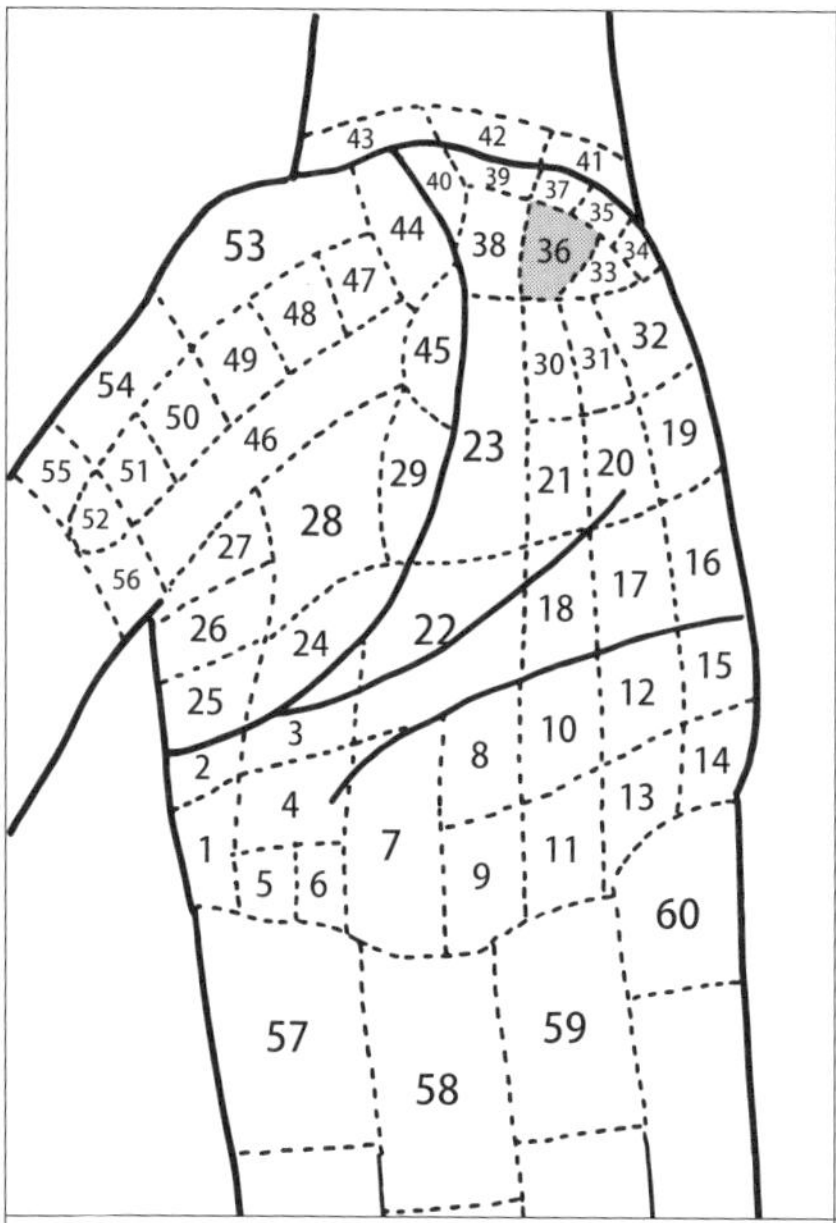

36

十二宮の「命宮」の下部に位置する。非常に大切な場所である。

結婚話が出ても白色美色が無ければ、何事も調わない。

また引越しなどの話も、白色美色が無ければ調わない。

海外の場所では、ハワイ・グァム・サイパンなどの身近なリゾートである。

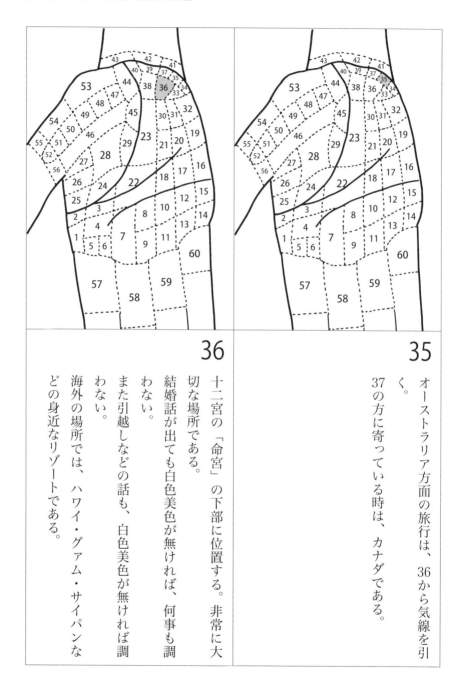

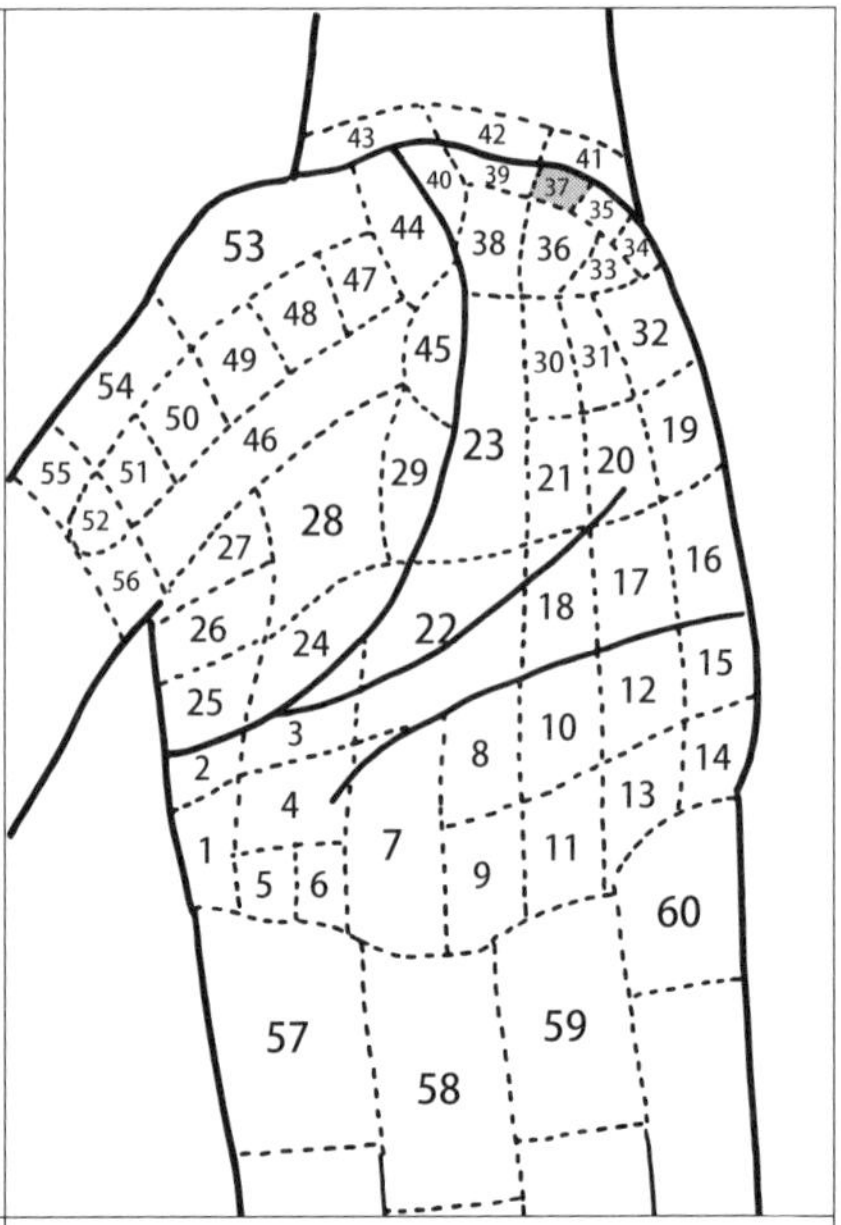

37

アメリカ方面を指す。

36がハワイなので、36から気線を引けば、ハワイ経由でアメリカに出かけるという展開。

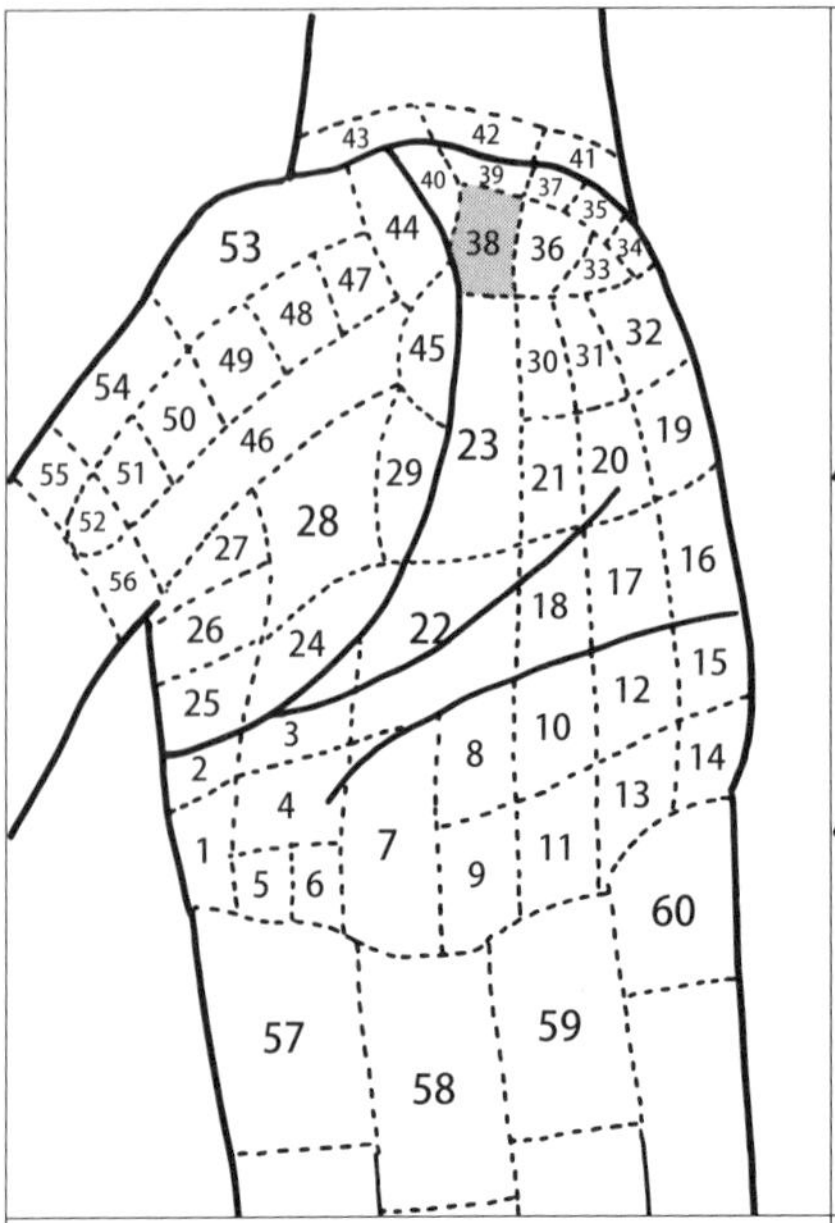

38

自分の引越しの時は、39に白色気色が出る。
「離宮」7にも白色気色が出る。
しかし、「命宮」に白色気色が無ければ、話はあるが最終には調わない。
旅行として見る時は、沖縄に当たる。その時は、7には色が無い。

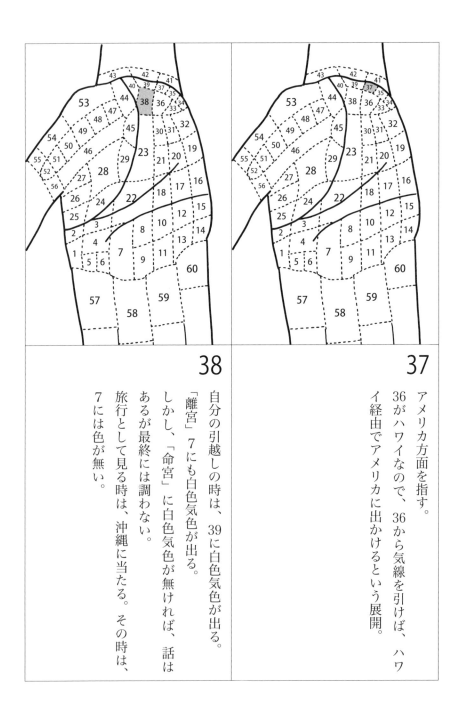

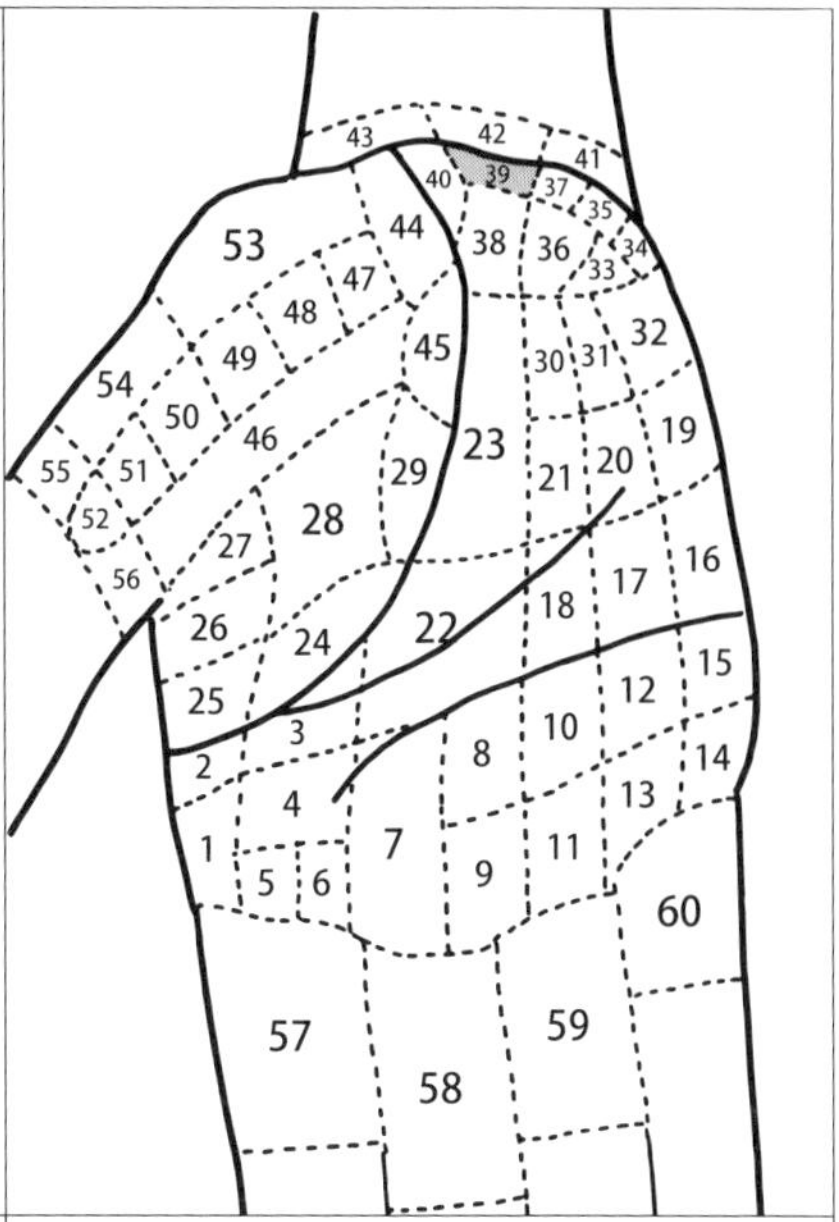

39

引越しの時は、38と同じ。
旅行の場合は、国内の旅行で、沖縄や宮古島より少し遠い場所に行く。

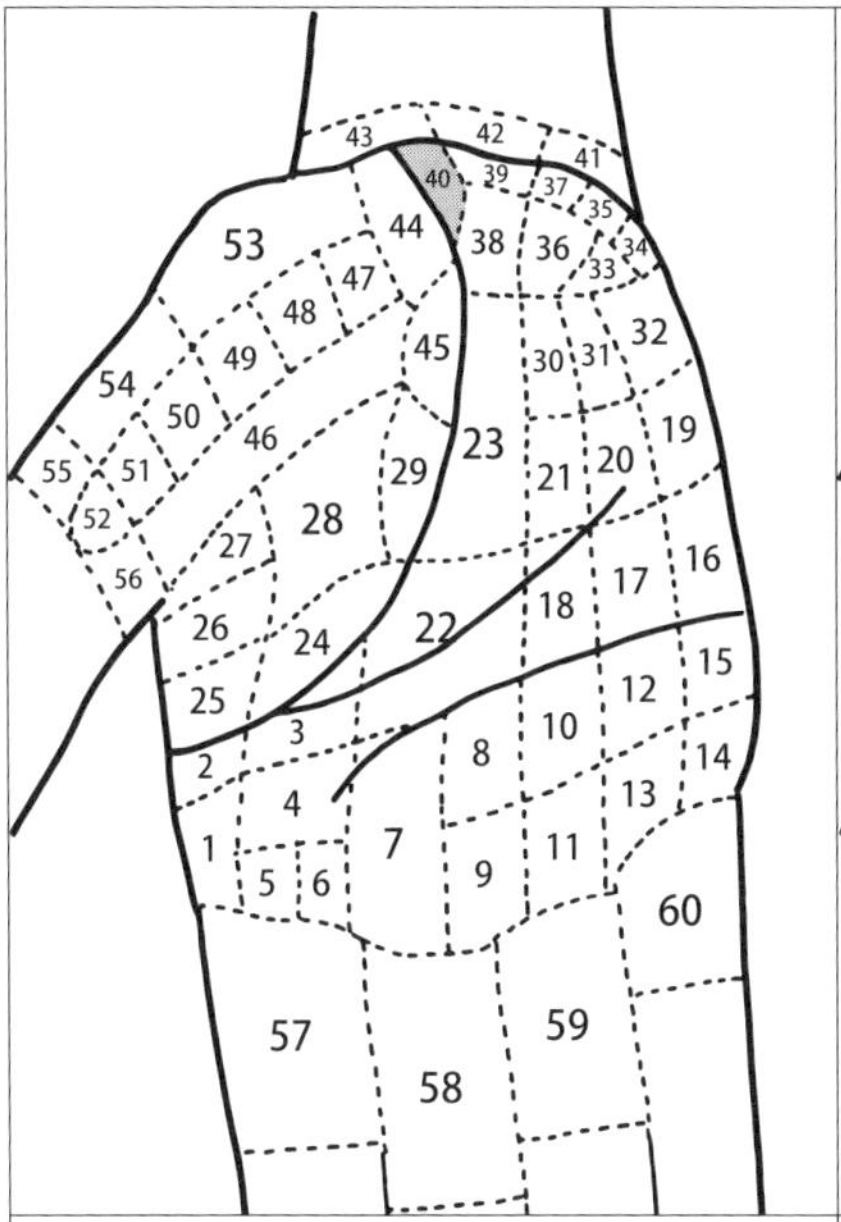

40

友達や知人が引越しや不動産の話をしている。
結婚話が進行中の時は、左手（相手）側の方に強く出る。
旅行は43の方へ向かって気線が出ていれば、韓国の方の旅行である。

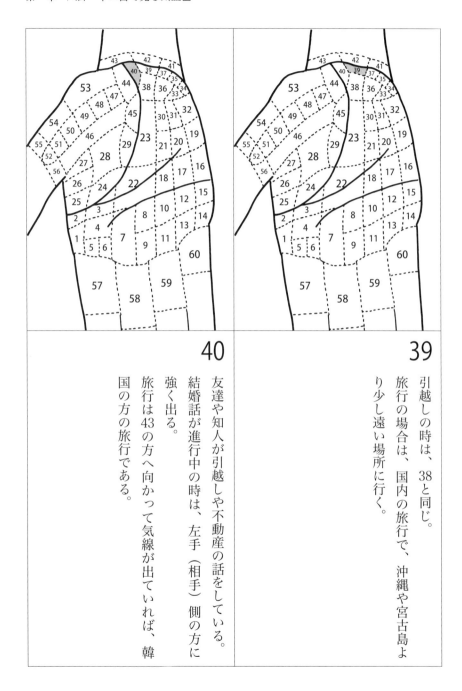

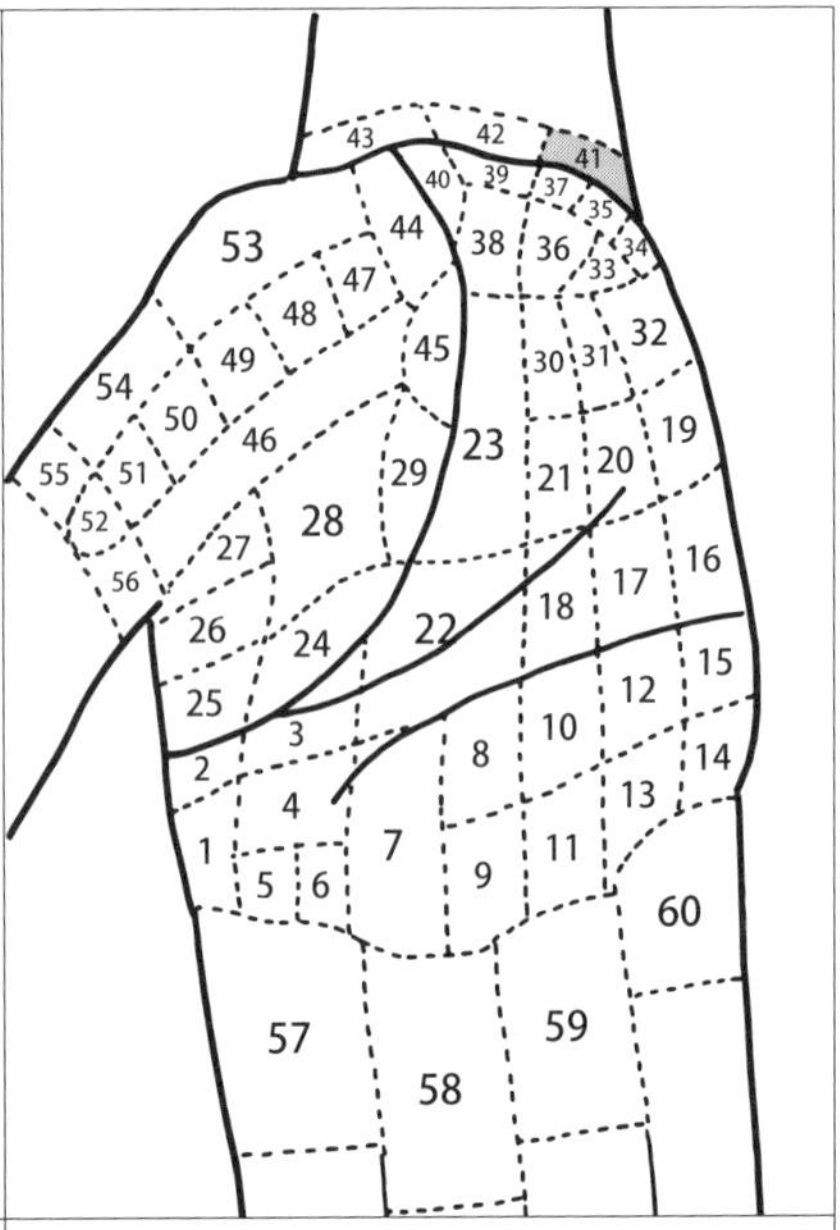

41

海外を表す。

ヨーロッパ・オーストラリア・カナダ・アメリカなど、ここに白色や白点があれば、自分の知り合いが海外に住んでいる。

35を軸に白色気色が流れていれば、今の時点で知り合いが旅行中である。

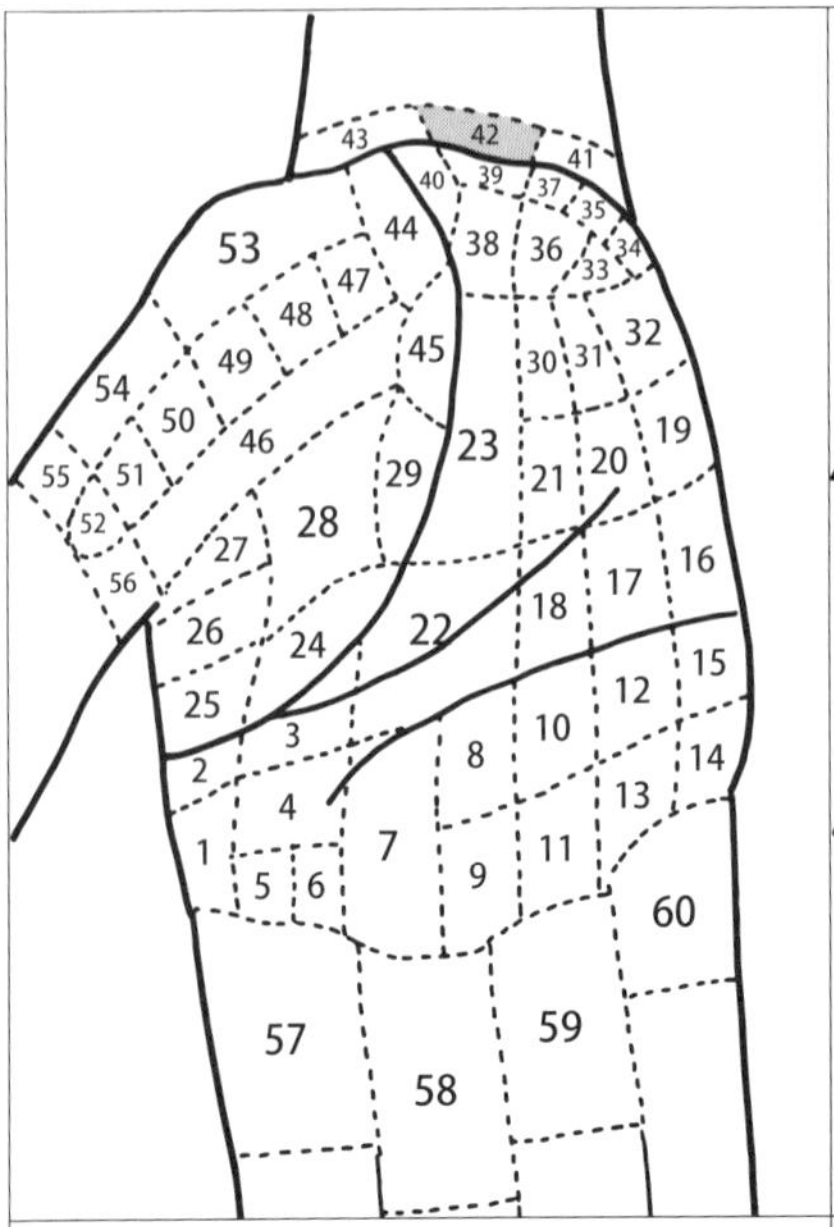

42

宮古島・屋久島・与論島の方位。

ここに白色や白点があれば、自分の知人が住んでいる。黄色や美色があれば、先方は好意を持っているし、赤色なら怒っている。

39から白色気色が出ていれば、知人が旅行中である。

暗滞蒙なら、あまり良い旅行ではない。

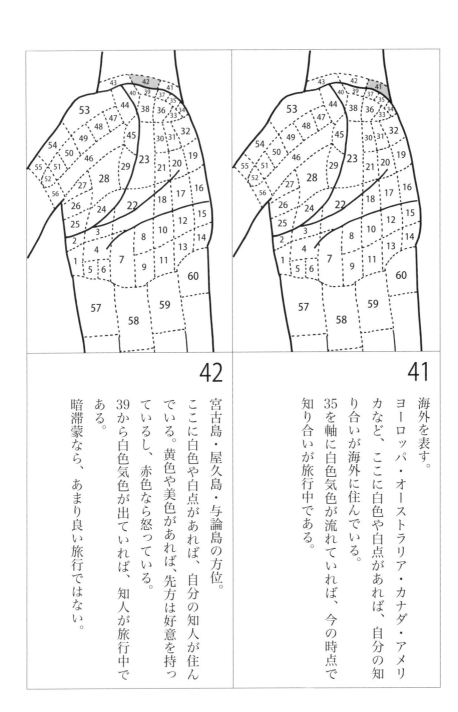

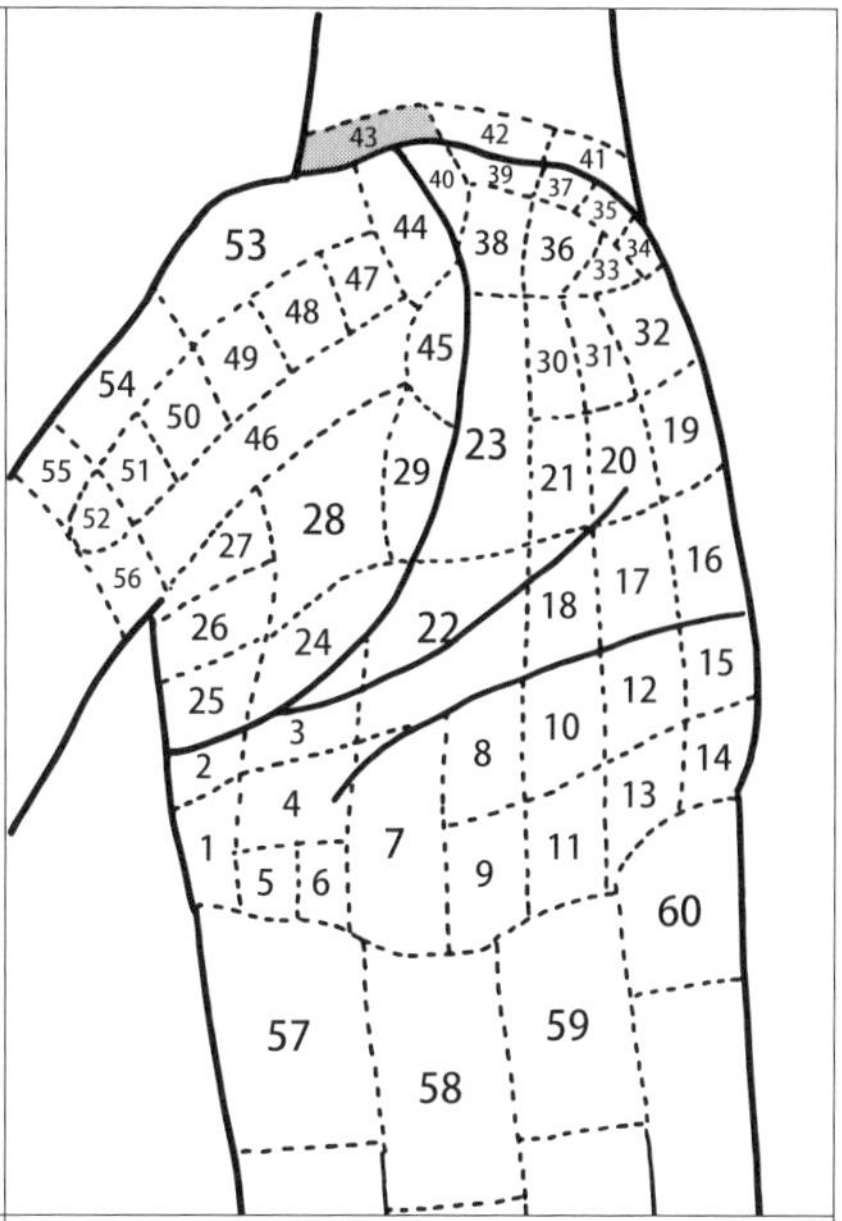

43

海外を表す。主に東南アジアである。白色や白点があれば、自分の知り合いが住んでいる。

黄色や美色がある時は、先方は好意を持っている。赤色なら怒っている。

39を軸に白色気色が出れば、知人が旅行中である。

暗滞蒙なら、あまり良い旅行ではない。

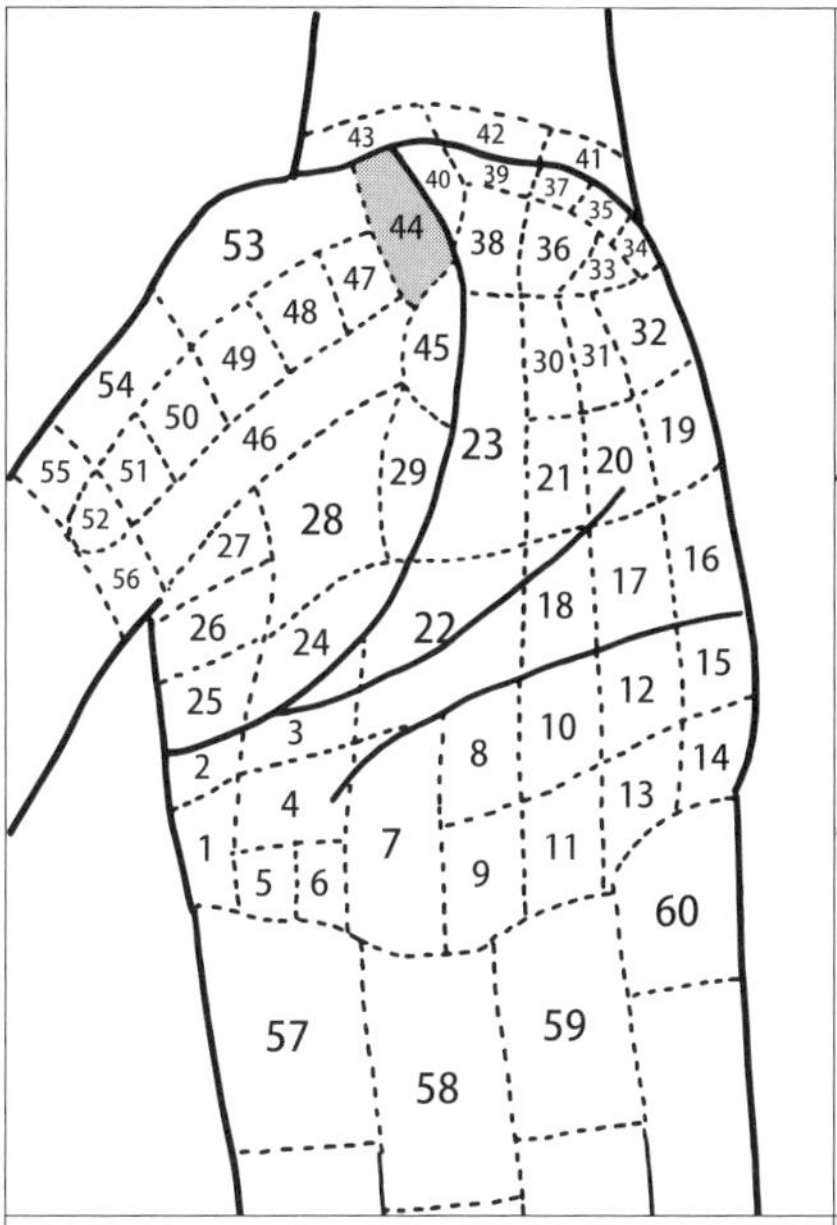

44

この場所から、43に向かって白色気色が出る時、東南アジアに向かっての旅行の話が出て来る。

自分自身が海外に行く場合は、12・13に白色気色の線が出るが、無ければ、周囲の人が旅行に出かける。

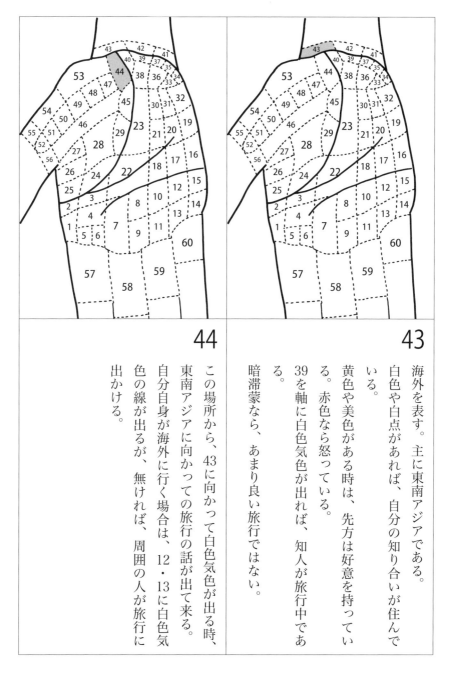

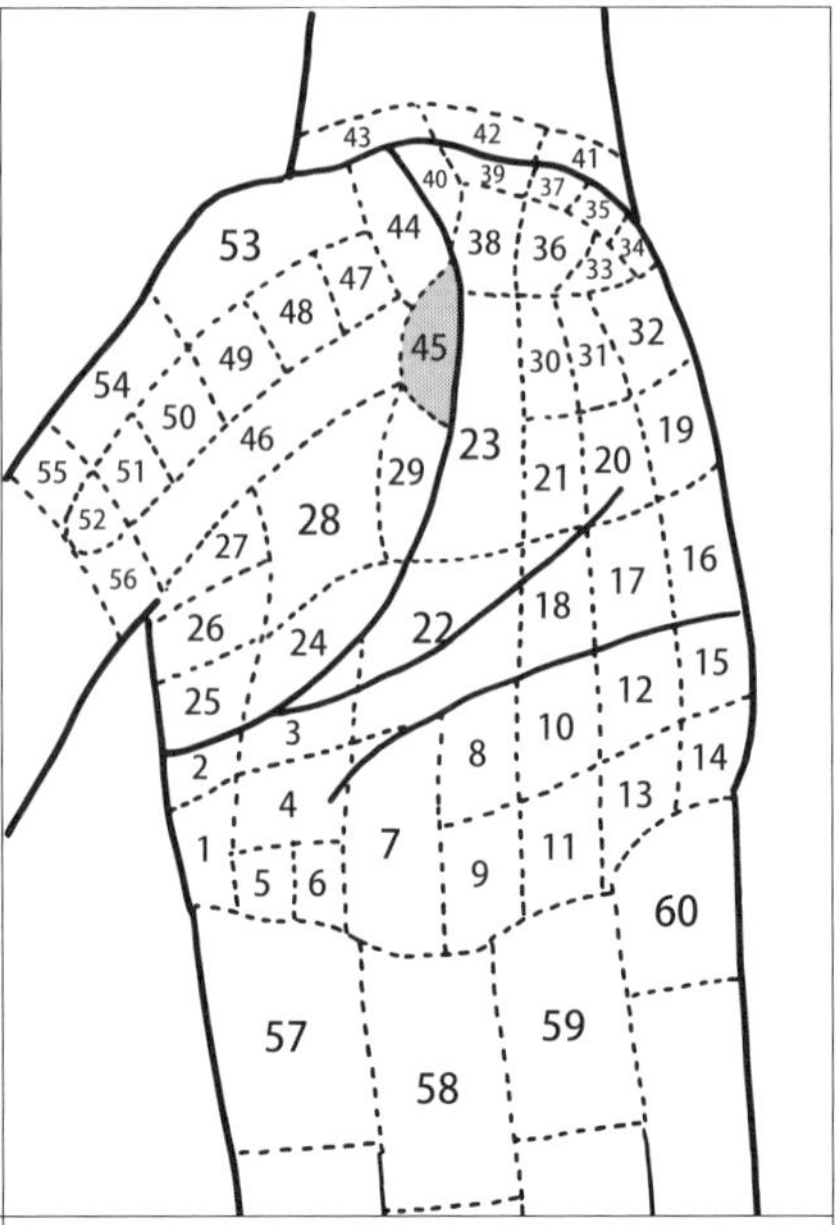

45

十二宮の「疾厄」に当たる。

身体では胃腸に当たる。仕事などで過労が続いてストレスになっていると、暗滞蒙の色が出る。長期に及ぶと、赤暗色の固定色になる。

逆に運気の良い時は、白色にして美色である。

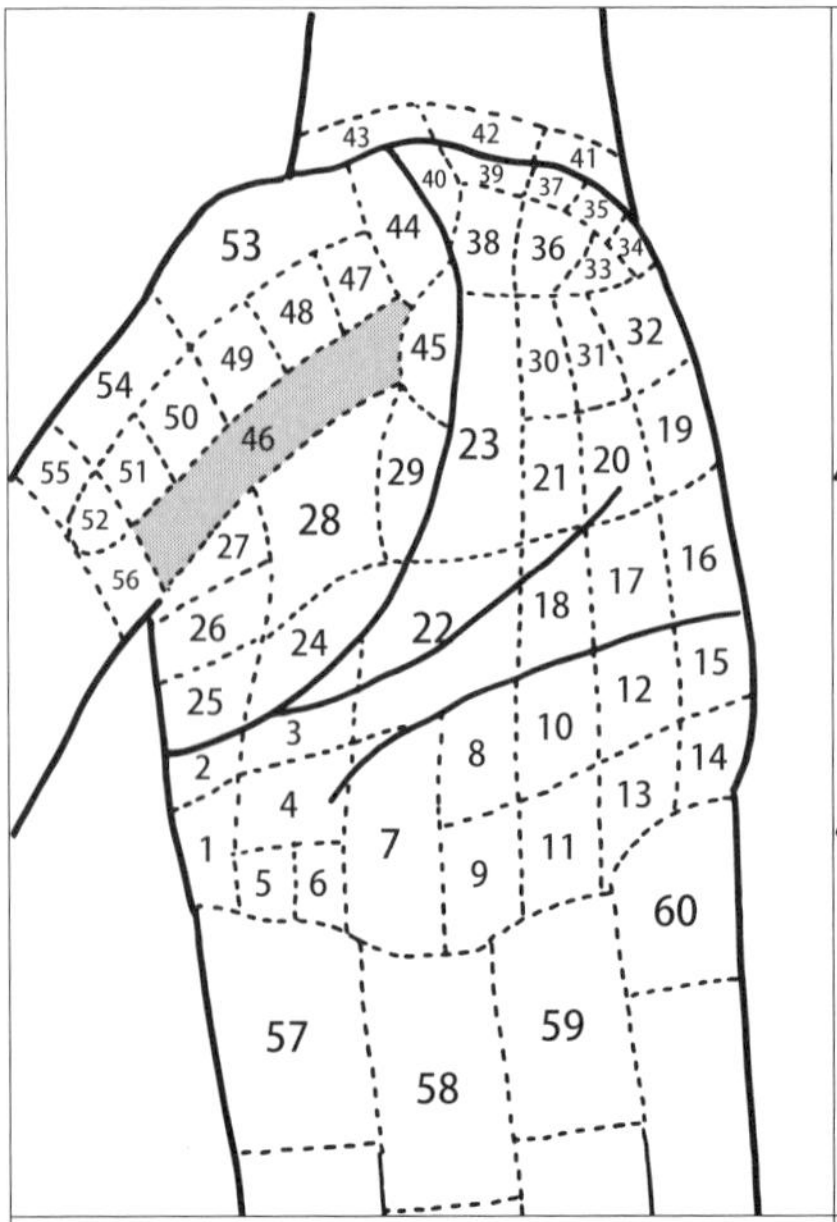

46

「震宮」と「艮宮」に接して、身内や親戚・親類を見る。

法事や年忌があると、ここに暗滞蒙の色が出て来る。

父母が中心なので、50・51と広範囲に色が出て来る。

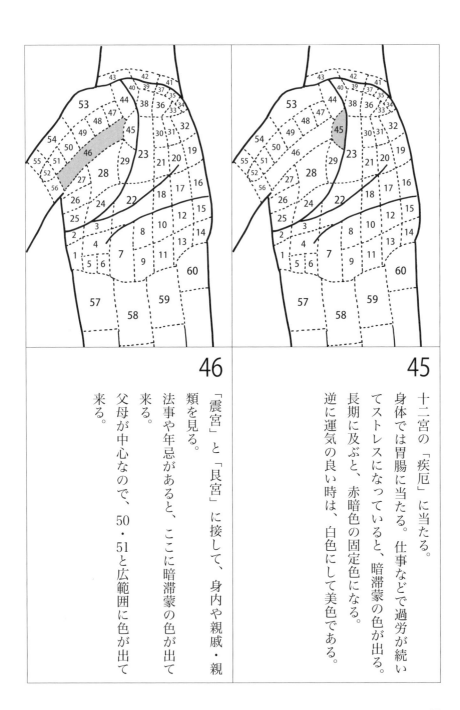

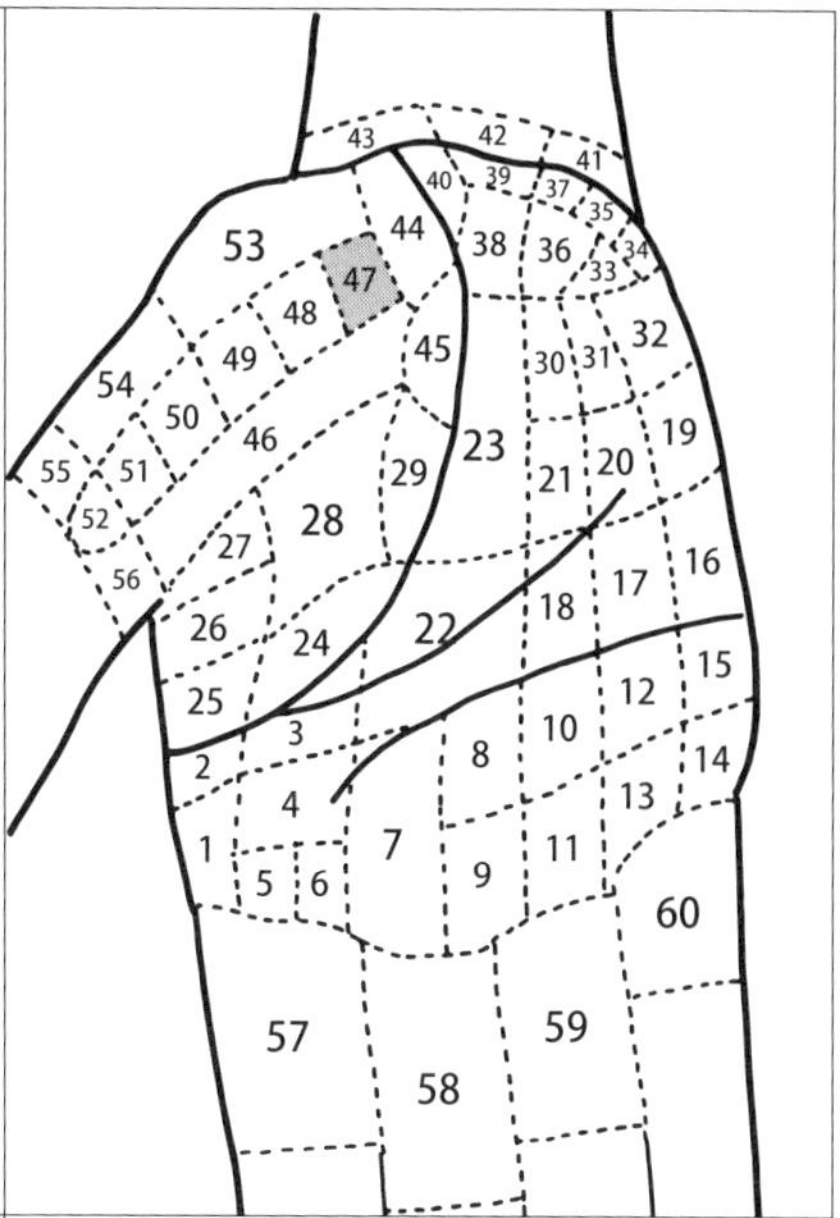

47

「魚腹」（親指の元から、手首の元までの膨らんだ部分）であり、「艮宮」の領域。家族の中で兄弟を見る。一番年下に当たるので、末っ子の弟か、妹。妹や弟に結婚や引越しの話が出て来れば、白色や白点という形で出て来る。気色が薄黄で美色なら、本人は乗り気であるし、暗色や赤色が絡んでいれば、本人はそれに対して面白くない状態である。

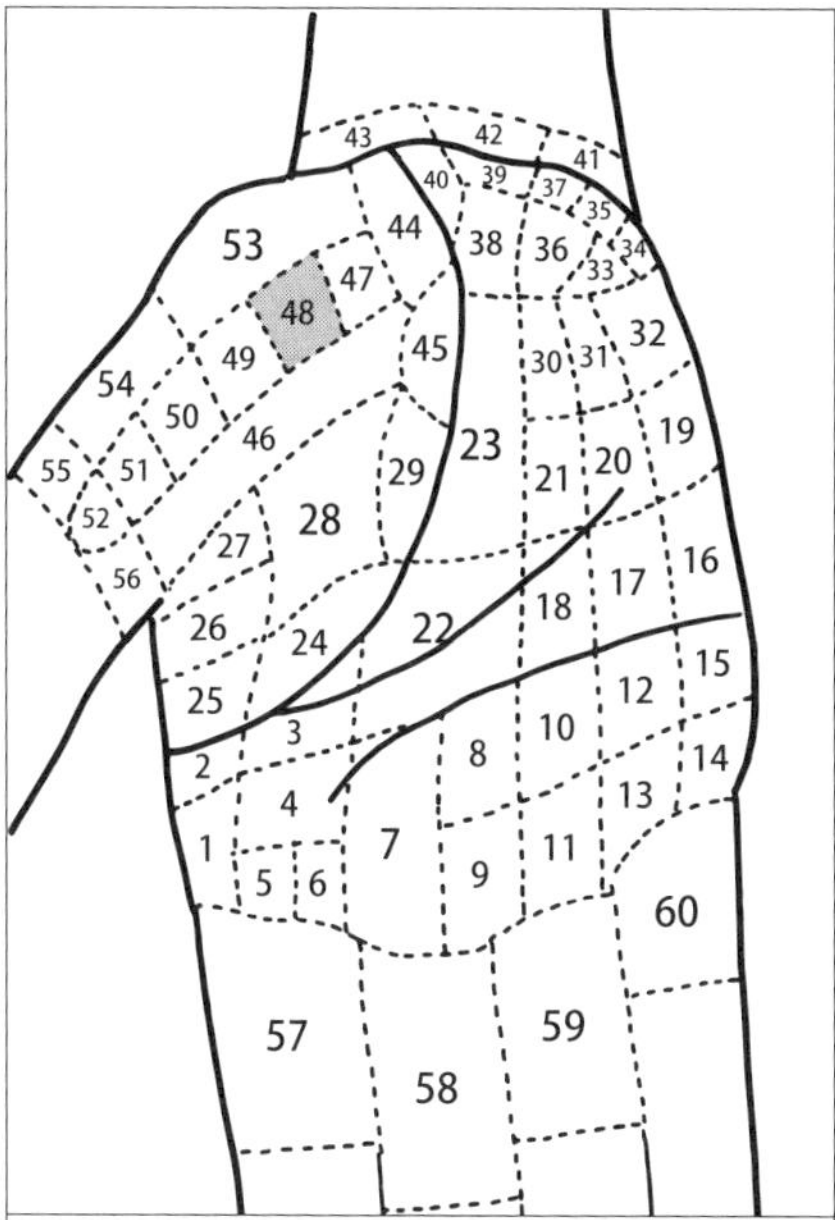

48

「魚腹」であり、「艮宮」の領域。家族の中で兄弟を見る。

二番目なので、次男次女である。結婚や引越しの話が出てきた時は、次男次女の場所に白色や白点が出てくる。

その時の気色が薄黄や美色なら、本人は乗り気であるし、暗色や赤色が絡んでいれば、本人は、面白くない状態である。

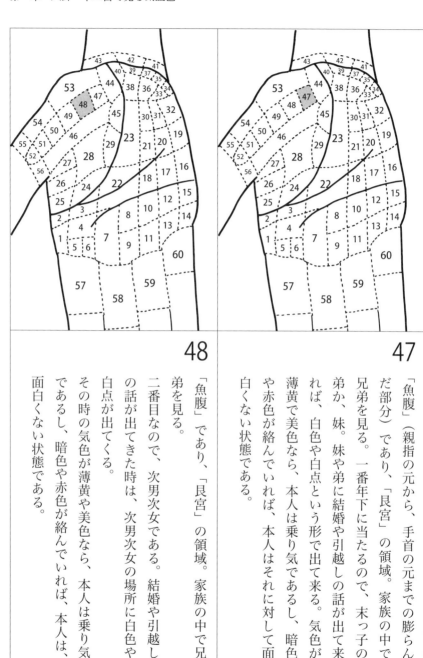

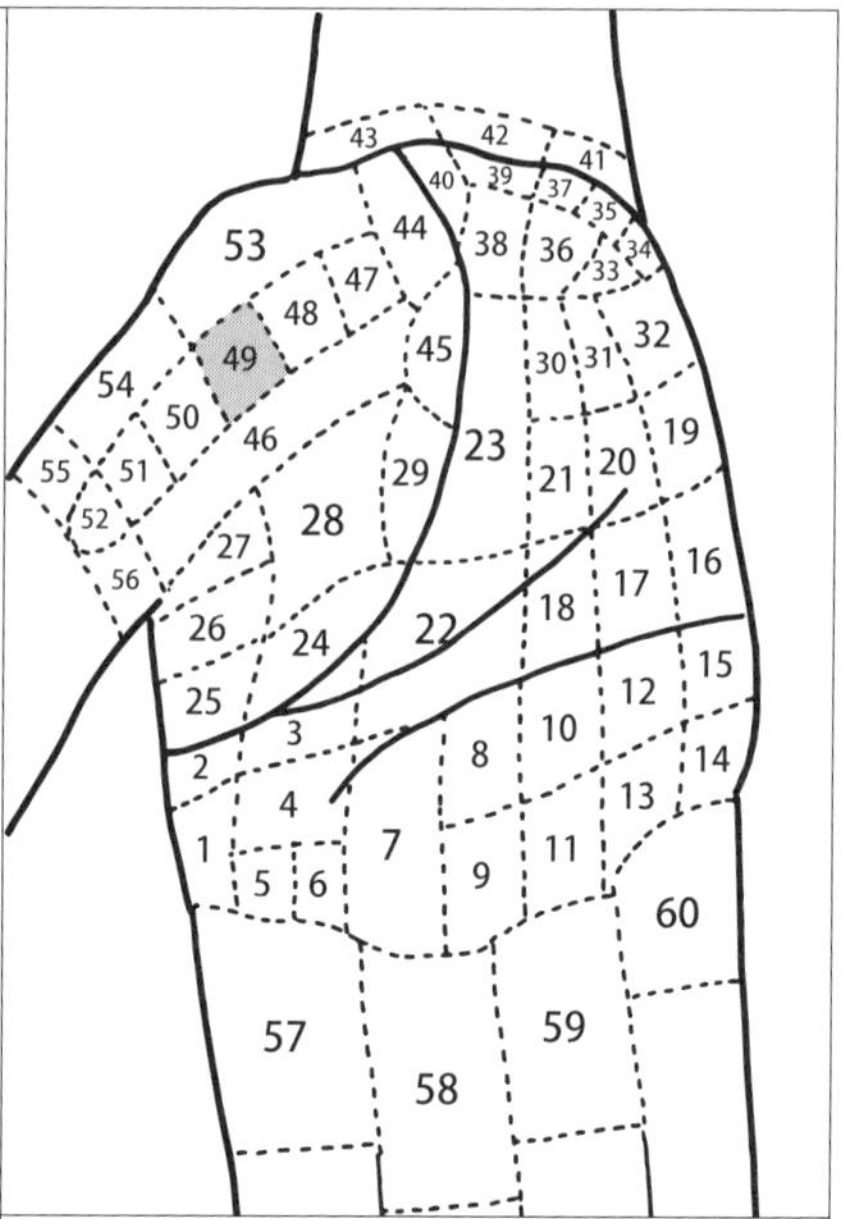

49

「魚腹」であり、「良宮」の領域。家族の中で兄弟を見る。

一番年上なので、長男や長女になる。

結婚や引越しの話は、白色や白点という形で出て来る。

その時の気色が薄黄や美色であれば、本人は乗り気であるし、暗色や赤色が絡んでいたら、本人はそれに対して面白くない状態である。

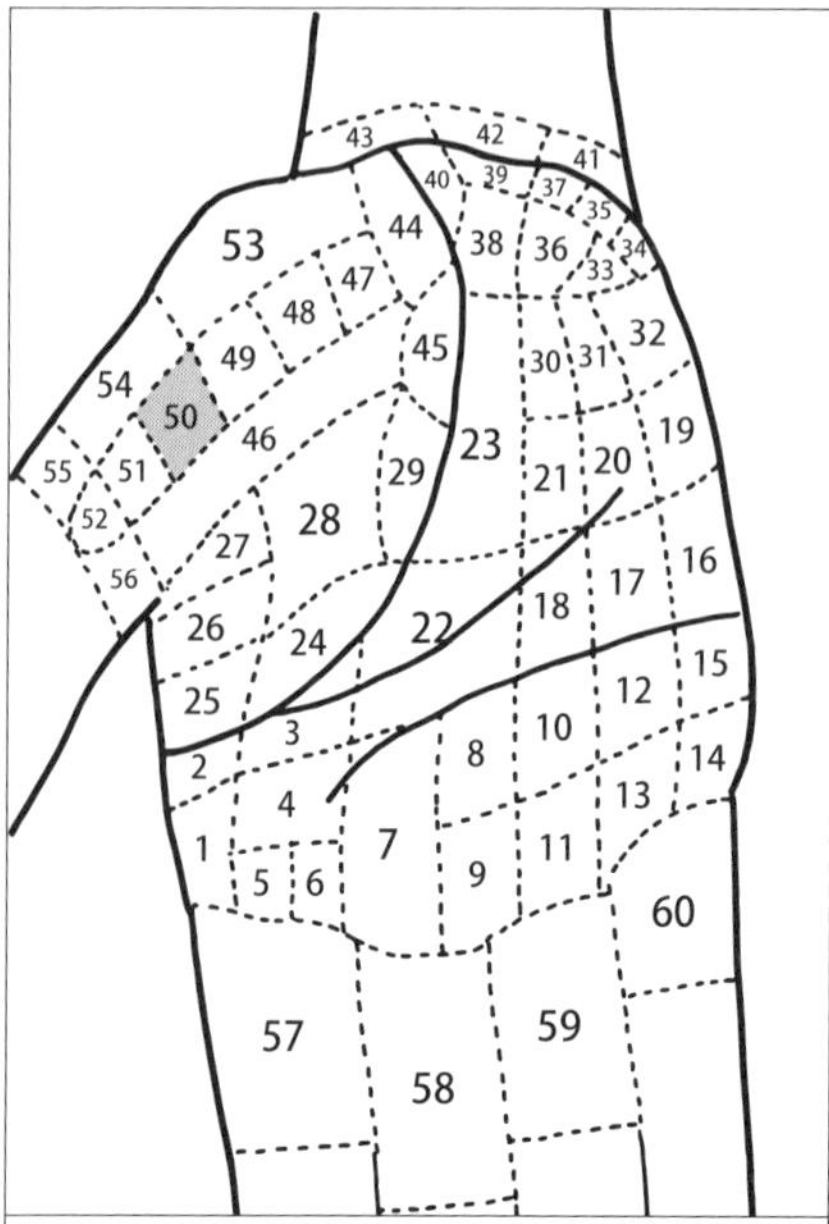

50

家族の中では、母親を見る。

親戚・身内・家族に関する話は、母親にとっては大切な事で、ここの色が良ければ、母親は満足。

色が悪ければ、何がしかの不安や心配事がある。

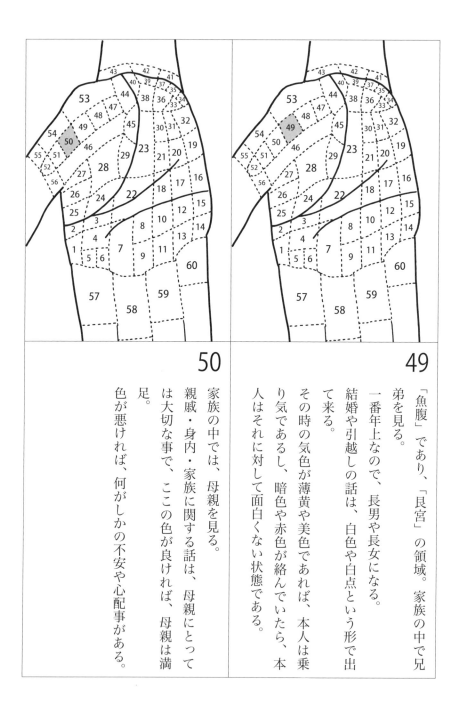

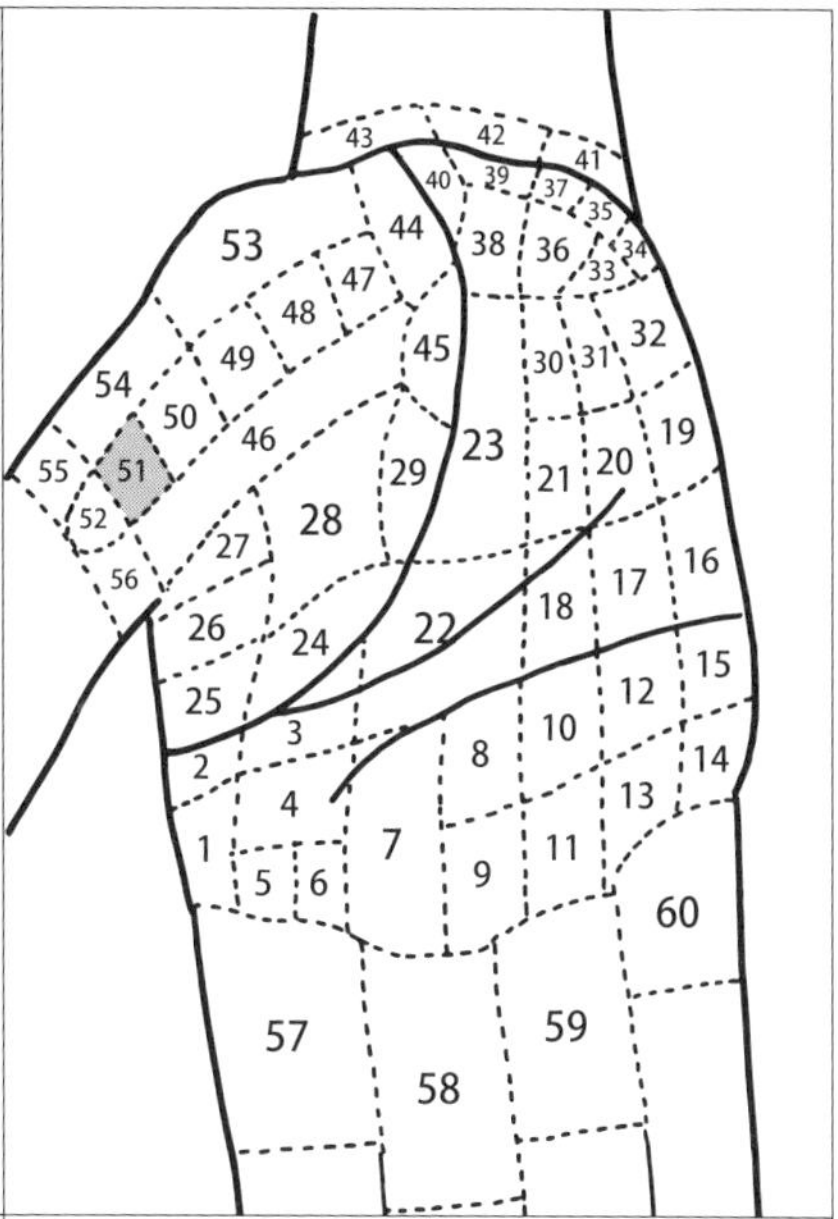

51

家族の中では、父親を見る。

親戚・身内・家族に関する話は父親にとっては大切な事なので、色が良ければ父親は満足。色が悪ければ、何らかの不安や心配事がある。

遺産問題や相続の問題が出ると、54の親戚などの領域から、暗滞蒙の色が出て来る。

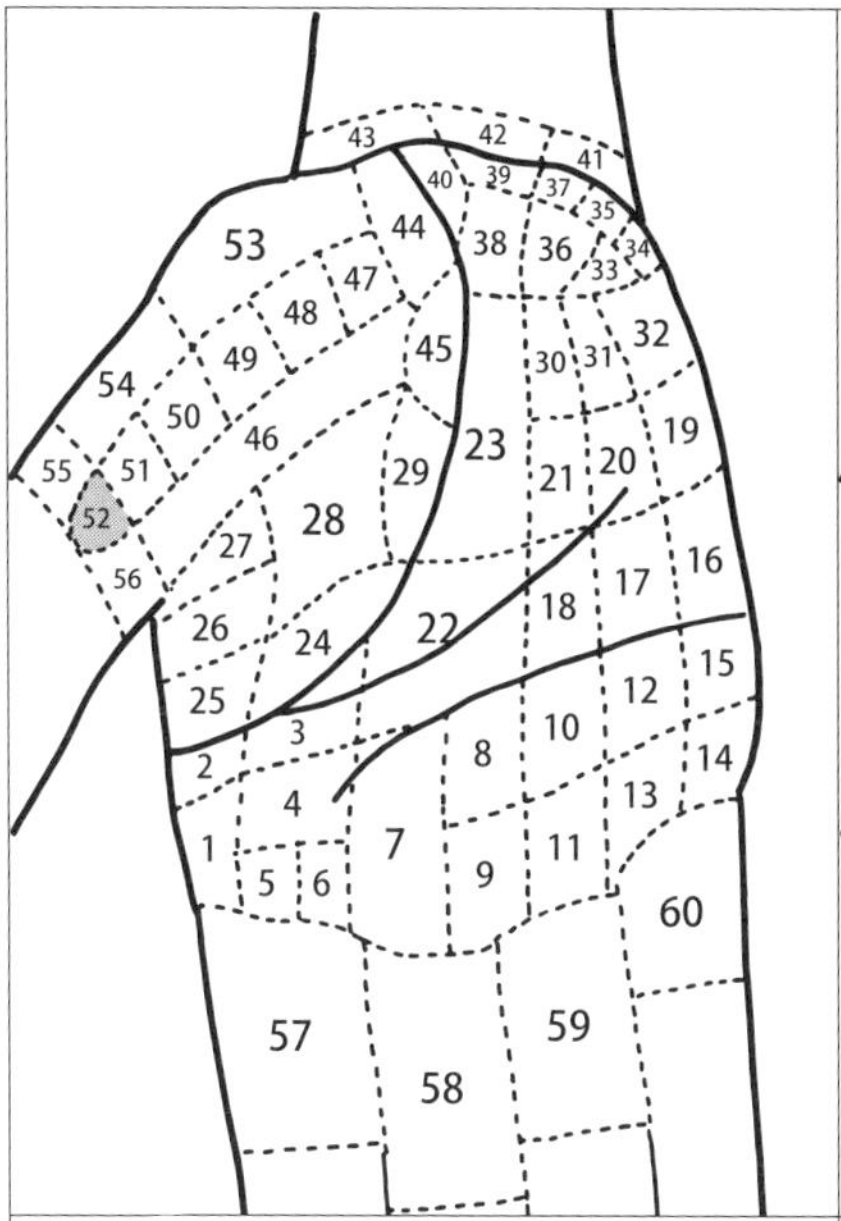

52

親指の根元、親戚や親類に対してのことか、祖母、祖父に関する話が多い。

赤色があれば、母親には嫌いな親戚がいる。

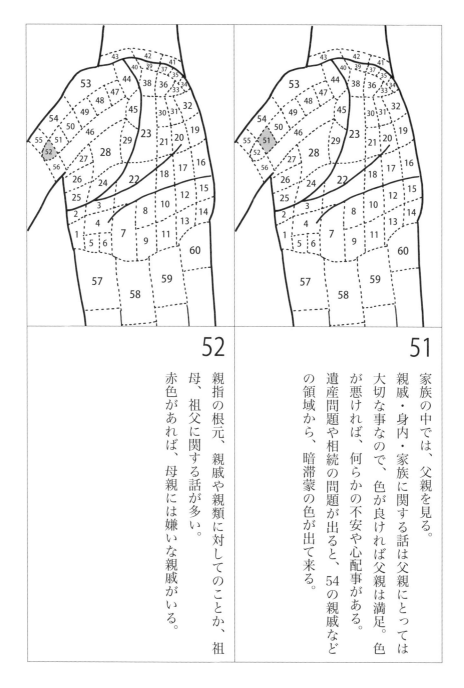

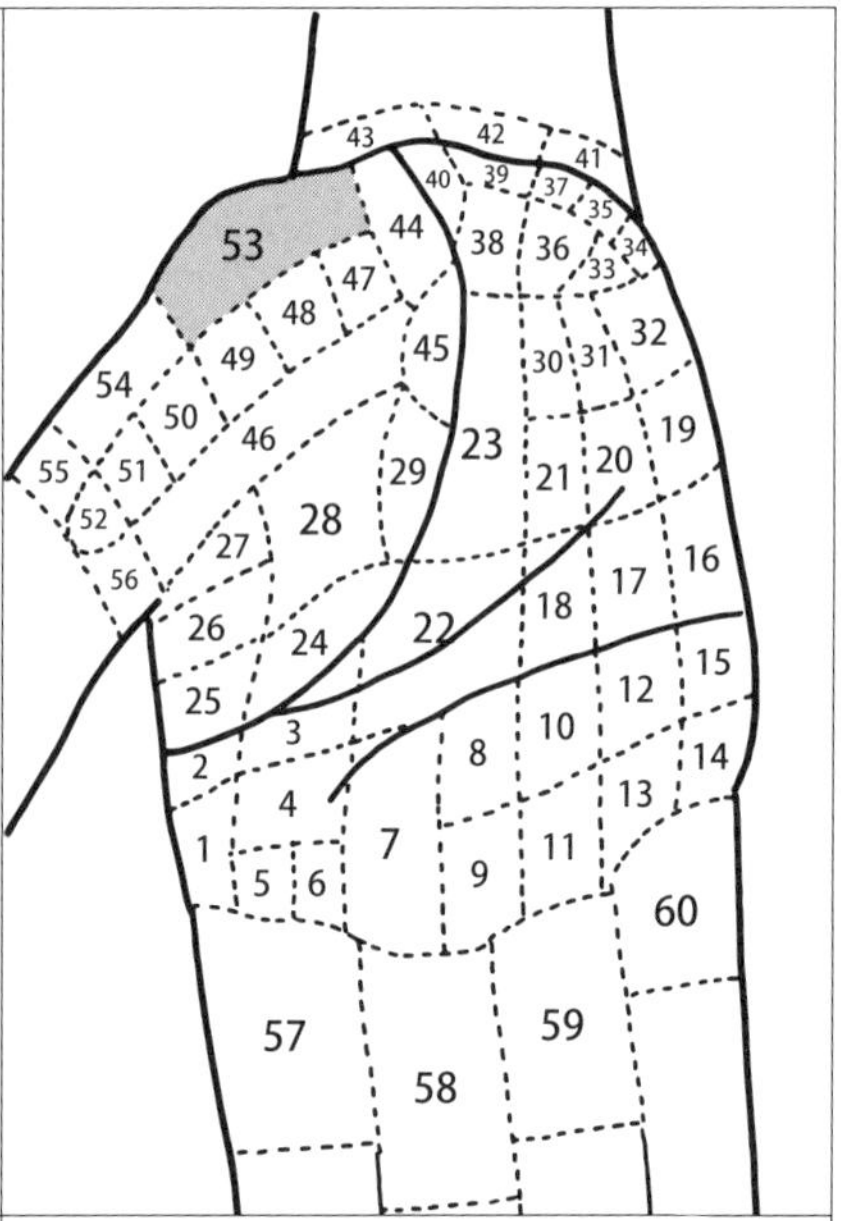

53

十二宮の「田宅」の場所なので、家の事、親戚・親類の事。

冠婚葬祭などの話が出てくる所。

ここは、「坎宮」の領域でもあるので、病人がいると、暗滞蒙の色が出て来る、死んで四十九日が終わると、暗滞蒙の色は薄らいで、枯れた白色が出て来る。四角く枡形で□のような形に見えるので、これを白板紋という。

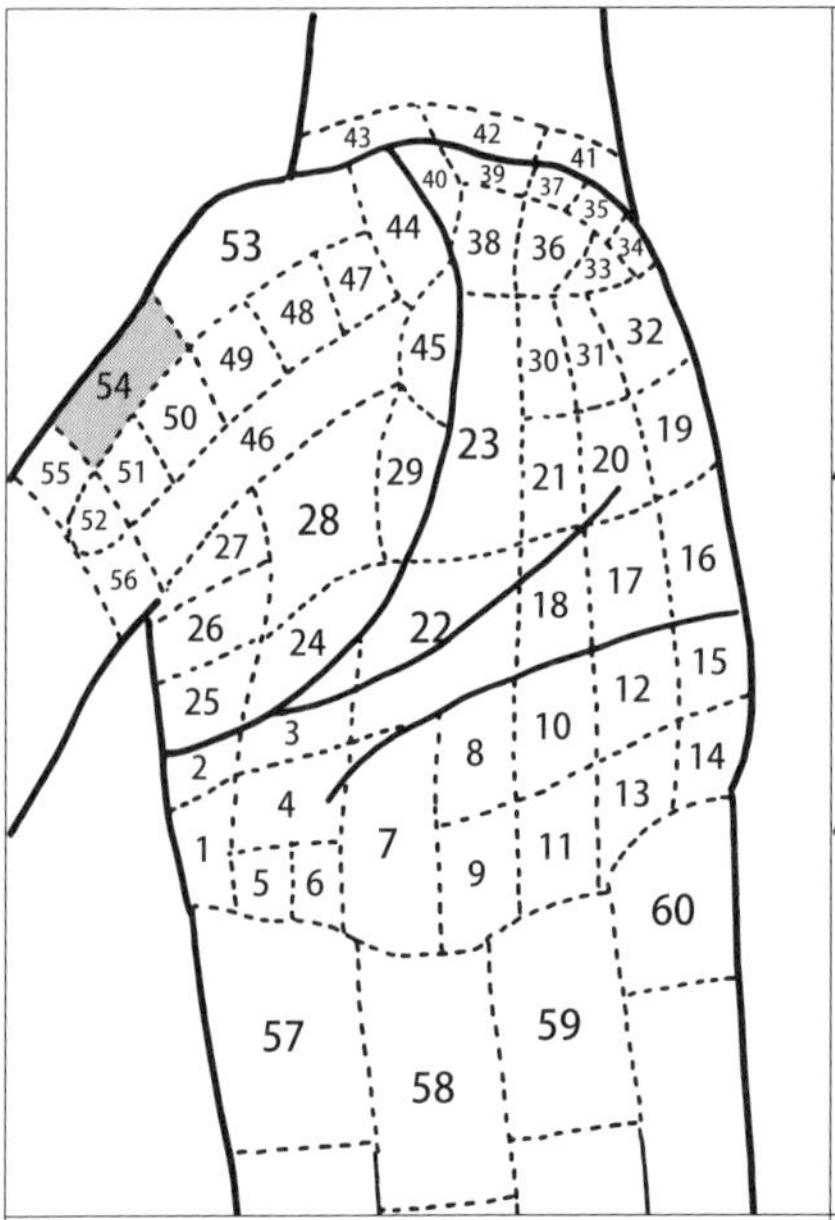

54

「艮宮」の場所なので、親戚・親類の冠婚葬祭が出て来る。

遺産相続もここに出て来る。

十二宮の「財帛」と接しているので、金銭の出入りが出る所。

不動産を売って金銭が入る時は、白色美色である。

勤め人は、ボーナスが入る時、白色気色が出る。

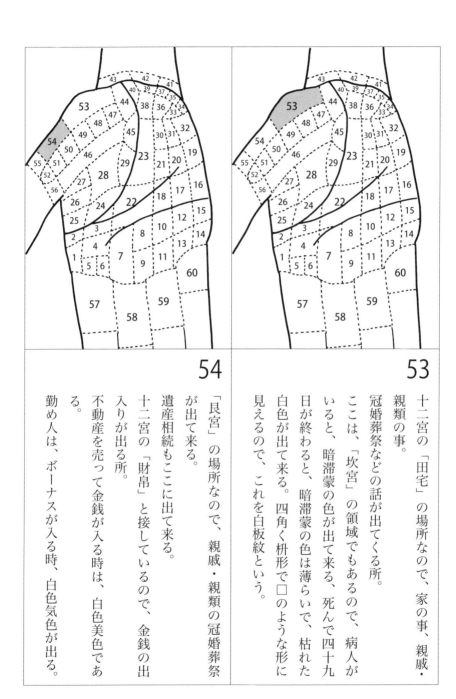

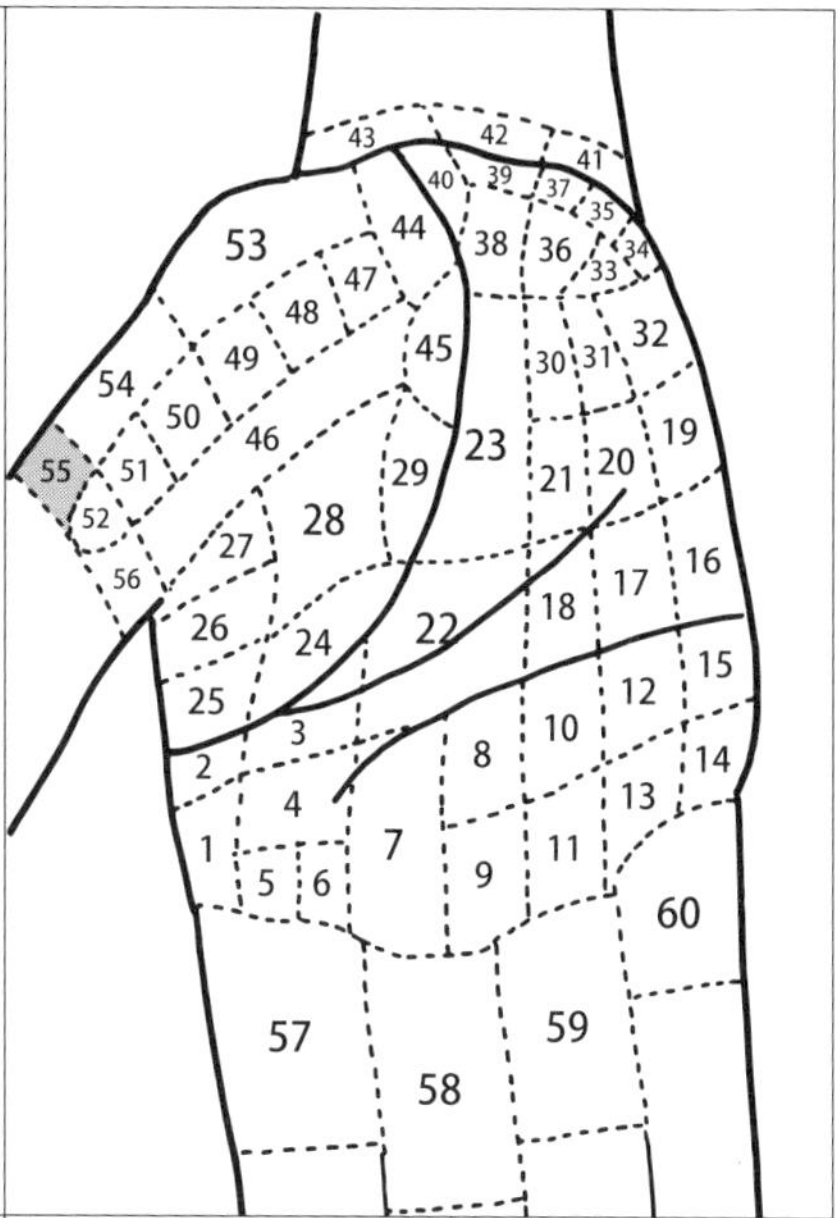

55

十二宮の「財帛」の場所なので、金銭の出入りを見る。美色白色がある時は、金運は良いし、逆に暗滞蒙の色がある時は、金銭の流れが良くない時である。仕事や儲け話の時も、ここに白色が出る。艶があって美色でなければ話だけで終わる。同時に、「命宮」と「福徳」の場所も照らし合わせて見る。色が無ければ、声あって形無しである。

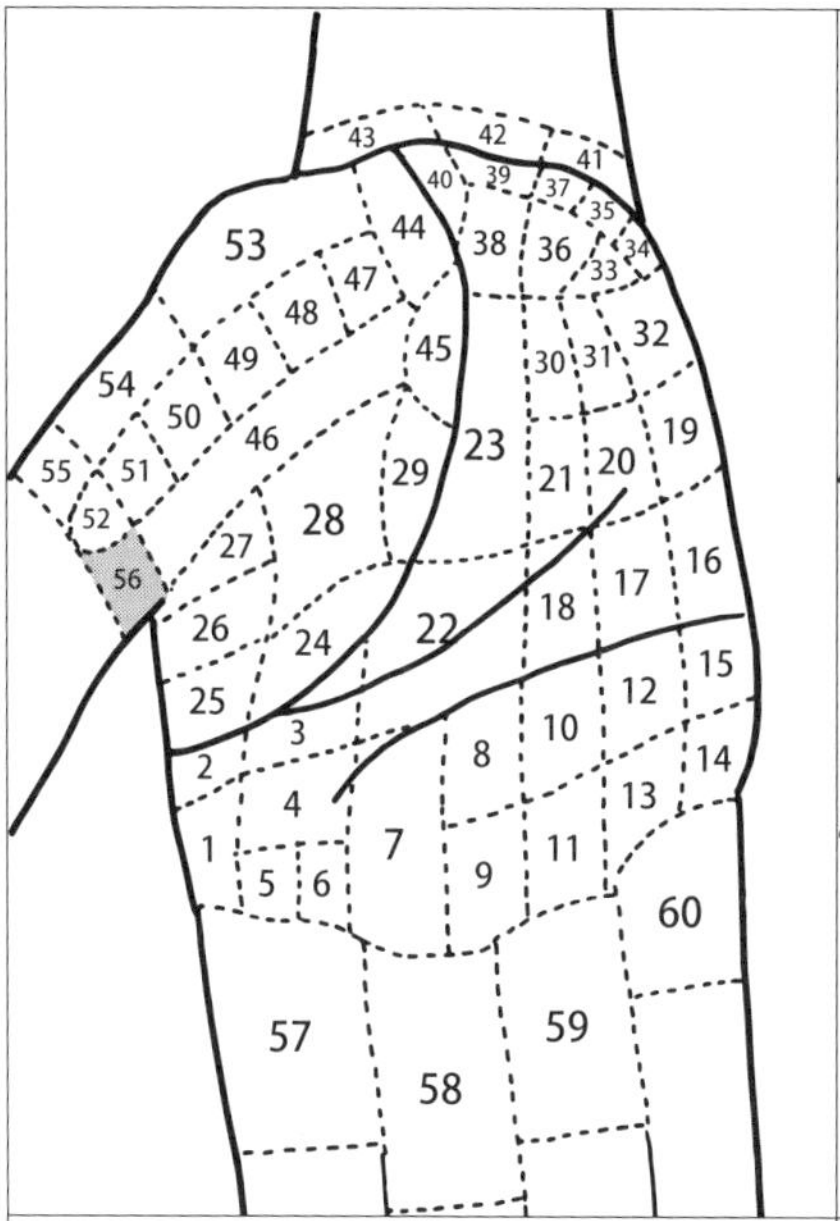

56

親指は祖母や先祖を見る。傷あるものは、親か祖父が、先祖から譲り受け継がれたものを何らかの形で失った人である。

「縫」の「龍宮」の元なので、白色美色があれば、先祖の徳を受けているので運気は良く、暗滞蒙のある時は、物事が停滞して動かない。

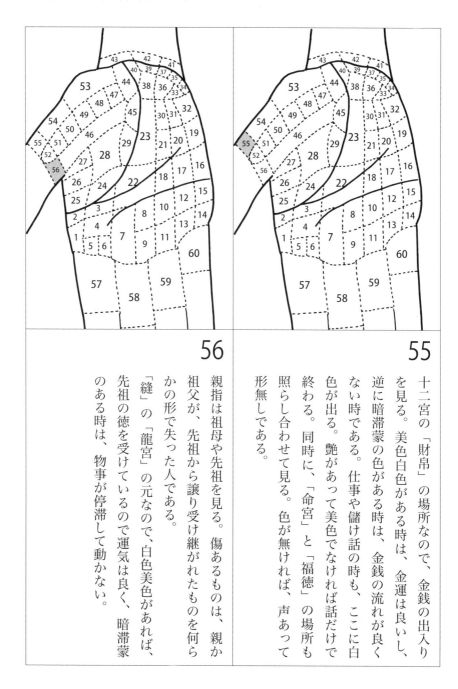

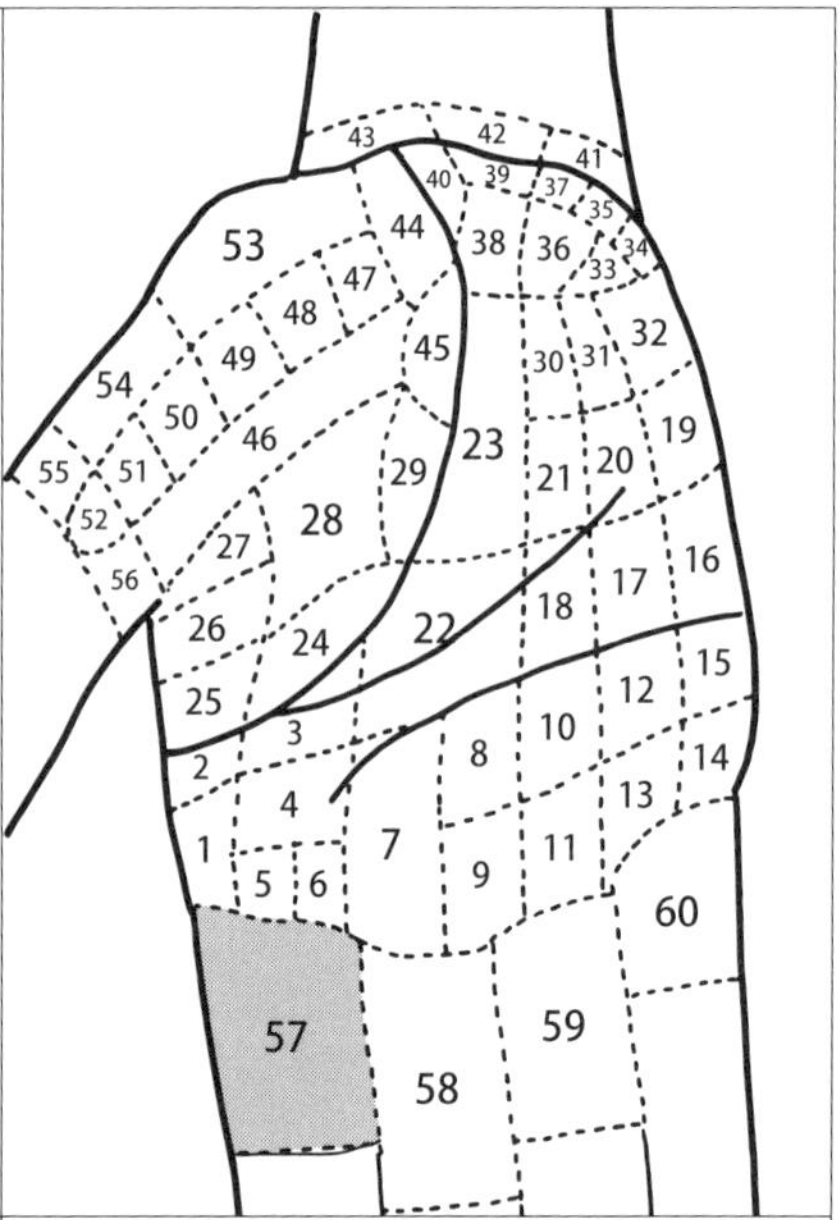

57

人差し指は、父親を見て、女子は母親と見る。「巽宮」からの気が指に昇ってくる。白色美色なら、親からの援助や協力を得て運気も好調。暗滞蒙の色があれば、運気は滞る。青色少し出る時は、親との意見が合わない。親の調子も出るので、「艮宮」の50・51を照らして見ると良い。

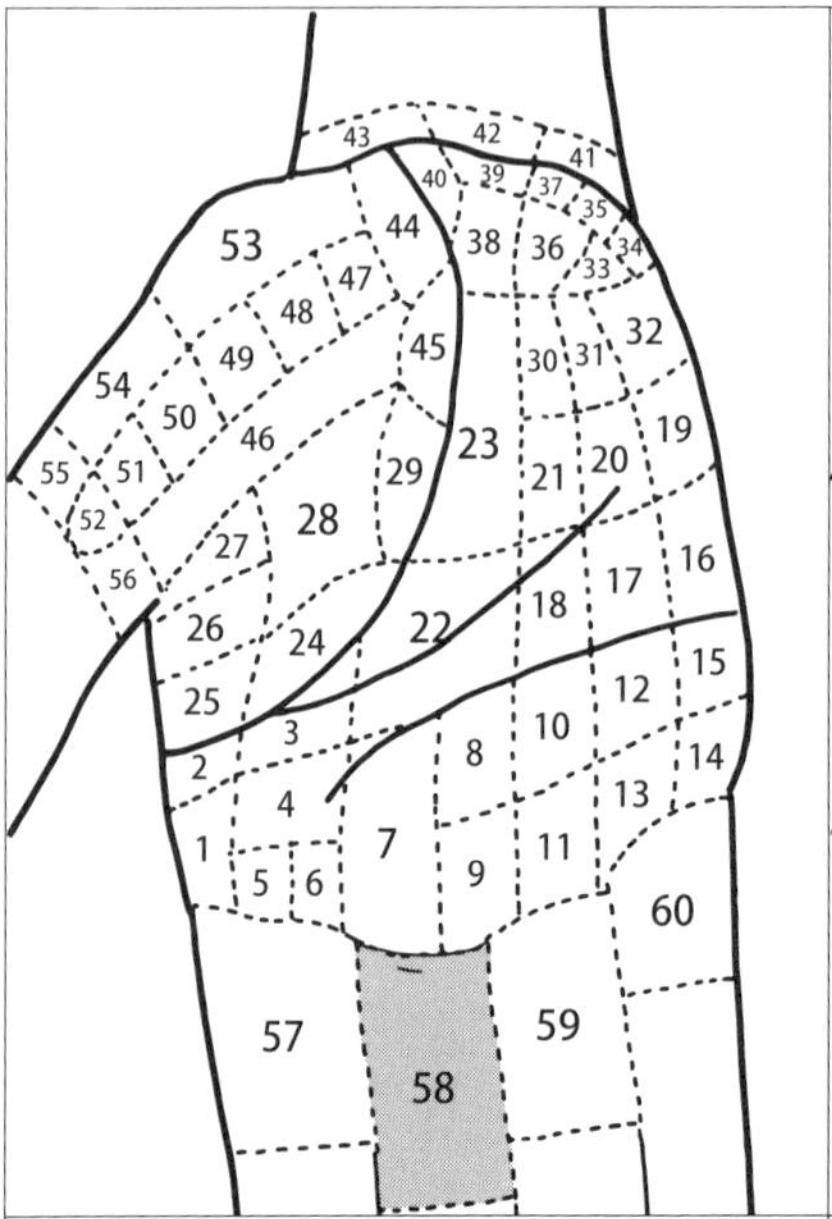

58

中指は、母を見て、女子は父親と見る。「巽宮」からの気が指に昇ってくる。白色美色なら、親の援助や協力を得て運気も好調である。暗滞蒙の色があれば、運気は滞る。青色少し出る時は、親との意見が合わない。また、親の調子も出て来る。「艮宮」の50・51を見比べて見ると良い。

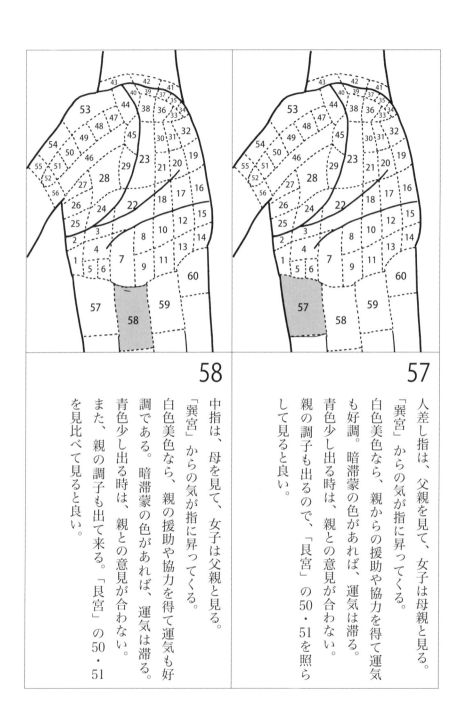

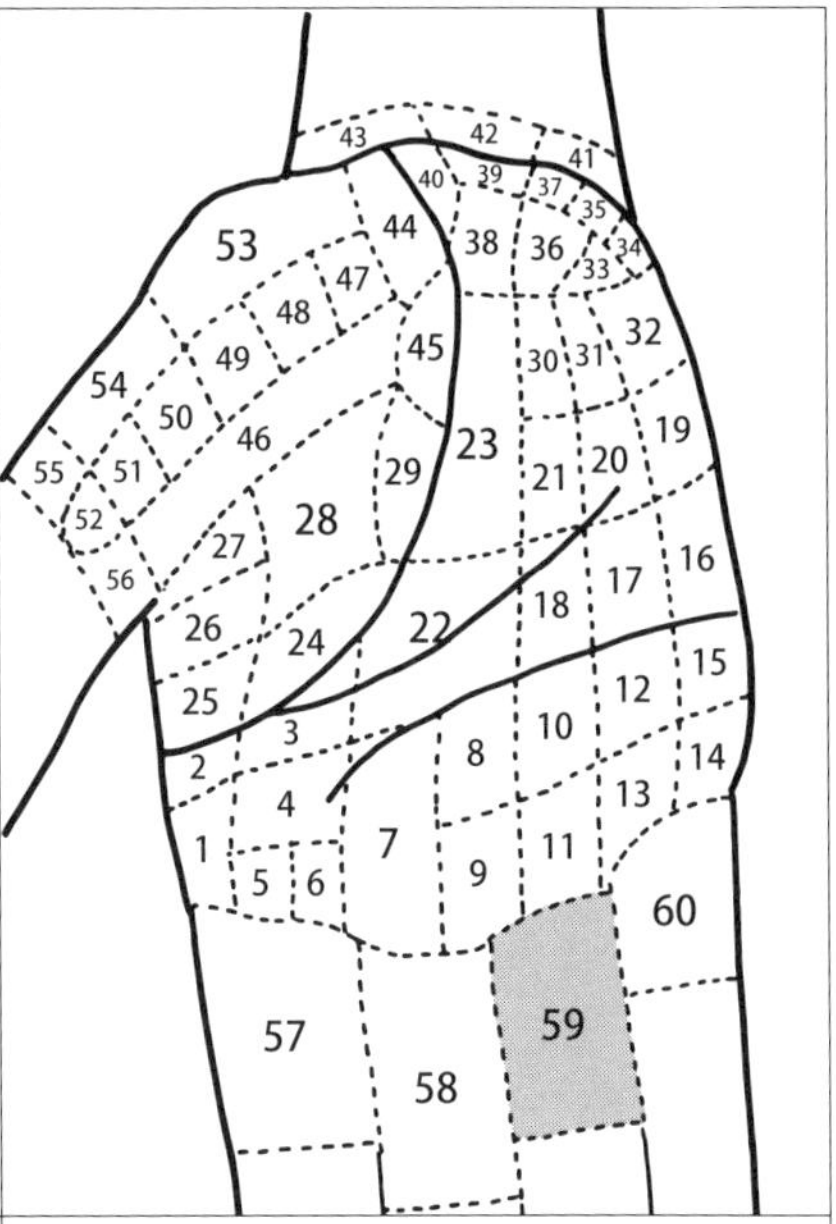

59

薬指は妻にあたる。女子は本人。
何がしかの赤色があれば、妻は怒っている。
白色美色なら、機嫌が良いか、妻によって良い話が来る。
「震宮」と照らし合わせて見る。

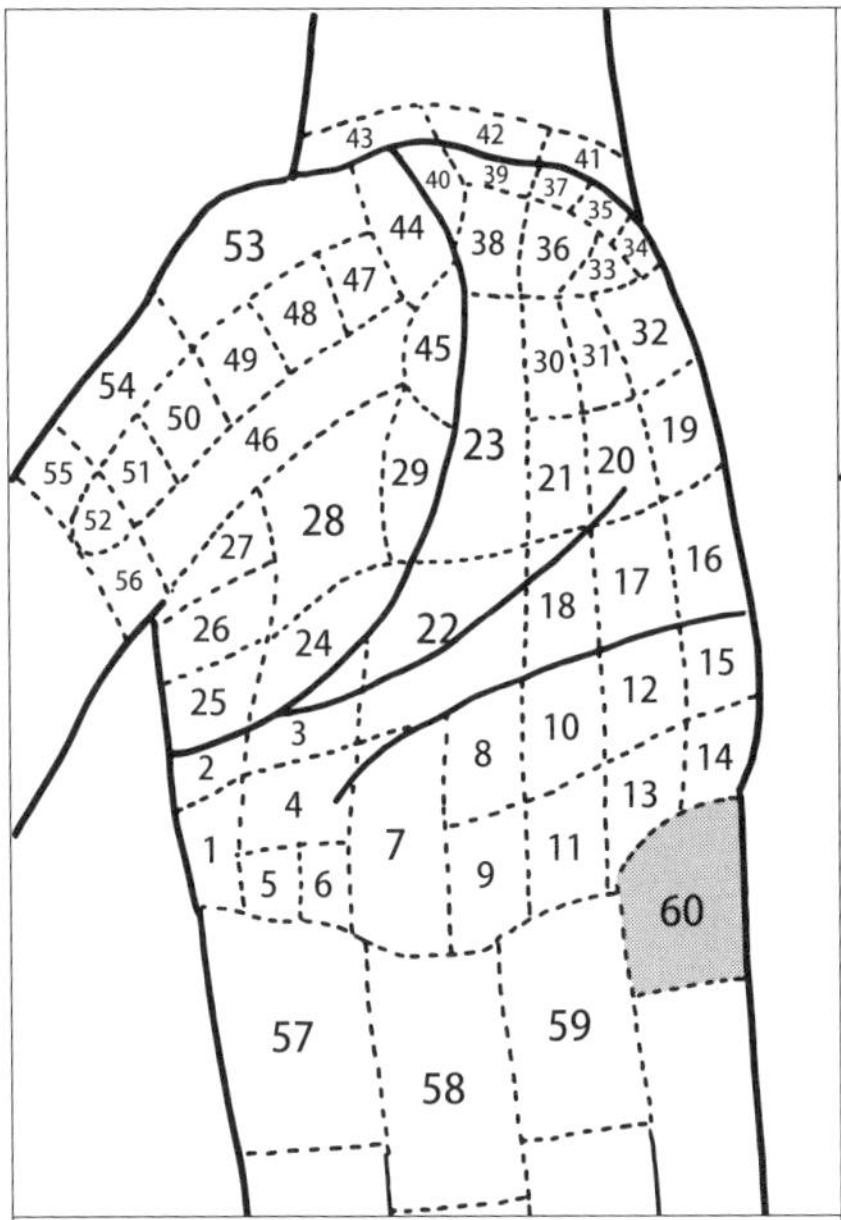

60

小指は、子供に関する話。
良い色がある時は、子供との関係は良好である。
青色が出る時は心配事がある。
白色美色は、子供の事でよい話を聞く。

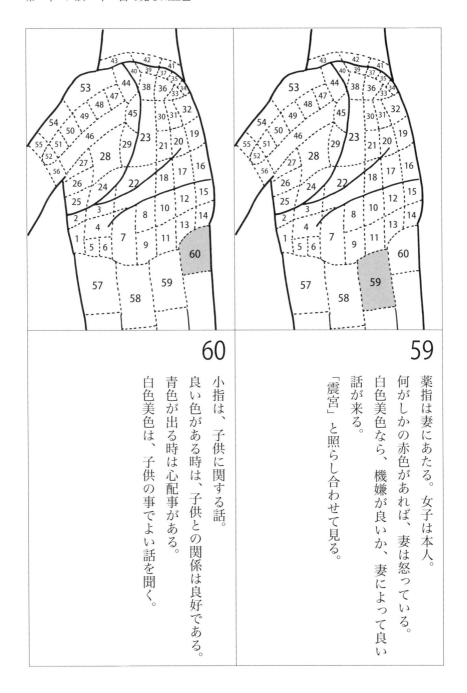

◎手相の気色血色について

血色について

血色については、手の平の地の色だと見れば良いでしょう。手の平の中にある色をそのまま拾えば良いのです。

それでは気色はどうなのかと言いますと、人相では、気色の色は透明に近い色で、地肌の上に少し輝きを持っていて、それが広がり連なって一応の形を成している半透明の色となりますが、手相ではそれほど繊細ではなく、人相のようにあまり動きは少なく、血色と絡み合いながら、一定の幅を軸に出ていることが多いのが特徴です。

血色は分かりやすく見やすいので、気色を追いかけるより、血色を追いかけて、気色を見つけて判断する方が良いでしょう。

手相の気色と血色は、人相とは少し感じが違うので、人相で気色・血色を勉強した方は、人相は人相、手相は手相と分けて見た方が、迷わなくて済むと思います。

手相の血色、気色

・美色（ピンクかかった白色）

これは、運気の良い時に出る色なので、「物事が調う」、「仕事が決まる」、「試験が受かる」などの、結果として良好な場合の色です。

特に手相の要所の「命宮」、「貌宮」、「離宮」、「福徳」、「震宮」に出れば、何事も運気の上昇の時でしょう。

・黄色がかった白色

黄色がかった白色は、比較的良好である場合と、あまり吉凶に関係せず、出来事その物を表わす場合があります。肝臓などに疲れが出ると、手は少し黄色くなります。

・青色がかった白色

青色自体が「心配」とか「病気」の色なので、気分や体調が落ち込んだ時に出て来ます。同じ青色がかった白色でも、病気が治癒して元気が戻ってきた場合は、白色に勢いが見られるので、それで判断していきます。

・赤色がかった白色

塩分を取りすぎて手の平が全体的に赤い人もいますし、何かの病気で強い薬を飲んでいる人も部分的に赤くなりますので、それは運気とは関係なく別枠として見るようにします。

仕事上のトラブルや異性問題が発生して、なかなか結果が見えてこない時や、税務署に入られて、その対応に苦慮している時にも現れます。

・赤色
これは、家族、身内の人の手術などの時に出てきます。

・赤点
相続などの名義書き換えの時や、養子縁組で財産の権利が動く時に出てきます。

・暗色（動きの無い暗色）
治りそうにない病人がいる場合。または、長い停滞や長期の悩み、今すぐには解決しそうにもない問題を抱えている時に出てきます。

・赤暗色（暗色の上にうっすらと赤色が見て取れる）
商売をしていても売り上げが悪く、赤字を出しながら営業している時などで、店を閉めたいが閉める事の出来ない状況が続いている時に出てきます。または、資金繰りに苦慮している時。

・青暗色（暗色の上にうっすらと青色が見て取れる）
持病が悪化して病院に通院している時に出てくる色です。

・蒙色としての薄暗い暗色
職場の人間関係が長期にわたってうまく行かず、ストレスという形で手の中に出ることがあります。

金銭的に苦しい状況が続いているが、入金の予定がないとか、試験勉強をしているが、なかなか頭に入らない時に出てくる色です。

・枯れた白色
身内が亡くなって、一周忌がまだなされていない時に出てくる色です。少し青みが混ざりますが、よく見ると、艶の無い白色といえましょう。

・暗滞蒙について
蒙色が出ると、なんとなく物事が動かず話も調わない。しかしながら、まだ努力、工夫をすれば、自力でも解決できるような状態です。

これが進んでくると（汚れた様な色が少し濃くなってきます）停滞色となり、なかなか解決策が無く、止まっている状況です。
さらに暗色となると、その話は腐っているので、早く見切る方が良い状況です。
暗色は「田宅」に出やすく、身内で入院するほどの病人がいる時に出ます。

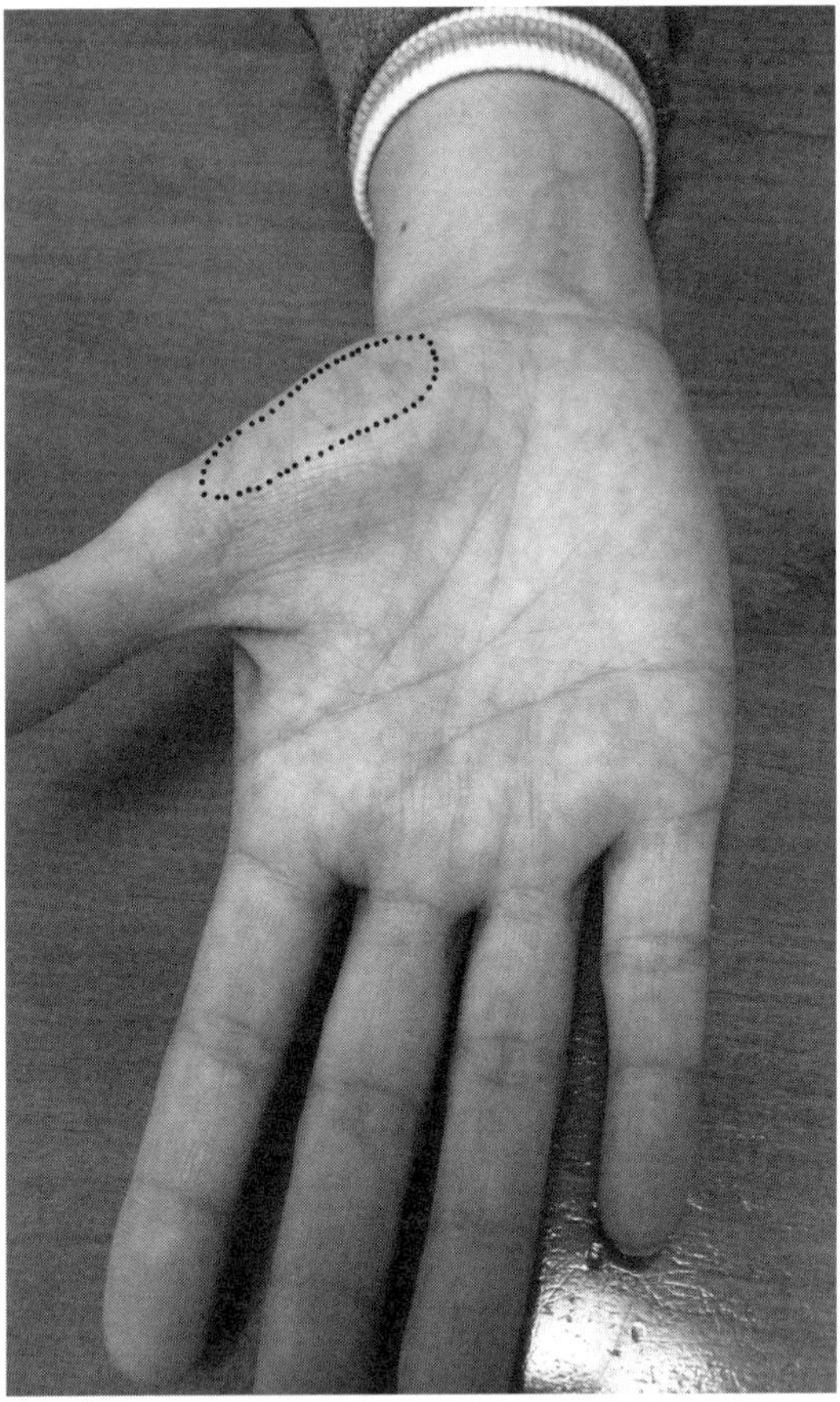

占い方については、自分が見ている目線に相談者が気つくと、相手の気がそこに出て見にくくなりますので、手首を見る振りをして指先の方を見たり、親指の根元を見る振りをして、小指の

根元を見たりして、相手の気が手相の上に出ないようにして見るのがコツです。

◎十二宮の図

この頁の写真と次の頁の図を見比べて、場所を覚えましょう。

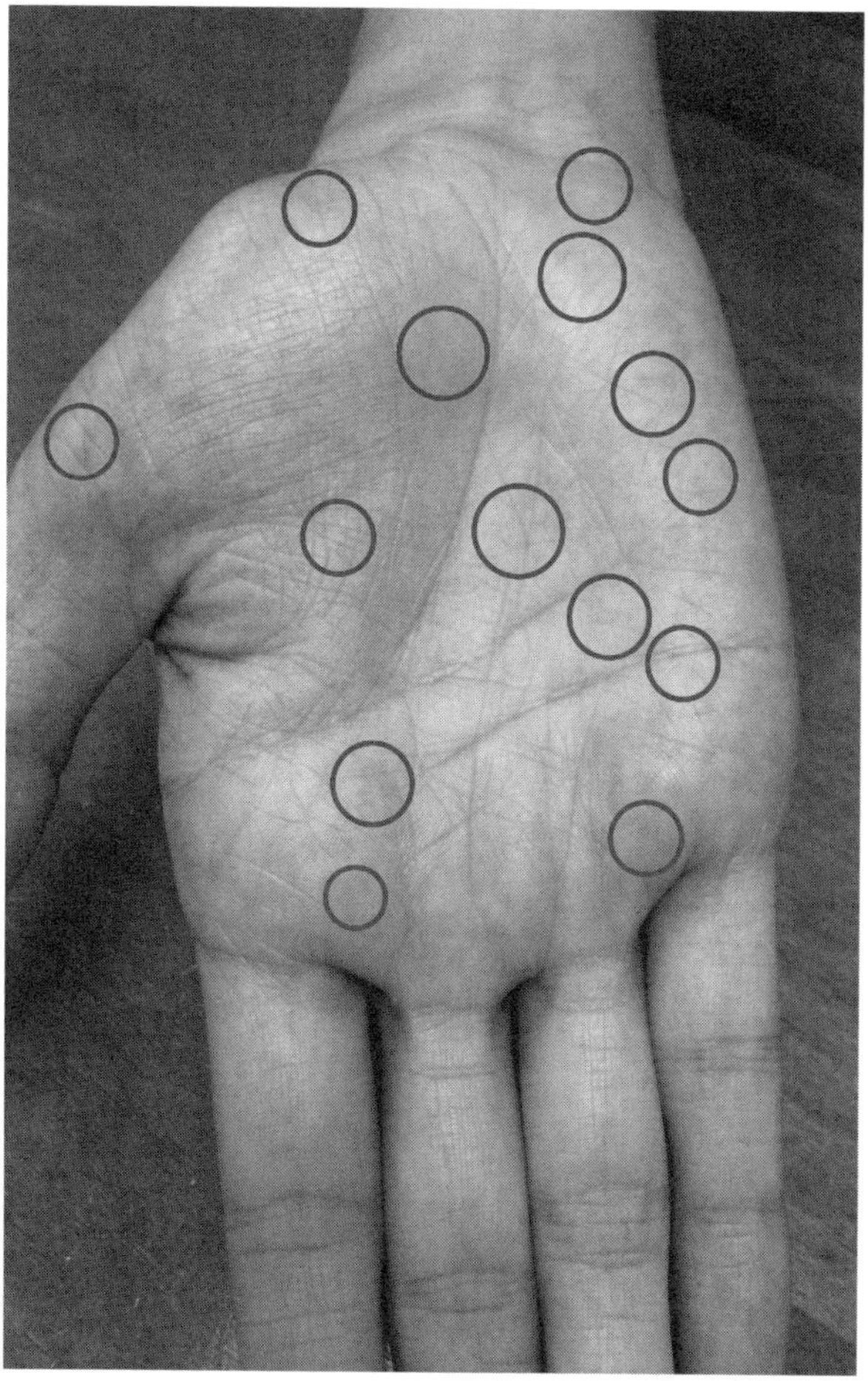

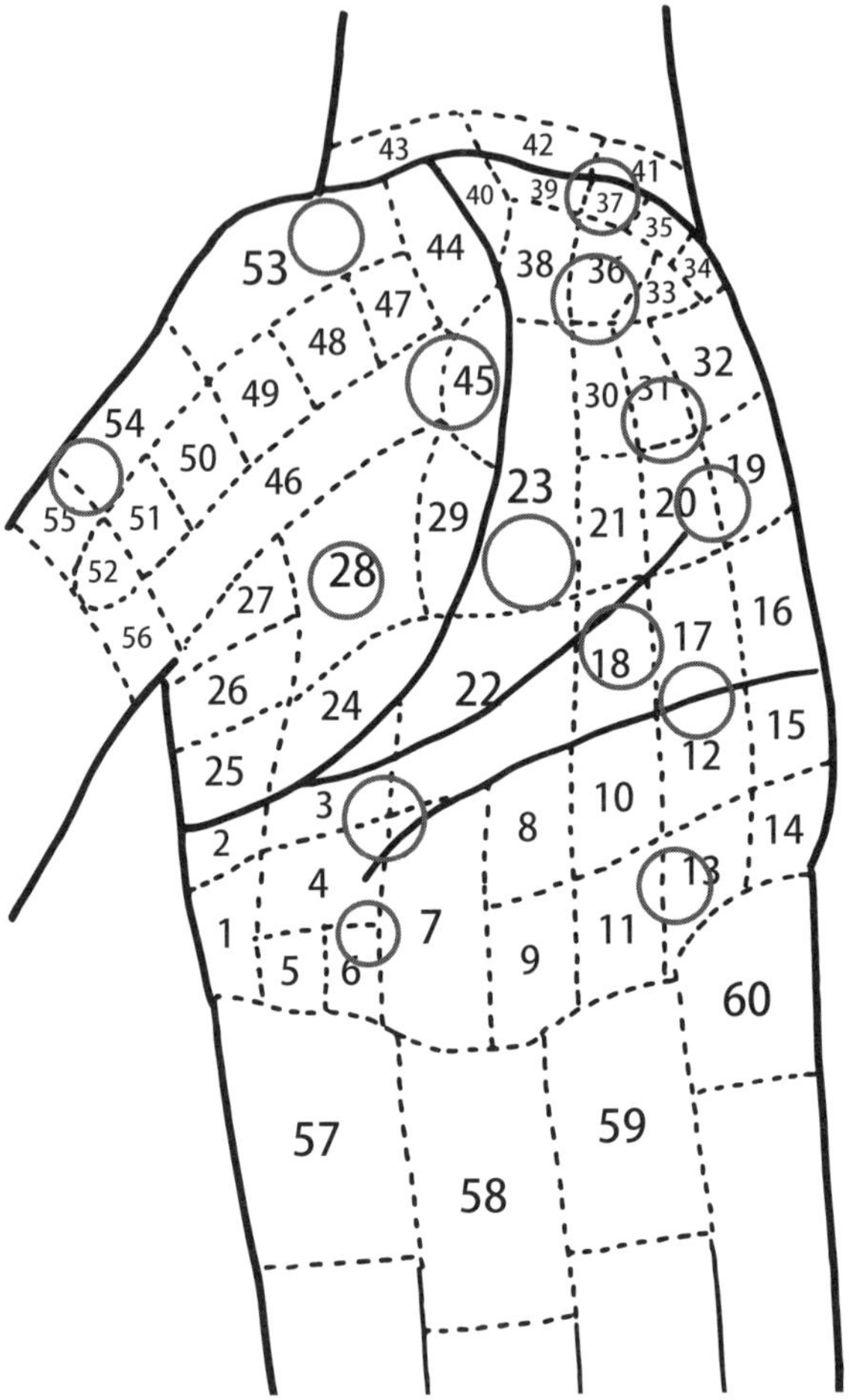

43
42
41
40
39
37
35
53
44
38
36
34
33
47
48
45
32
49
30
31
54
50
46
23
19
20
55
51
29
21
52
28
27
16
56
17
18
26
22
24
15
12
25
3
10
8
14
2
4
13
1
7
11
9
5
6
60
57
59
58

◎十二宮の場所と名称（実践的には十四宮になります）

1　命宮（めいきゅう）
2　官禄（かんろく）
3　貌宮（ぼうきゅう）
4　男女（だんじょ）
5　奴僕（ぬぼく）
6　福徳（ふくとく）
7　兄弟（けいてい）
8　遷移（せんい）
9　母妻（ぼさい）
10　明堂（めいどう）
11　疾役（しつやく）
12　田宅（でんたく）
13　財帛（ざいはく）
14　妻妾（さいしょう）

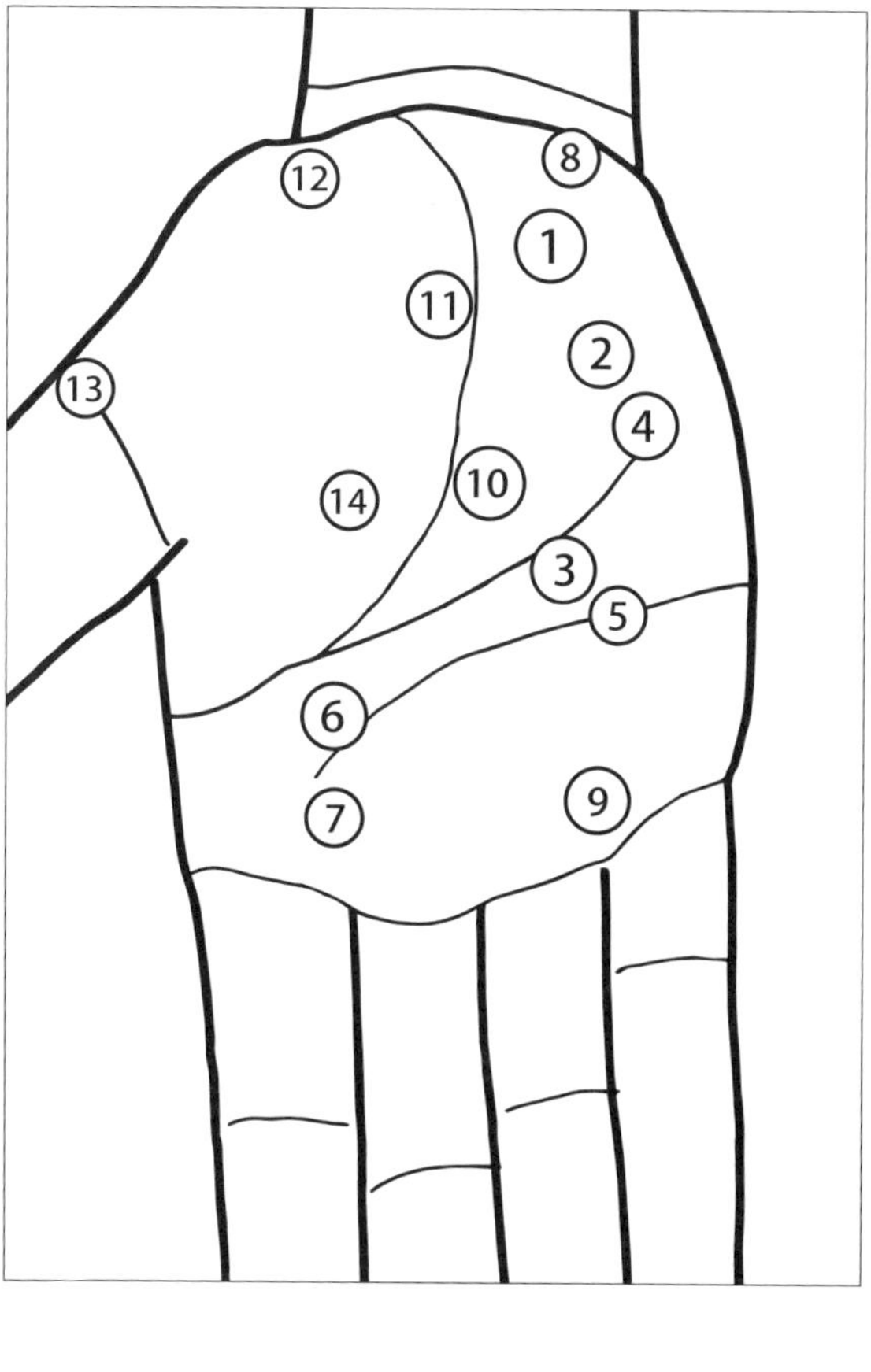

◎目の動きについて

これは、あくまで私の目の動きなので、皆さんが同じようになさらなくても良いのですが、参考にしてみてください。

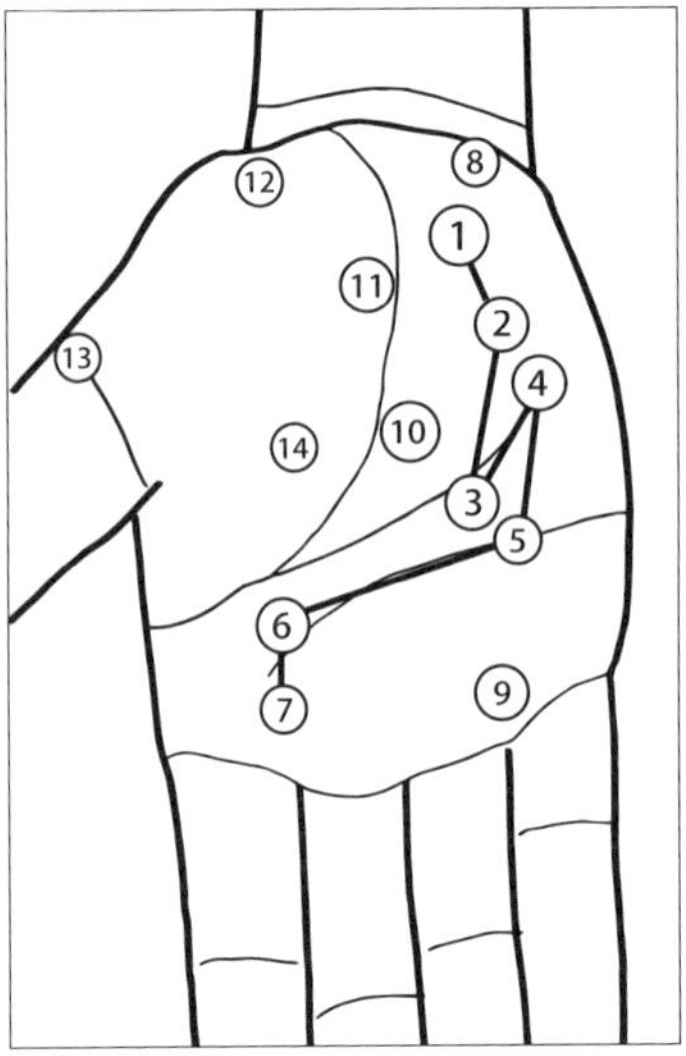

最初に見るのは、①命宮からです。ツキの有無を見るからです。次は②官禄です。仕事の事や目上との関係の良否です。

次は③貌宮です。物事が調うか、調わないかの最終の判断をする所だからです。

次に④男女です。恋愛の事や結婚のことを見ます。

次に⑤奴僕です。子供の事、仕事においては、部下や目下の事を見ます。

次に⑥福徳です。今の時点において、ツキがあるか無いかを見ます。

次は⑦兄弟です。今度は⑧遷移に飛びます。その時に⑥福徳を見て、⑩明堂を見て、①命宮を見ます。こ

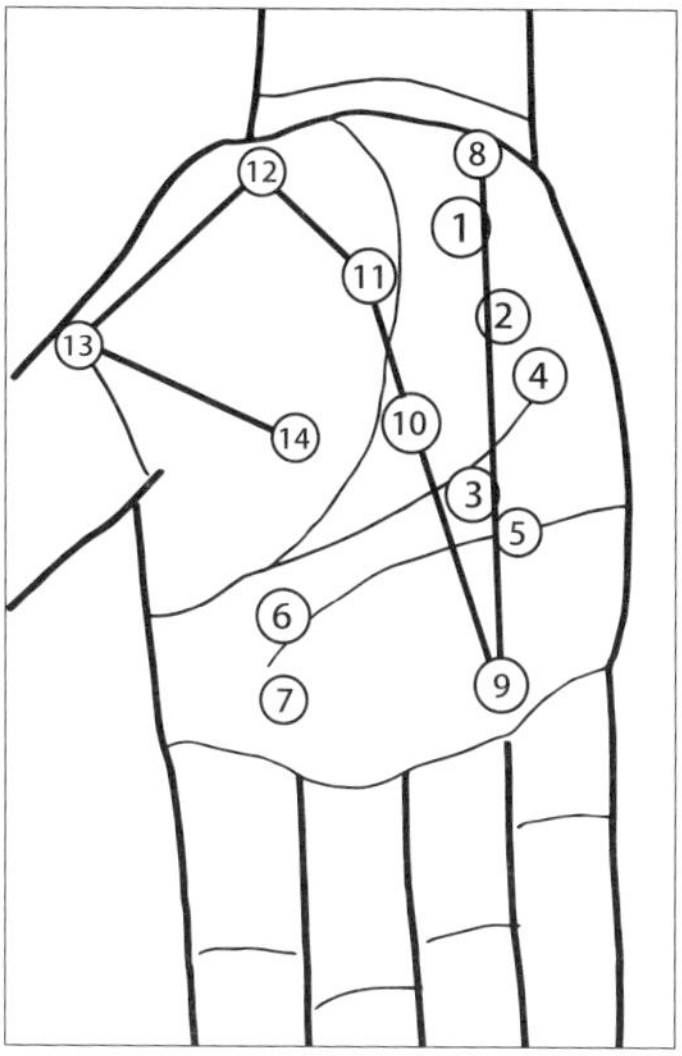

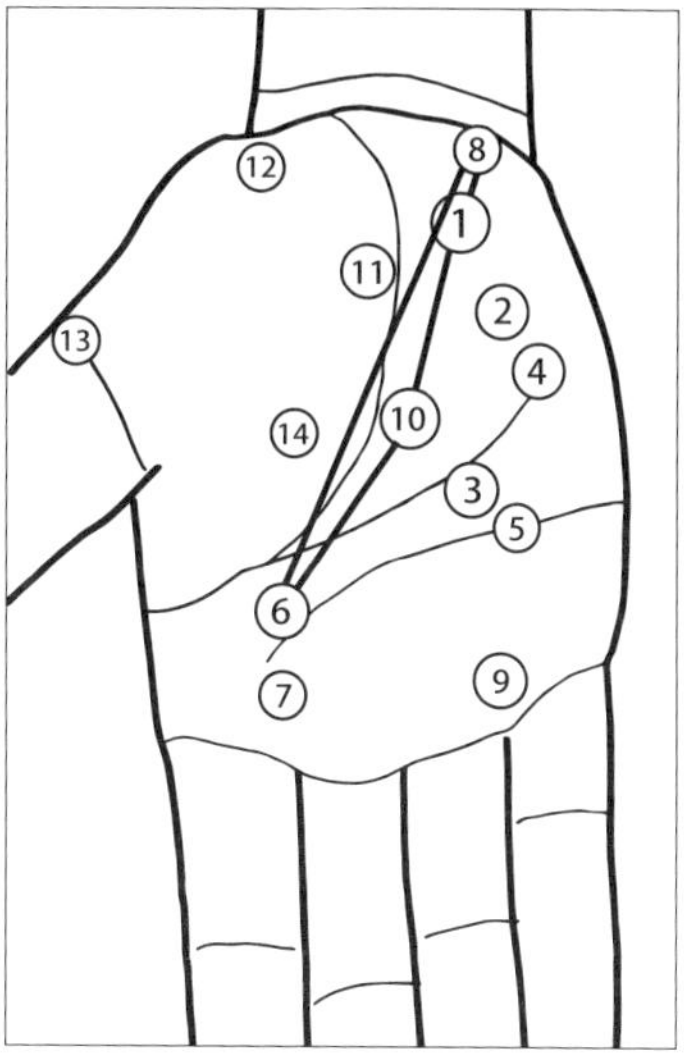

の三つは、手相の要所だからです。

次は⑧遷移に至る形になります。

そして、今度は、⑧の遷移から、⑨母妻にいきます。

その途中で、①命宮、②官禄、④男女、③貌宮、⑤奴僕と、目を通していきます。

最初に見た時と、今とで、この場所に、何らかの気色・血色の変化が出てないかを見ます。

次に⑨母妻から⑩明堂にいき、その人の心情を見ます。

そして、⑪疾厄です。病気やストレスなどが出ます。

次は⑫田宅です。家の事を見ます。

また、この⑨母妻から、⑩明堂、⑪疾厄、⑫田宅の流れを目線で見ていきます。

最初に見た時と、今とで、この場所に、何らかの気色・血色の変化が出てないかを見ます。

最後に、⑫田宅から⑬財帛までを、横に目線を動かして、その変化を見ます。

そこで、親戚や親類の事が見えてきます。特に病気の人がいれば、暗滞蒙の色が出ています。こうして最後は、⑬財帛から⑭妻妾を見ます。この財帛と妻妾の間に、法事の年であるかが出ます。法事の年は思いがけないところで、病人がでます。

◎手相十二宮と人相の相関について

人相では、「命宮」は「印堂」とも言って、一番の急所になります。

吉村観水先生の『観相奥秘伝』の中に、

印堂（命宮）は気色の集まる所なので、人相を見る時一番先に印堂（命宮）を見て、それより出発する重要な部位です。

それから、印堂（命宮）は天命の厚薄を見るのではあるが、同時に自分の事を見るので、そこには自分の願望というものが全部出るのである。

また自分の画相はここに出るので、自分が今どの様に動いているのか、この場所を見て自分の状況を見るのである。

と書いてあります。

「命宮」について覚えておいていただきたいことは、下記の四点です。

①気色の集まる所である。
②人相の十二宮は、命宮がスタート地点である。
③その本人の置かれている状況を見る。
④運気が良いのか悪いのかを見る。

もうひとつ重要なことがあります。

人相では、「印堂」（命宮とも。眉と眉との間）に出るべき事が、影の応所の「福堂」（眉の上）に出る事があります。「印堂」に出るべき事柄の内緒の事、影の事が「福堂」に出るのです。

そこで願望や計画事がある時は、「命宮」と「福堂」を見て判断することになります。

◎命宮の場所について

手相十二宮の「命宮」も人相の十二宮と同じで、一番の要所と見ます。

それでは「命宮」は、どの場所なのか探して行きましょう。

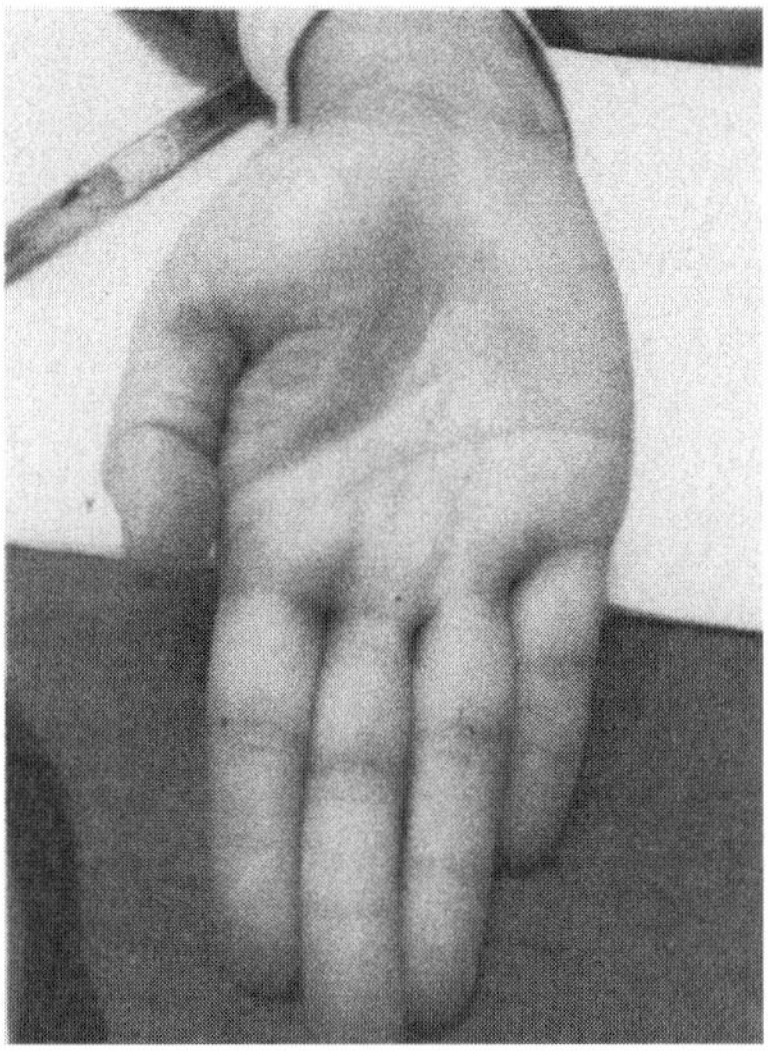

1図　相手の手を見る。

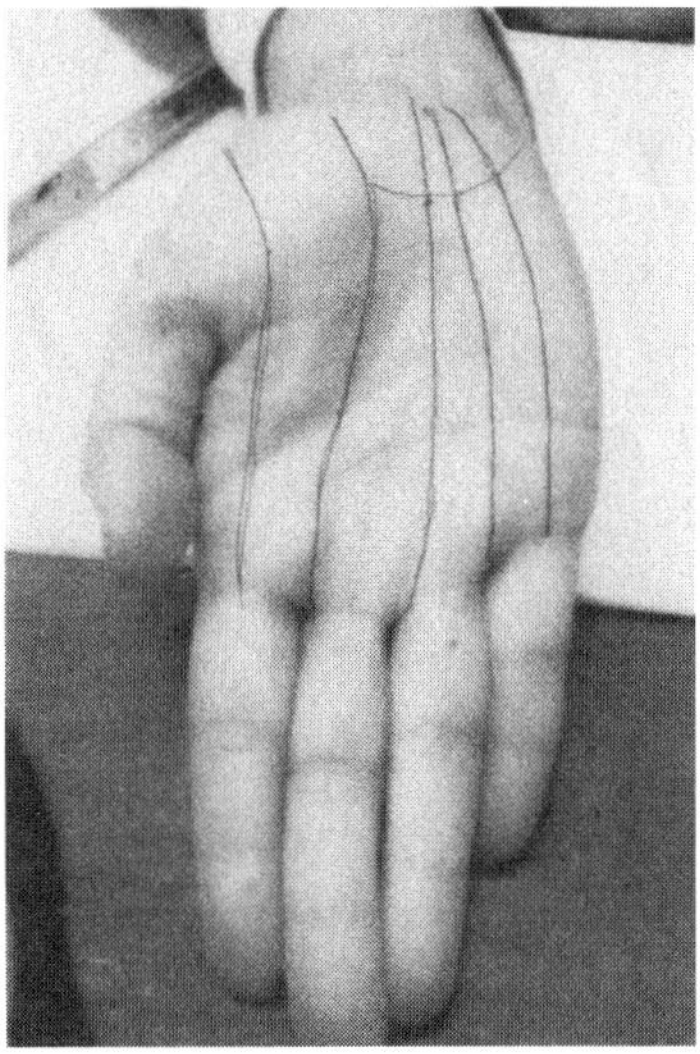

2図　六本の気線を引いて、指先に向かう。

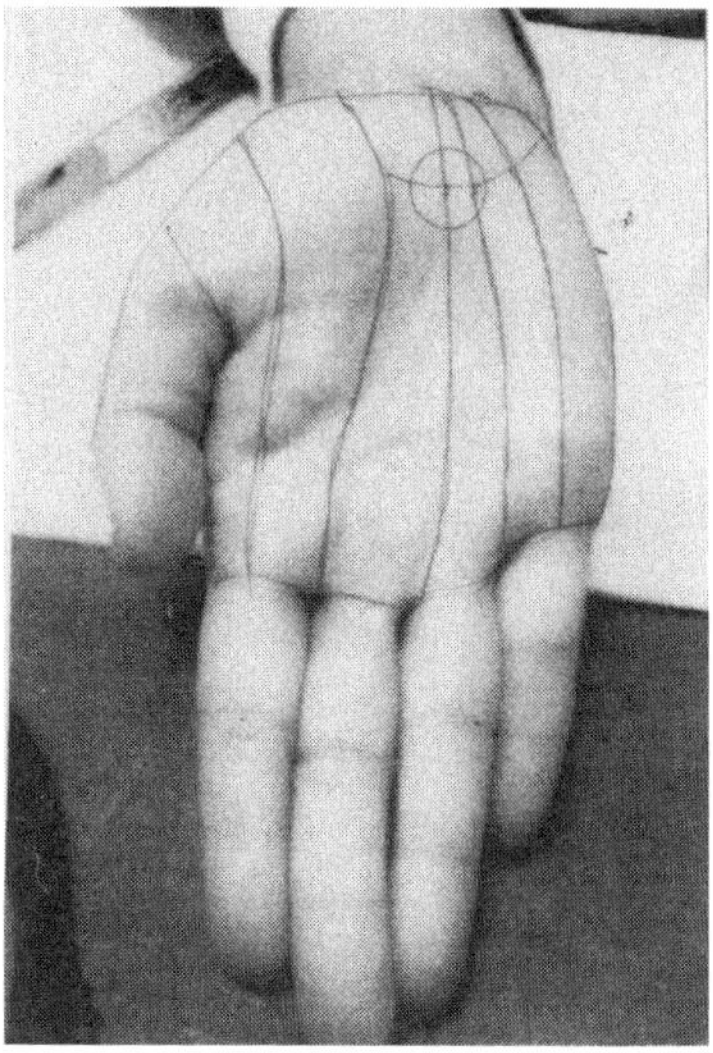

3図　手首より昇った線に手首を囲むように、二センチメートルくらい上に横線を引く。その時、縦線と横線が交差している所に、白い気が出ているので探す。

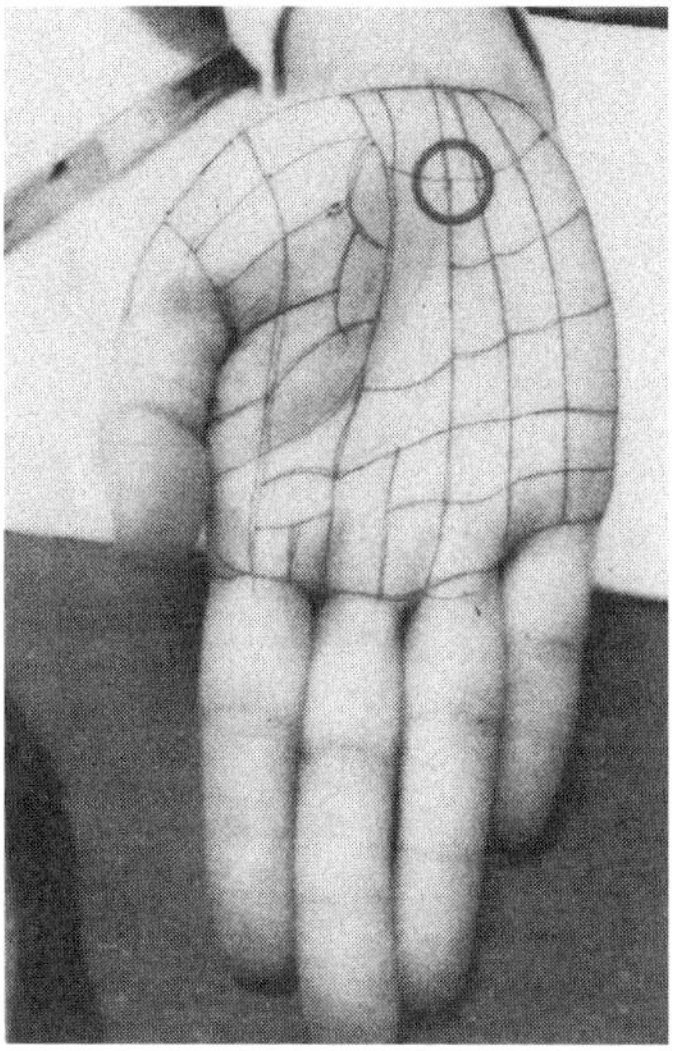

4図　全体に横線を引いて、縦横を明確にする。自分で練習する時は、右手を開いて人差し指と中指の二本を手首の線にあてる。その時、人差し指が下側で中指が上である。その中指の先の一節が大体その場所であり、大きさだと思えば分かりやすい。

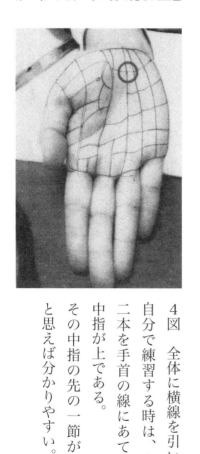

◎十二宮の説明

命宮

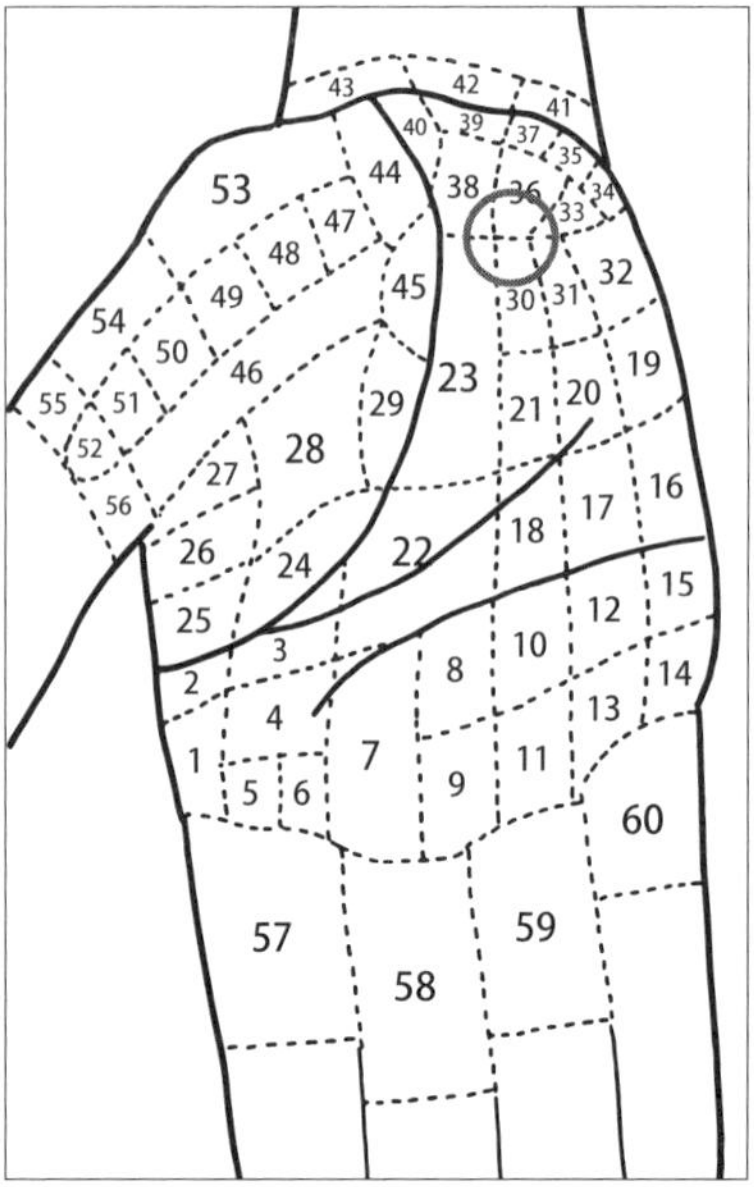

38、36、30、31、23を支配しています。

「明堂」を支えています。ここが自分の居場所であり、今の自分の状況や状態が出てきます。

36が「遷移」と関わっているので、旅行に関する話や、出張で出かける話などが出てきます。

「乾宮」の仕事の中にあるので、30は上司で、36は部下になります。上司や部下からの評価や人気もここに出ますし、逆に部下、上司の状況も出てきます。

気の流れは「貌宮」20を通っているので、美色がある時は、仕事やプライベートで好調を現わしています。

38は「坎宮」とも関わっているので、不動産の話や、それに関連して引越しなどの話もここに出ます。

「艮宮」の「疾厄」とも接しているので、病気やストレスで自分自身がやる気が出ない時なども、ここで見ます。

人相　命宮

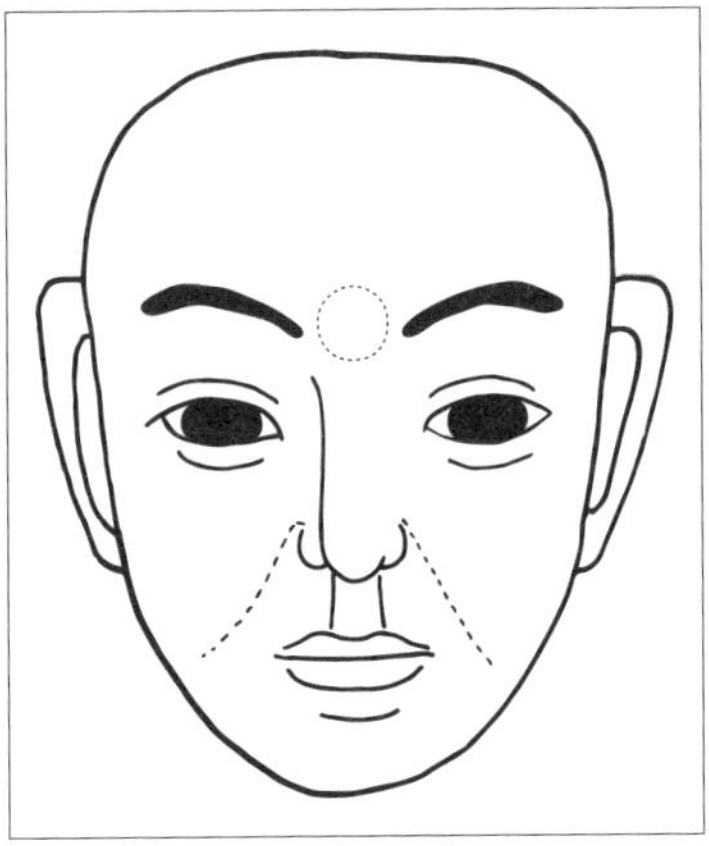

命宮は、眉と眉の間のことを言います。「印堂」とも。ここは気色の集まるところで、ここを一

番先に見て、そこから出発して全体を見て行く所です。

自分の今を見る場所でもあります。

また、望み事を見る所でもあります。「印堂」に美色が出て、「官禄」にも美色が出ると、自分の望み事がうまく行きますし、周りからの協力も得ることができる時です。

青色は心配事があります。暗色はお金の事で苦労している時です。

病人や病気で治療している人も、ここに出て来ます。

鼻が自分で「官禄」が目上なため、眉毛と眉毛の間は登竜門に当たるので、鼻から昇る色が良く行き良く上がれば、何事もうまく行く時です。

官禄

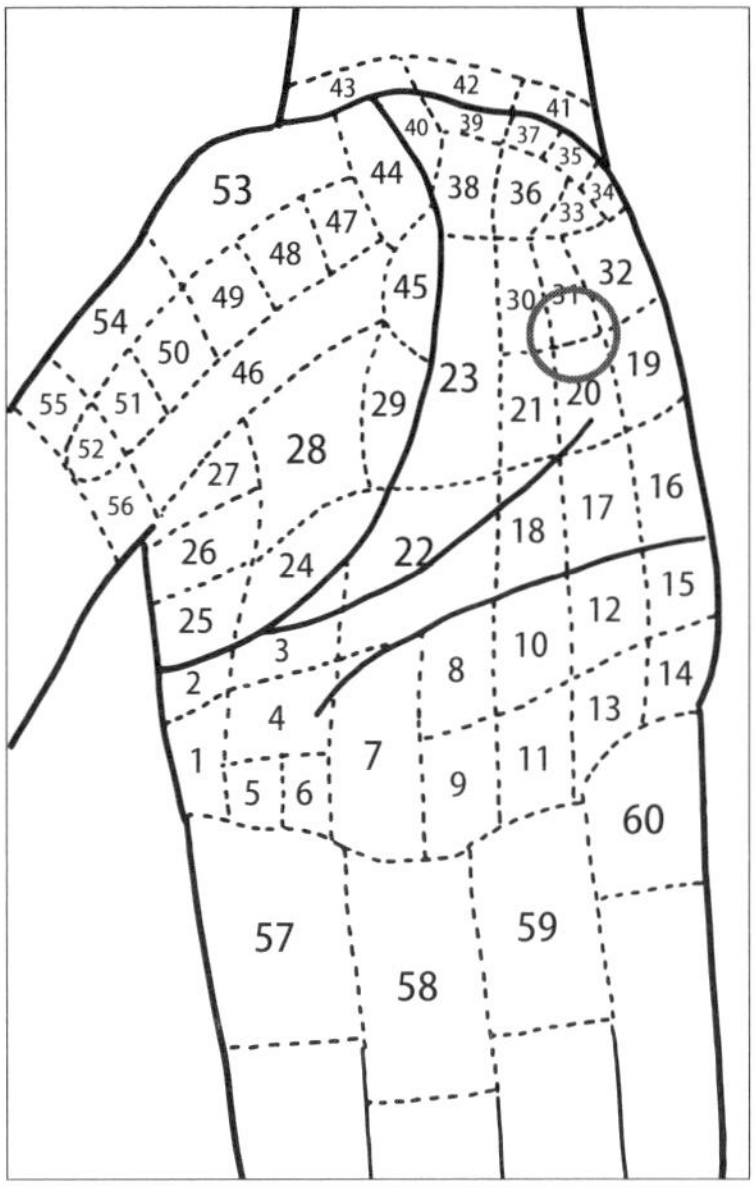

19、20、21、30、31、32を支配しています。

「乾宮」より「坤宮」に至ります。「乾宮」の仕事に関する事や、公の事に関する事も出てきます。「貌宮」とも接しているので、希望であるとか、これからの計画事について出てきます。

税務署や監査、法務局などの場所で、監査が入るとか、名義の書き換えなどを意味します。

「離宮」も公を見ますが、どちらかといえば、「離宮」は官庁や役場に申請していたものに許可や認可が下りるとか、下りないとかの判断を見ます。

「命宮」は自分であるが、「官禄」は、会社が今現在、世の中の流れとあっていくのか、逆に遅れているのか、運営している経営陣は賢いのか、頭が固くて融通がきかないかなどを見て、会社の中の状況を見ます。当然、会社のシステムの変更や、人事の異動などもここに出て来ます。

人相　官禄宮

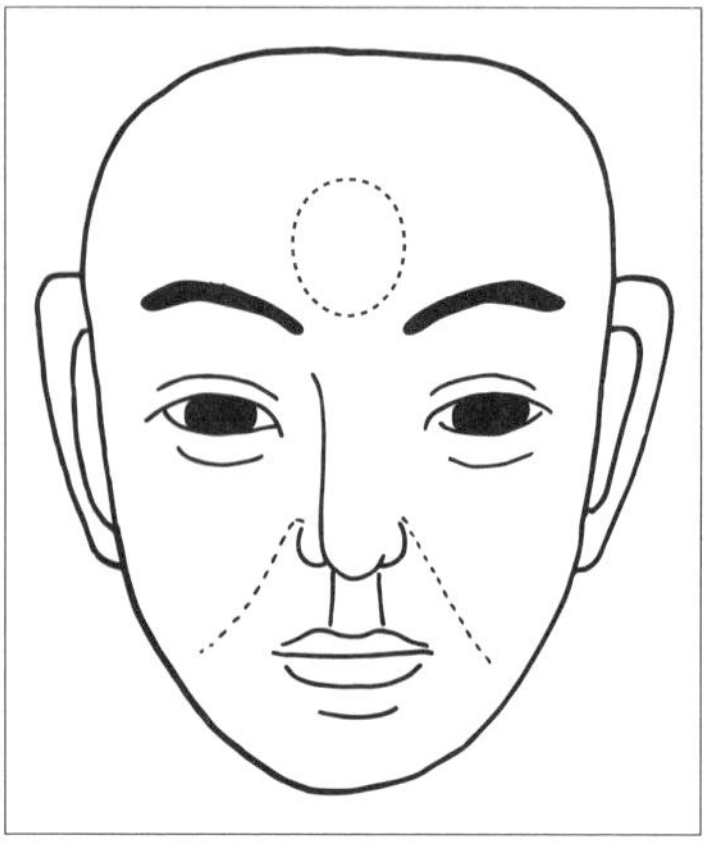

額の中央にして司空、中正の場所で、ここに美色が出ると、名誉を得るとか、目上の人の引き立てを得る、また、商売人においては、商売が忙しく良い状態です。金運も比較的良い時です。

青色が出ている時は、何か心配事があるか、疑っているか、多少口論が出る場合があります。

赤色がある場合は、訴訟事が出て来るとか、目上に対しての不満が出やすい時です。

公的な所なので、入試や就職試験の結果もここに出て来ます。

未婚の女性ならば、ここはご主人の場所なので、美色があると結婚間近ということです。

彼氏のいない人は、彼氏が現れる時でもあります。
信心深い人は、信仰する神様が出て来ます。

貌宮

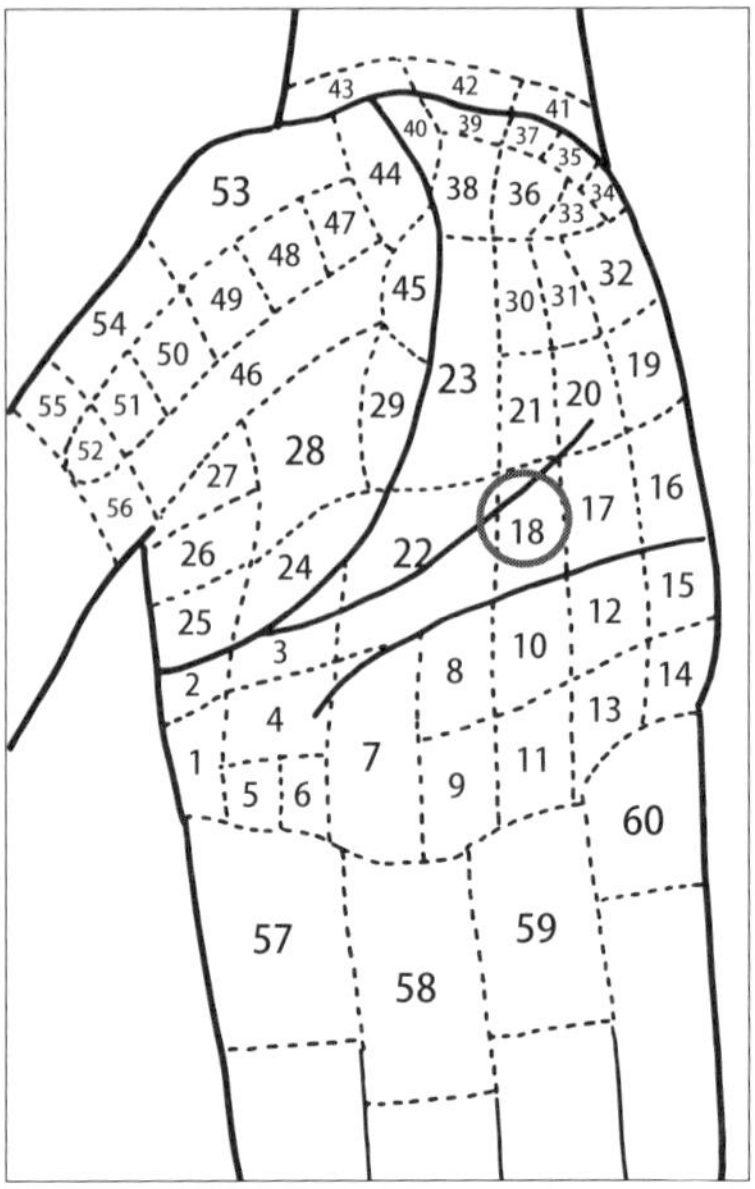

手相十二宮の中で「貌宮」は、人相の「相貌宮」から来ているもので、「相貌宮」は、顔全体を総括して言います。

18の場所を支配しています。

「明堂」と並んでいるので、明堂の意味合いも持っています。

「命宮」から30、21、18まで気色が昇るので、その時々の吉凶成敗が出ます。

基本は「明堂」と同じようですが、より現実的な事が出てきます。

ここに美色があれば、失業していた人には仕事が決まるとか、周りで結婚や妊娠話を聞くなどのおめでたい話が出てきます。

入社試験や入学試験などの当否もここで見ます。

また、自分の周りで妊娠話や出産話があれば、ここに白色で出ます。白い気色が一つあれば、一人の妊娠ですが、二つ色があれば、二人の妊娠話を聞きます。

ツキの有る無しもここで見ます。ツキがあれば「離宮」にも美色が出ています。

結婚も同じように出てきます。

他人の結婚は、50、21、20、18、17と、白い気色が三角形の形に広がります。

自分の結婚話はどうなのかというと、32、20、19、17、16と、三角形の白色で輝きを持って出てきます。

男女

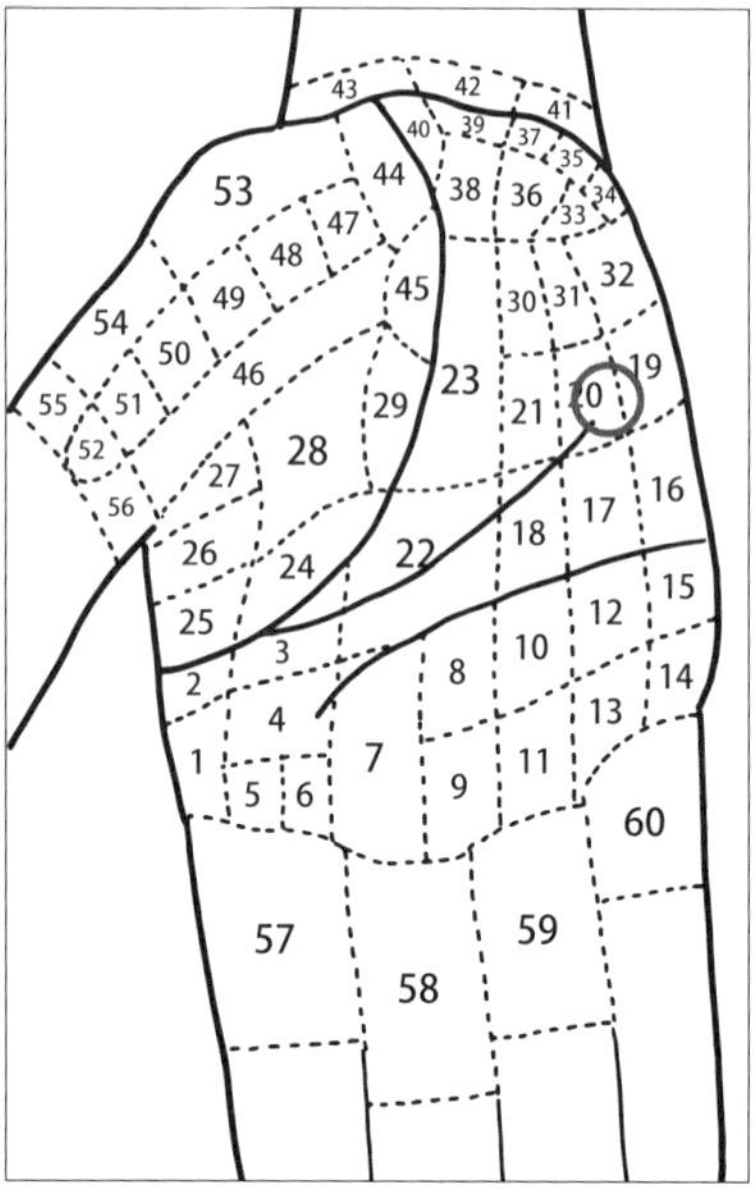

16・17・19・20を支配しています。

「兌宮」の中にあって「乾宮」と接しているので、結婚する前のカップルが連絡のやり取りをしている状況を現わします。易においては「兌宮」は悦楽の星となっていますので、飲食やイベント事の話や、男女のやり取りに関する話もここに出てきます。

ここが全体的に白くて美色なら、結婚が決まった状態です。

結納は20から16に向かって、少し太めの白色気色がでます。

お見合いの話の場合は、同じように20から16に向かって、白色気色は出るが線が細いので、少し太めの気線のような形で出てきます。

人相　男女宮

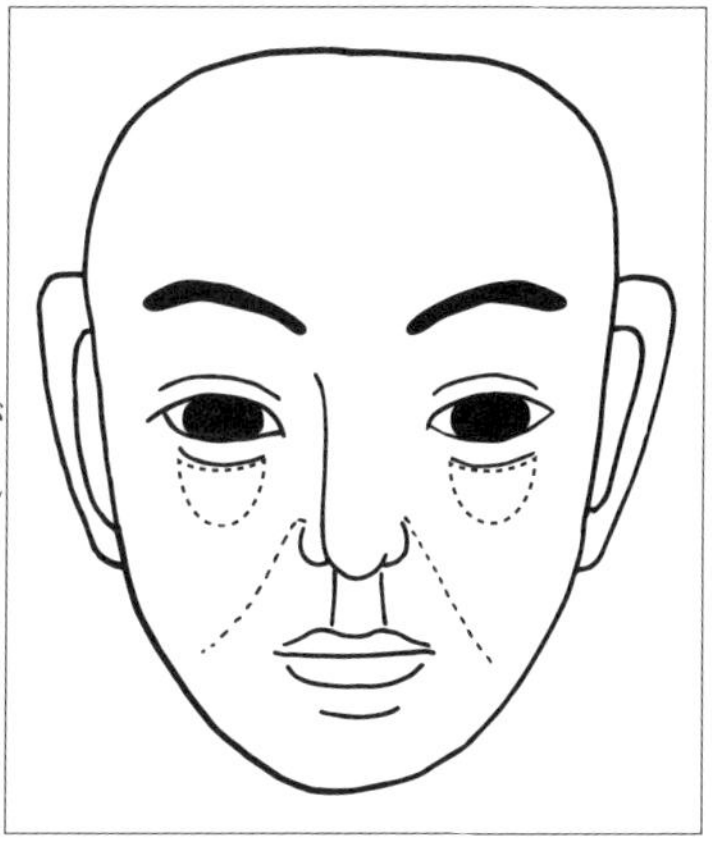

人相では、「臥蚕《がさん》」の場所で、下眼瞼になります。
男女の関係、子孫の勢力を見るところです。
ここに美色が出れば、男女の関係も良く、よい子孫が沢山できます。
ここに暗色があれば、子孫に恵まれず、家庭も面白くないでしょう。
また、ここは陰徳を見る場所でもあります。

奴僕

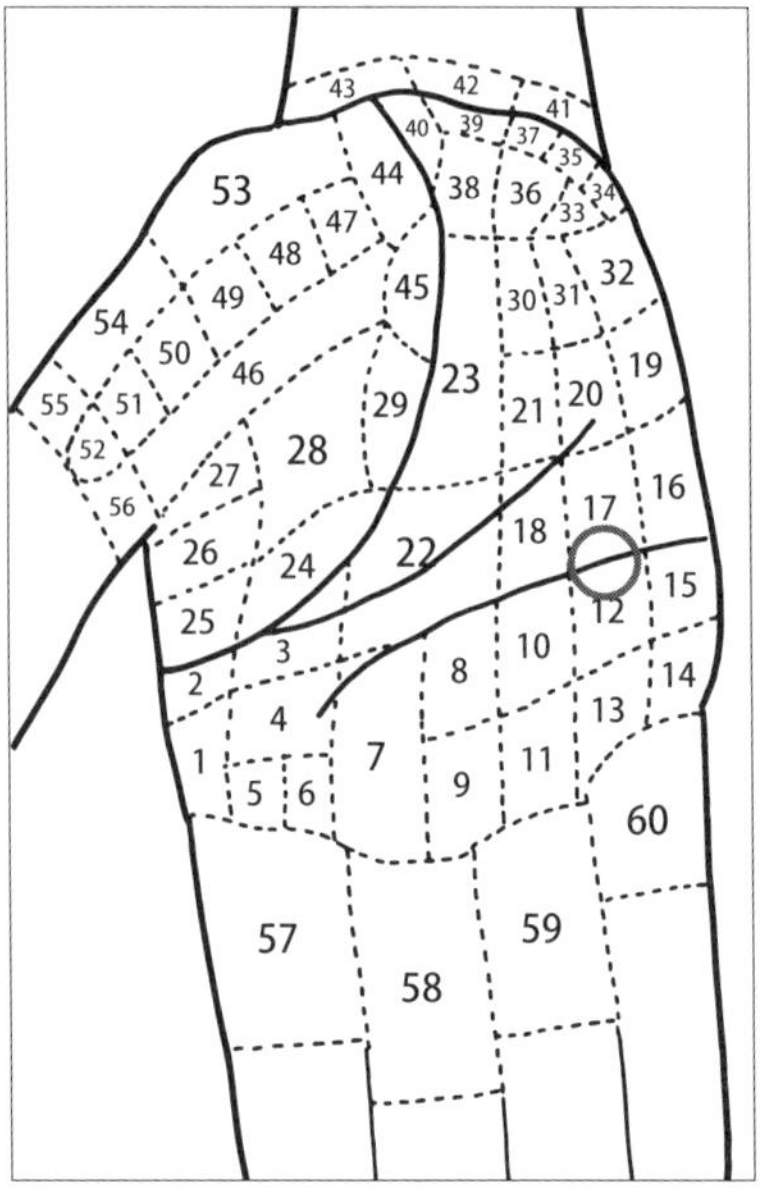

12、15、16、17を支配しています。

部下や年下との人間関係をみる場所です。

「乾宮」の仕事の場所から、16の「官禄」を通じ、17までの一つの流れで来ていますので、従業員とか仕事仲間の事が出てきます。

16、17は妊娠話を聞く所で、仕事関係や友達、身内に至るまでの範囲は広い。妹が妊娠した場合などは、17に白色が上に向かって現れ、12の「坤宮」という母親の喜びにつながる形で出てきます。

17、12、11と、白色が小指の方へ向かって動けば、海外旅行の計画があります。

人相　奴僕宮

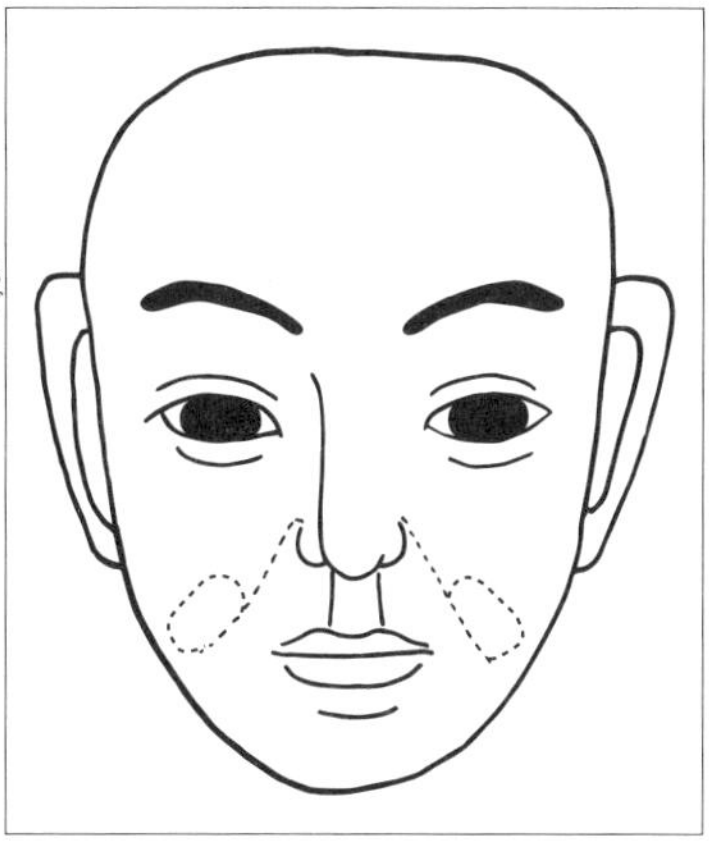

「地閣」、頤《あご》の左右をいいます。法令線の止まるところです。

ここは自分の部下とか使用人、子供などを見る場所です。血色潤沢であれば、仕事が順調で、部下や目下の関係がうまくいっています。暗色や赤暗色の時は、部下や目下との問題が出やすいようです。

従業員の募集をしている時に美色があれば、良い人が来るし、良い色が無い時は良い人は集まりません。「地閣」に父母が出るので、法令線をまたいで赤暗色のある時は、父母の兄弟や身内で病人がいるか、トラブルのために苦労をしている人で、向かって右が母で、左が父になります。

従業員が集まって会社にばれないように不正をしている時は、ここに暗滞蒙の気色が出て固まっている姿も出て来ます。

福徳

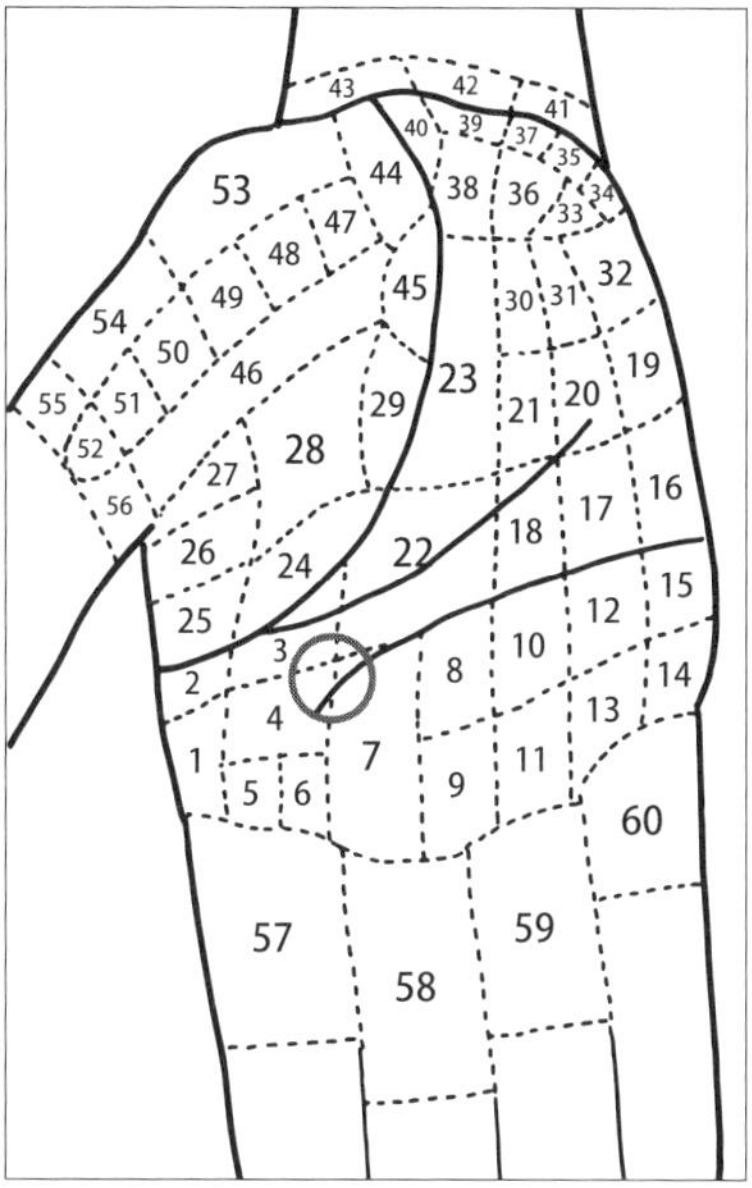

4、3、7、22を支配しています。

「巽宮」の4と「離宮」の7が関わっているので、物事が調うという「巽」の意味と、目上や上司の協力を得るという「離」の意味があります。逆に暗色や滞蒙の色がある時は、目上との関係か仕事がうまくいっていない時です。

ここは、自分の努力より、自然に現状の運気が出る所なので、手相を見る時には大切な場所です。「奴僕」の12、17の色が良ければ、部下や上司の信頼を得て仕事がうまく行っていると考えられます。

仕事に関わる時は、「奴僕」と「官禄」も同時に見て、その時々の判断をします。

「震宮」から出ていますが、「巽宮」とも隣合わせなので、「震」の長男と「巽」の長女と二つ並んでいて兄弟という事になります。ここに傷も黒子《ほくろ》も無ければ、兄弟身内は安泰です。

25は妻の妊娠、26は友達関係、29は「明堂」からの流れを見ます。24は「福徳」からの流れを見ますが、25は「疾厄」とつながっているので、精神的な疲れや肉体的な疲れもここに出てきます。疲れると暗滞蒙の色が出ます。

人相　福徳宮

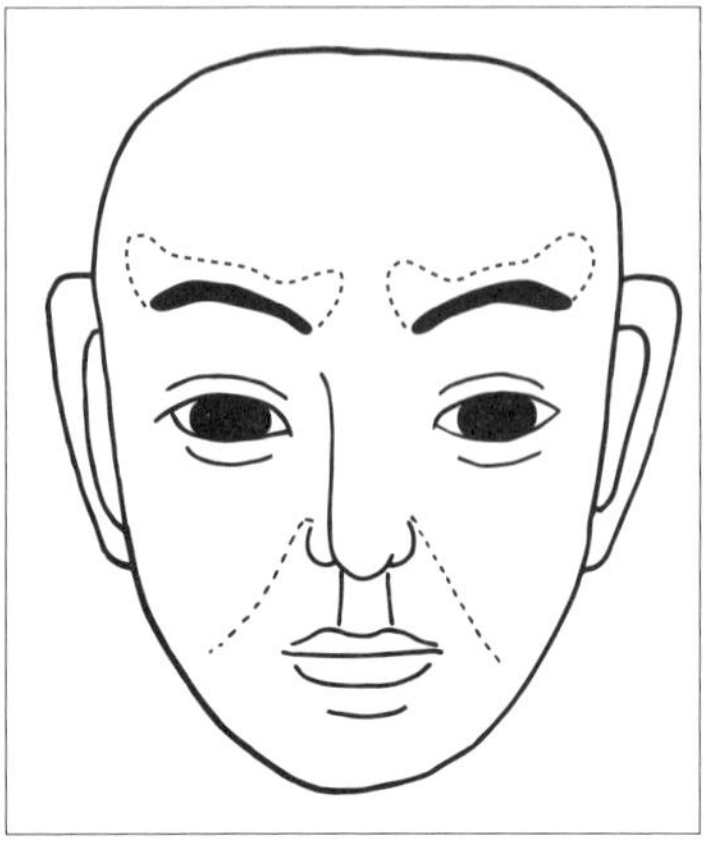

眉頭は「内福堂」で、銀行にある預金とか、手許にあるお金を見る所で、眉の末の眉尾の所が「外福堂」で、こちらは一般的な金銭の出入りを見るところです。

「内福堂」に美色があれば、預金などがいっぱいあるので、手許に金が無くても金の融通がききます。赤点がでれば、何がしかの問題を抱えているので、入るお金が入らないし、貰った小切手が不渡りになって思い通りに行きません。

「外福堂」に美色があれば、運に恵まれているので、思いがけない金が入ってきます。暗色なら、金の無い状況が続きます。

「外福堂」は人相では眉尻に当たるので、お金だけではなく、連絡が着くとか着かないなどの事も出ます。

株や不動産などの利益も「外福堂」に出るので、一応ここもチェックのポイントになります。

兄弟

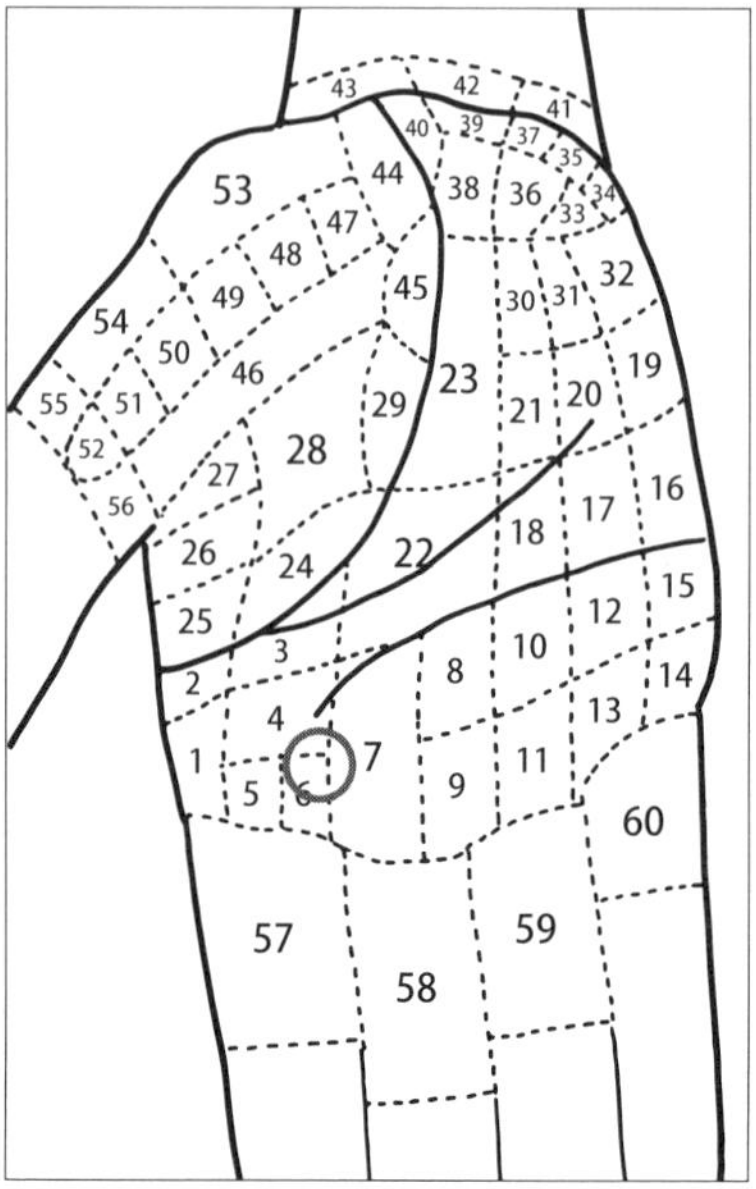

本来は十二宮には属さないのですが、十二宮と同じ並びで見た方が便利なので入れます。
4、6、7を共有しています。六本ある気の流れの②（二十九頁参照）から流れてきています。
7は不動産、6は銀行、4は思惑ですから、身内の引越しや、兄弟より借金しようとした時の成否が出て来ます。

感情線とのからみで、相続で兄弟がもめると、感情的になるのは仕方が無い事です。

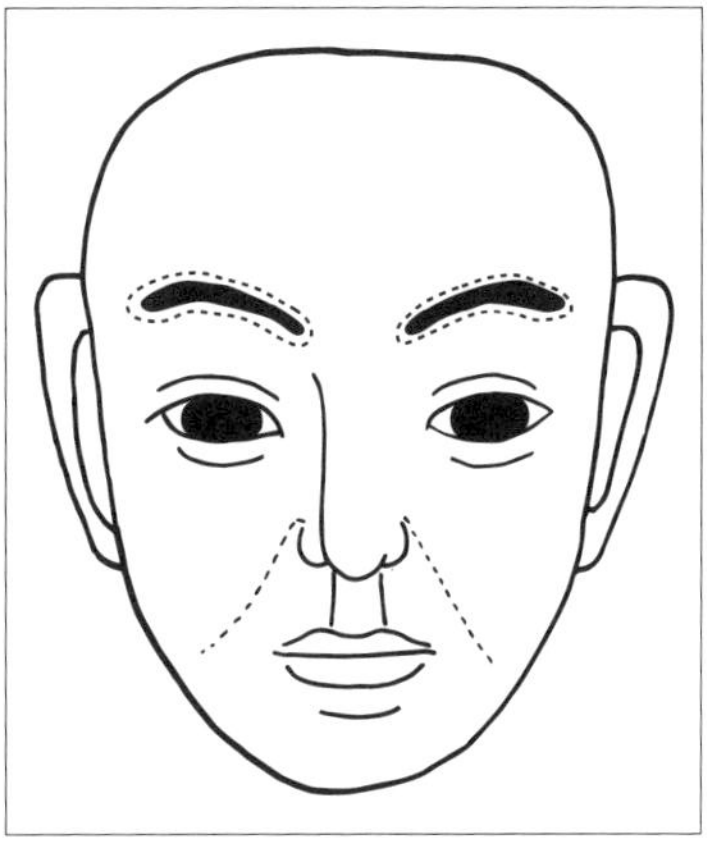

兄弟宮は眉の事で、兄弟や姉妹の人数とか、自分の兄弟や姉妹の状況や、自分自身のツキの有無も出て来ます。眉毛に隙間があれば、兄弟は離れて暮らすか、自分の方が逆に親元を出る場合もあります。大きな隙間や傷による隙間があれば、外国で暮らす事がどこかであります。

眉に潤いがあれば運気の良い時で、何事も順調で連絡のやり取もうまく運ぶ時です。

女子の場合、右目が太陽で、彼氏やご主人を現わし、左目が月で、自分を現わします。

眉毛は目の飾りとして見るので、眉の濃い人は、文章や絵を書くのがうまいようです。

遷移

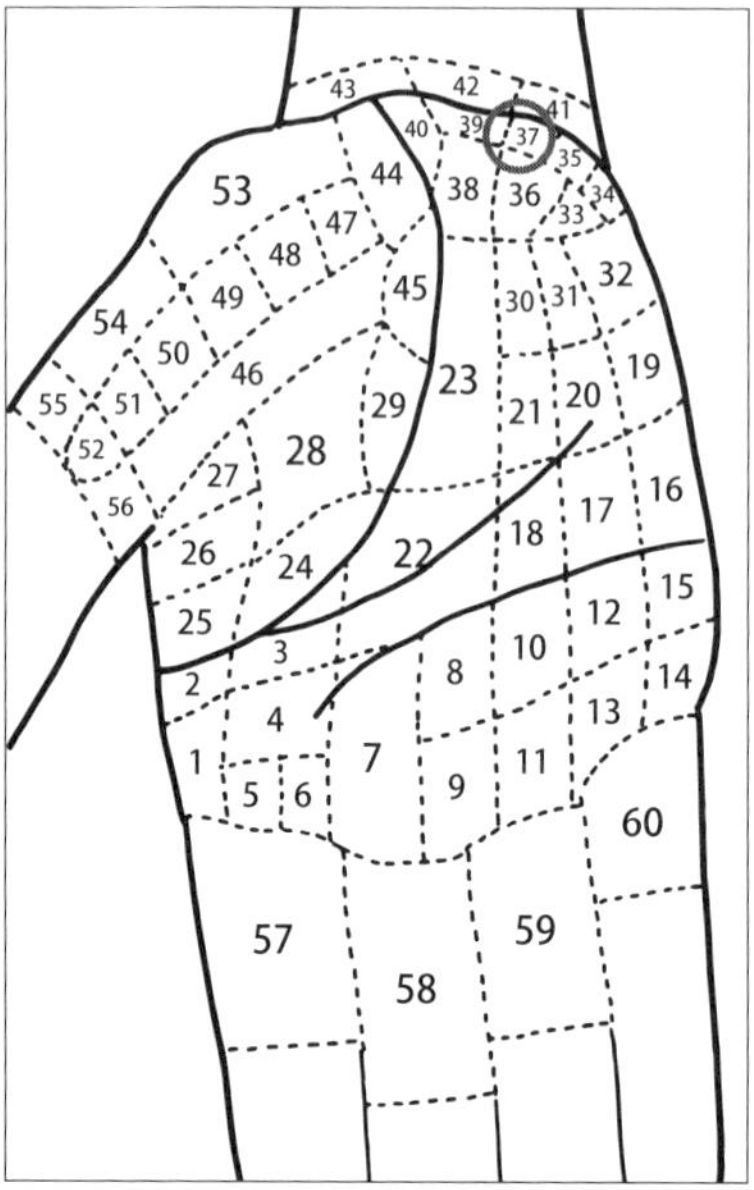

35、36、37、38、39、41、42に関わっています。

ここは、旅行や仕事で海外に行く人の計画や方向が出て来ます。気色の色が良ければ、楽しく良い旅行です。気色の色が悪ければ、予定がズレたり遅れる事もあるでしょう。向こうに知り合いがいる場合もここに出ます。

手の平の極から手首のほうにかけて、白色気色が出ます。手首の向こうが行き先になります。

「遷移」に暗滞蒙の色があれば、旅行の計画はあるが、旅行に出るまでの用事が多すぎて行くことができないでしょう。もしくは時期をずらして行くことになりやすいでしょう。

人相　遷移宮

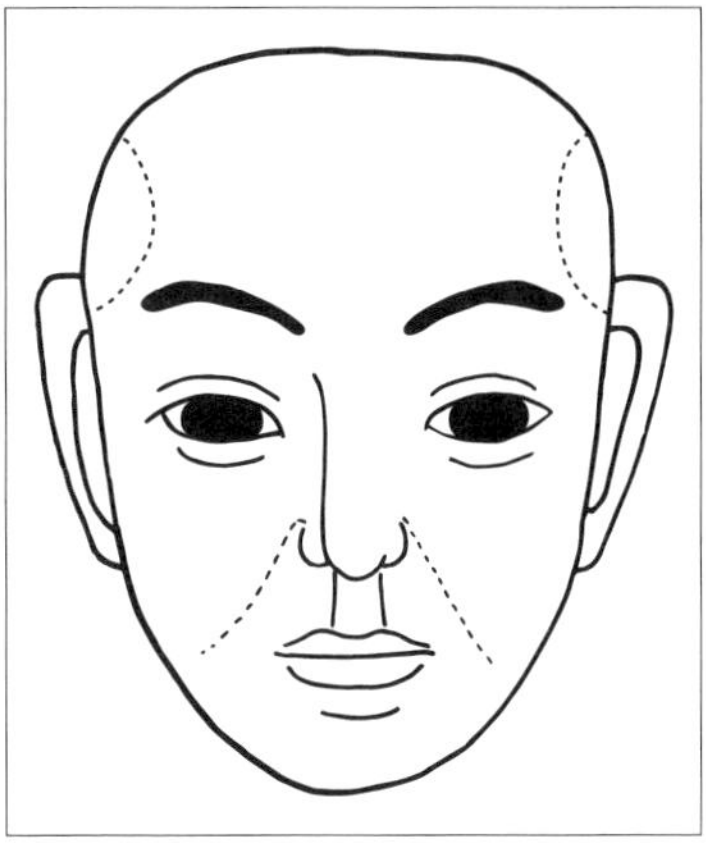

眉毛の末から額の方へかけての部位で、「辺地」、「駅馬」を合わせたところになります。

ここは旅行の事、移転のこと、いろいろな物事の変化を見るところです。

移転や引越しをしようという時には、「地閣」に赤蒙色が出てくるか、赤色が出てくるので、その時に美色が「遷移」にあれば、移転や引越しは良く、暗色があれば良くないということになります。

「遷移」が綺麗であれば、旅行は無事に行って楽しく帰ってこれるので良いが、曇っていれば目的が達せないとか、仕事がうまくいかないといった事が出て来ます。

外国に身内や知り合いがいる場合には、白色で気線がつながっています。

身近な場合でも、近くに居る人においても、連絡線は髪際から眉尻に気線を引きます。その途中に赤点やニキビがあればつながりません。

母妻

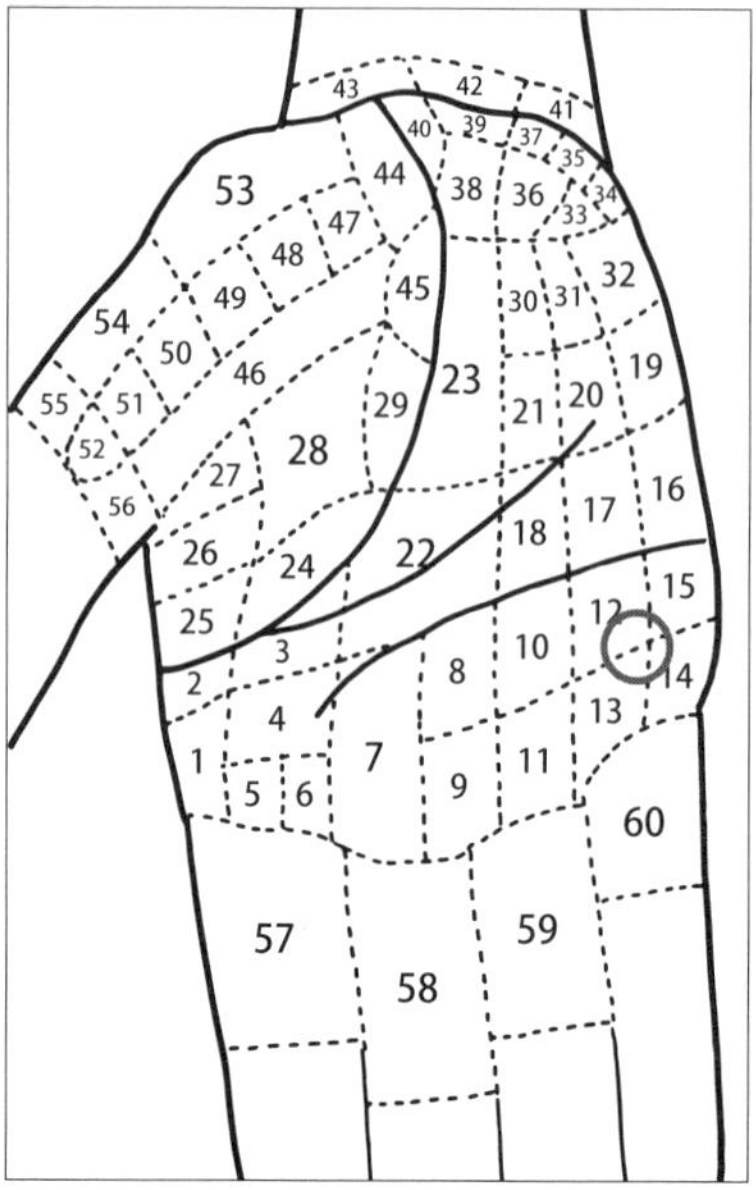

12、13、14、15の場所を支配しています。

「坤宮」なので母親や妻との関係が出てきます。11、13は母親の領域ですし、妻は14、15の場所です。

妻の調子が悪い時は14に暗色が出ます。

女子の場合は、15に母親の状況がでます。16は子供の事を現わします。

15、16と色が連なれば、家族のイベント事の話が動いている時です。

結納を交わす場合は、16から15に白色の気色が出ています。

母親と子供との関係は切れないので、「奴僕」と照らし合わせて見るのが大切です。

人相　妻妾宮

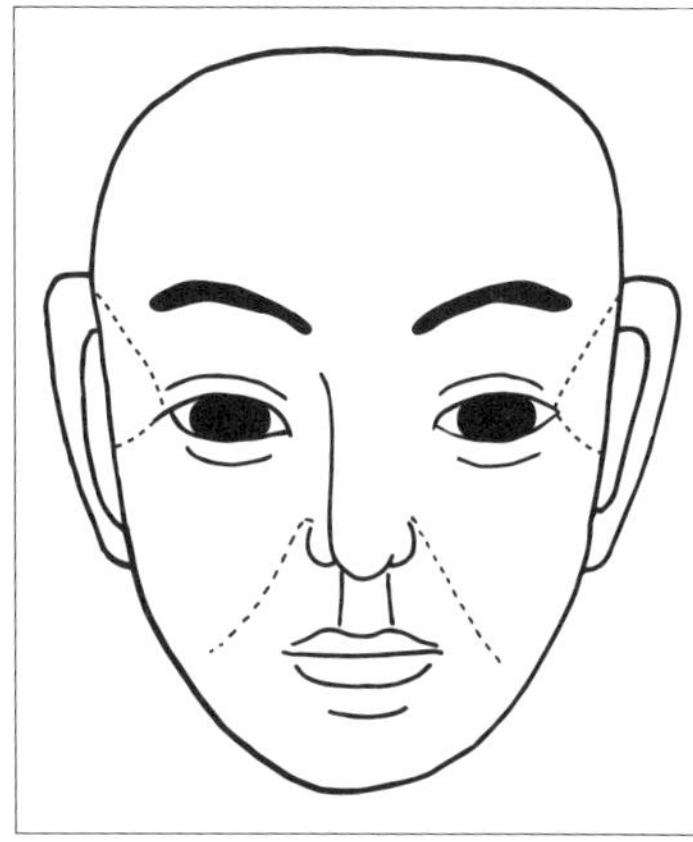

「魚尾」、「奸門」を合わせて「妻妾」と言い、眉毛の下から目尻の位置にあります。
妻、妾、異性の関係を見るところです。

結婚を見る時はここを見ます。男は左、女は右の「妻妾」の色が良く、「印堂」と鼻、及び「田宅」の色が良ければ、その縁談は良いという事になります。

逆に色が悪ければ、異性問題で悩みが出て来ます。青色と赤色が混ざり合っていれば、大病を患いやすいともいいます。暗滞蒙が女性のこの場所に出れば、夫と口論して離別するというような事になりやすいでしょう。

身近な場合でも、普通の友達や知人とのやり取りも、連絡線は髪際から眉尻に気線を引きます。その途中に赤点やニキビなどあればつながりません。

明堂

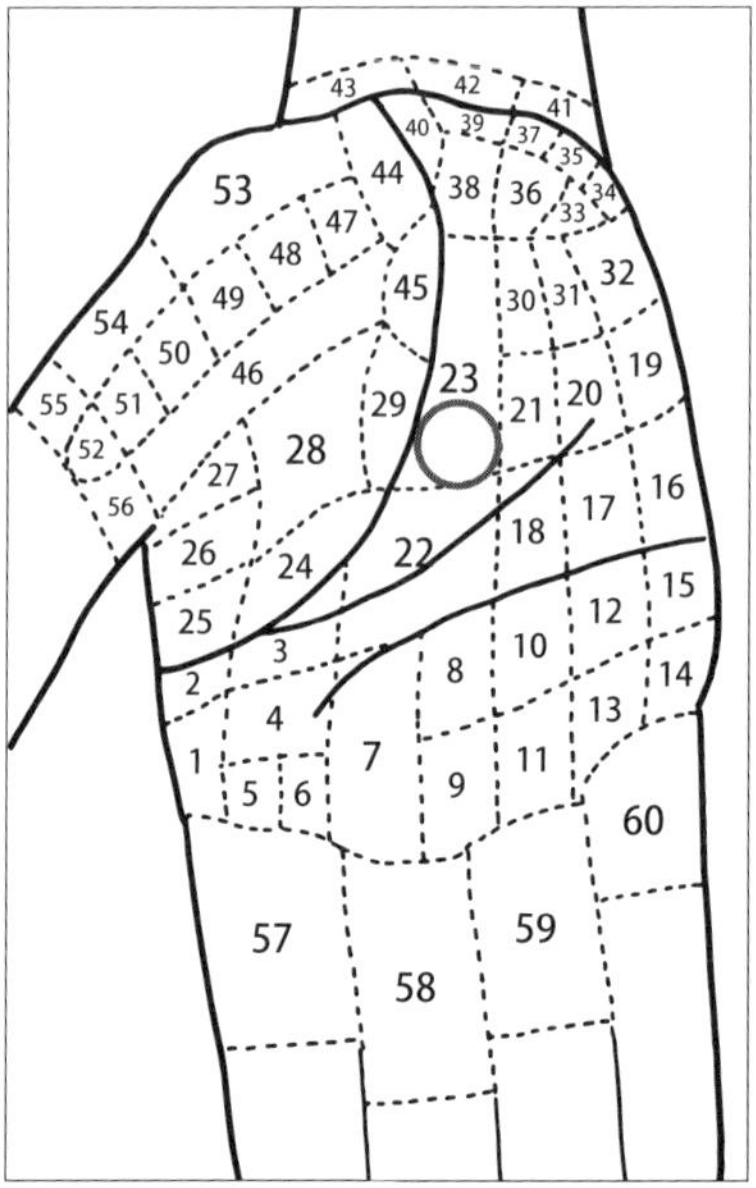

23を支配していますが、手の平の中心にして、その人の心の状態や望み事や、全体の運気を見る所です。「明堂」から「命宮」にかけて美色があれば、仕事や旅行に吉であるし、「明堂」から「貌宮」にかけて美色があれば、仕事上の事について喜び事があり、ツキもあると判断して間違いないでしょう。

「明堂」から「福徳」に美色や白色があれば、周りから来るチャンスが出て来ていると考えられます。

特に22の場所が良ければ、公事は良いと考えます。

また、「明堂」から「兄弟」の方へ、白色や美色が流れる時は、妻の妊娠や、友達に誘われて旅行の計画が出てきます。

「明堂」から「疾厄」に向かう白色や美色は、体力や気力が満ちている時なので、何か計画ごとがあれば強気に出て成果を得る時です。

結婚や結納を交わして運気の良い時には、美色が出ます。

妻妾

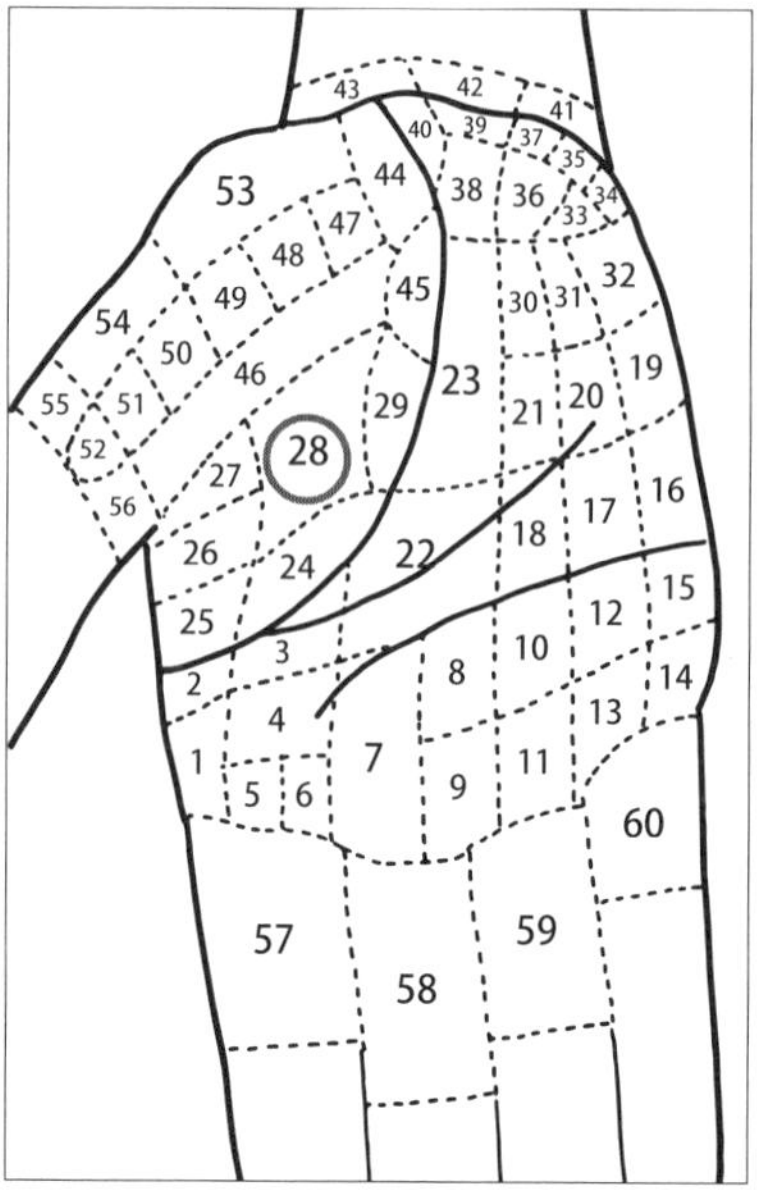

28を軸に24、26、29、46の場所を支配しています。

29は「明堂」からの流れ、24は「福徳」の流れと、運気に大切な直接関係のある場所と関わっています。「震宮」から出て来ていますが、「巽宮」とも隣合わせなので、「震」の長男と「巽」の長女と二つ並んでおり、兄弟という事になります。ここに傷も黒子も無ければ、兄弟身内は安泰。

25は妻の妊娠、26は友達関係、29は「明堂」からの流れなので、結婚や結納のお目出度い時には、美色が出ます。

24は「福徳」からの流れなので、運気の良否を見ます。

疾厄

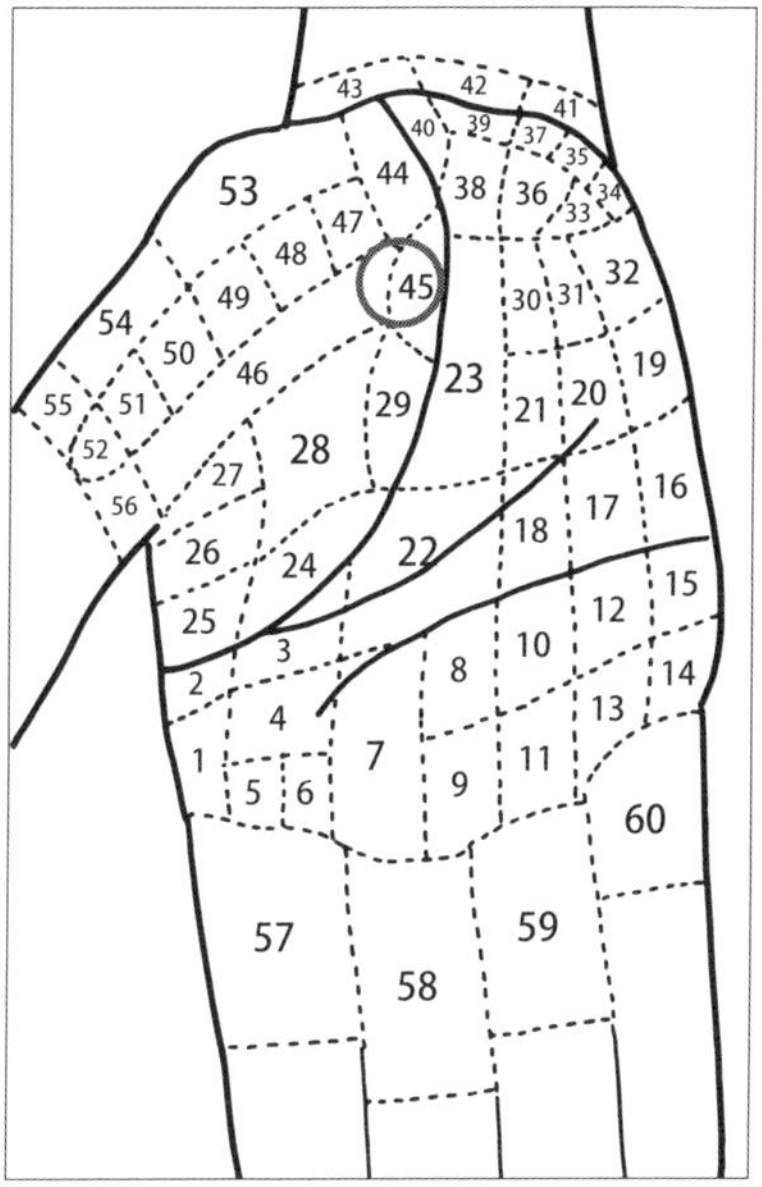

45、46、28、29を支配しています。

場所から言うと胃から腸に当たるので、仕事や人間関係で生じたストレスがここに出てきます。

45は腸で、46は家族や親戚の場所なので、そちらの方から来たストレスになります。

28は兄弟や妻の病気、29は胃なので、特に血色・気色が出やすいといえます。

人相　疾厄宮

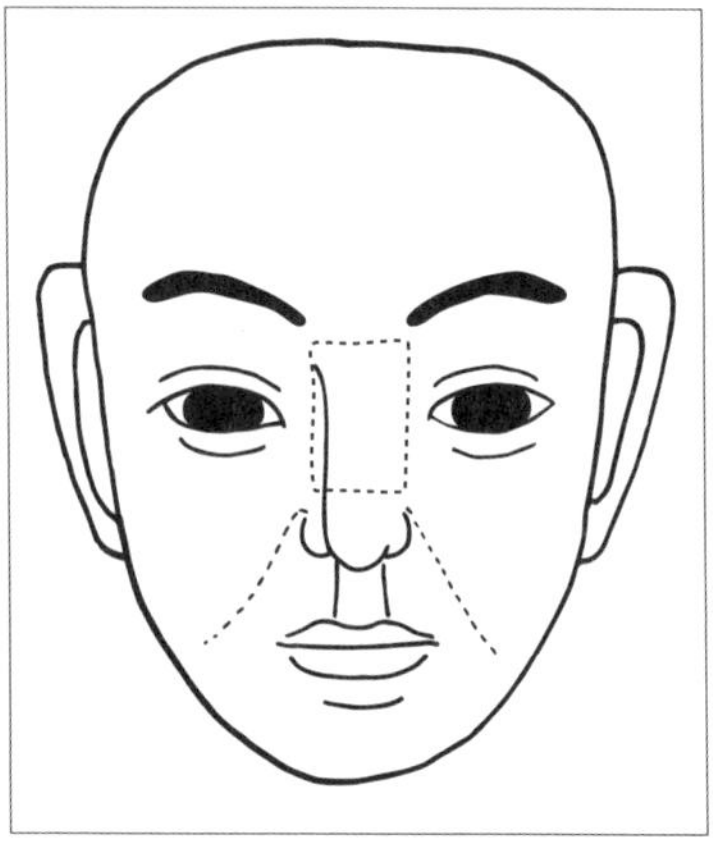

「山根」（鼻の根の起こる所）、両目の間に位置します。

ここが明潤なのはやすらかで、暗昏なのは疾病の相です。気色の青色は憂鬱、赤色は災厄、紅黄紫は喜び事の兆し。

「印堂」と接しているので、運気やツキの流れの良否が出て来ます。

「山根」から「印堂」に向かって気色が走る時は、今は状況が悪くても暫くすると好転してきます。

しかしながら、「山根」から下の「年寿」に蒙色が下がると、今は良くてもこれからが崩れて行くので、不動産の売買をしている人や、株などをしている人は、早めに手放すのが得策であると見ます。

右目と左目との間にある所から、恋愛の事も出て来ます。

鼻梁をまたいでいるので、三角関係の恋愛が出て来ます。良い恋愛なら三陰三陽に美色がありますが、この場合は白い気線で出る場合が多いようです。

田宅

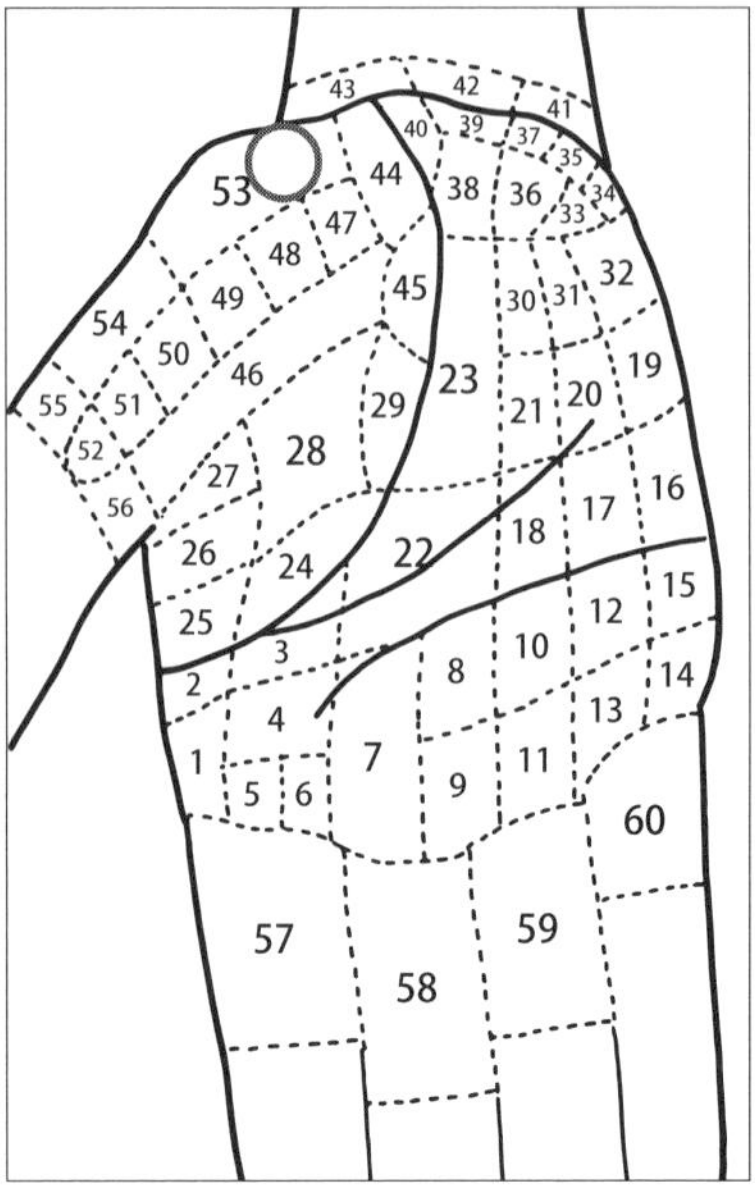

53の場所の意味を表しています。

ここは「魚腹」として見れば「艮宮」の領域ですが、八卦から見れば、「坎宮」の領域になります。

「艮」の土地、不動産と家族や身内の事が中心です。

身内に病人がいると、ここに暗滞蒙の色が出て来ます。

人相　田宅宮

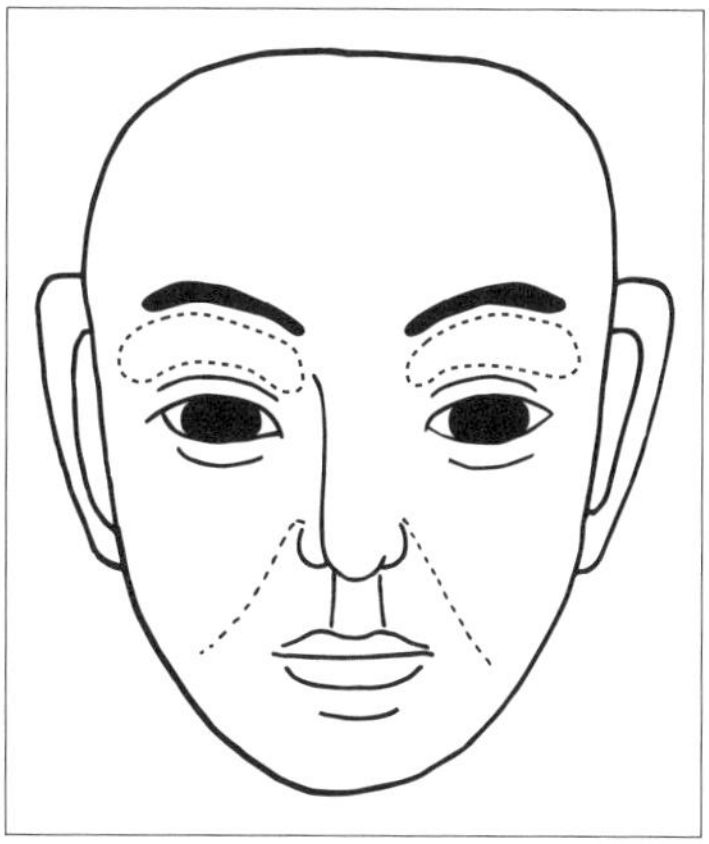

眼と眉との間の所と目を含めて「田宅」と言います。ここは家宅の事、財産の事を言います。

ここに美色が有る人は、親からの財産を譲り受け裕福です。

悪色が出る場合は、貰った財産に関しての問題が出ます。

暗色が出る時は大病の前兆。

赤色は家の人と口論や問題が出ますが、病気の場合は、「山根」に悪い色が無ければ、大した病気ではありません。

ここの広い人は、親の財産や祖先からの譲りを得ます。

黒子や傷がある場合は、それを失います。

「田宅」の眼頭の方は、家族やお墓の事を見て、目尻の方は自分の縁を見ます。結婚や縁談話についての場合もここに出ます。紅白色なら縁談話がまとまり易いでしょう。

第二章　『続・手相即座考』訳文と解説

『続・手相即座考』抄訳

蘆塚斎先生著
木村伯龍訳

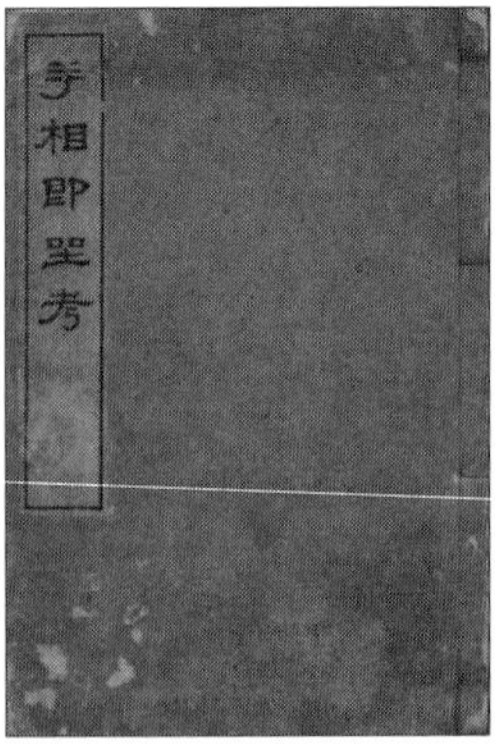

気色は、朝に面容に現れ、夕暮れには肺腑に帰る。皮の上に現れるものを色といい、皮の裏にあるものを気という。気はすなわち血であり、色はすなわち気の余りである。人身に運が来る時、すでに血色開き始める時は、先ず掌中の離宮より起こる。そうして面部の下府に登り、耳に移り、上府に至るものであるので、掌中の気色を見ない訳にはいかないのである。他流においては手相を第二とするが、当流においては手相を第一に見て、面部の色を照らし合わせ参考にすると、相法を誤ることはない。

○男は左、女は右の手を見るべきである。指の長いものは器用。短かいものは不器用。

○爪は長いほうが良い。指先が細いのは器用である。爪が下に曲がり、横に長いのは運気が弱い。

○親指は先祖、人差し指は父、中指は母、薬指は夫婦、小指は子供のことである。
人差し指が明かでない時は、父に祟る。
中指に歪み、または傷があれば、母に祟る。
薬指に歪み、傷があれば、夫婦仲が悪く常に苦労がある。
小指に歪み、傷があれば、子供はできない。
○小指、薬指の上の筋より長いものは、運が強く寿命は長い。短いものは、運が薄く寿命は短い。
惣じて傷がある者は悪い。
○指の間が開いておらず、指先が丸いものは財をもうける。指の間が漏れすくものは財は入ってこない。いったん宝を得ても、良く散財してしまう。
また、指先が異常に柔らかいものは、精神的に弱い。
○人差し指と中指の間に天紋の筋が入るのは、我が心より物を破る。
これを俗に、弓箭筋といって災いがある。

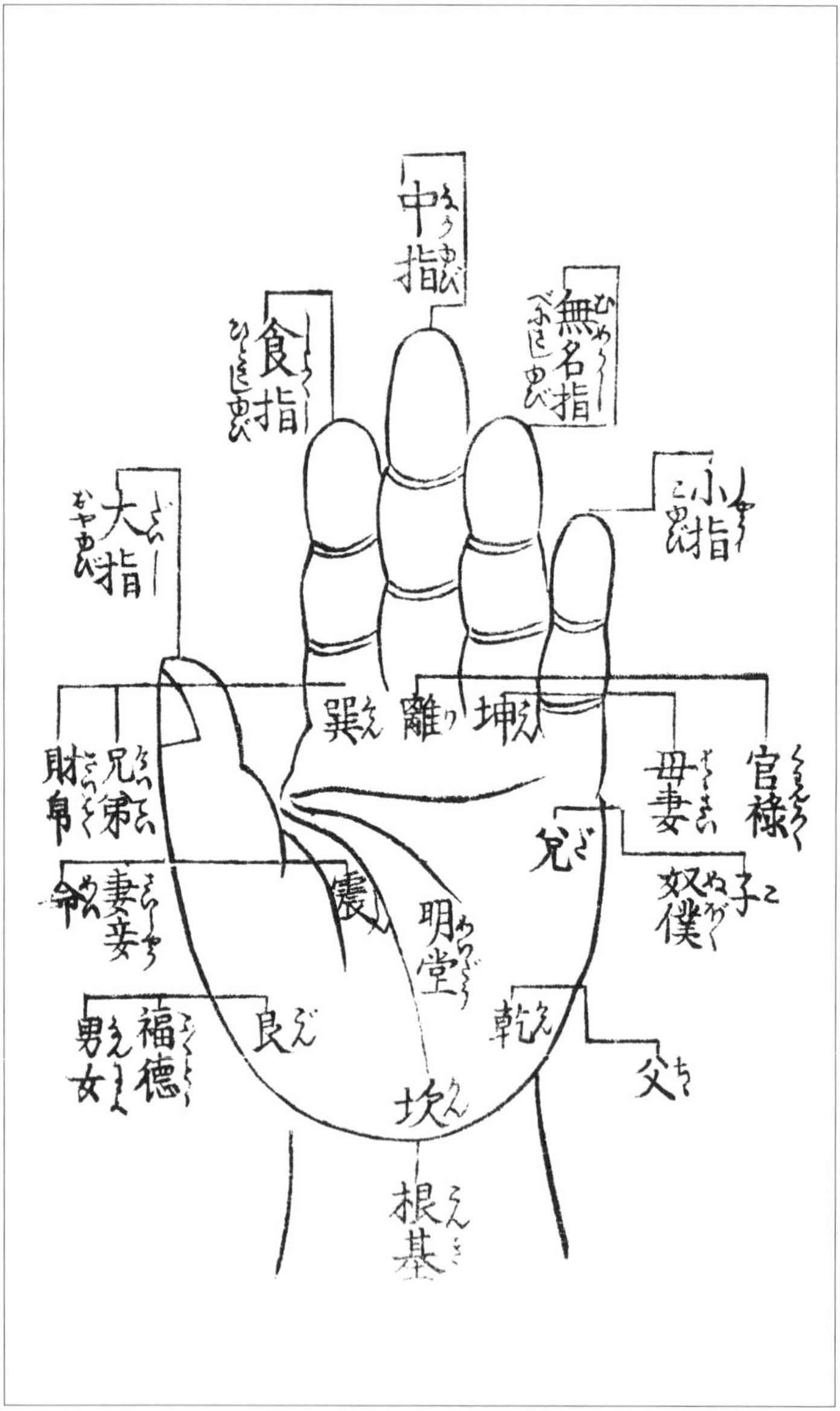

中指
食指
無名指
大指
小指
巽
離
坤
財帛
兄弟
母妻
官祿
兌
命
妻妾
震
明堂
奴僕
子
福徳
男女
艮
乾
父
坎
根基

坎宮

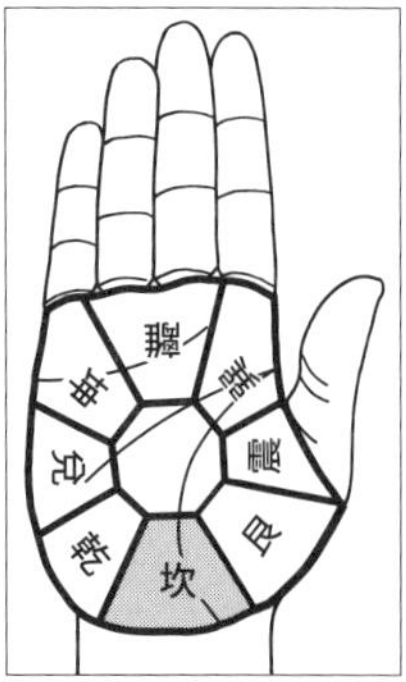

◎吉凶秘訣

○坎宮は手首の元にあり、根基の事を司る。
肉が隆起している者は、男女とも住所に吉事がある。肉が薄いか、欠け、凹みなどがある者は、住所が定まらず、苦労が続く。

◎坎宮の血色

○家内の事、あるいは家についての望みを見る場所である。そのため、ここの肉が隆起し、暗い色が現れるならば、家を求めるか、譲り受ける等の、はなはだ吉事の時に現れる。男女とも同じである。

○坎宮に青色が現れる時は、男女とも住所の障りがある。

（口訣）婚礼、養子などの事を見る場合、この場所に青い気が立ち昇るのは、養子の行方を占うなら、実家に借金などがあるのを仲人が包み隠して謀る意図がある。また養父の方によくみれば、養子の持参する物が少ないのを多いように見せかけるのは、功績が無いのをあたかも有るように謀る意図と同じである。

もし坎宮に青い色が現れる時は、よくよく聞きただして相続すべきである。

○坎宮に青筋が出る時は、住んでいる場所に少し不満があるか、痼癪が起こる時である。

（口訣）この時に、眼中の脈を見て、青色の時は痼癪。眼神に力無く落ちつきないのは、住所に不満があると見る。

借家などを借りる時、坎宮の青筋があれば、どの様にしても借家が決まらない。借家が有っても交渉する機会がない。青筋が消えた後、機会を見て借家のことを聞けば、すぐに話が決まるであろう。

また、青筋が艮宮の方へ昇れば、なおさら借家は決まらないであろう。

○坎宮に黄色が現れて潤いある時は、家や不動産に喜びがある。家財を求めたり普請などをすれば、或いは住所を得るか、俗に言う、宿這入（奉公人が暖簾分けして独立すること）の場合も同じである。

（口訣）艮宮からの横点（横に広く出ている気色）は家内の不幸である。その色は、薄く枯れている黄色である。

○坎宮に赤色が現れる時は、争論や思いがけない災難などが起こりやすい。また、赤気も同じである。しかし、気のほうは軽い。

○坎宮に白色が現れる時は、今、住んでいる場所から離れる。

坎宮に白枯れの一点として血色がある時は、その家に助からない病人がいると見る。一点は米粒の形のように出る。黒点の大小で、助からない病人の病気の軽重をはかるべきである。

（口訣）この場所の紋の上に、白く枯れた色が出る時は、家の内に自分の意にそぐわないことがあるが、大事には至らない。小事ではあるが、色々な事がはっきりせず、思い通りにならない。

○坎宮に黒色が現れる時は、住む場所に災難が起こる。黒気も同じである。

（口訣）この場所に一点の黒気が現れる時は、家の内に邪神の障りがあるので、よくよく注意をして見るようにしないといけない。

○坎宮に紅気が起こる時は、住む場所に喜び事あるか、または、金銭や物を得る。

この場所の肉が高く隆起して紋の中に紅気が現れば、ますます大吉である。
○坎宮に紫気が起こる時は、男女ともにあまり良いとはいえない。
（口訣）妻ある者に紫気がこの場所に現れる時は、必ず色情が起こる。また、夫ある女性も同じである。
○坎宮に暗・滞・蒙の三色のいずれかの色が出るのは、自分の欲しい物がなかなか手に入らない時である。
（口訣）坎宮は根基の宮なので、家督の事、或いは跡式の公事などの人に必ず現れる。暗気がある時、家屋敷の売買などは、必ず後日悪い結果となる。
○坎宮は婚礼もこの場所で見る。
婦人の縁付きの遅速を見る時は、面部の田宅をよくよく見て、次に掌中の震宮、坎宮の二宮に紅気が出て、三宮の釣り合いが良ければ、縁は必ず早い。ただし、田宅と震宮の二宮は良くても、坎宮の色が悪い時は、婚礼・養子とも遅いと判断する。

艮宮

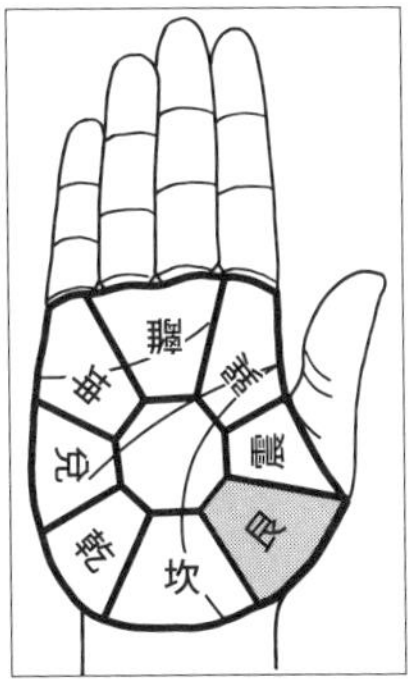

◎**吉凶秘訣**

○親指の元より手首の元までのあたりをいい、一名「魚腹」ともいう。

この場所は、福徳・兄弟・男女の事を司る。

肉の厚い者は男女とも福分が厚い。欠陥ある者は金銀につき苦労がある。

また、肉の薄い者は貧相で兄弟の縁は悪い。不時に肉が起きる時は思いも寄らないことに財産を得ることができる。女性は大いに幸せを得ることができる。

◎**艮宮の血色**

○この場所は金銭の出入り損得を見る。または、兄弟、朋友、妻、妾などを見るが、家業の事も見る。

○艮宮に青色が現れる時は、金銭の為に苦労がある。また、破産も考えられる。

（口訣）この場所に青筋がある者は、心に大きな野望があって、自分でも無理だと思いながら、頑張っているが、いっこうにうまく行かない。

○艮宮に黄色が潤って現れる時は、富貴にして幸せになる。金運が良好で恵まれる時である。また、黄色が濁って現れる時は、湿の病にかかる。

また、油の浮く者は、あまり金運は良くない時である。男女とも同じである。

○艮宮に赤色が現れる時は、金銭の事で争い事になりやすい。

また、赤い糸を引く時は損失がある。

また何かをしても、いつの間にか悪い事ばかりで、うまくいかない。男女とも同じである。

○艮宮に白色が発する時は、金銭の損する場面もあるので注意。

（口訣）艮宮に白板紋が現れ、紋の中に何色でも現れる時は、必ず死ぬ人が出てくる。

もし病人ならば、看病人らしく心を尽くすべきである。

たとえば赤気が現れる時は、丙午の日に亡くなる。その他は準じて知るべしである。男女とも同じである。

○艮宮に黒色が現れる時は、財帛の事について問題が生じる。また、一面が黒色の者は、男女ともに貧しく、万事悪い事が続く。黒気も同じである。しかし、気は色よりは軽い。

（口訣）不幸にして家督などを売る時は、必ずこの場所に悪色が一面に出る。また半分売れれば、悪い色も半分出てくる。

○艮宮に紅気を発する時は、男女とも大吉にして福がやって来る。妻のない人は良い妻を得る。夫のない人は良い夫を持つ。また、妻のある人は、妻が妊娠したりして、おめでたい話が調う。この場所に肉が隆起するのも同じである。婦人も同じである。

震宮

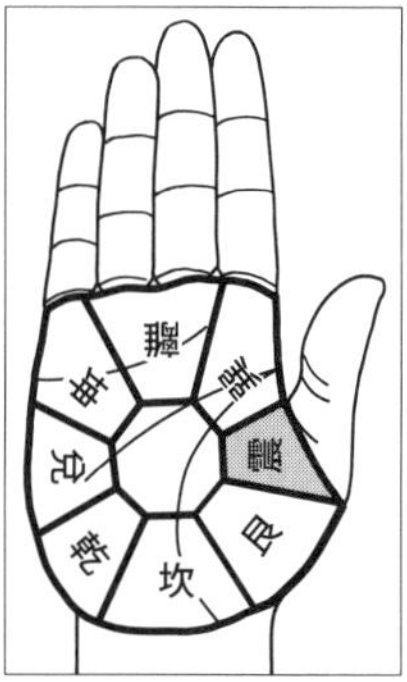

◎吉凶秘訣

○魚腹の上、天紋の下、兌宮に向かう所に位置する。

この場所は、妻妾の事・寿命の事を司る。

肉が隆起している者は長寿である。妻ある者は妻によって財を得る事がある。妻の無い者は良い妻を得る。欠陥ある者は、妻か妾などのことに大いに妨げがある。また、夭折の相を見る場所でもある（口伝）。

但し、単に太っているため、この場所も締まりのないような厚い肉の場合は当てはまらない。何というか、肉が隆起して力があることが大事である。

◎震宮の血色

○震宮は妻妾の事や寿命の長短を見る場所である。この場所が高く肉がある者は妻を大切にする。

妻のない者は妾を可愛がる。女性も同じである。また、寿命も長く健康である。

(口訣) 妻妾のことは、人差し指の方を見て妻。下の方が妾。親指の方は寿命の長短を見る。この場所に限らず、妻妾は小指の下の坤宮にもあるので、坤宮も照らし合わせて見る。

○震宮に青色が現れる時は、妻の病気である。妻がいない者は雷にうたれ死ぬことがある。また、青気も同じである。
(口訣) 父親が雷に打たれて死ぬ場合は、坎宮と震宮の二宮に青気が出る。
また、震宮だけに青気が出るのは、雷を心配する人である。
雷によって死ぬ場合の血色は、宮の上の方に現れる。妻の病は宮の下の方に現れる。
青気が丸く緑青のように出るのも妻の病気であるし、妻について障りのある時も出る。

○震宮に赤色が現れる時は、必ず妻との争いが起きるので何事も慎み守ったほうが良い。また赤糸が発する時も同じである。

○震宮に白色が起こる時は、妻の愁いあり。また白く枯れる時は、必ず妻が死亡する。

○震宮に黒色が現れる時は、妻によって災難がやって来るので用心したほうが良い。また、黒気が出て来る時は、妻の痼癪が起きるので用心。

（口訣）この場所に黒色が現れ、枯れ乾く時は、雷によって死ぬ。男女とも同じである。
○震宮に紅気が出る時は、妻によって喜びを得る。黄潤の気も同じである。
○震宮に紫気が現れる時は、妻に血病が起こる。
但し、震宮に紫気が美しく潤い起こる時は、吉事が来る前兆である。
○震宮に鷲色のような色が現れる時は、お腹（帯下）の病気である。
○震宮に茶色のような色が現れる時は、妻の病気で、痣のような色をいう。
また、狂気、あるいは住所の事でも見ることがある（口伝）。
○震宮に暗、蒙の二色のいずれかの色が出れば、妻の浮気がある時である。妻のいない者は、言うに言えないほどの災難がやって来るので、神仏を信心したほうが良い。
○震宮に滞色が現れる時は、妻の事で悩む事がある。

巽　宮

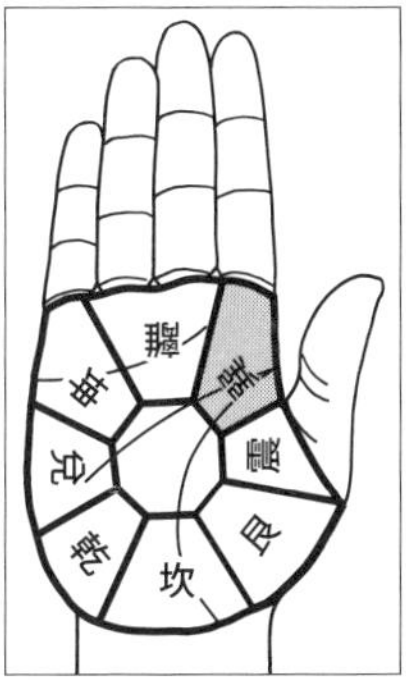

◎吉凶秘訣

○人差し指の下、天紋の上に位置する。

この場所は、兄弟・財帛（財産）の善悪の事を司る。

ここの肉が厚い者は、男女とも兄弟の仲が睦まじく、家業も大いに繁盛する。

肉が薄い者は、不運にして志をもたないし、欠陥のある者は、兄弟につき妨げがあって家業もなんとなくおもしろくなくて不幸が続く。女の人も万事大いに悪い。神仏を信心して謹み守る時は、半ばそれから逃れる事が出来る。

（口訣）親指の方へよれば、財帛のことを見て、離宮の方へ進めば、兄弟のことを見る。

◎巽宮の血色

○巽宮は兄弟、財帛、家業の善悪を見る場所である。

（口訣）この場所を見る時に見方があって、指の縫《ほう》の方に寄っていれば兄弟の事、人差し指の方へ寄っていれば金運の事、天紋に近いのは家業の事を見る。よくよくその境を分けて相を誤る事がないようにすべきである。

○巽宮に青色が現れる時は、家業に失敗があって破産するか、あるいは、はなはだ苦労する事がある。

また、青色は病気の色なので、病気ゆえに仕事が出来ずに閉散となり苦労する。多くは家業につき散財がある。

○巽宮が黄色で潤いのある時は、家業が忙しくて繁盛するので金が貯まる。また、黄色の色の枯れて出る時は、家業について大いに散財がある。

○巽宮に赤色が出る時は、家業について争論がでる。また、赤糸が起きる時も同じである。兄弟の場所は争い事も良く出るので、境をよくよく見て判断するように。

○巽宮に白色が現れる時は、家業から離れる。また、白気は兄弟の憂い事がある。また、兄弟のない人は散財がある。

（口訣）離宮に悪色があって巽宮に白色があれば、家業を離れて流浪する。女性に出る時は大いに悪いが、心貞しく慎み守る時は、半ば逃れることができる。

○巽宮に黒色が出る時は、家業の事について災難にあう。兄弟の災難に出ることもある。

○巽宮に紫気が出る時は、あまり良くない事で出るが、紫気がいたって薄く現れる時は、兄弟の内に婚姻があるので良しとする。

○巽宮に紅気が出る時は、家業が繁盛して喜び事が多くある。

（口訣）人差し指の下に紅気が出る時は、その者ではなく兄弟か親類の方にお金が入る。多く入る時は四角の縄張紋が出る。

○巽宮に暗、滞、蒙の三色が出る時は、家業が滞る。兄弟の事も滞る。

離宮

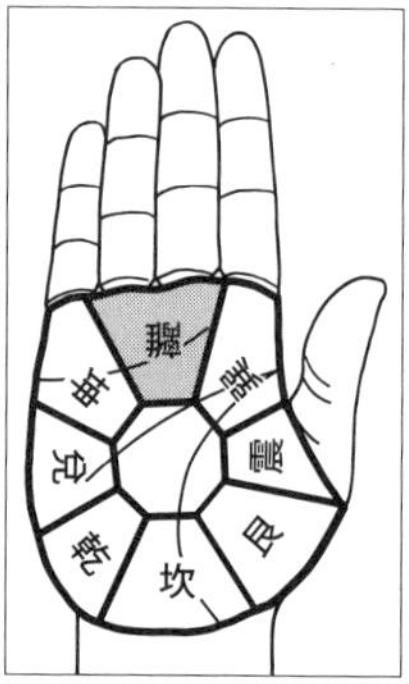

◎吉凶秘訣

○中指の下、天紋の上に位置し、官禄を司る。

離宮の肉が厚い者は福分があり、仕事や金運に恵まれる。

勤め人は目上の引き立てを得て、大いに立身出世する。家庭も円満で願望も達成する。

肉が薄いかキズや障害線がある場合は、大望を立てても不幸せで家業もうまくいかない。家内もうまくいかず、兄弟仲もうまくいかない。女性も同じである。

(口訣) この場所は面部の印堂と同じで、掌中第一の宮で、万事にかかわる大切な場所なので、障りが無いのを良しとする。紅く潤いがあって適当な肉がある者は大吉で、女性に出る時は、玉の輿に乗るというような出世がある。

肉が薄いか欠陥、障りなどがある者は、男女とも大いに凶相である。

◎離宮の血色

○離宮は、表向きの事を司る。故にその人の置かれている職分やその時々の運勢や成否を見る。
この場所の運勢を見て血色すぐれず、あるいは開かない時は、何事においても望みが叶わない。良い事があって、実行しようとするがうまくいかず、血色の開く時を待って物事を始めるのが大事である。

○離宮に青色が現れる時は、名誉と利益につき間違いがある。人間関係にも支障が出やすい。

○離宮に赤色が出る時は、論争がある。
また、赤気が現れる時は、必ず損失がある。

(口訣)この時の赤気は、はっきりした赤だというわけではなく、物を張り付けた様な感じである。

○離宮に白色が現れる時は、名誉と利益のために恥辱を受ける事がある。

○離宮に黒色が現れる時は、仕事上のトラブルや都合で仕事を辞めたり、クビになったりして思わぬ展開になりやすい。
(口訣)離宮から五指の内いずれにでも黒気が登れば、必ず災難か病気が出て来る。

○離宮に紅気が現れる時は、何事も表向き大吉である。人差し指の本から来る紅点も同じである。

（口訣）この離宮から五指の内いずれにでも登る紅気は、物によらずはなはだ大吉で、これを「天に朝す」という。

病気の時にこの紅気が現れれば、必ず病気は治るものである。また問題をかかえている者は、この宮に紅気があれば、必ず凶変じて吉事となる。

少しでも良いことがあれば、紅気が出て登る。

○この宮に紅気が薄赤く潤いある時は、なんとなく万事にツキがある。この時は運に乗じて調子良くなる。

運が開かない時は離宮に青色がある。これは運が悪いというわけではないが、その人の徳が現れず何事もあと少しという状態で止まっているので、心中に少し焦りのある者である。

○白気・黄気の内に一点の紅気が現れる時は大吉である。紅気一点あれば一つ、紅気二つあれば二つの金が入るような事なので、その人の身分において金額の大小がある。

○暗・滞・蒙の三色の色いずれの色が現れても願望は整わない。気も同じである。

（口訣） 離宮に刃物の地荒れのようで、また、足のかかとのように荒れているのは、男女とも何事によらず停滞する。

（口訣） その他の宮の血色が良くても離宮の色の悪い時は、何事もうまくいかず失敗する。この離宮は表向きの吉凶を司る所であり、家業を見る所である。

○離宮は柔らかくムックリとしているものである。運気の良い人は何事にもかかわらず、何事をなしてもこの場所は柔らかいものである。

手ぬぐいだこがあるものは、男女とも大いに運気が悪い。運気の良い人は肉体労働をしていてもこの場所は柔らかである。

坤宮

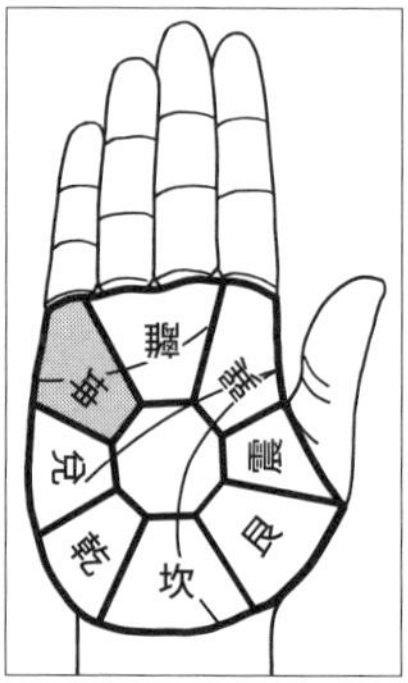

◎吉凶秘訣

○薬指と小指との真下を通る位置にある。

この場所は、母と妻の事を司る。

○この場所の肉の厚い者は、母によって財産を得る。肉の薄い者は、母によって気苦労あるか、母が病身である。

欠陥のある者は、母と意見が合わず背く。

母の事は薬指の方に寄って見て、妻の事は小指の方へ寄って見る。

○小指の方、天紋の真下に位置する。この場所は子孫の事を司る。部下もこの場所で見る。

○肉の厚い者は、良い子を持つか、役に立つ部下を持つ。

若い女性より財産を得る事もあり。

○肉薄いか欠陥などある者は、老いて子に縁が薄い。多くは早く亡くなる事がある。

ただし、面部の子孫宮と見比べて見るべきである。

○坤宮は母と妻の事を見るが、また、人の引き立て、贔屓《ひいき》の事を見る場所である。

◎坤宮の血色

○坤宮に青色が出る時は、母の病気である。

○坤宮に青気が出る時は、妻の病気である。

（口訣）妻の病気は、兌宮の上、小指の下に青気が出て来る。どうしようもない母があれば、小指の本に畳擦れたたこのように固まる所がある。

妻の事は坤宮と震宮を見比べて見るべきである。

○坤宮に黄色の潤いある時は、母によって財産を得る。また黄色枯れるのは何事も悪い。

○坤宮に赤色が出る時は、母と論争する事あり。赤気は妻と争うことあり。大いに慎み守ったほうが良い。

○坤宮に白色が現れる時は、母の不幸である。白気は妻の病気、悪い時は妻が死亡する事もある。

○坤宮に黒色が出る時は、母に災難あり。黒気は妻と離れるか、また妻が死亡する事もある。

○坤宮に紅気が現れる時は、妻によって喜び事がある。

○坤宮に紫気が現れる時は、家内和順にして大吉である。

○坤宮に暗・滞・蒙の三色いずれが出ても、家に憂いや悩みが出る事がある。

兌　宮

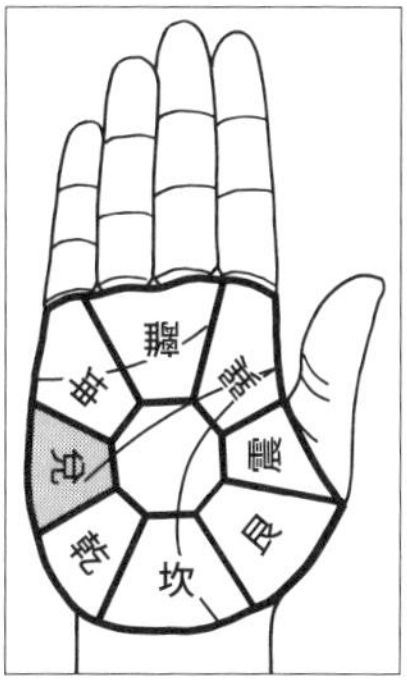

◎兌宮の血色

○子供の事・奴僕・妾などの事をみる。

（口訣）初年より三十才までは、少女・妾・すべての女性の事を見る。三十才以上は、子供のことを見る。

○兌宮に青気が現れる時は、子供が父親を騙す。青気がはなはだしい時は、子供を亡くす事もある。

（口訣）子供の素行が悪く勘当する時は、赤・黒・白の三気が出て来る。この時はしかたなく悲しみながら勘当する。

（口訣）赤気ばかりが現われる時は、大いに目に余り、我が子ながらも憎しみ勘当する。先と本とを考え察して、嫡子と庶子であるかを分けて見るべきである。

○兌宮より母妻を過ぎ小指に至って、青筋が縫の辺りより登るのは、子供の病気だと見る。

図の如く、青筋か紫筋が小指の縫に現われ、小指の一の筋に至る時は、必ず死亡する。

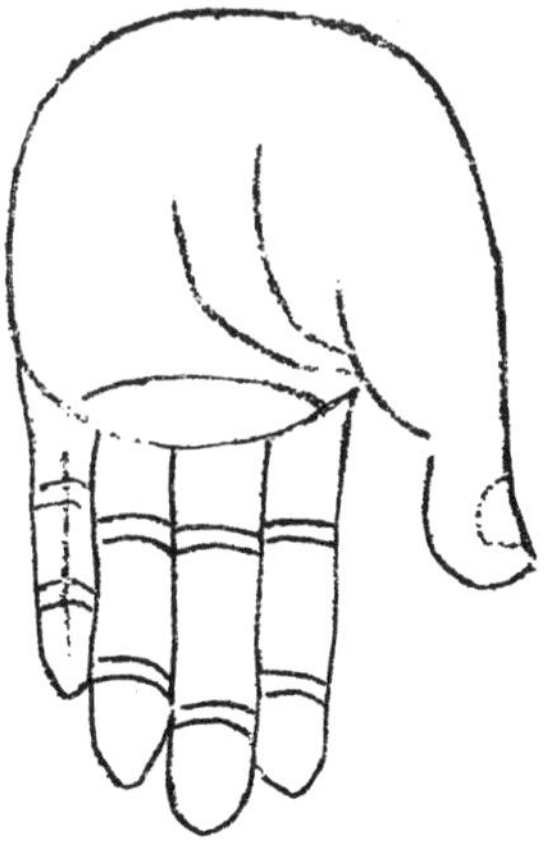

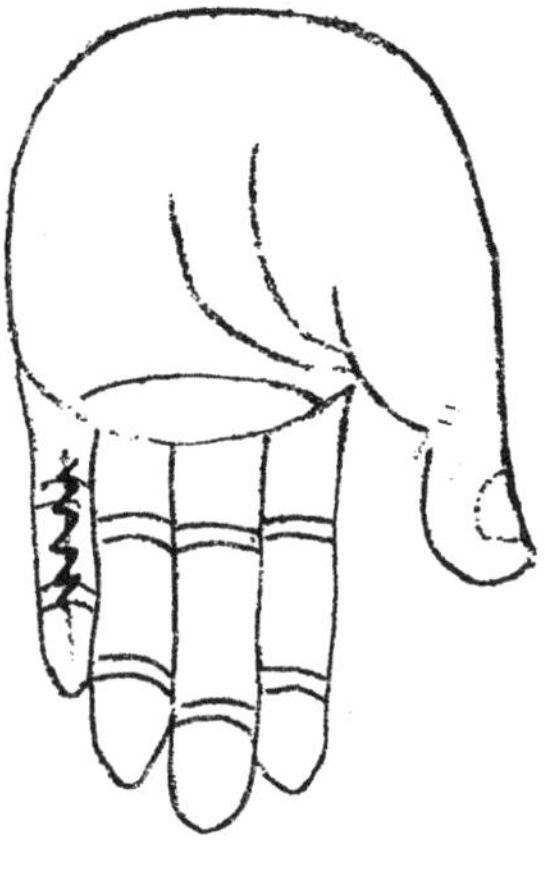

(口訣) 小指の下に現れれば妻の病気。小指ばかりに現れれば子供の病気である。

(口訣) 子供の病気の事は、爪の血色と手の背を見る事がある。

○兌宮に黄潤の色が常に現れる時は、男女とも富貴にして良き子供を持つ。

○兌宮に黒色が現れる時は、後継ぎの子供を失う。また、子供について苦労する。男女とも同じである。また黒気の場合も同じ。

○産婦を持つ男を見る時、兌宮に紅気が現れれば、悦びがあると見るべきである。
（口訣）この場所の紅気が美しく光っている場合は、男女とも色情である。
この色、紅く潤いがあるが、紅は滑らかできらつくようである。

○兌宮に一点の紅色が現れるときは、子供が幸福になり、財宝をもうけることができ、大吉である。
その他は、子孫宮に詳しく出てくる。

乾宮

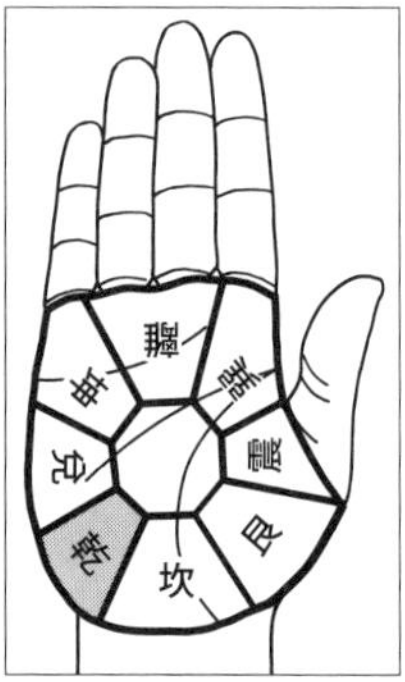

◎吉凶秘訣

○兌宮の下、震宮に向かう位置にある。この場所は、父の事・目上の事を司る。

○肉の厚い者は父親の恩恵を受ける。肉の薄い者は父親の恩恵が少ない。欠陥のある者は父親に背き争う事があるので、慎むべきである。

○この場所に腫れものなどが出る時は、父親か目上との間に争う事がある。

◎乾宮の血色

○父親の事、先祖の素性を見る場所である。

○乾宮に青気か青筋の出る時は、父親が人に騙される事があるので用心すべきである。

（口訣）父親が雷にうたれる時もこの色が出る。この時、震宮と見比べて一致すれば、雷死である。一致しなければ必ず人に騙される。

○乾宮に赤色、赤脈、赤縷（細い糸のような赤い筋）の三色の内いずれかが現れる時は、父親と争い事がある。

○乾宮に白色が現れる時は、父親が病気になる。白い点が出れば、父親に不幸がある。

○乾宮に黒色が現れる時は、父親に災難が来る前触れである。また、気色でなくて黒ずむのは、先祖の障りである。

○乾宮に常に紫気が出ている者は、身上がよくても先祖が下賤である。
（口訣）右の紫黒は、坎宮と見比べて見るべきである。

○乾宮に黄色が現れ潤いある時は、喜び事あり。男女とも同じである。

○乾宮に紅気が出る時は、万事成功するものである。
（口訣）この場所が白潤で紅気があれば、父の陰をもって財産を得る。

○乾宮に暗・滞・蒙の三色いずれが出ても悪く、諸事は停滞する。気色も同じである。

明堂

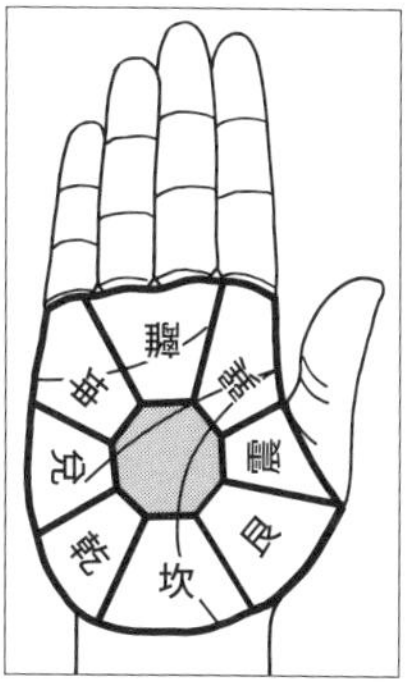

◎吉凶秘訣

○掌の真ん中をいう。

　この場所は肉が薄く凹みがあり、擦り鉢の様な形が良い。

○肉が厚く平か、あるいは中高くなる者は、男女とも気持ちが落ち付かず、自分の立場に不満が絶えない。

　動脈打つ者は、それぞれの少しの事でも気にして、気持ちに余裕の無い者である。

　欠陥有る者は不幸にして一生うだつがあがらない。

○男女ともに掌の中を虫が食べたような痕があるのは、あまり良くなく、必ず色難がある。自分でも悪いと知りながら止めることができない。不相応な色情である。

　賤に移り、上淫（自分の家柄よりも上の家柄の相手との色情）にも移る。

○掌の中に手ぬぐいだこのある者は、男女とも大いに悪く、必ず破産する相である。右手の肉の厚い、薄い、欠陥があるなどを見て、気色を照らし合わせて見る時は、ひとつとして誤ることは無い。

◎明堂の血色

○明堂は男女とも、その人の心を見る場所である。大望もここで見る。小事は離宮で見る。

○明堂に青色が現れる時は、癇癪が起こる時である。男女とも同じである。

○明堂に黄色が現れ潤いある時は、金運も良く財産を手に入れて大吉である。しかし、色が出ることは、実に稀である。

黄色が現れても潤いが無い時は、病気の前触れである。男女とも同じである。

○明堂に赤色が現れる時は、男女とも身分の争いが起きる。神仏に祈って大いに慎めば、その半分は逃れられる。

○明堂に黒色が出る時は、思わぬ災難を受けやすい。大いに慎み守ったほうが良い。
○明堂に白色が現れ潤いある時は、男女とも運気は良好である。もし色に潤いが無い時は、必ず病気が出てくる。
(口訣) 白く枯れてしぼみ勢いが無い者は、いずれにしても精神的に疲れ、万事に停滞がある。

(口訣) 白く枯れて黄色でもなく、黄色に青黒くして暗色であれば、何事もうまくいかず、悪い事が続く。女性も同じである。

(口訣) この明堂は、どのような色も無いのが良相である。
○明堂に紅色が現れる時は、金運良くお金が入って来る。一点あれば一つ、二点あれば二つ手にする。
○明堂のこの場所の底に紅気があれば、心に何かしらの楽しみがある。吉事とも見るし、楽しみの場所でもある。もっとも紅気は後に幸いを増し、願望は必ず叶うが、遅くなりやすい。
○明堂に紫気が現れる時は、良いことではない。すべてが調わず、男女とも同じである。
○明堂に暗・滞・蒙の三色が現れる時は、万事滞る。他の宮に出ても同じである。

◎掌中　気色の口訣

◯掌中一面が白く、底に緋ちりめんを敷いた上に白くて薄い絹をかけたような色がある者は、男女とも万事に好調である。心かなって大吉である。

◯掌中一面に白く潤いのある色が出るか、また、黄色の潤いある中に一点紅色が現れる時は、男女とも運気は良い。特に離宮に近い紅点（針で突いたような色）は、なおもって良しとする。

◯掌中が白く汚れた色であるなら、志が叶わない者である。

◯掌中一面に赤く油手にして硬いように見えるのは、男女とも一生埒が明かず貧乏である。

◯紫色は掌中のいずれの場所に出ても悪い色である。一面の紫は下賤である。黄気、或いは上へ赤気が出ても同じである。

◯掌中に他の血色で潤いがあるものは吉、枯れるような色は凶である。

○掌中に暗・滞・蒙の色が出る場合も悪い。これは掌中に限らず、よくよく考えて断ずべきである。

◎手背の龍宮ならびに縫の図

○龍宮は親指と人差し指の間、甲の方、縫の少し前をいう。一名、明堂という。
○この場所は、万事表立てを見る場所である。
○縫は五指の股をいう。
　手の甲と内側の皮の合う所をいう。合谷《ごうこく》ともいう。

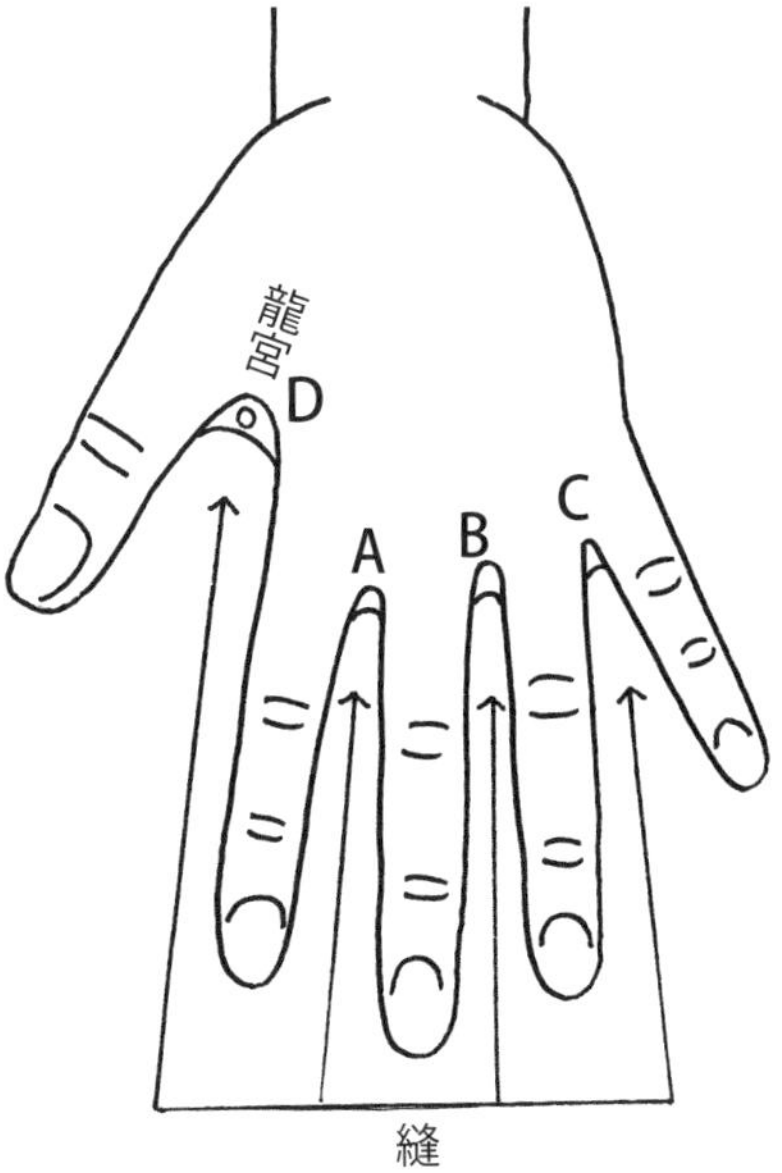

◎龍宮の血色

○龍宮に一点紅色がある時は、いままでの願望が成就する幸運である。男女とも同じである。
ただし、この血色は即日に現れるものである。

（口訣）一点、紅または蚊の刺したような色である。また、紫点、朱点の現れるのも良い。

○龍宮に紅気が出るものは、男女とも贔屓にあって出世をする。
遊女の場合は、人柄が良く身分のある方に身請けされる。

○龍宮に黄潤の気が出る時は、男女とも思いがけない金銭を得る。
逆に黄気枯れる時は大いに凶相である。

（口訣）何色に関わらず潤滑はとてもわかりにくいものであるが、よくよく考えて見ないといけない。

○龍宮に黒気が起こる時は、たちまち災難が出てくる。男女とも同じ。
大いに慎み、神仏を祈り信心する時は、その災難から逃れることができる。

○龍宮に青、白、黄の三色の内いずれかが出る時は、憑きものにかかって苦しむ（但し、いずれの色も枯れて出る）。白点の場合は軽い。生霊、死霊、その他、狐狸の類いから難を逃れるには口伝がある。

○龍宮に暗、滞、蒙の汚れた色が出る時は、今まで仲の良かった人と仲が悪くなる。大いに謹みを守れば、難を逃れる。

○龍宮に生まれつき黒子《ほくろ》があるのは、大いに悪い。どうしても一生の内に大難がある。それは男女とも同じである。

縫の血色

○縫《ほう》は和らかにして潤いがあるのが良いとする。

○白く枯れて粗く乾いた感じの時は、万事埒があかず、肩身が狭くなり、何事もうまく行かない。また、白はぜのように粗く乾いた感じの時は、家内が和合しない。

○縫が牛の首の皮と同じように厚い者は、下賤で、頼みとする人がいない。また、谷の間に赤く爛《ただ》れた後のような色がある時は、何事もうまく行かず、大いに困窮する。男女の五指の股はいずれも同じである。

しかし、親指と人差し指の間を縫は第一と見て、それ以外はそれに次ぐ。いずれの宮を見ても、男子は左手が重く右手は軽い。左手は表向きの事を見て、右手は内輪の事を見る。女性はこれとは逆である。

○縫に肉が隆起している時は、妻のない者は妻を持ち、夫のいない人は夫を持つ。

○親指の縫の場所に青筋が起きる時は、賊心が起きる時である。大いに慎み守ったほうがよい。

○縫に青、赤、黒の三色の内いずれかの色が現れる時は、賊心が起きる。その中でも黒色ははなはだしい。また、黒気も同じである。

(口訣) この賊心というものは、ホンモノの盗賊のことではない。人を騙して財を得る者のことをいう。俗に山壊《やまこわし》という者のことである。ホンモノの盗賊の場合は、この場所の理紋の上に現れる(面部を見比べて考えるべきである)。

○右の理紋の内に赤気が現れる時は、盗まれて損があっても後日回復する。
青気が現れる時は、人に騙される。
また、この紋が無い人も、この青気がでれば同じである。

○縫の一面が赤いものは、何事か意《こころ》に大いに怒る事が有る。女性も同じである。

○人差し指の本（ただし親指の縫の方を云う。龍宮）、この場所に紅潤があって肉が隆起している者は、男女とも運気も良く好調である。
ただし、赤色が出る時は痼癪を起こしている。

○指の横腹に青筋が出る者は、父親の事で心配がある。
また、赤色は父と論争がある。慎み用心するべきである。

○縫に黒色が現れるのは、父親の怒りを受ける時なので、大いに用心すべきである。

○人差し指と中指の縫ががさつく者は、両親と意見が合わず、仲が悪い。
しかし、もめてケンカになるほどの事はなく、気にする程の事でもない。男女とも同じである。

○中指の縫に青気が出るものは、母親についての心配事がある。男女とも同じである。

○薬指の縫に青気が出るものは、妻に心配事がある。女は夫に心配事がある。

○すべての指の股にみずかき（指の股の皮）の無い人は、男女とも下賤である。

○全体的に指の形が角張って横筋の多い人は、男女とも不幸せで孤独である。

○五指のうちいずれの股にも日焼けのような茶色がある者は、男女とも人に嫌われる事がある。慎み守って神仏を信心すべきである。

人差し指と中指の間（A）は、父母と意見が合わず嫌われる。親のいない人も、親代わりの人に嫌われる。

中指と薬指との間（B）は、男は妻と、女は夫と折り合い悪く嫌われやすい。至って血色の悪い時は破談となる。

薬指と小指の間（C）は、子供に嫌われる。子供の無い人は親類に嫌われる。

○親指の内（D）の縫を先祖と見る。

縫は手の甲の方を表立ちとして見て、手の内の方は内緒事と見る。他は同じである。

◎爪、爪根の血色

○爪の血色は光潤なのが良い。常に安楽で災難が無い。

○枯燥にして潤いがなく血色が悪い時は、病苦が多い。女性も同じである。

○青、黒、黄の三色はいずれも凶である。
白点が出る時は心配事がある。

○爪根が紅くうるわしい時は、財宝が集まる。
金銀が入るあての無い人は、何事もその替わり程度の物が入る。

(口訣) 遠方より金銀等の便りを聞くか、この場所が紅潤であれば必ず入手できる。

(口訣) 人の生死を見る時に、この場所の血色を見て判断すれば、はずれる事はない。

○爪の根が明潤にして血光る者は、男女とも病気にかかわらず運も良い。
○燥《かわ》いて縮んだ血色の無い者は、腎虚で病身である。

◎病人の生死相

男女に関わらず、病人の生死を見るのに、どのような病気でも爪の根の黄色い者は、必ず死に至る。

（口訣）無病の人でも、この場所がガラスのように透き通る者は、男女とも必ず大病が出る前触れである。

一年前や半年前に出る事がある。

○暗、滞、蒙、青の四つの色は病によって変わるものである（口伝）。
また、労咳などの病人の爪の根が黄気で透き通るように見えるのは、不治の病である。

爪の先が乾き下に曲がっている者は、男女とも必ず死に至る。

◎産婦の相

○産婦の腫気があっても、爪の色に紅の色があれば、障り無く安産である。

（口訣）爪の根の色が多少悪い色が出ていても、死ぬ事はないと知るべきである。その他の爪は何色であっても大丈夫である。

○また、爪の根と手背の指の色が皮膚と同じで、爪の根の皮が引き張りがなく同じ色であれば、必ず死に至る。

◎五指の本筋より中筋までの血色

○すべて本筋より中筋までの気色に登り下りがあるが、五指とも同じである。

親指

○親指の本筋に黄潤の気が現れ、中筋の方へ登る時は、祖父の時分の失財が戻るというような事か、先祖の名を借りて福を得るか、または祖父の縁故によって出世をするというような事で喜び事が有る。

○親指の本筋に紅気が登る時は、大成の喜びがある。或いは年来の恥辱をしのぐほどの喜びが有る。女子であれば、玉の輿に乗るほどの喜びが有る。妓婦などに紅気が登る時は、苦界を逃れ栄花の身となるほどの喜びが有る。

○親指の本筋に赤気が紫の穂のように現れる時は、必ず争論が起きる。五指ともに同じである。親指は先祖より争論がある。他の指も同じように見るべきである。女性も同じである。

○親指の本筋に青気が現れる時は、災いが起こる。何事をしてもとにかくうまく行かず、良い事はまとまらず、次第次第に調子が悪くなって行く。女性も同じである。

○親指の本筋に白気が潤いなく、溝に糊の粉を塗ったようにして登るのは、家内の老人の不幸である。

祖父、或いは家にいる老人、または妻の祖父というか、そうでなければ分家の祖父である。何分、我が父より年齢が上の老人である。

○親指の本筋に黒気が現れ登る時は、家宅に関わる事で、その家に住む人が人柄も悪くなり出して、人に嫌われ次第に衰退して行く。

この気が出る時は、いろいろ不実なところから、後には親族または盟友にまで嫌われ、今まで出来ていた人間関係がうまく行かず、何事も衰退して行く。

婦人は家内の人に嫌われて、後には夫に去られ、身の置きどころも無く　衰退して行く。

貞しくして神仏を信心して慎み守る時は、そこから半ば逃れることができる。

○親指の本筋に暗、滞、蒙の三色の内いずれかの色が登る時は、万事大いに滞る。願望はひとつとして成らない。女性も同じである。

○親指の中筋に青気（これは登る血色ではなく、この場所に出る気である）が現れば、今まで頼みにしていた人に去られ、心変わりをして挫《くじ》けるようになる。

たとえば隠居の跡式など、我が身の極まり有る場所である。急に隠居など心変わりして外部の人に譲ろうという類いの事である。

○親指の中筋に一点の紅色が現れる時は、志が大成して今までの努力が実を結び成功を得る。女性も同じである。

○親指の中筋に赤気が現れる時は、祖父か目上の老人などと争論する。

婦人は舅、姑、叔父、伯母などと争論が起こるので、何事も慎み守ったほうが良い。

○親指の中筋に白気が現れる時は、家に居る（同居）老人に不幸がある。

○親指の中筋に黒気が出る時は、何事も志が成らず、万事不幸せのみ続き、大いに悪い。女性も同じである。

○親指の中筋に一点の紫気が現れる時は、目上の老人に可愛いがられ、思わぬ幸せが有る。

また、黄潤も同じである。女性も同じである。

○親指の中筋に暗、滞、蒙の三色の内いずれかの色が出ても、万事滞りがちで運も悪い。女性も同じである。

また、目上の勘違いで万事滞る事が多い。

人差し指

○人差し指は父親と見て、女子は母と見る。

○人差し指に、一点の青色が出る時は、父親と意見が合わず、何事も面白くない時で、女子は母親と意見が合わず、面白くない時である。

青色が登る時に黒色が混じって登る時は、父親の悪い事を無理を言って、良い子供であるのに勘当しようというほど、意見の合わないことがあり、女子は母親と意見が合わない。

○人差し指に紅気が現れ登る時は、男女ともに好機である。急に発達する時である。もし、紅気が明堂より登る時は良く、何事によらず男子は父の恩恵を受け、女子は母の恩恵を受け、大いなる喜び事がやって来る。また一点の紅色も同じである。

○人差し指に紫気が登る時は、男子は父、女子は母に可愛がられる。

（口訣）紫気が人差し指に現れ、面部の日角、月角より肉が隆起して美色ある時は、親からの勘当を許されるほどの喜び事がある。

○人差し指に黄気が潤い登る時は、親類、または盟友などに喜び事がある。女子も同じである。

○人差し指に白気が出て登る時は、男子は父親、女子は母親の不幸、または親に類いする者の不幸である。

○人差し指に暗、滞、蒙の色が登る時は、親ゆえに家の事が滞る。

中指

○中指は母、女子なら父と見る。

○中指に紅気が現れ登る時は、男子は母親、女子は父親の恩恵を受け発達する。
たとえば母親が昔、力のある家にお手伝いなどの形で入り、その縁故を以て僥倖を得るような話である。

○中指に一点の紅色が現れる時は、母親の跡式、または母親の慈悲を受けて、母親を養うような類いである。

○中指に青気が現れ登る時は、男子は母親、女子は父親と意見の相違が出やすい。

○その他の気色は人差し指と同じである。

薬指

○薬指は妻に当たる。女子は本人と見る。

○薬指に紫気が現れ登る時は、夫婦円満である。

○薬指に紅気が現れ登る時は、妻によって良い事があり、また、紅点、紅潤も同じである。

○薬指に白気が現れ登る時は、妻の不幸である。また、一つの白点も同じである。

○薬指に青気が現れる時は、妻のヒステリーにあうか、妻のいない人は色難である。

○薬指に一点の黒気が出て、顔では眉毛が針のように立ち、奸門に黒気が現れる時は、妻の失態に遭って不名誉な話に巻き込まれやすい。大いに慎み守るべきである。
（口訣）この場所は妻宮の血色と合わせて考えるべきである。

○薬指に暗、滞、蒙の三色のいずれの色が現れても、妻の事がうまく行かず停滞する。

小指

○小指は子孫に当たる。

○小指に紅気が現れ登る時は、子供によって親が成功する。男女とも同じである。また、一点の紅色がある時は、子供によって親の喜び事がある。妓婦などは、富豪に身請けせられて、親子ともども幸福である。

○小指に紫気が現れる時は、親子の間はうまくいって大吉である。

○小指に青気が現れる時は、子によって散財する。青点が出る時は、子供に騙されて散財する。

○小指に黒気が出る時は、子供によって災難がやって来る。黒点は子供を勘当する類である。

○小指に白気が現れる時は、子供は死亡する。白点も同じである。

○小指に暗、滞、蒙の三色の内いずれかの色が出ても、子供の事はすべて停滞する。

○その他の気色は皆、子供と見る。

（口訣）用事があって旅行しようと思う時、小指に曇色が現れれば、大いに忌むべきである。しかし、参宮や遊行の旅は苦しくはない（口訣）。

◎三才紋の血色

天紋

○天紋に黄、紅、紫の三色のいずれの色が出て来ても、運気は良好である。父親に喜び事あり。家業は繁盛する。

○天紋に青気が現れる時は、家業が暇である。

○天紋に黒色が現れる時は、家業に問題が出て大いに悪い状況である。

○天紋に白色が現れる時は、父親が死ぬ。
父親のいない人は親代わりの人の不幸がある。
（口訣）父親が死亡した人は、天紋がなんとなく寂しく見えるものである。

○理紋の中が汚れきたない人は、物事に間違い多くて何事もうまくいかない。三紋ともに同じ。

人紋

○人紋に黄、紅、紫の三気の内いずれかの色が現れても、その人は必ず心正しく、願望整い、万事大いに良い。
ただし、キラキラと光る紅気が現れる時は、男女とも色情がある。

○人紋に青気が現れる時は、その人は必ず癇癪が起こるものである。
また、青気が枯れる時は、必ず病気の前兆である。

○人紋に赤気が現れる時は、争論が起きる。

○人紋に白気が現れる時は、家内に不幸がある。

○人紋に黒気が出る時は万事に妨げがある。物事は念入りにしたほうがよい。

○人紋に黒暗の気が現れる者は、必ず賊心が起きる。大いに慎み守れば回避できる。

○人紋に蒙の気が現れる者は、その心は非常に鬱屈としている。これは俗に云う「阿呆」というような類いである。

○人紋に滞の気が出る時は、万事が滞る。何事も急いではいけない。男女とも同じである。

地紋

○地紋に黄、紅、紫の三気の内のいずれが出ても、母の喜びがある。
また住居の喜びがある。

○地紋に青気が出る時は、住居についての争論が起こる。赤気も同じである。

○地紋に黒気が現れる時は、住居についての問題が出てくるので用心すべきである。

○地紋に白気が現れる時は、親族に不幸がある。

○地紋に暗、滞、蒙の三気のいずれが出ても、万事うまくいかない。

○地紋に右の気色を面部の気色と照らし合わせて、よくよく考えるべきである。

『続・手相即座考』解説

ここからは、『続・手相即座考』の訳文をベースにして、現代的な解説を施しました。皆さんが考えるヒントにしてもらえればと思います。

百二十頁の「人身に運が来る時、すでに血色開き始める時は、先ず掌中の離宮より起こる。そうして面部の下府に登り、耳に移り、上府に至るものであるので、掌中の気色を見ない訳にはいかないのである」というくだりがありますが、次頁の図が「離宮」の場所になります。

この写真を見れば、「明堂」を軸に、手相の地図8番、9番に白い気色が昇っているのが分かります。

このように「明堂」から気色が昇るのですが、物事の状況によっては、「明堂」の色が薄く、「離宮」の色だけが強く出る事があります。

これは、良い引越し、転職、結納、結婚などの時に良く出てくる気です。

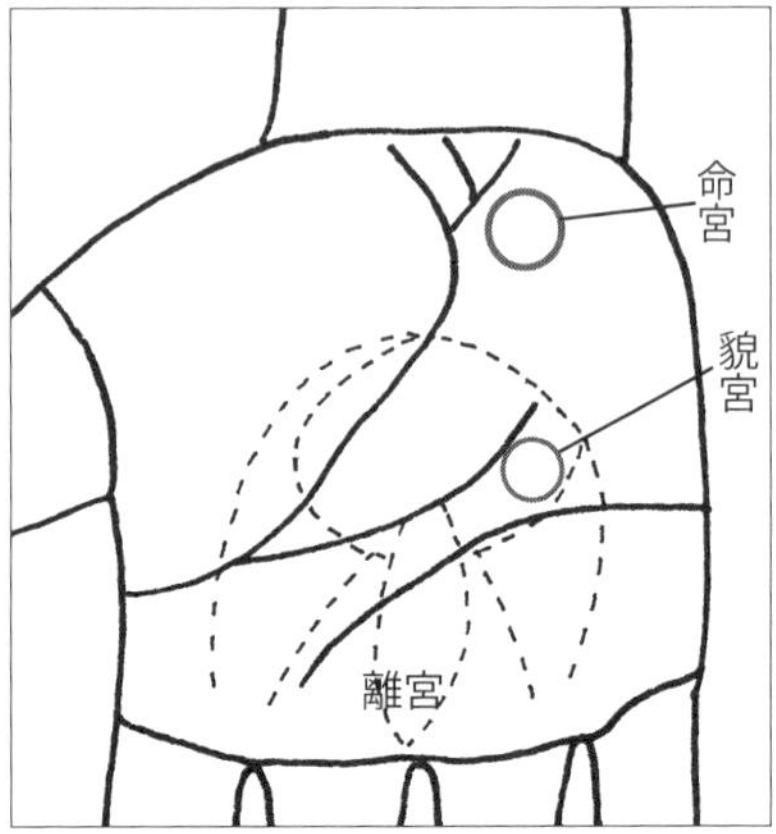

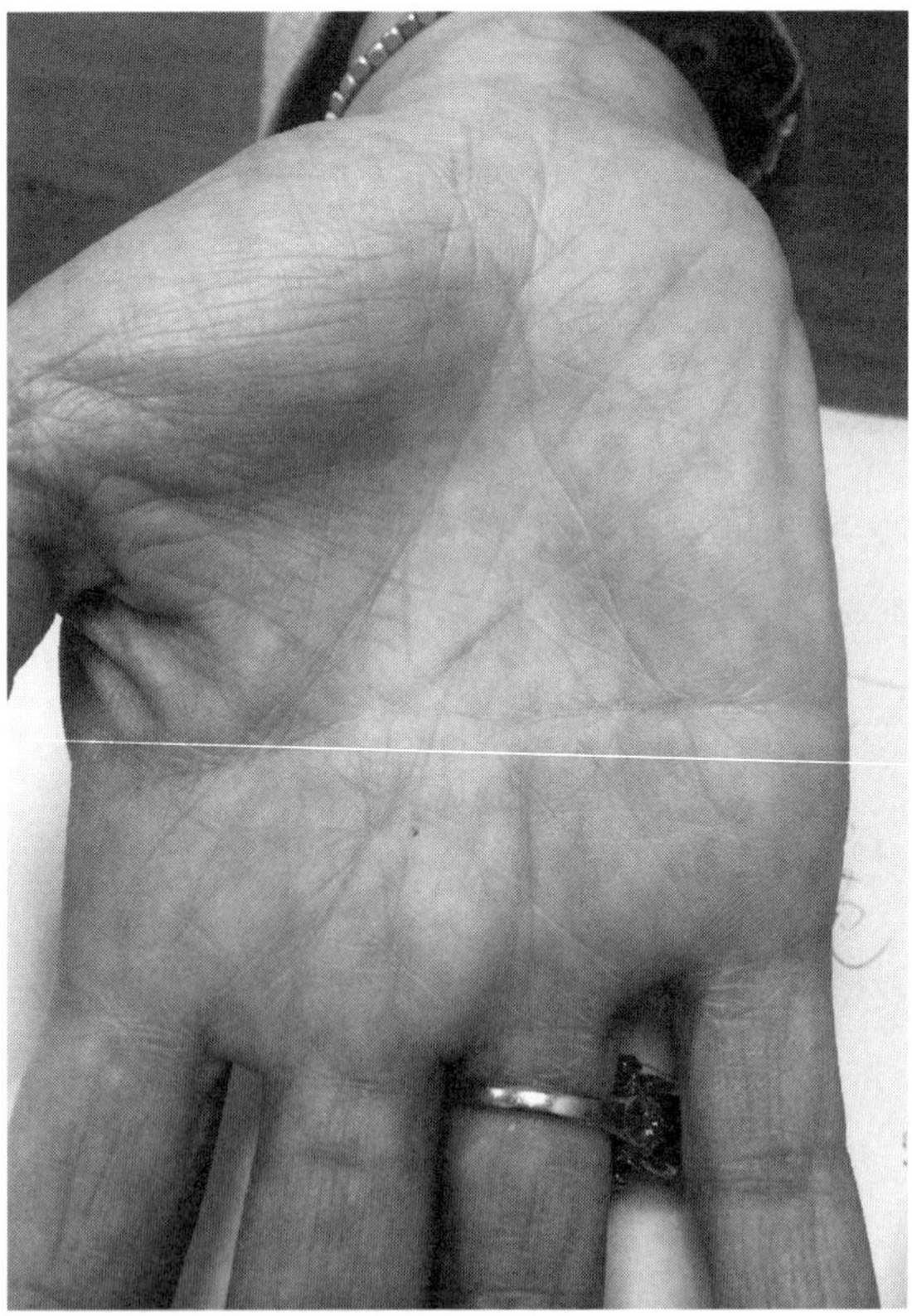

物事が調うかどうかを見るのには「命宮」を、物事が決まるか決まらないかを見るのには「貌宮」を見ます。ツキの有無は「離宮」で見れば良いと思います。

仕事で忙しく疲れていると「命宮」の方まで赤暗色が流れ込んで、少し見難くなる時がありますが、気が治まるまで待ってじ〜っと見れば、運気の良い時は綺麗な色が出てきます。

「貌宮」に関しても、「明堂」の色が良ければあまり綺麗には見えませんが、「命宮」が良ければ言う事は無いので、「貌宮」は気にしなくても良いと思います。

「面部の下府へ登り、耳に移り、上府に至る」は、次の図を参考にしてください。

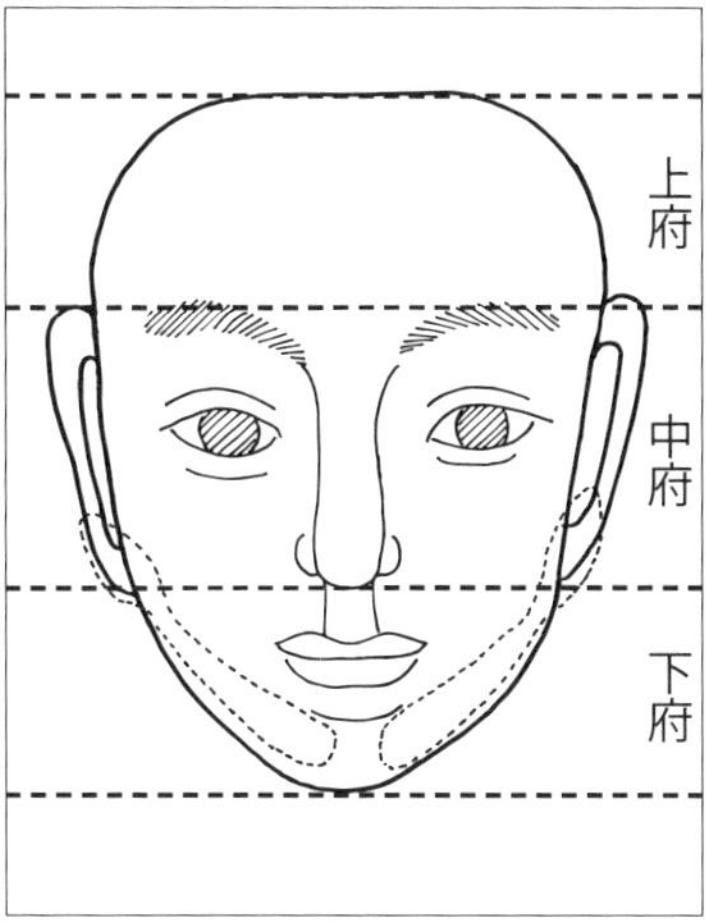

「地閣」の左右より、耳たぶに至るということになります。

「離宮」に気色や血色が出ても、「坎宮」に色が無ければ引越しはありません。引越しは、「離宮」と「坎宮」の二箇所に色が出ます。

「離宮」に色があって「坎宮」に色が無い時は、自分の周りの人の引越しです。

「離宮」の中でも、9番、8番は自分の引越しであり、7番は周りの人の引越しです。

これは引越しの定番なので、覚えておきましょう。

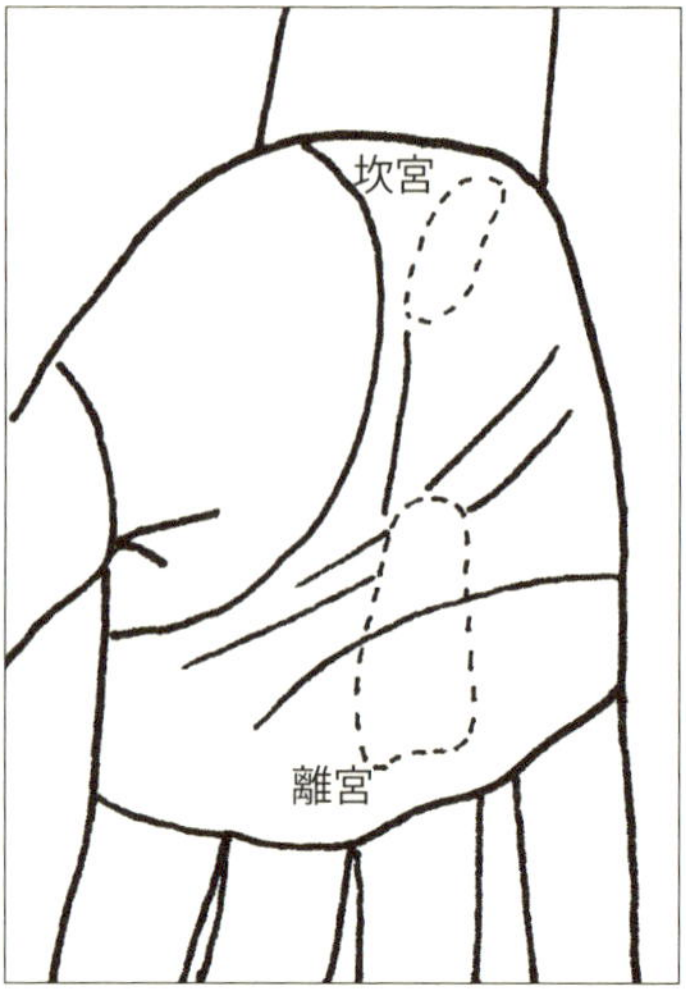

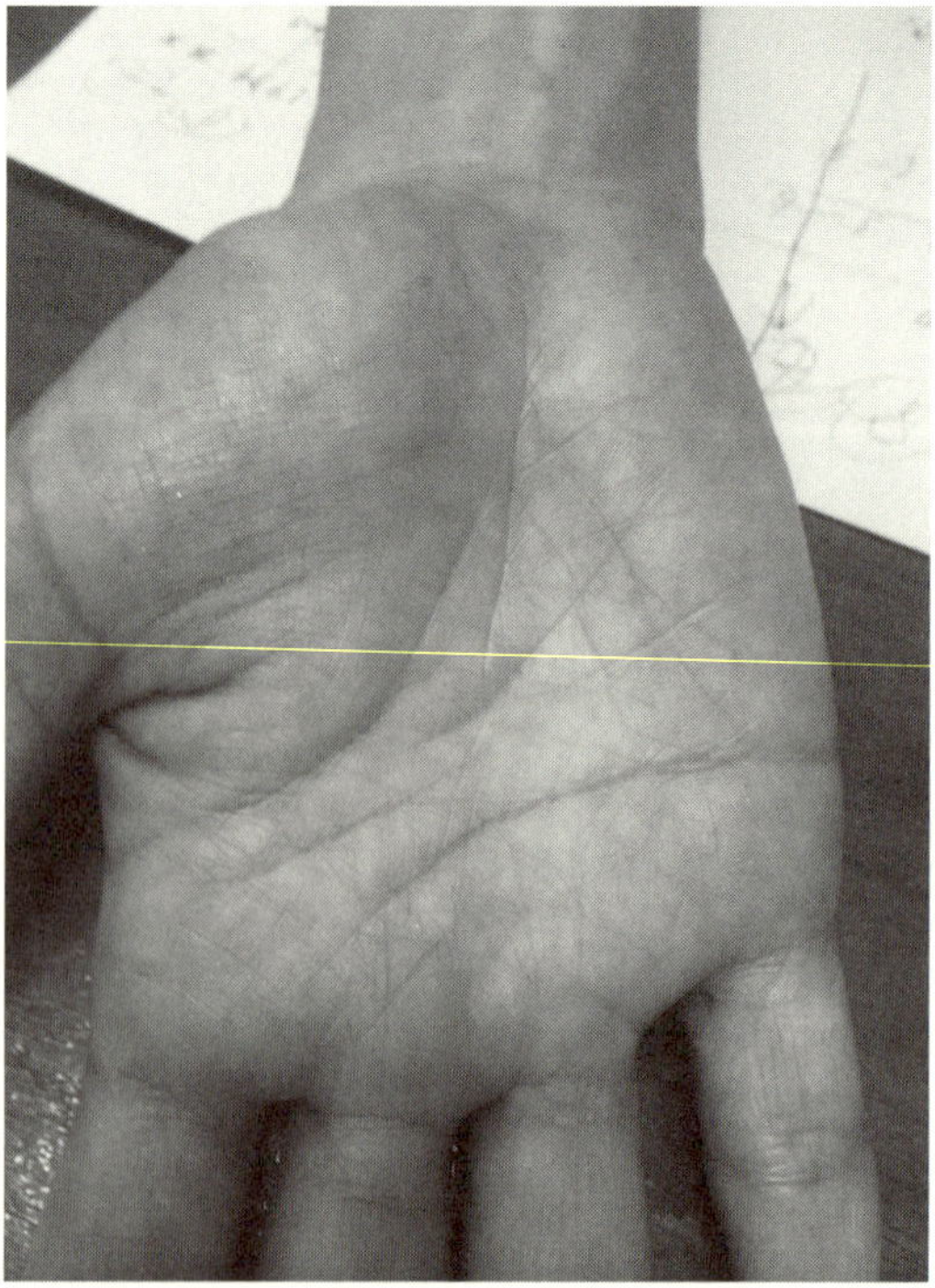

坎宮

この場所は、住所についての変化や吉凶を見る場所です。

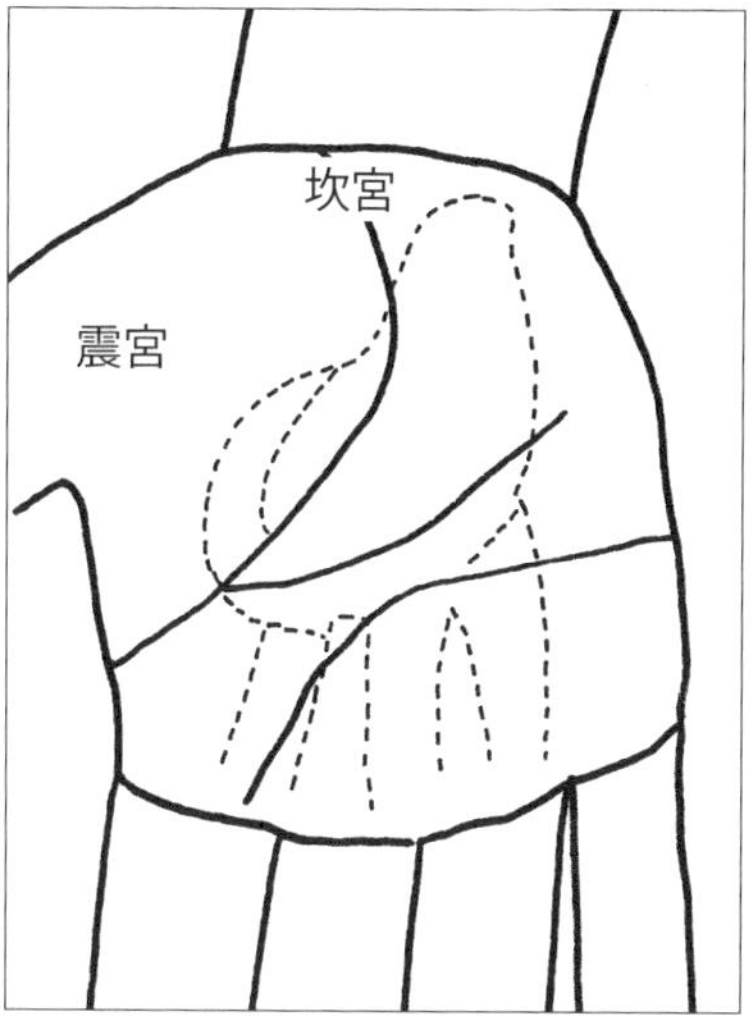

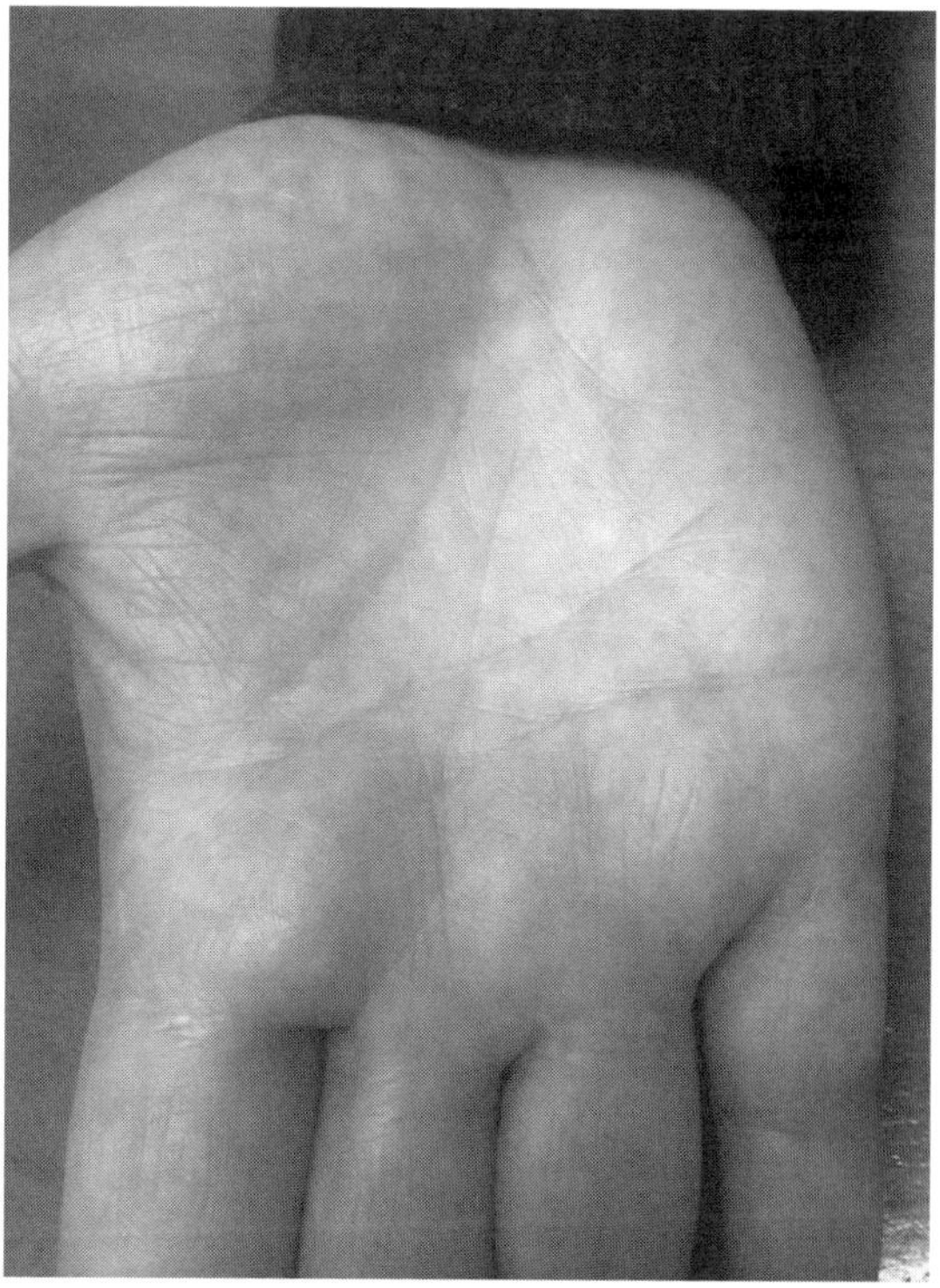

「坎宮」の血色の文中に「婦人の縁付きの遅速を相する時は、面部の田宅をよくよく見て、次に

掌中の震宮、坎宮の二宮に紅色が出て、三宮の釣り合いが良ければ、縁は必ず早い。ただし、田宅と震宮の二宮は良くても、坎宮の色が悪い時は、婚礼・養子とも遅いと判断する」（百二十六頁参照）とありますが、この「坎宮」とは、坎宮にある「命宮」の事です。

前頁の写真は、結婚が決まって、挙式の日を待っている女性の手相です。

写真はありませんが、この方の人相の「田宅」（眉毛と目の間）には喜色があり、手相の「震宮」に白色美色があり、「坎宮」にも白色美色があります。

その他に、「巽宮」に白色美色があります。「巽宮」の白色美色は、結婚式の準備がうまくいっている事を表しています。

「離宮」の白色美色は、新居の話です。「坎宮」の白色美色と照らし合わせれば、新居の準備はできあがっているという事です。

「坤宮」の白色美色は、母が喜んでいる事を表しています。

「貌宮」の美色は、ツキがあるので全体的に準備はうまくいっている事を表しています。

このような判断になります。結婚となると、「震宮」、「坎宮」の二宮だけではなく、多くの場所に気色や血色が出てきます。

艮宮

この写真は、気血色を見るのに、非常にわかりやすい写真です。

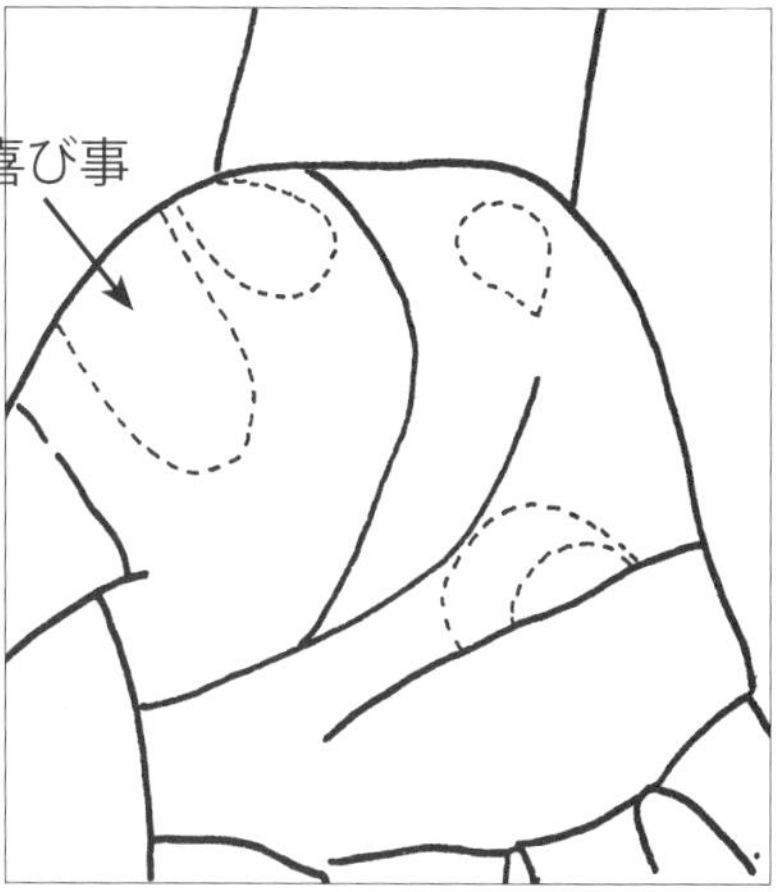

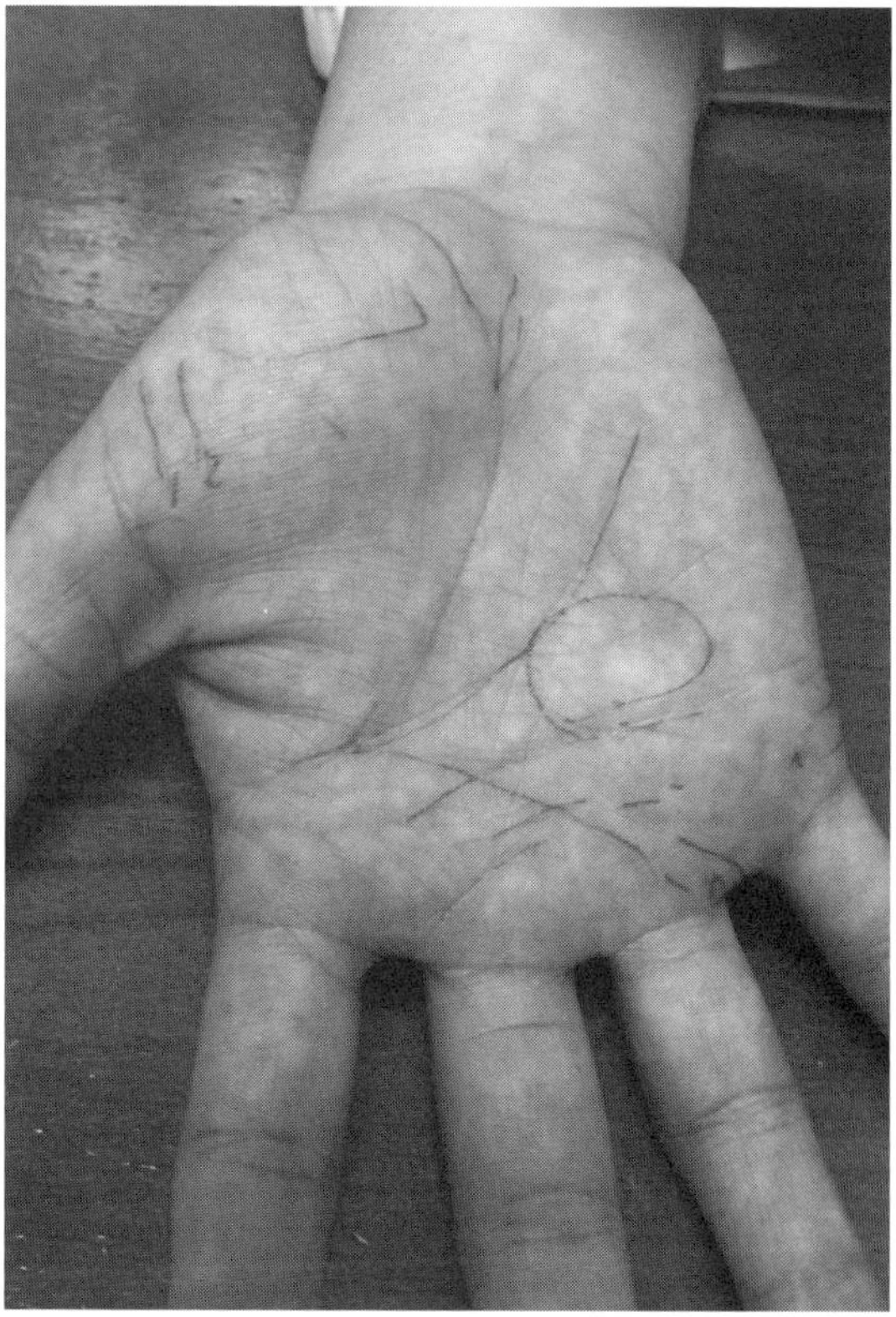

相談者である本人が入社試験で合格した時の写真で、「命宮」に白い気色があり、「貌宮」には二個の白色の気色が並んでいます。

「艮宮」の手首に近い47番を見てください。ここは「妹」を表す場所ですが、妹の喜び事が出ています。また、「魚腹」（親指の元から、手首の元までの膨らんだ部分）の真ん中あたりの白い色は、家中の喜び事を表します。これも、入学試験や入社試験の時に照らし合わせる場所ですので、覚えておいてください。

「艮宮に紅気を発する時は、男女とも大吉にして福がやって来る。妻のない人は良い妻を得る。夫のない人は良い夫を持つ。また、妻が妊娠したりして、おめでたい話が調う（百二十九頁参照）」とありますが、この場所に肉が隆起する場合も同様です。

なお、不動産を売って、大きなお金が入って来たときは、「福徳」に白い色が出て、親指の付け根の所から「魚腹」に白い色がでます（下図参照）。

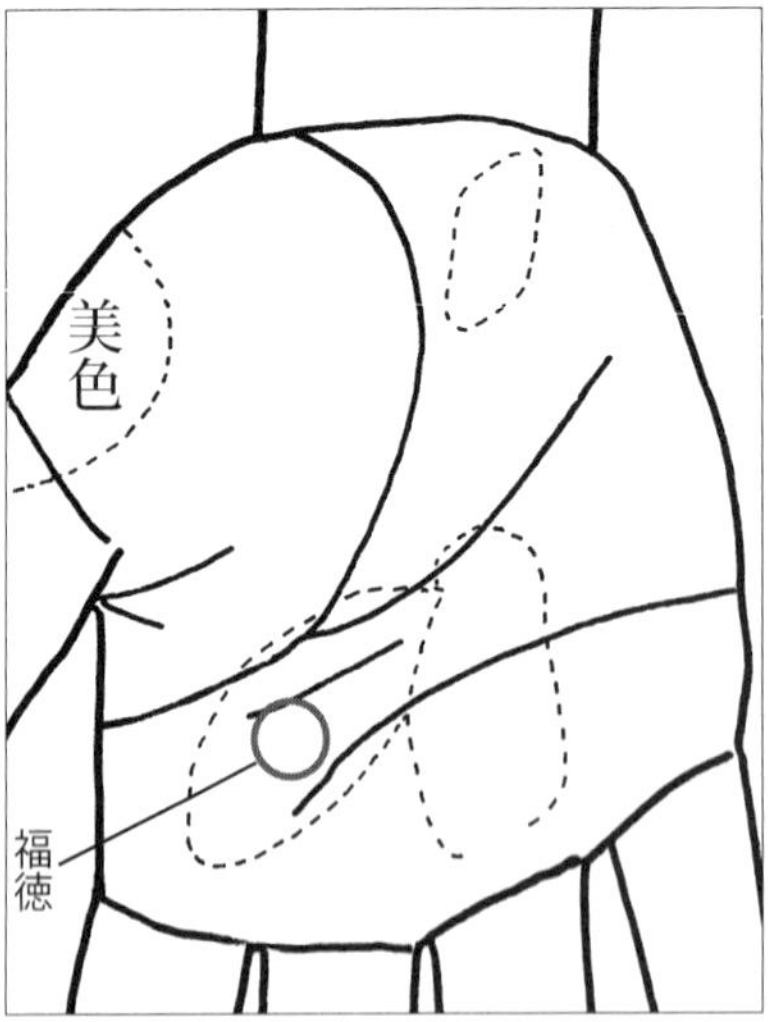

震　宮

「震宮」の場所の中でも、左図の点線部分が「妻」の場所になります。このあたりを軸に気色を探すと良いでしょう。妻の妊娠などはここで見ます。

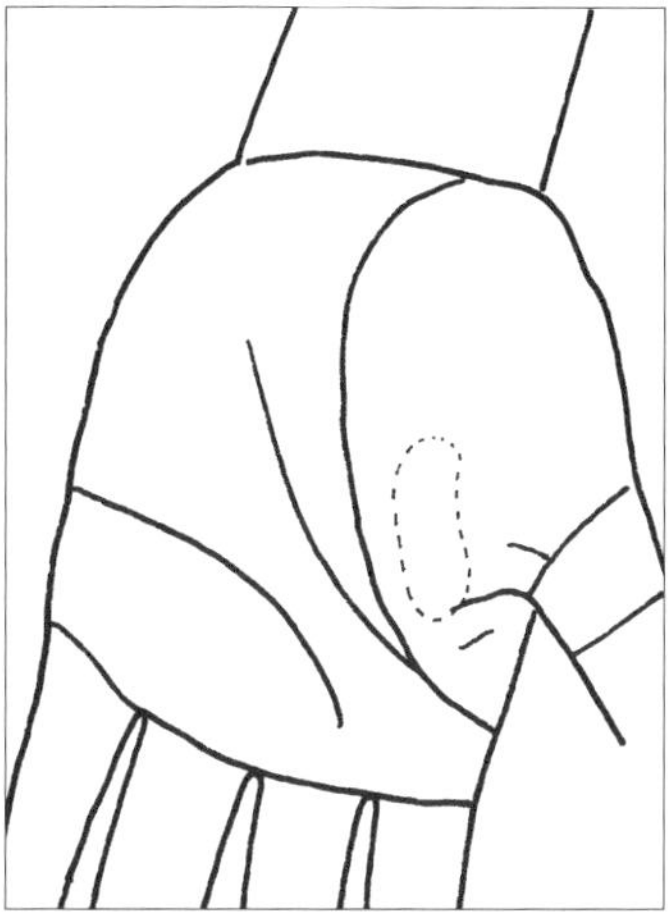

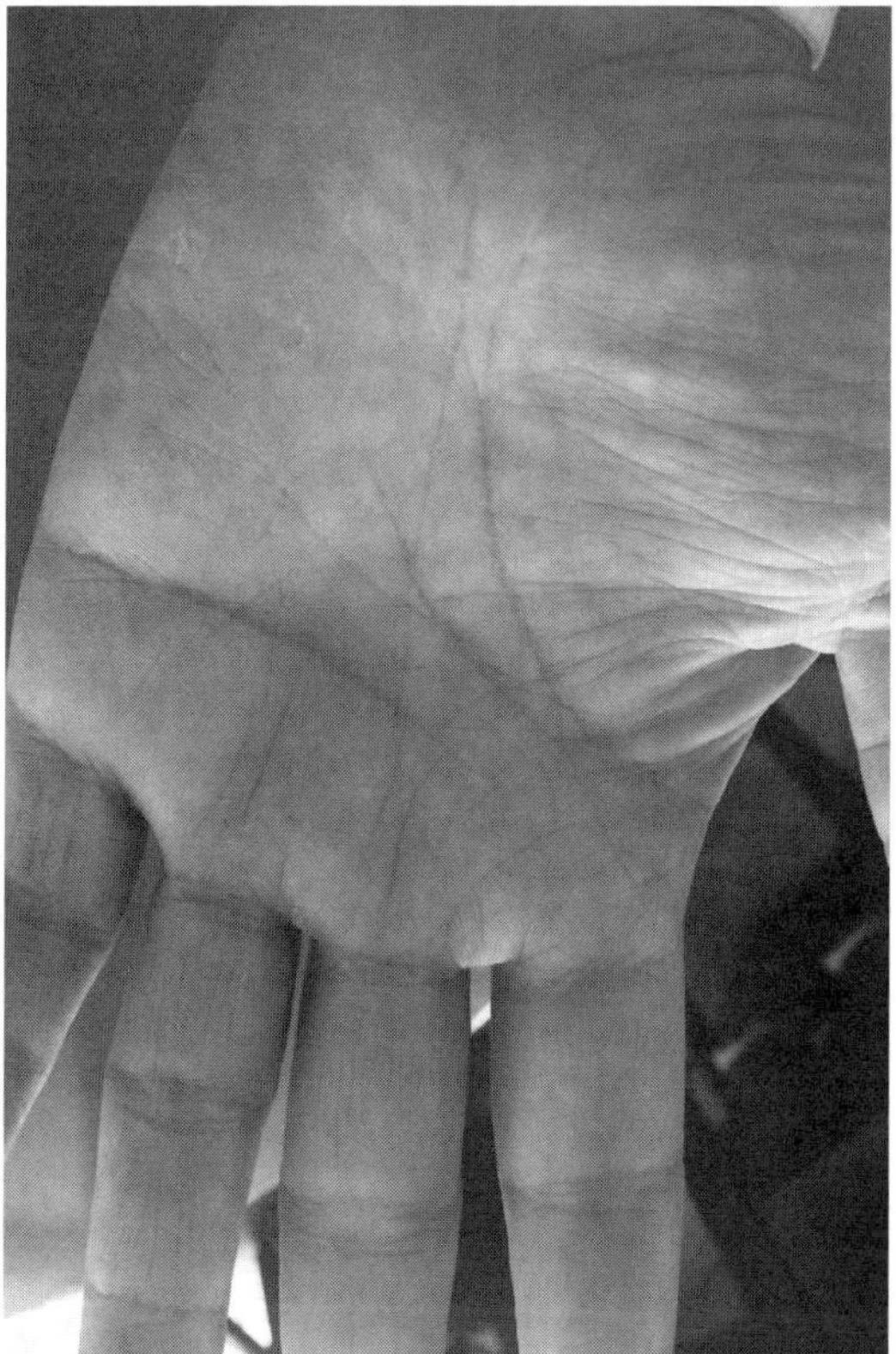

巽宮

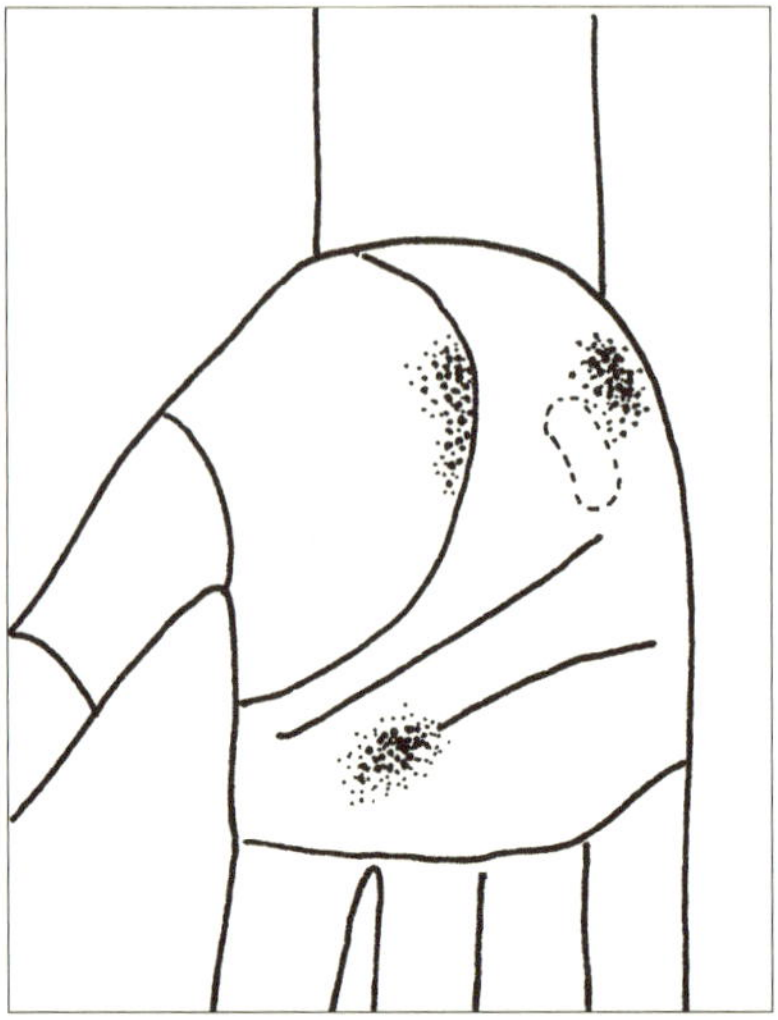

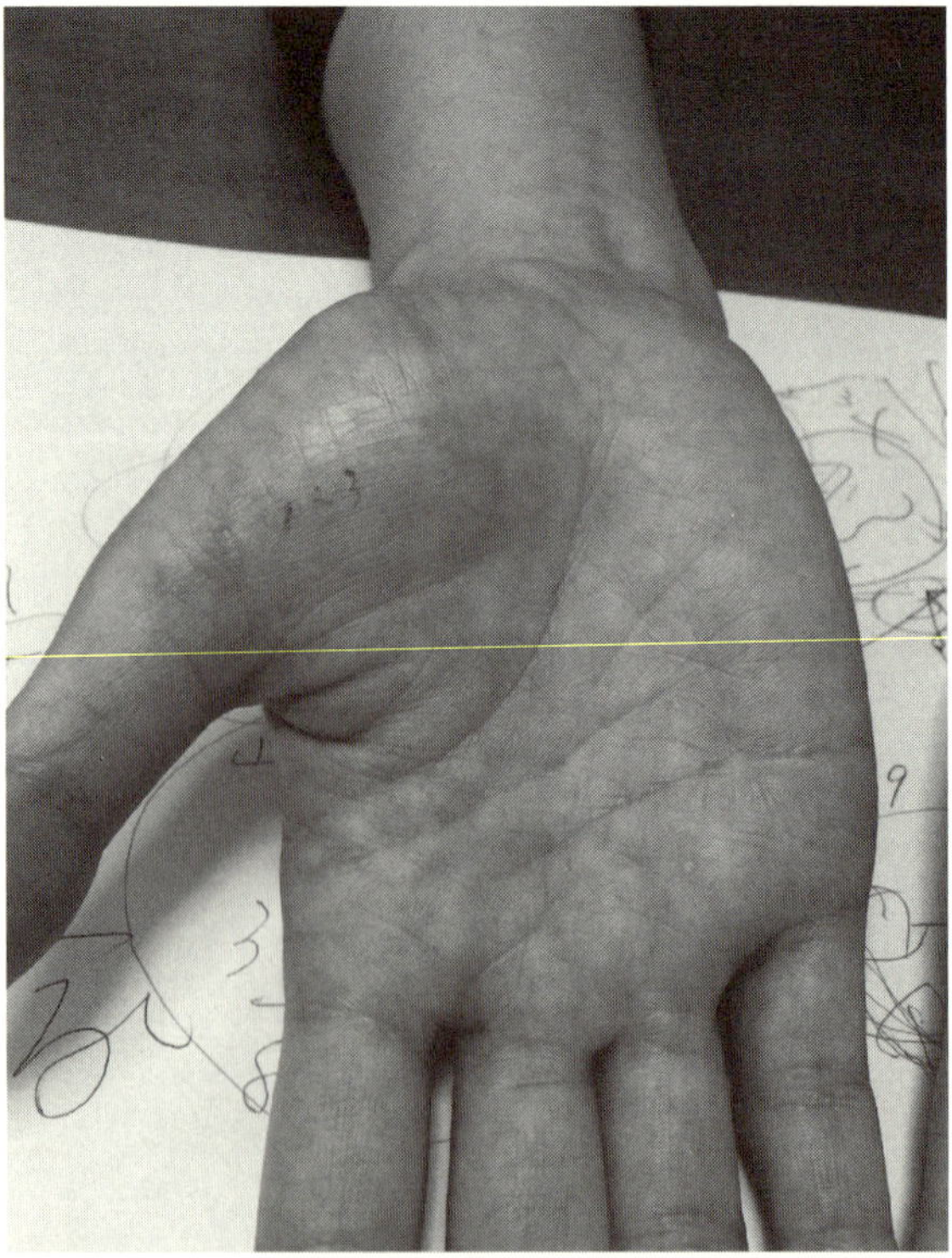

「巽宮」の４番が赤暗色なのは、長期のストレスで精神的に疲れていることを表します。

また、45番の「疾厄」の所にも、暗滞蒙の色があります。

「乾宮」の「仕事」を表す場所（31番）も色が悪いので、この話は、転職の相談で来たということです。

「命宮」より「官禄」にかけて白い気色がかかっているので、次に行きたい会社は決めていると見るべきです。

「貌宮」に白い気色があるので、本人は多分就職できるであろうと思っています。転職の場合は、「乾宮」と「疾厄」「巽宮」に気色が現れます。

離宮

「離宮に紅気が現れる時は、何事も表向き大吉である。人差し指の本から来る紅点も同じである。(口訣)この離宮から五指の内いずれにでも登る紅気は、物によらずはなはだ大吉で、これを「天に朝す」という。(中略)少しでも良い事があれば、紅気は登る(百三十八頁参照)」

次頁の写真は、結婚が決まった人の手相です。

「離宮」より昇る気色もあるし、「命宮」にも気色があります。

「福徳」にも美色があり、「貌宮」にも気色があります。良い結婚です。

「艮宮」の気色は、身内が喜んでいることを表します。

ついでに、この写真の親指の本に赤暗色があるのは、今年は法事の年であることを表しています。

それと、「艮宮」の青暗色は、周りにまだ病人がいる事を意味します。「坤宮」の母親の赤蒙色は、そちらの方に注意がいっているのと、まだ嫁入りの荷物が揃っていなくて、これから用意に入るところなので、赤色は焦っている事を意味し、蒙色は迷っている事を意味しています。

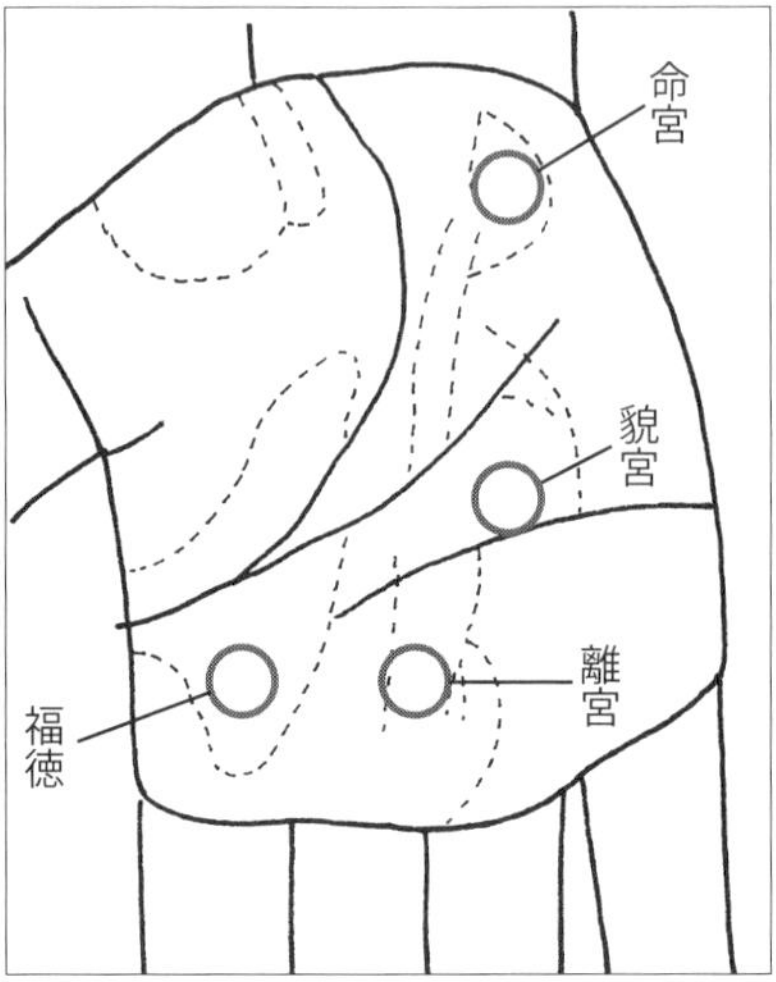

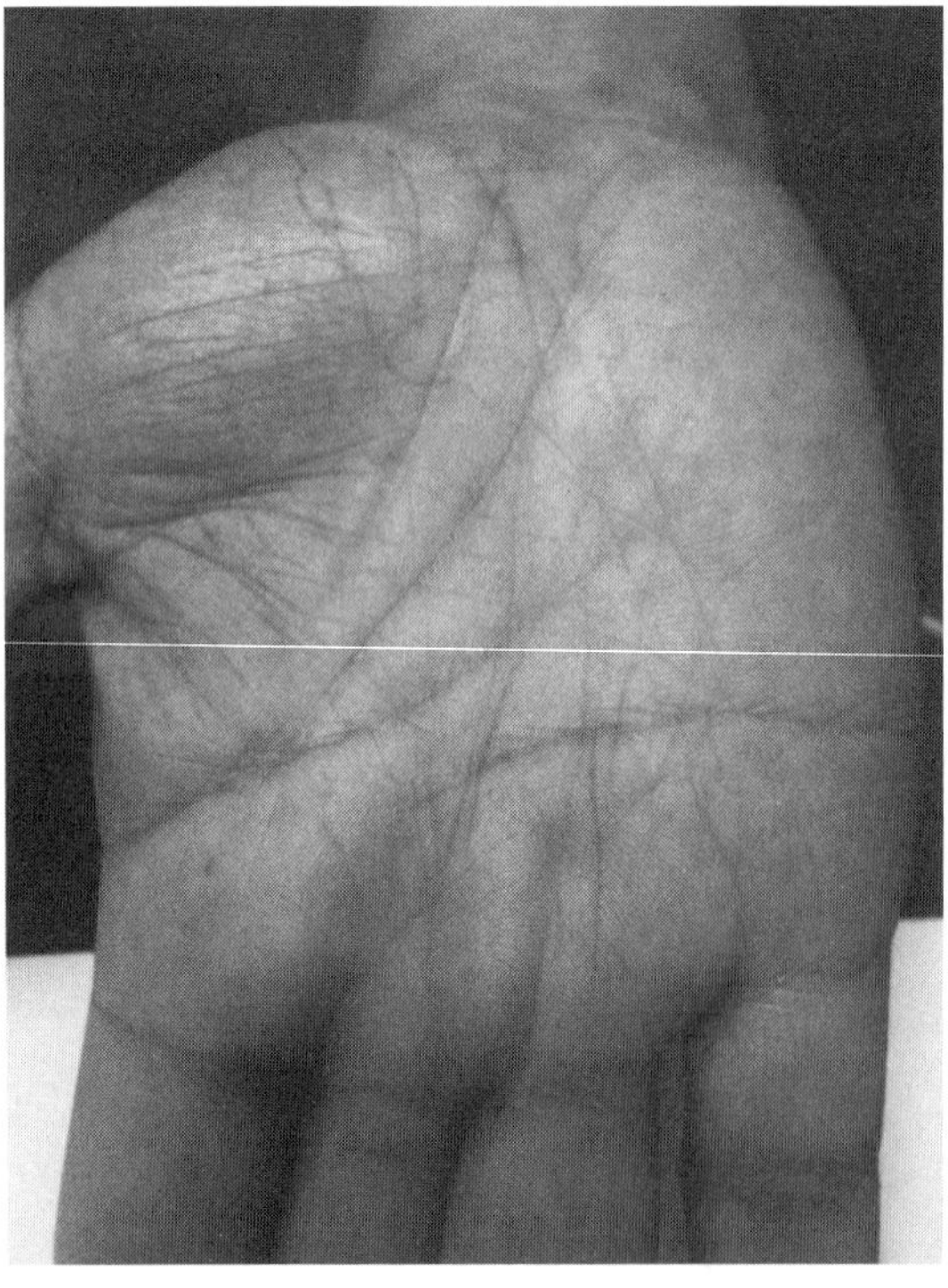

坤宮

「この場所は、母と妻の事を司る」（百四十頁参照）
「坤宮に暗・滞・蒙の三色いずれが出ても、家に憂いや悩みが出る事がある」（百四十二頁参照）
「坤宮」には、母親と子供と孫が出ます。

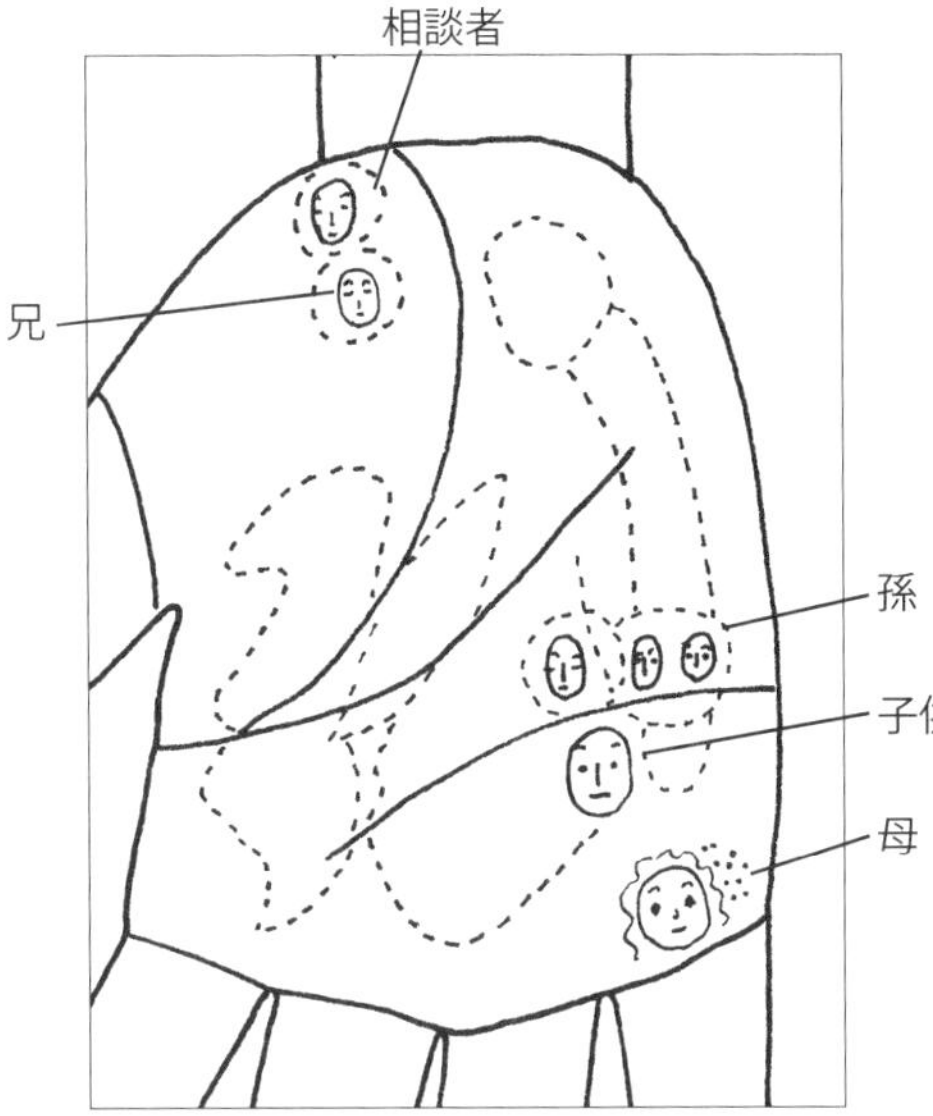

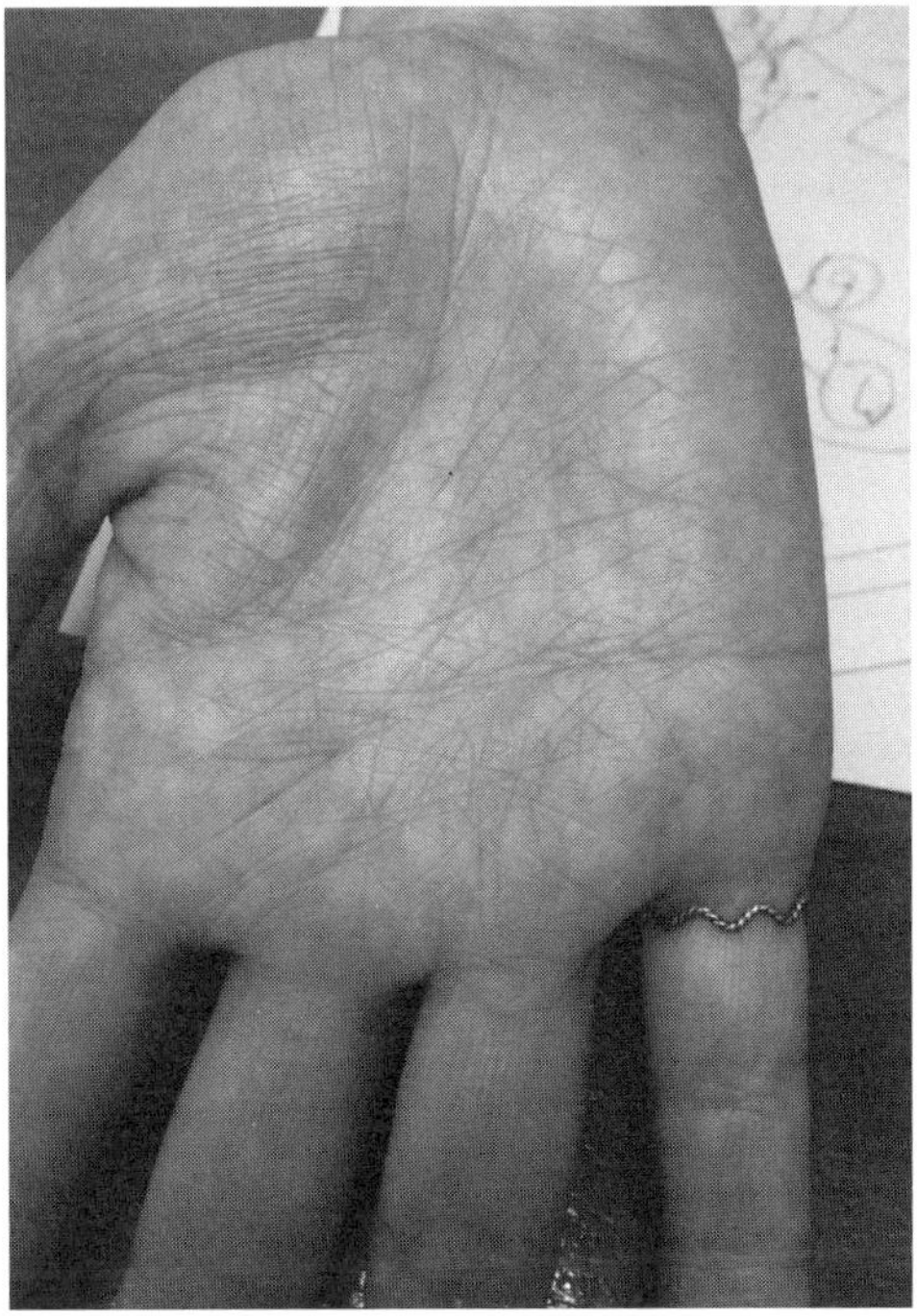

「艮宮」の47番が相談者で、48番が兄です。この度、兄に子供ができて再婚という事になりました。お目出度いという事で、「命宮」「福徳」「離宮」にも気色があります。

ただ、母親が別れたお嫁さんについて行き、二人の孫を心配している図です。

大きな気の流れの⑤番目のラインです。ただ、気色や血色に注意が行き過ぎると、大きな気の流れが見えなくなります。

写真では見えない事も、実物ではよく見えます。角度を変えたり、一度見た所をもう一度、気の落ち着いた所で見直すと、思いがけない色や気色などが見えてきます。

兌宮

「兌宮」は、子供の事、孫の事を見ます。

昔と違って、「兌宮」は恋愛や結納、結婚に関わる場所として存在します。

九星学では、結婚については、「巽宮」は見合い紹介であり、「兌宮」は恋愛結婚とありますが、手相の場合は両方が出てきます。

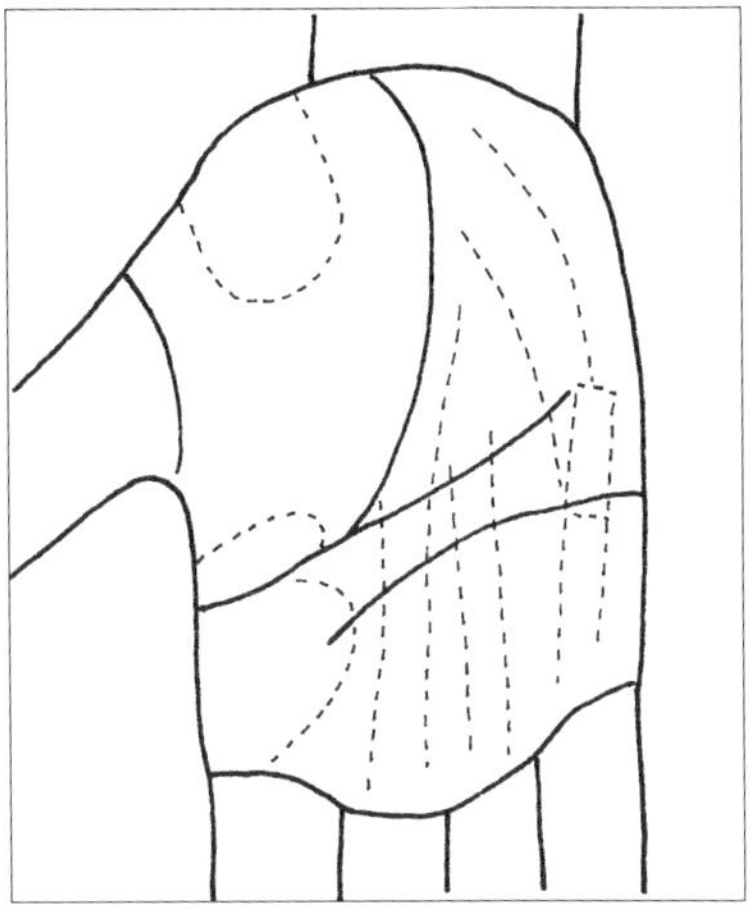

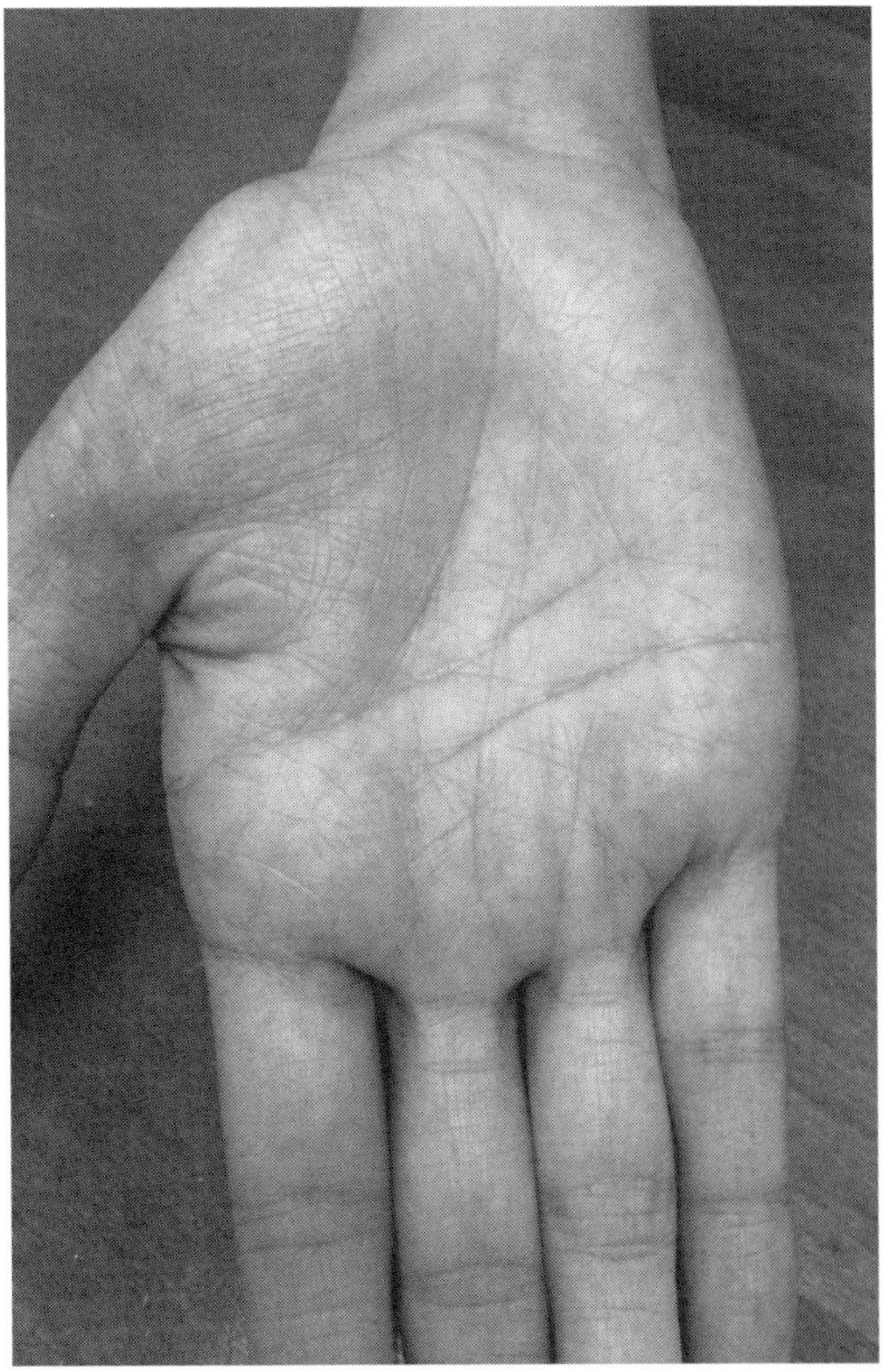

結婚の定番ともいえる写真です。

「離宮」より、三本指の元の方へ白い気色が登り、「福徳」に美色があり、「命宮」にも白い気が感じられます。

「命宮」から「兌宮」に登ってくる気色は、自分の結婚を意味しています。

「巽宮」に全体的に気が入っているのは、結婚式の準備と、それに伴う引越しなどの準備で忙しくしているからです。

「艮宮」の色も明るくて良い色なので、家中が喜んでいると考えられます。

「兌宮」は、契約の事も見ます。

紅色・美色がある時は、契約事がうまくいきます。

結婚においては、結納を交わすと、白色・美色の気色を引きます。

お見合いの場合は、話の数だけ気線が出ます。

乾宮

「乾宮」は、仕事を見る場所です。

次頁の図と写真は、会社は辞めたが、次に働く会社は決まっている人の手相です。

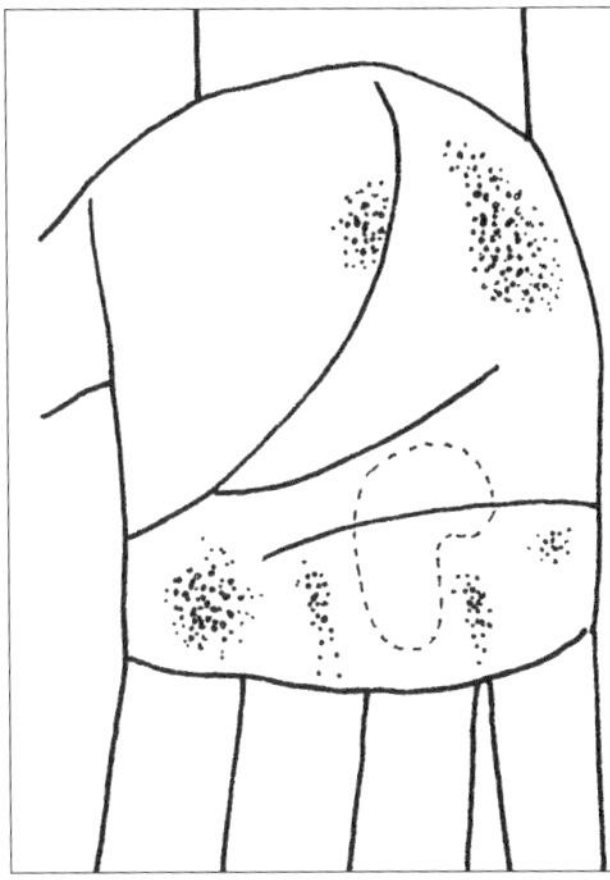

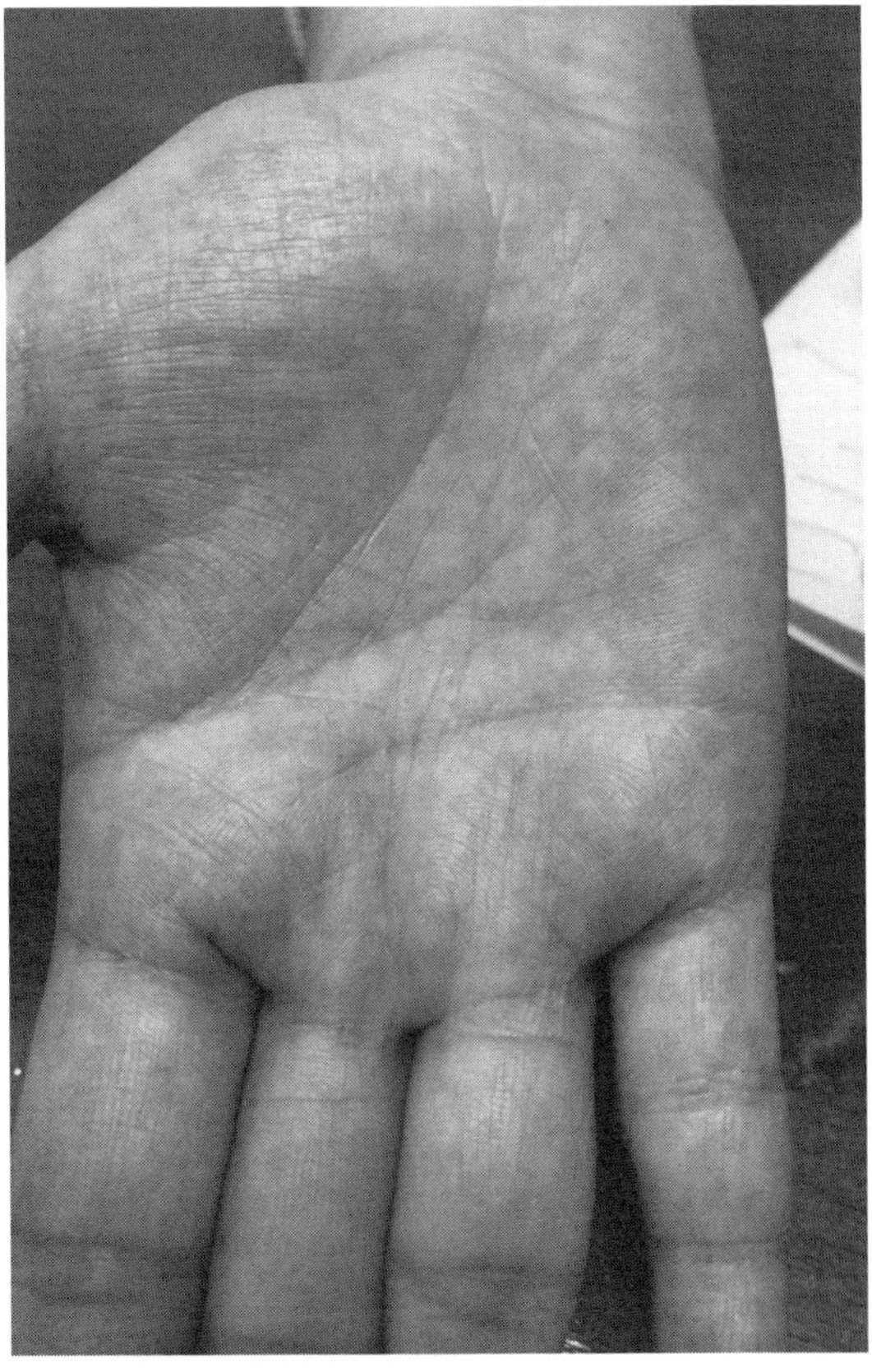

「命宮」と「官禄」に赤暗蒙色があり、「福徳」の色も良くないので、前の会社でのストレスがまだ残っていると考えられます。

次に行く会社の内定はもらっているので、「貌宮」の色が良く、「離宮」に向かって白い気色が出ています。まだ、新しい会社に出勤していないので、「乾宮」の場所には大きな変化は見えません。

次の図は、仕事は辞めたが、次の仕事は決まっていて、中国に行った後、フィリピンに行く計画がある人の手相です。

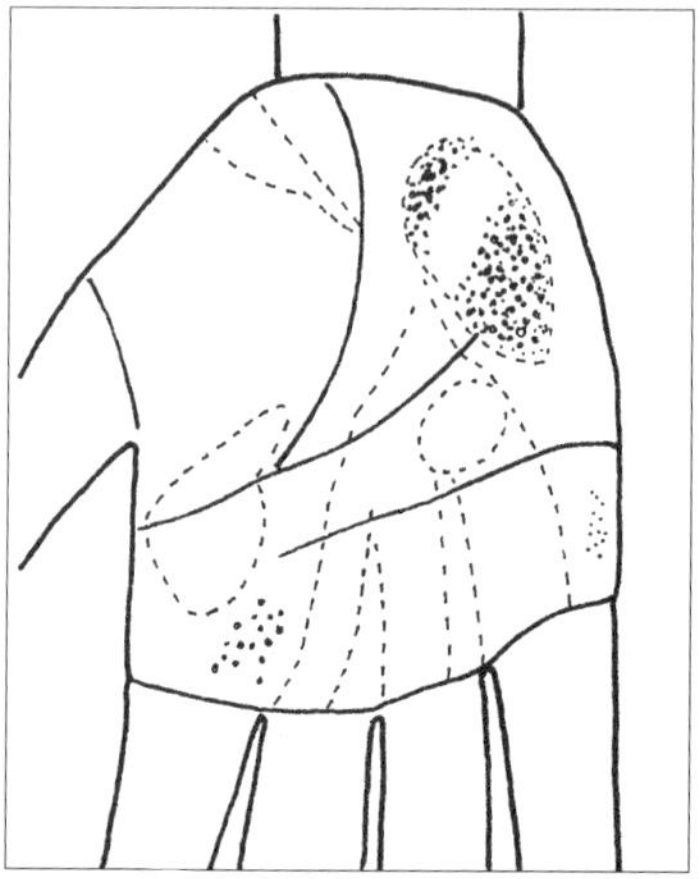

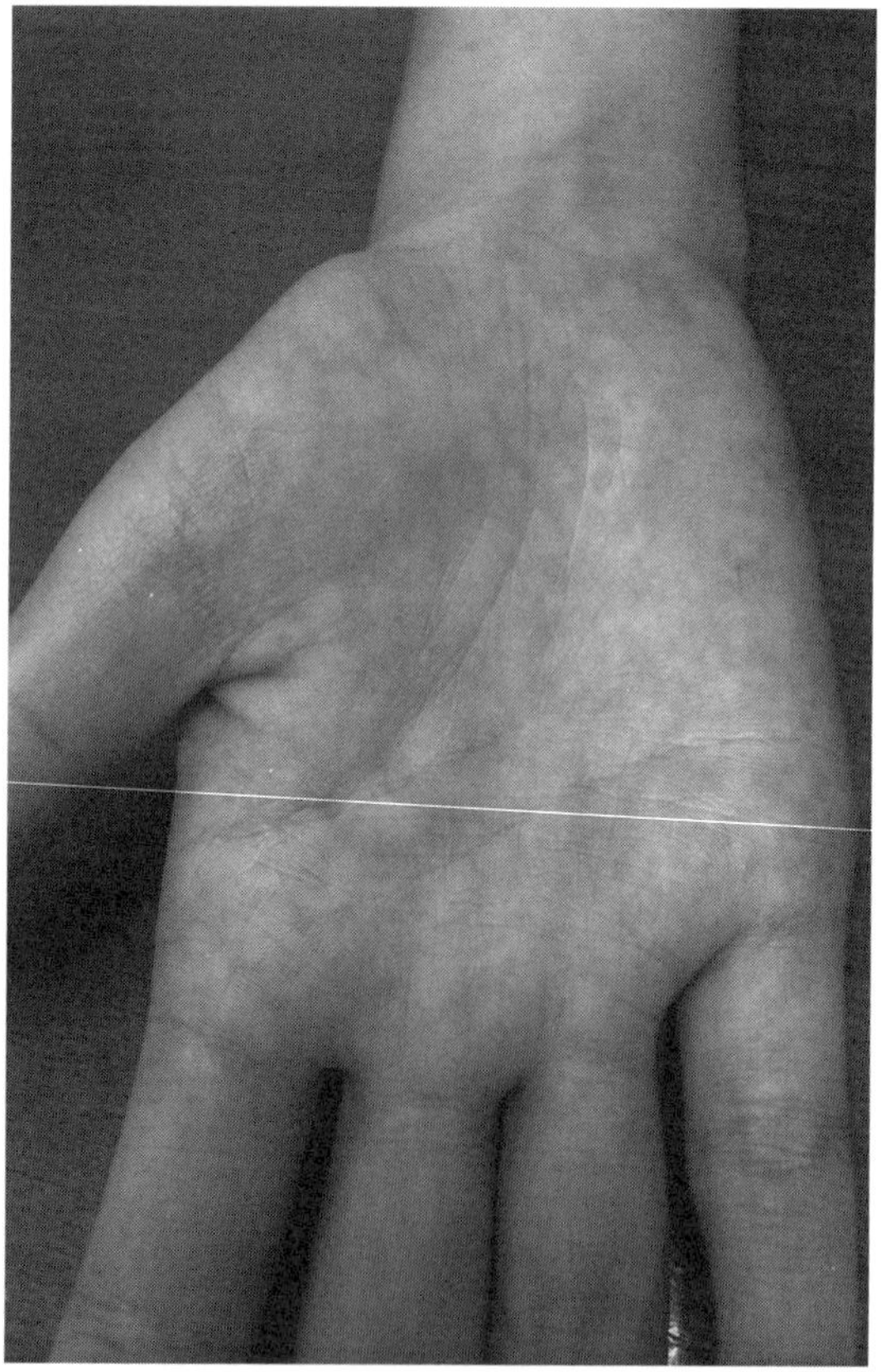

「離宮」に白色の気が昇り、「貌宮」にも白くて良い色があります。

「官禄」の場所に赤暗色はありますが、「命宮」から「明堂」に向かって気色が昇っています。

これも、次の仕事が決まっているという事です。

「艮宮」の「田宅」へ向かっての白い気色は、アジアに向かっての旅行を意味します。

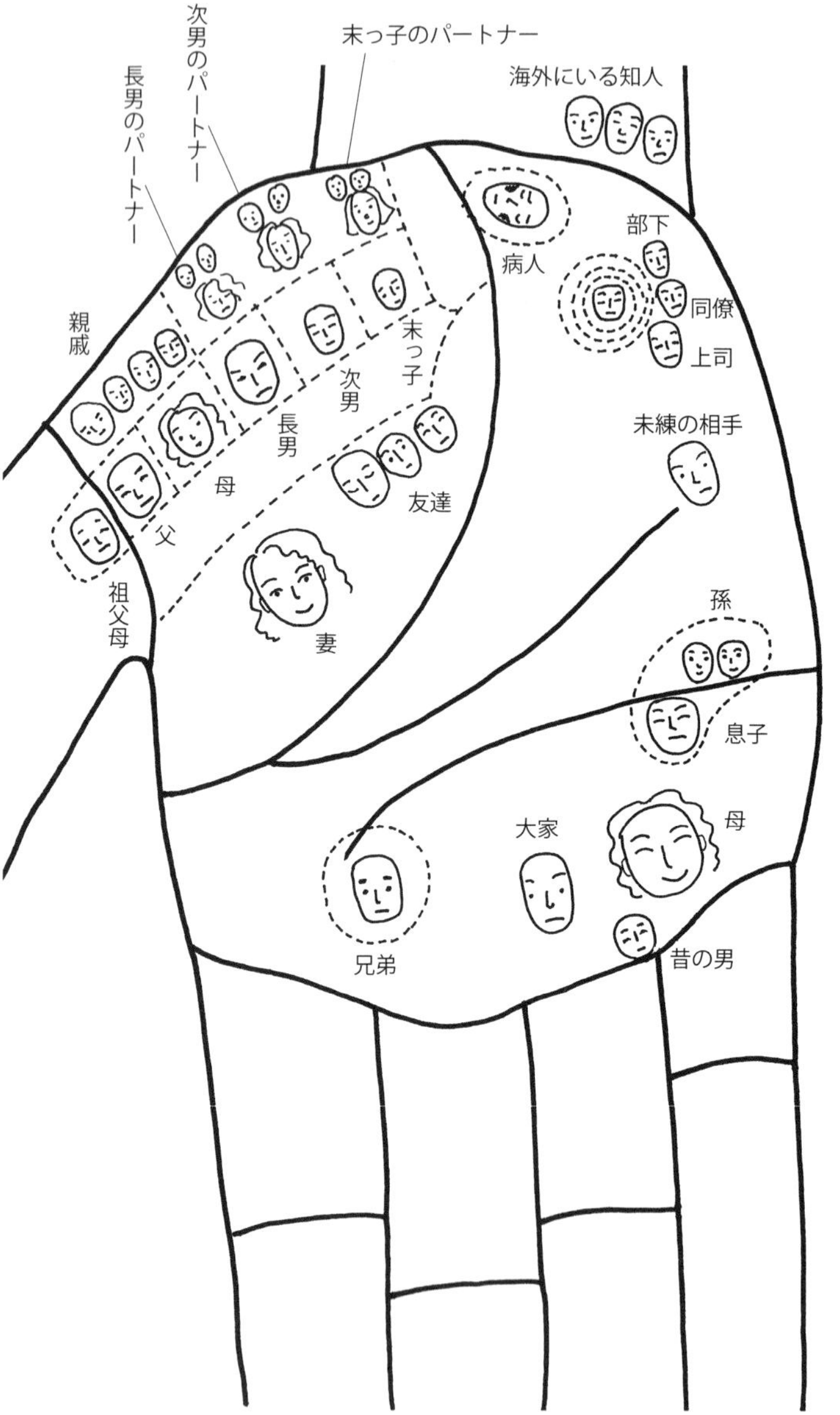

【参考資料】画相が現れる部位

第三章　手相月割り鑑定法

◎手相月割り

左の図は、中国の『神相全編』などに掲載されている手相の八卦の図です。
手相の八卦が決まっていれば、おのずと方位と月は決まると考えてください。

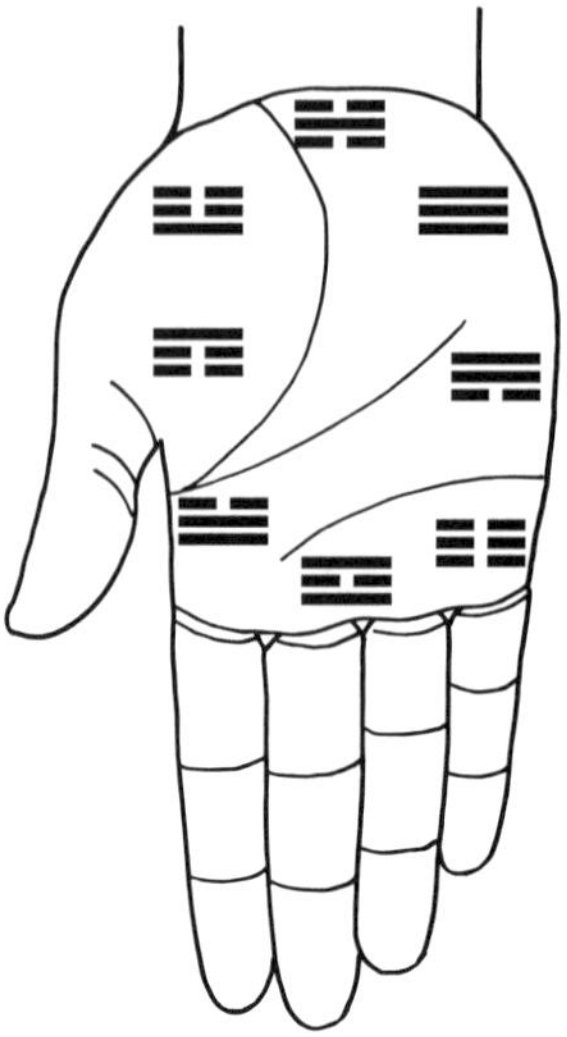

手相の月割りは、十二支を手の中に当てはめて作ります。
三百六十度を十二で割ると三十度になるので、十二支の一つの角度は三十度になります。
東西南北は、おのおの、卯、酉、午、子にあたり、三十度です。八卦においては、震宮、兌宮、離宮、坎宮に当たります。

次に四隅は、艮宮、巽宮、坤宮、乾宮になります。

四隅の読み方は、艮（うし　とら、丑寅）、巽（たつ　み、辰巳）、坤（ひつじ　さる、未申）、乾（いぬ　い、戌亥）ですので、丑、寅、辰、巳、未、申、戌、亥を均等に配置します。

坎宮は「子の北　十二月」、艮宮は「丑の北北東　十一月、寅の東北東　十月」、震宮は「卯の東　九月」、巽宮は「辰の東南東　八月、巳の南南東　七月」、離宮は「午の南　六月」、坤宮は「未の南南西　五月、申の西南西　四月」、兌宮は「酉の西　三月」、乾宮は「戌の西北西　二月、亥の北北西　一月」です。

手の形が皆さん同じではなく、五行の火型、土型、金型、水型、木型と不揃いですが、真ん中の「明堂」を中心に円を書き、それを内側から十二等分すれば、良い形になります。

ところが、実践上は均等な形ではありません。

図を見ていただければわかるように、気は内より外に向かう中で、指先に向かって気が動いているのです。

気は内より外に向かう。　※大切な所です。

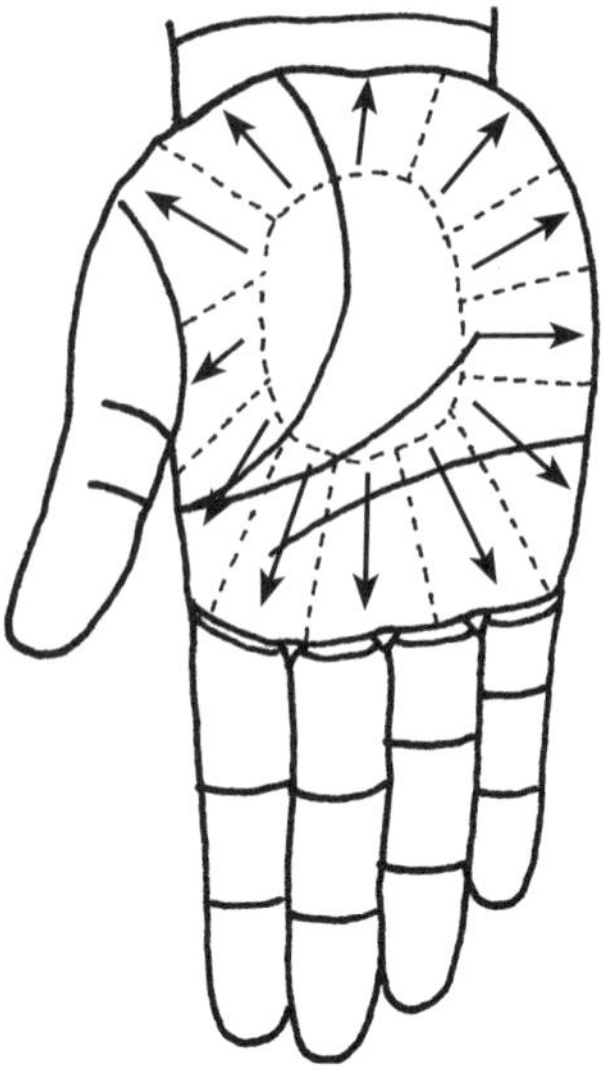

左の図は、先ほどの八卦の図を一年十二か月に当てはめた物です。

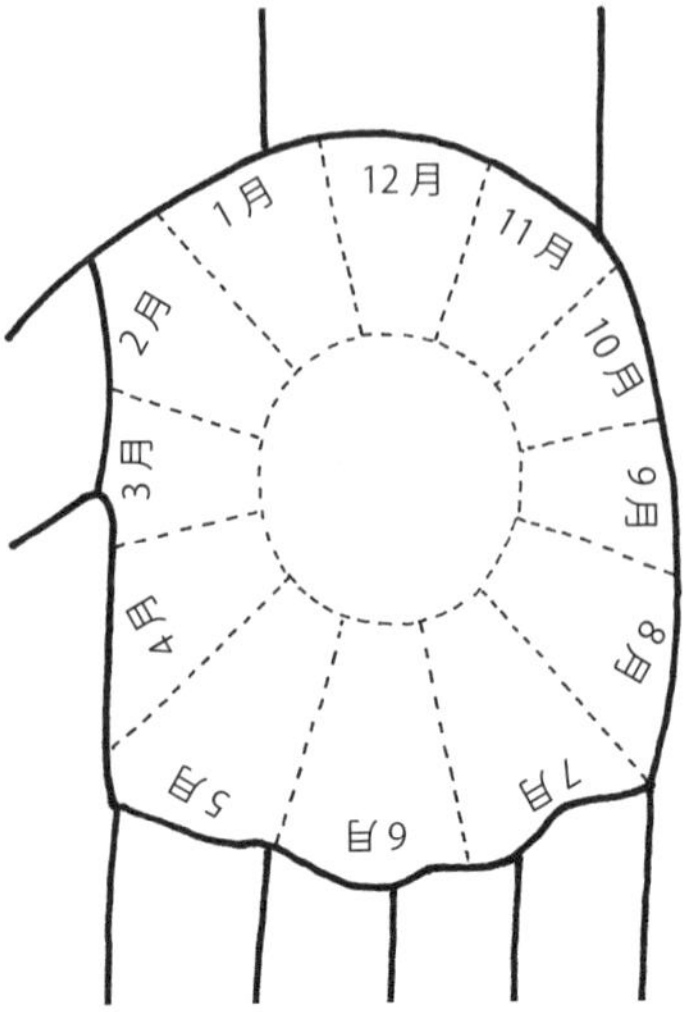

簡単な見方

まず、手首の真ん中より、中指と薬指との間を指先に向かって線を引きます。

次に、親指の付け根あたりから、反対の方へ向かって横線を引きます。その時、先ほど引いた線と直角になるようにバランスを取ります。

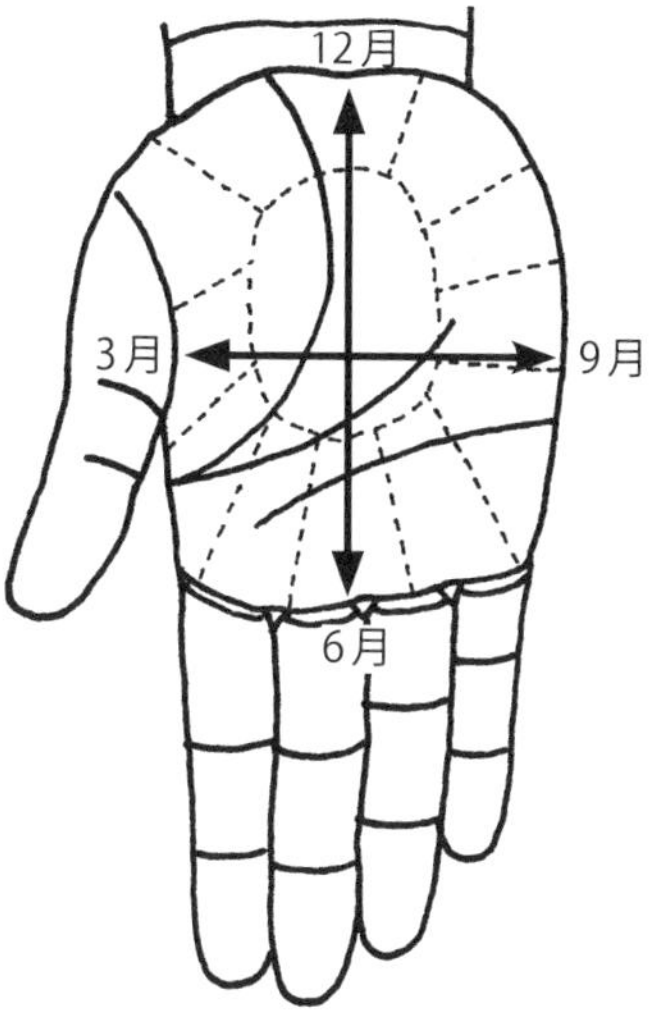

次に、四月は生命線と頭脳線の縁をまたいだ形で、人差し指の側等へと向かいます。

それと、八月は感情線の基点をまたいだ形で、八月の領域が広がります。

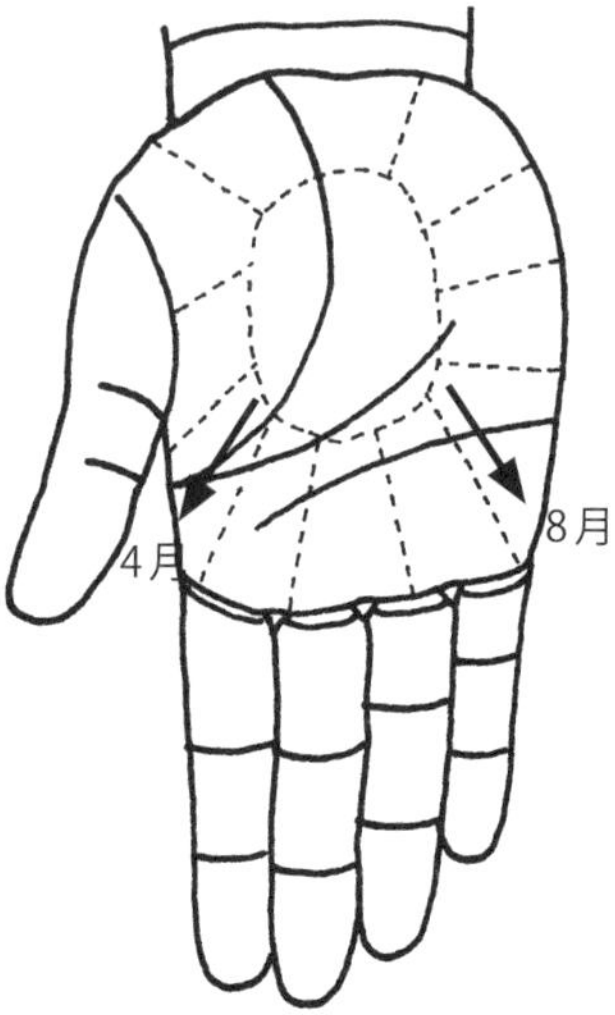

次に、春夏秋冬と見る練習をします。

まず、十二月と六月の線を境に左右に分けて、一月からの色と六月までの色を見比べて、一年の前半と後半を見比べます。色が白く綺麗な色のある方が良い月です。

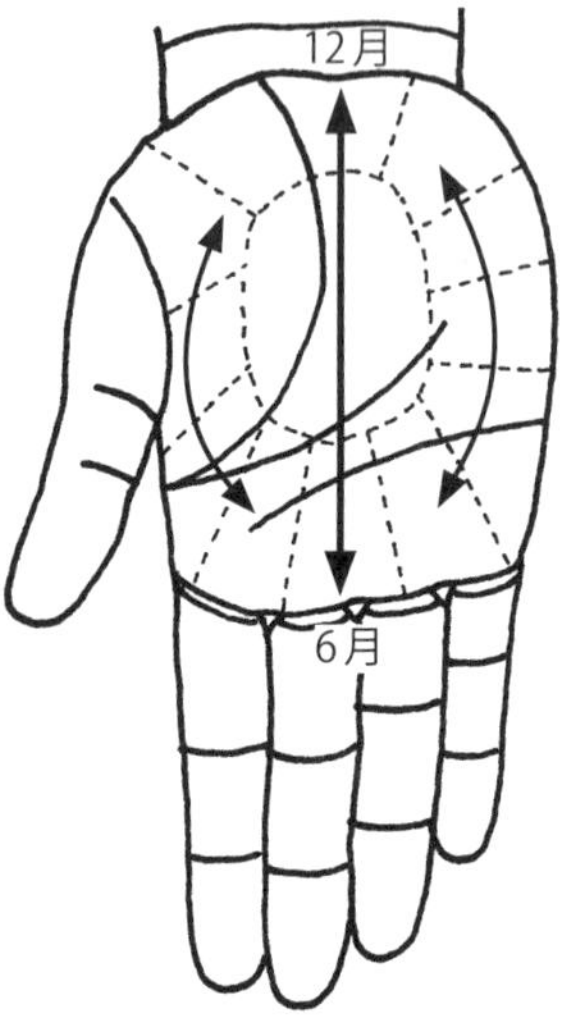

次に、三月と九月の線を境に上下に分けて、色が白く綺麗な色のある方が良い月で、曇った色や汚れた色のある方が悪い月です。

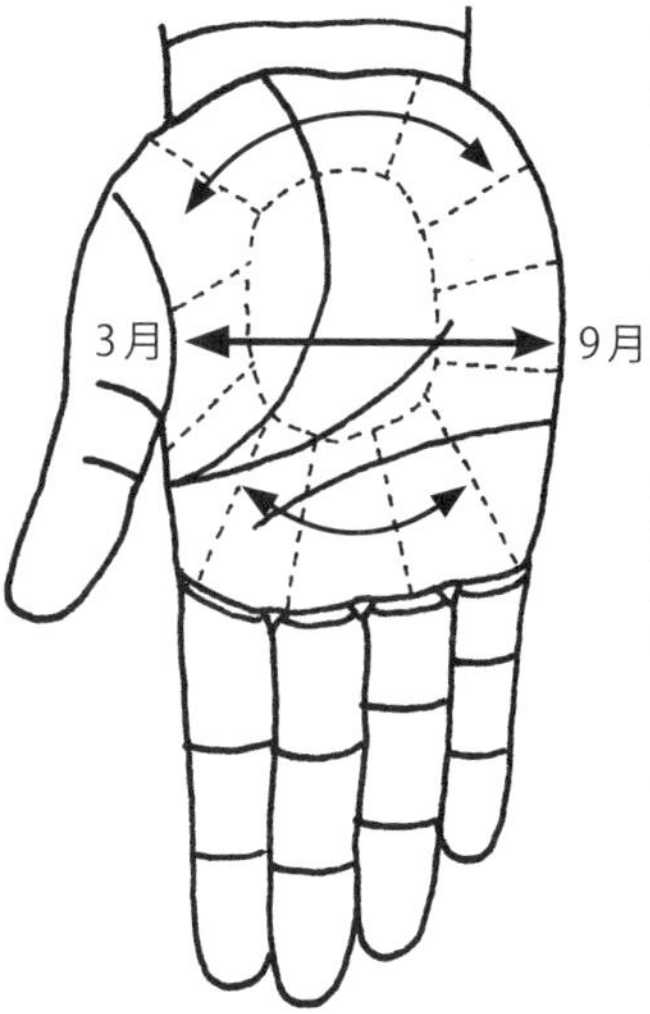

手の平の右半分と左半分を見比べて、良い色と悪い色を探します。

次に上下半分も見比べ、全体の良い色と悪い色の偏っているところを探します。

そして、次の図の春夏秋冬に振り分けてみれば、一年の中の運気をつかみやすいと思います。

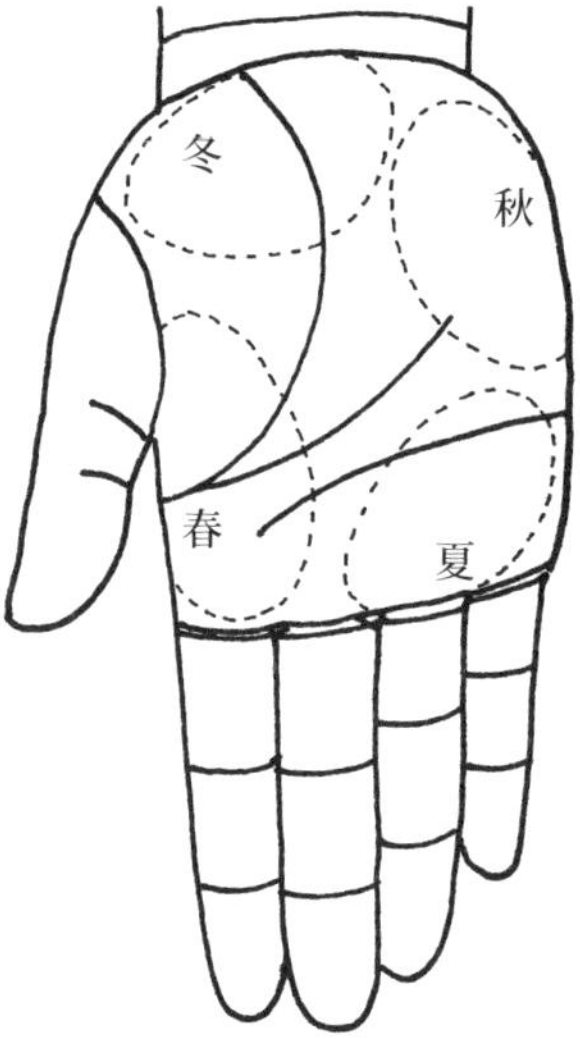

色の出方について

次の図が一般的な悪い色（暗色、蒙色、暗蒙色）の図です。

手の全体を見ながらも、一月・二月・三月と、内より外に向かってみていくとわかりやすいと思います。

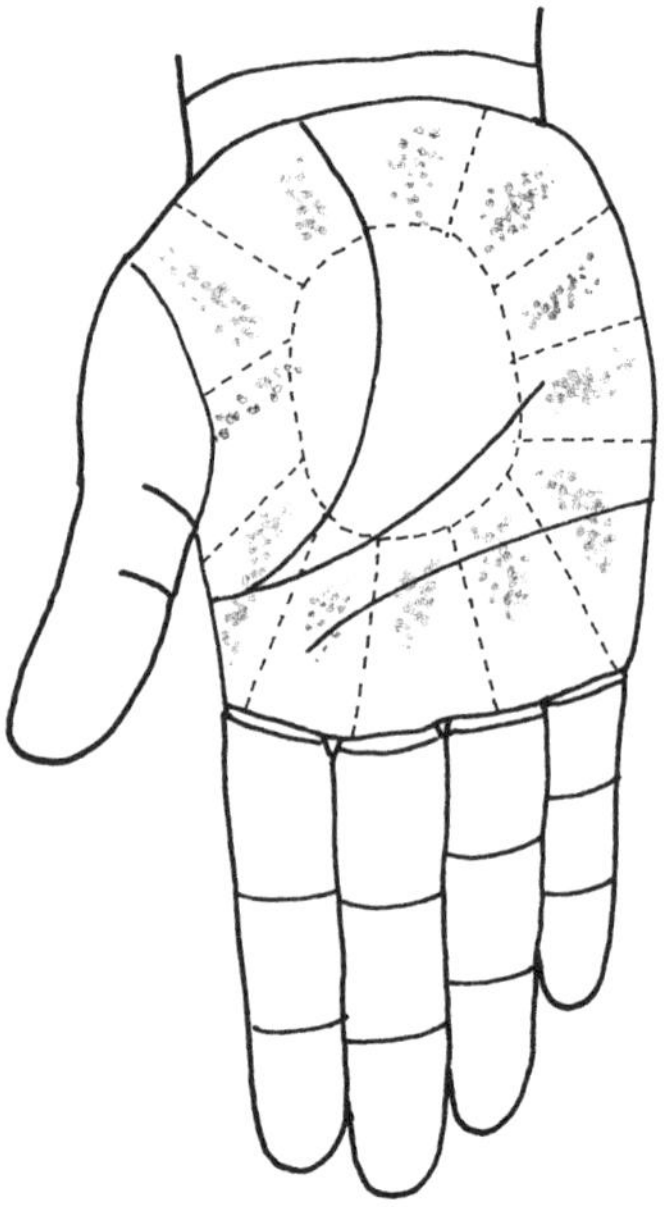

一か月において良い事もあれば、悪い事もあり、またツキのある週とツキのない週がありますが、次の図のように出て来ます。
上の図は、六月の月割りですが、前半と後半はツキが無かったが、中盤は良かったとでています。
下の図では、六月は、良い事と悪い事が半分半分であったとでています。

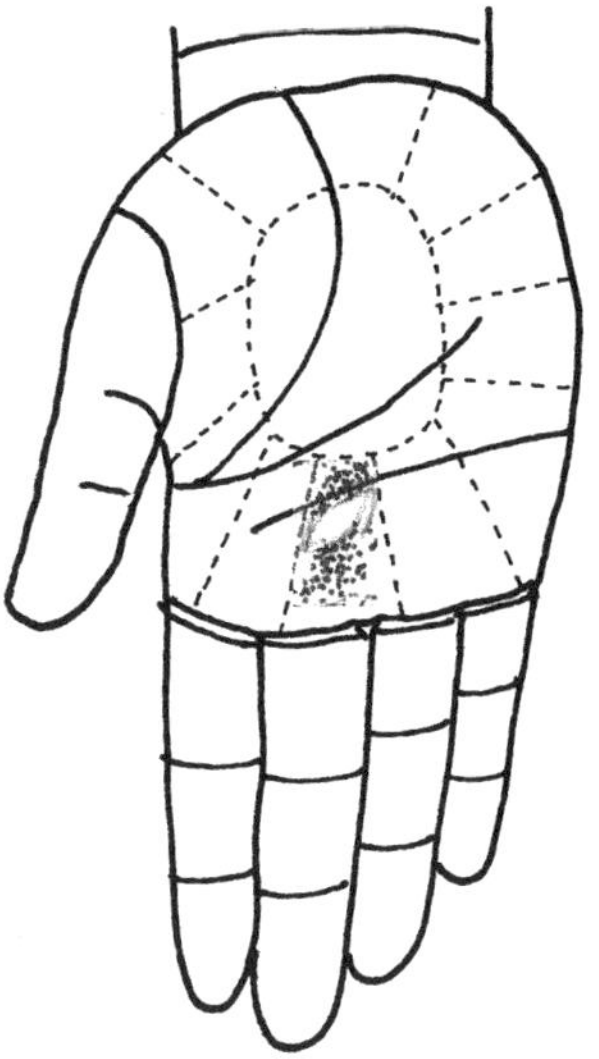

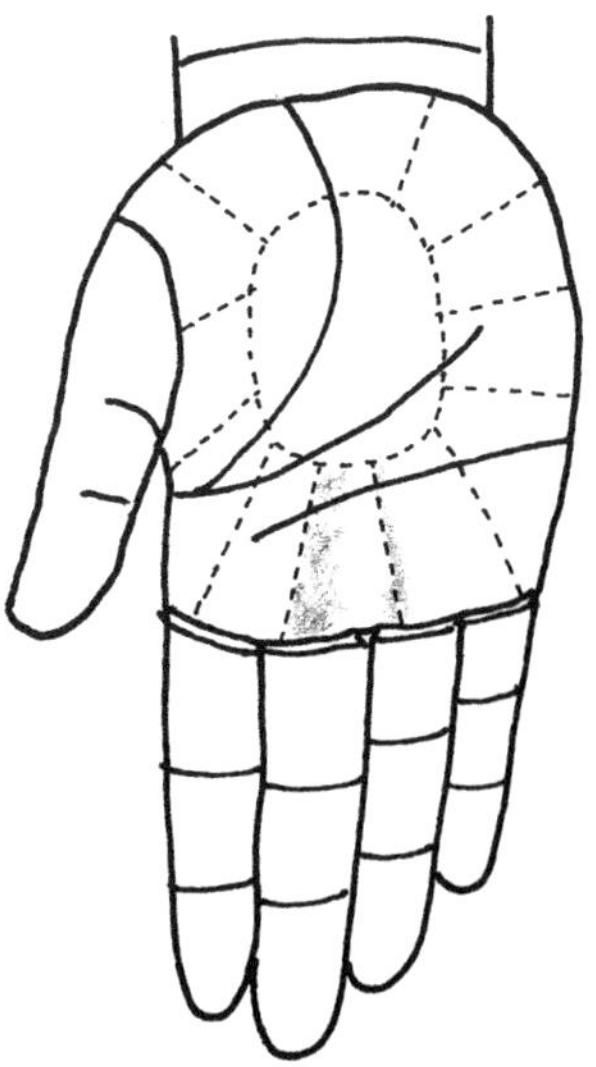

◎月割りの注意

手の平を十二等分して一か月を出しますが、その一つの枠の中にある色がすべてその月の出来事を暗示している訳ではなく、他の象意を暗示する色も同時に出ていますので、間違わないようにしましょう。

他の象意の出る範囲は、「手相の地図」と見比べて、月割りと関係ない部分を排除してください。とりあえず間違いやすい所だけをあげておきます。

一月

・韓国や中国などのアジア方面に旅行の計画があると、白い気色が出る。
・兄弟におめでたい事があると、明るい白色が出る。
・身内に病人がいると、暗滞蒙の色が出る。

二月

・法事やお墓にまつわる話があれば、暗滞蒙の気色がある。
・「財帛」が関わっているので、不動産などが売れて入金予定があれば、白色で美色が出る。
・父母に関わる話。

三月

・友人関係の事。
・結婚している人は、妻の事。

四月

・何がしかの計画事や研究の用意がある時は、白色で気が動いている。
・兄弟に状況の変化が出てきたとき。
・暗滞蒙の色があれば、母親が親戚や親類に嫌な思いを持っている。

五月

・国内の旅行があると、白い気線を引く。
・銀行に行ってお金をおろした（コンビニのＡＴＭを使っても同じ）。

六月

・不動産や引越しに関する話。
・文章を書く。
・旅行の計画や結婚式の画の話が出る。

七月

・海外旅行に行く場合は、白い気線を引く。
・大家《おおや》と話をする。
・暗滞蒙色がある時は、部屋が散らかっている。
・母親が娘や息子の為に、何らかの用事をしている。

八月

・白い色が出れば、誰かと飲食の約束がある。
・お見合いや紹介話も出てくる。白い気線を引く。
・結納を交わす時、白い気線を引く。
・仕事や取引の契約がある時、白色美色なら調う。

九月

・結婚が決まった人は、白色美色がある。
・別れた男に未練がある時、暗滞蒙の色が出る。

十月・相続の話。美色なら良い話であるが、暗滞蒙に赤色かかる時は、揉めて長引く。
・転職の気持ちが出てきた。赤色かかる時は、職場から離れる。
・暗滞蒙は上司に対しての不満か、転職する意思はあるが何をするかは決まっていない。

十一月・仕事の事について、白色美色はうまく行っている。暗滞蒙は悩んでいる。
・赤蒙色は、税金や公的機関の支払い。

十二月・「坎宮」の場所に暗滞蒙があると、病人が周りにいる。
・手相では、沖縄や宮古島に旅行の計画がある時は、気線を引く。
・引越しの話がある時は、白色の気色が出る。

二百五頁の写真と、二百六頁の月割りの図で、大体の配置を覚えましょう。

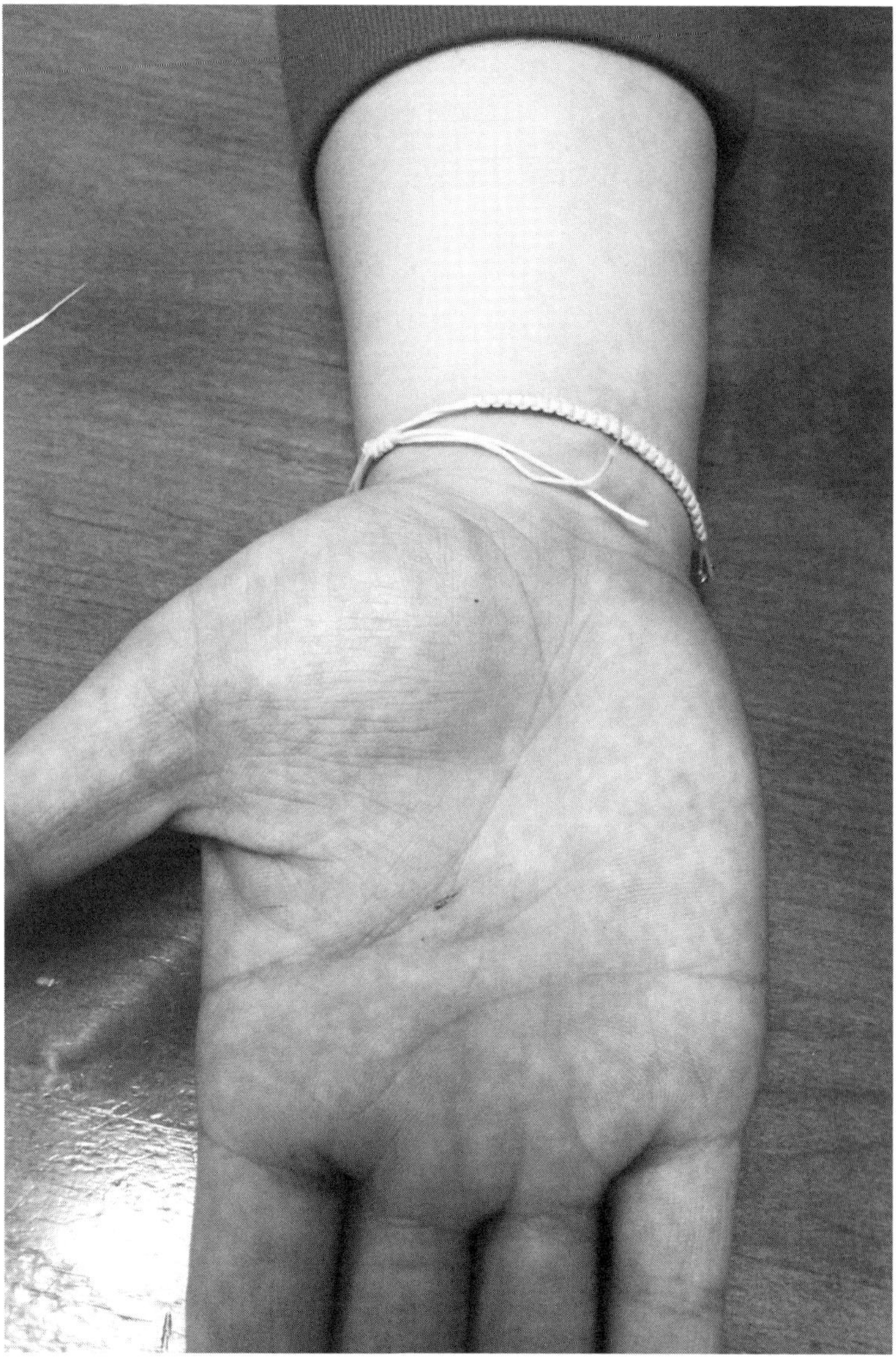

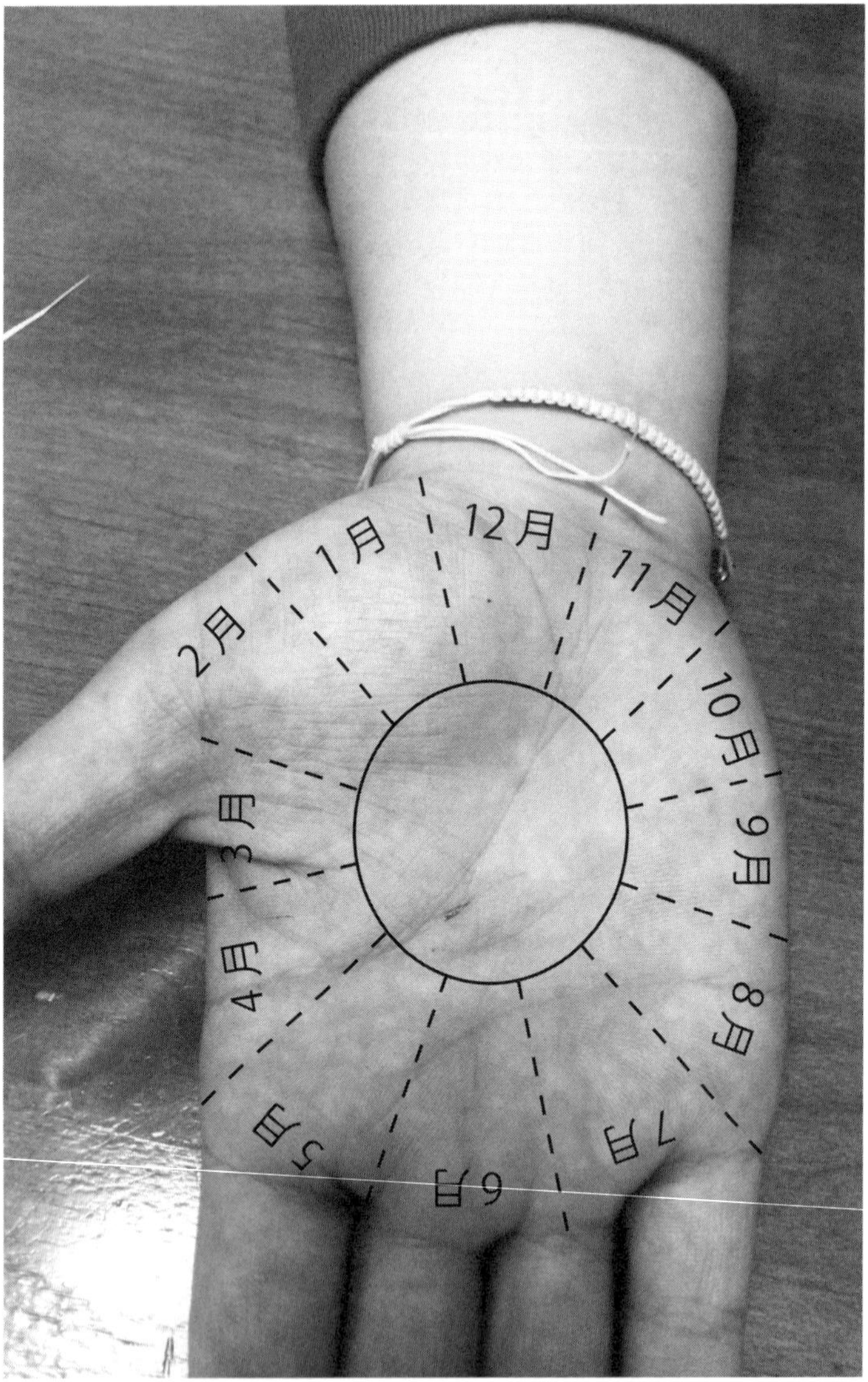
12月
11月
10月
9月
8月
7月
6月
5月
4月
3月
2月
1月

◎人相との比較

月割りは、人相のそれと比較しながら詳しく見ていくと理解が早いでしょう。

人相の月割りの本来の形は、図1になります。水野南北先生や林文嶺先生はこの月割りです。

人の顔を十二等分して当てはめ、それをさらにその月の日数で割り、その線上に出ている気色や気線を見つけて判断していきます。良い色があれば良い日、悪い色があれば悪い日と見ます。

時には、線上にある黒子やシミも参考に入れます。

ただ、私の実践上の経験から行くと、図1は、五月と七月の月割りが少し中心に来ています。特に五月は七月よりも少し内に寄っています。

通常は図1の月割りで見ますが、少し違和感が生じるようであれば、図2の月割りで見れば良いと思います。

眉頭の三分の一くらいの所から、まず「辺地」（額の角）の方に目線で追って気色が見つけられなければ、図2のように、眉頭三分の一くらいの場所から真直ぐ髪際まで、目線で追って行けば、気色がつかまえられるので、そこで、一か月三十一日のどの当たりかを見れば良いと思います。

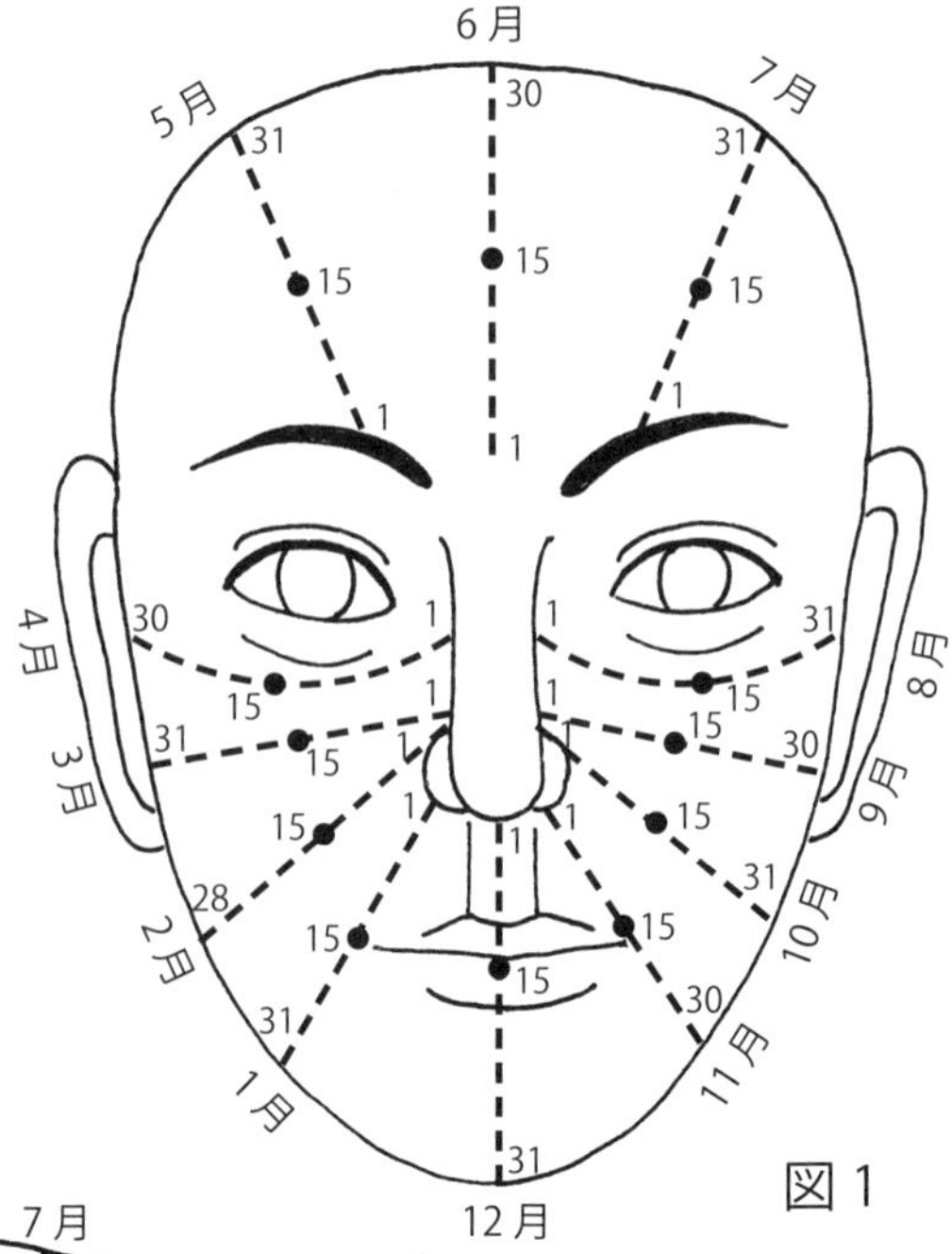
6月
5月
7月
30
31
31
15
15
15
1
1
1
4月
3月
2月
1月
8月
9月
10月
11月
12月
30
31
28
31
1
1
1
1
15
15
15
15
31
30
31
30
15
15
15
15
15
31

図1

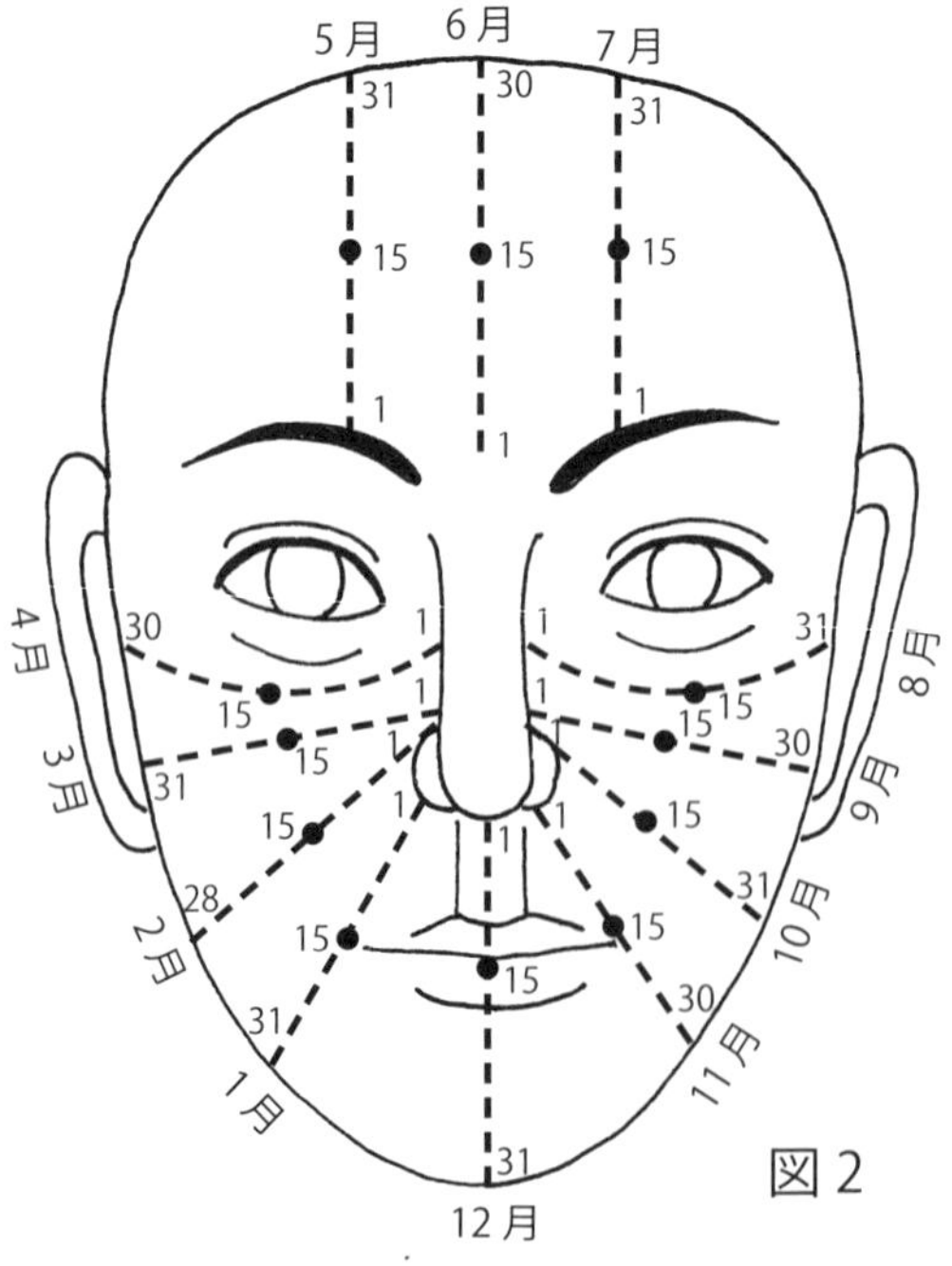
5月
6月
7月
31
30
31
15
15
15
1
1
1
4月
3月
2月
1月
8月
9月
10月
11月
12月
30
31
28
31
15
15
15
15
15
31
30
31
30
15
15
15
15
15
31

図2

また、時によっては、二月の月割りも図1の月割りの線上に、気色や気線が見つけにくければ、図3のように、口角より耳たぶの方に真横に一直線に引いて、それを二十八等分して、二月の一か月を見ます。

ついでに十二月の月割りも説明しておきます。図4の鼻の付け根より、人中にそって上唇に降りて、そのまま左の口角をぐるりと巻くように下唇に降り、人中の線を顎先まで下ろした形で、十二月の三十一日を割っていきます。クリスマスの日の二十五日は、下唇の下に当たります。

十二月が来たら、クリスマスの所を見ます。恋人であろうと、家族であろうと、会社関係の人であろうと、友達であろうと、パーティーやイベントに行くことがあれば、白色美色が出ています。それを見て、二十三日、二十四日、二十五日と見る練習をすれば、小さくて境が分かり難い月割りも、見て取れるようになります。

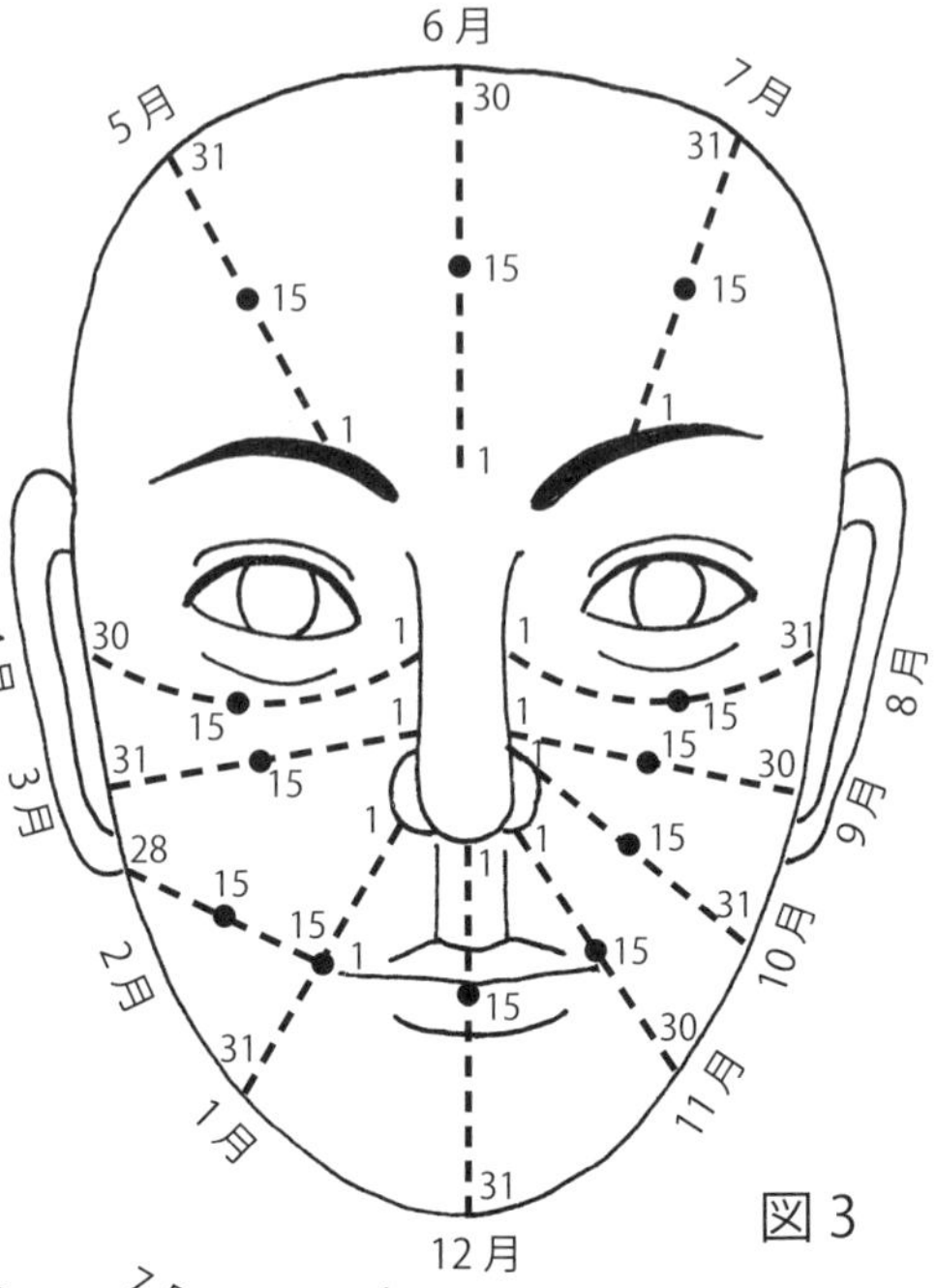
6月
5月
7月
4月
8月
3月
9月
2月
10月
1月
11月
12月
図3

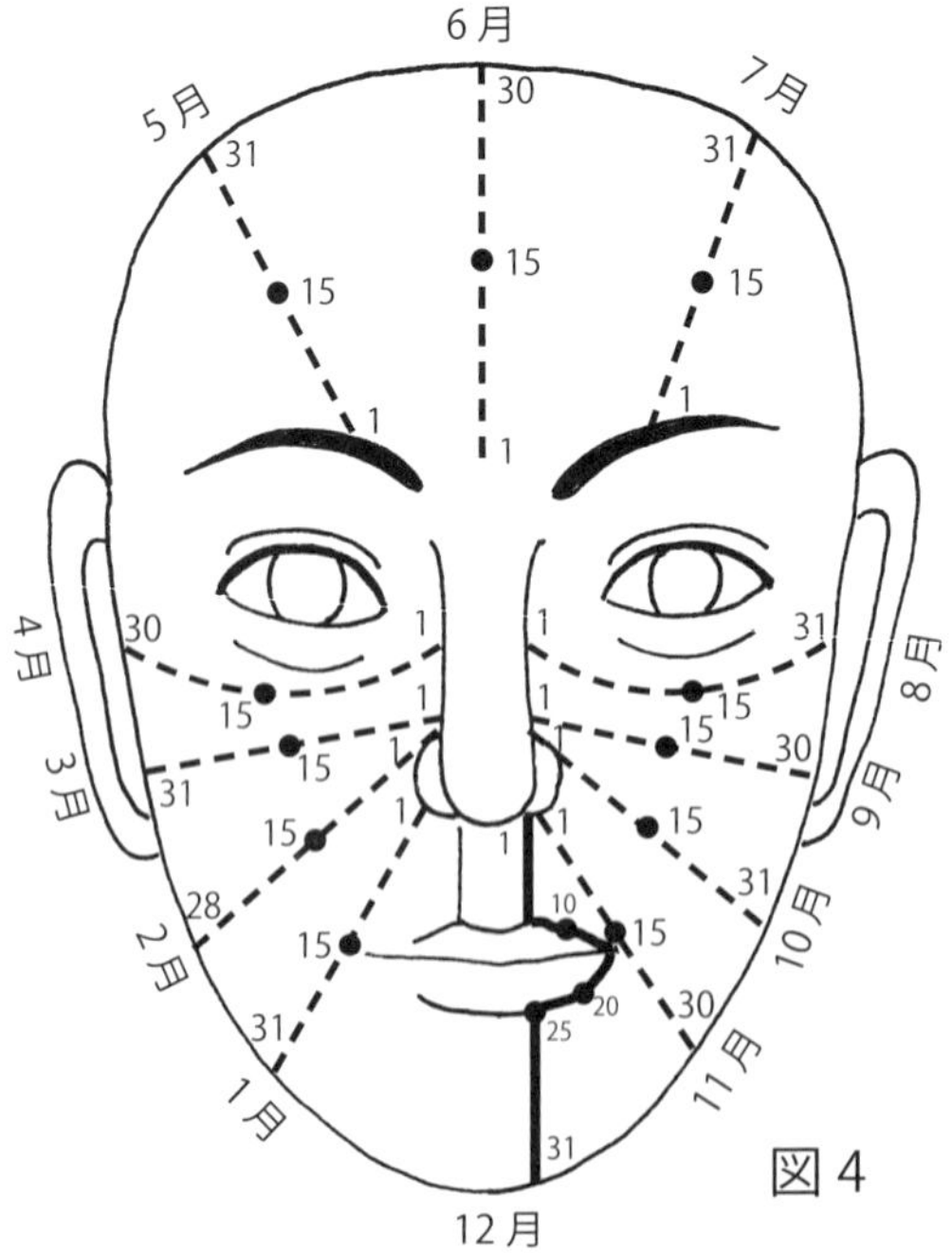
6月
5月
7月
4月
8月
3月
9月
2月
10月
1月
11月
12月
図4

◎月割り鑑定法各種事例

事例1

これは、大阪の女性で、十一月に東京転勤という辞令が出た方の写真です。

当然、「離宮」と「坎宮」に白い気色が動いているのが分かります。

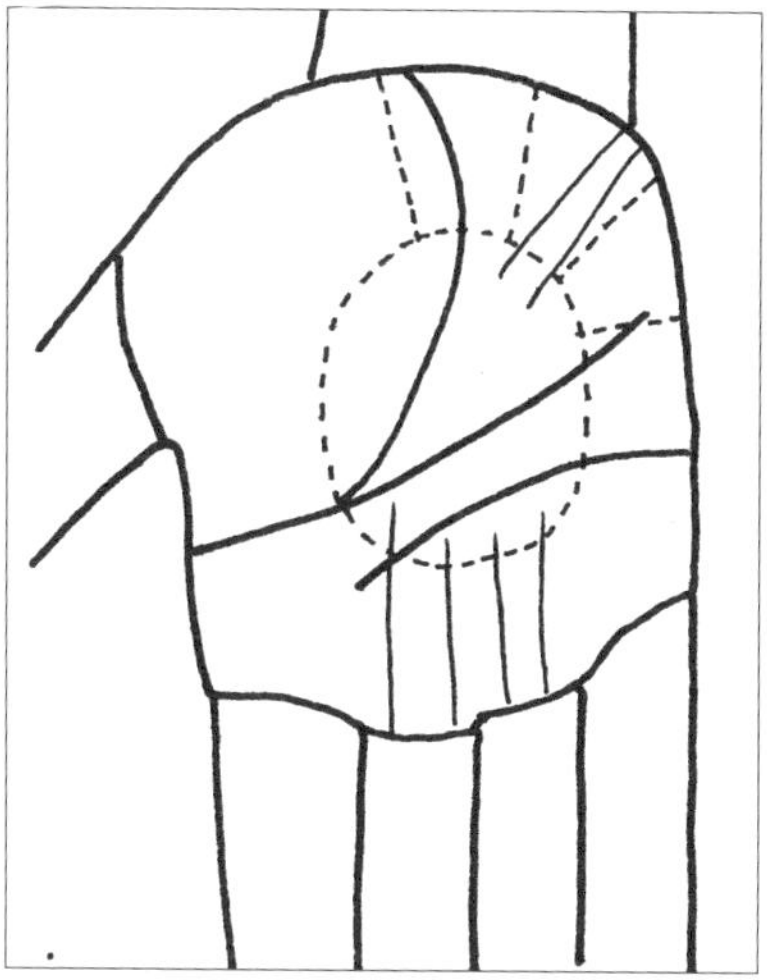

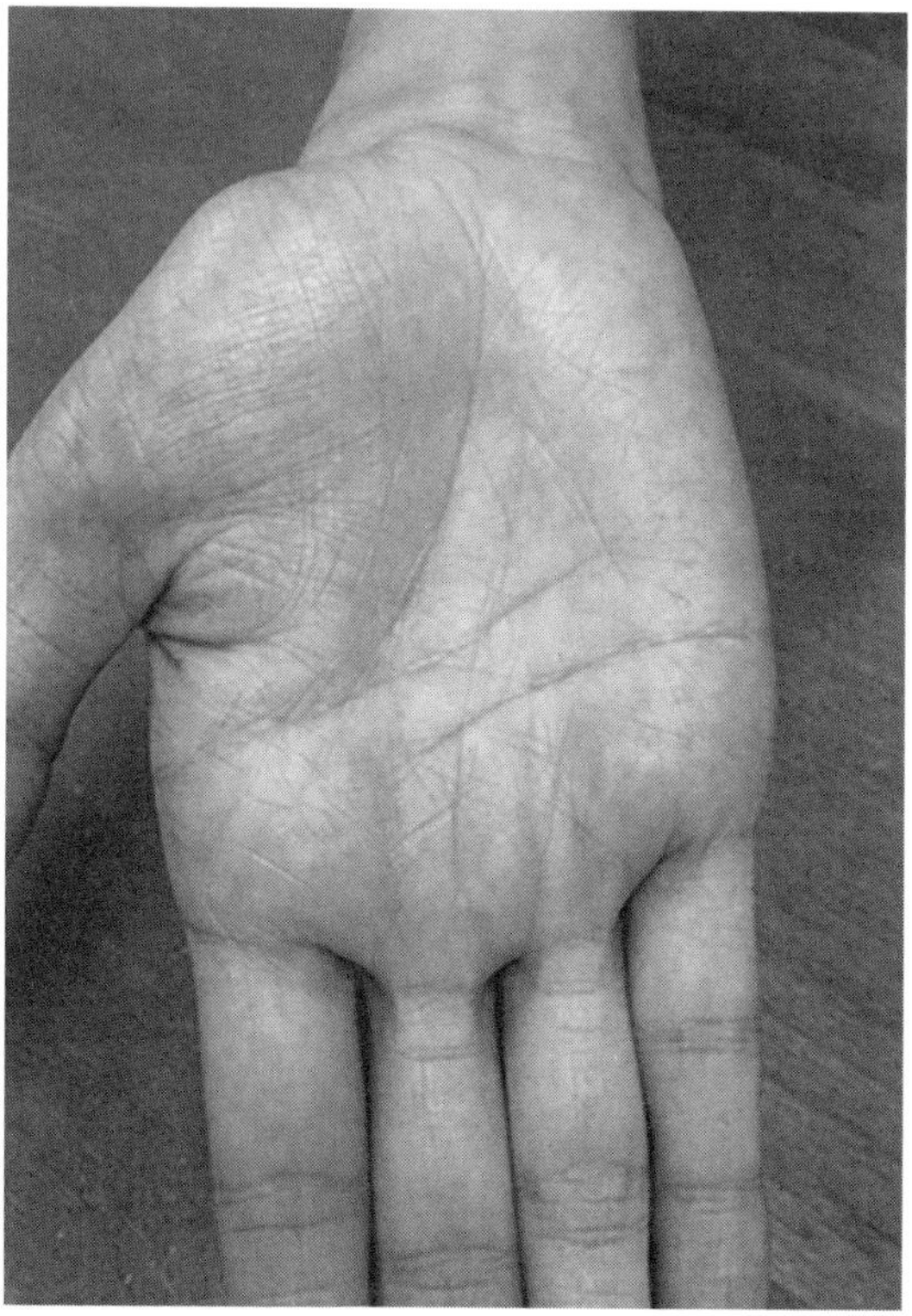

七月の頃に、仕事に疲れて、転勤が無ければ会社を辞めると上司に相談したら、十一月をもって東京転勤が決まったとのことです。

事例2

一月、二月、三月と仕事に疲れて、四月の終わりに転職した方の写真です。

五月より環境を変えて、今は伸び伸びと仕事をしているとのことです。

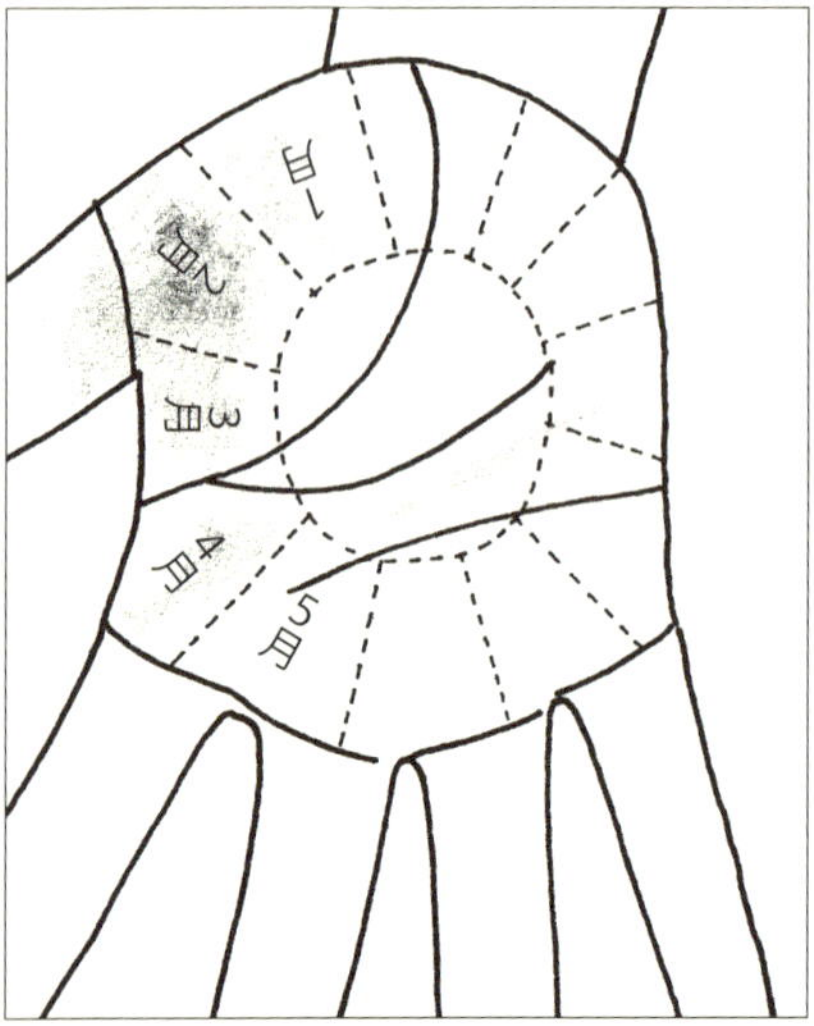

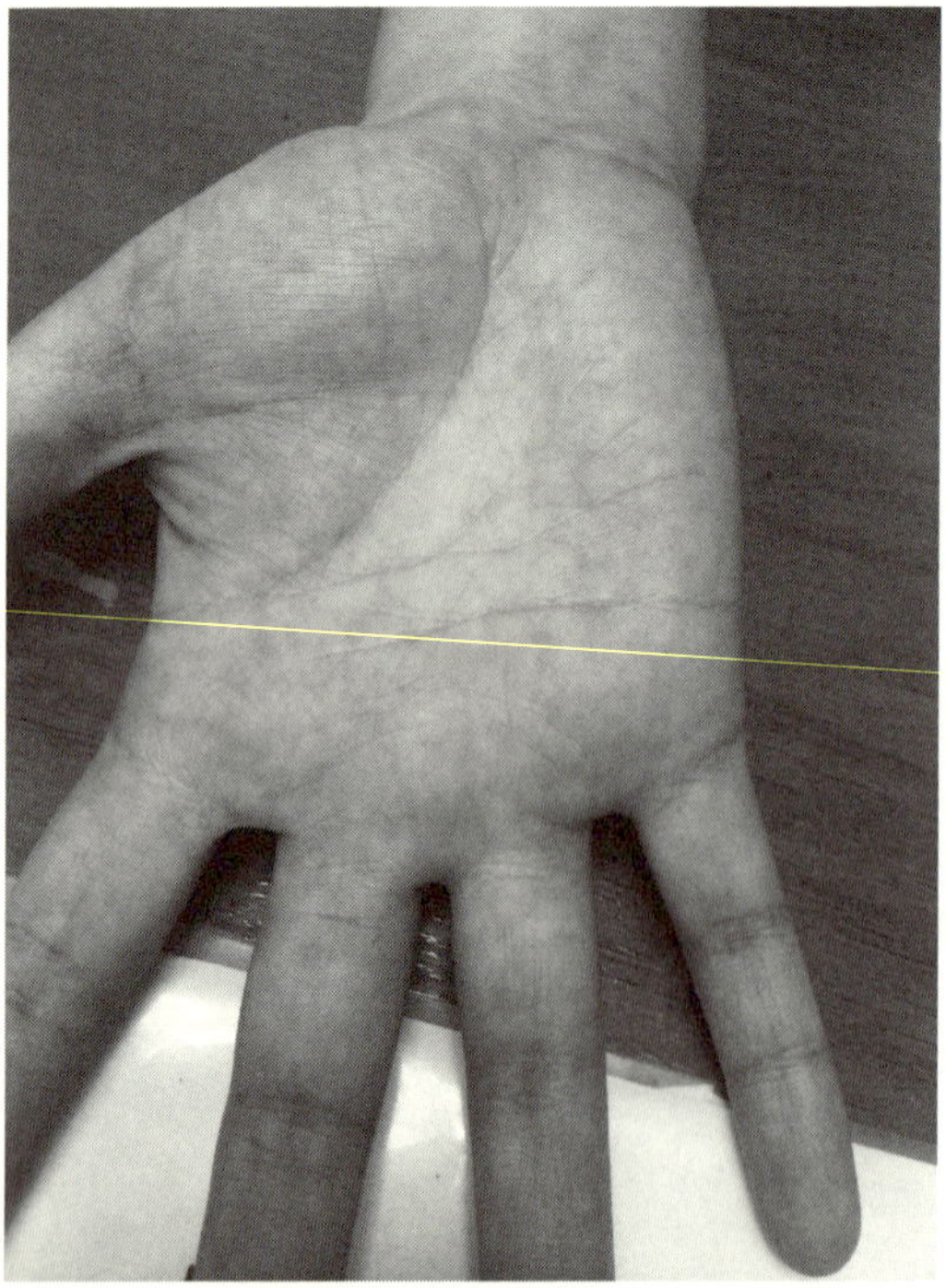

四月と五月の境目を探して見ましょう。

事例3

十一月に主人の浮気が分かり、十二月から準備して、一月に家を出た方の写真です。

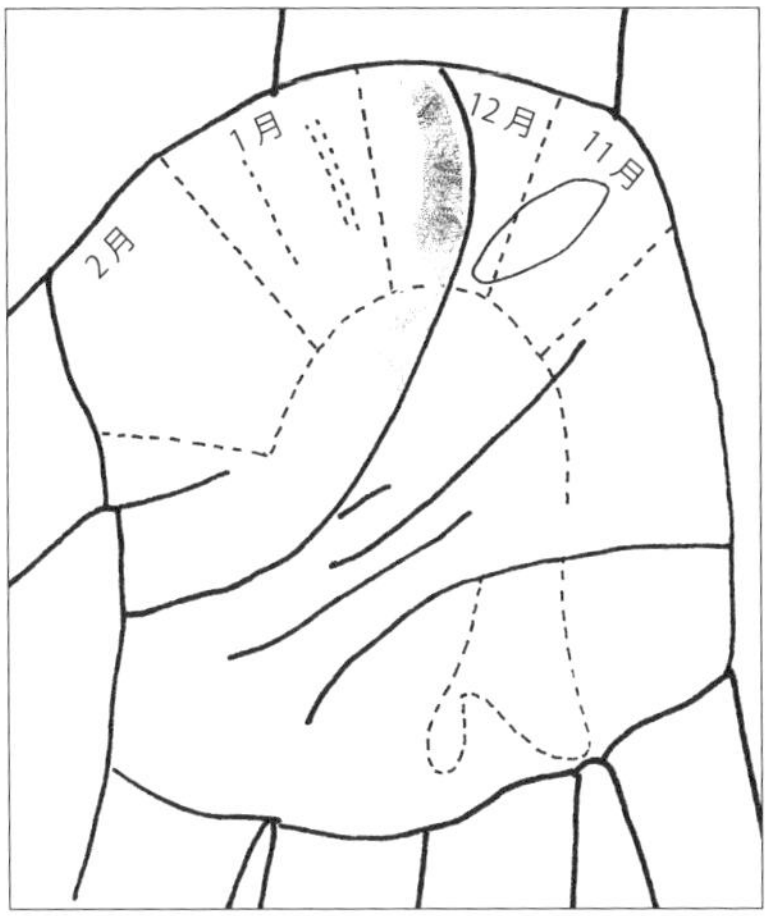

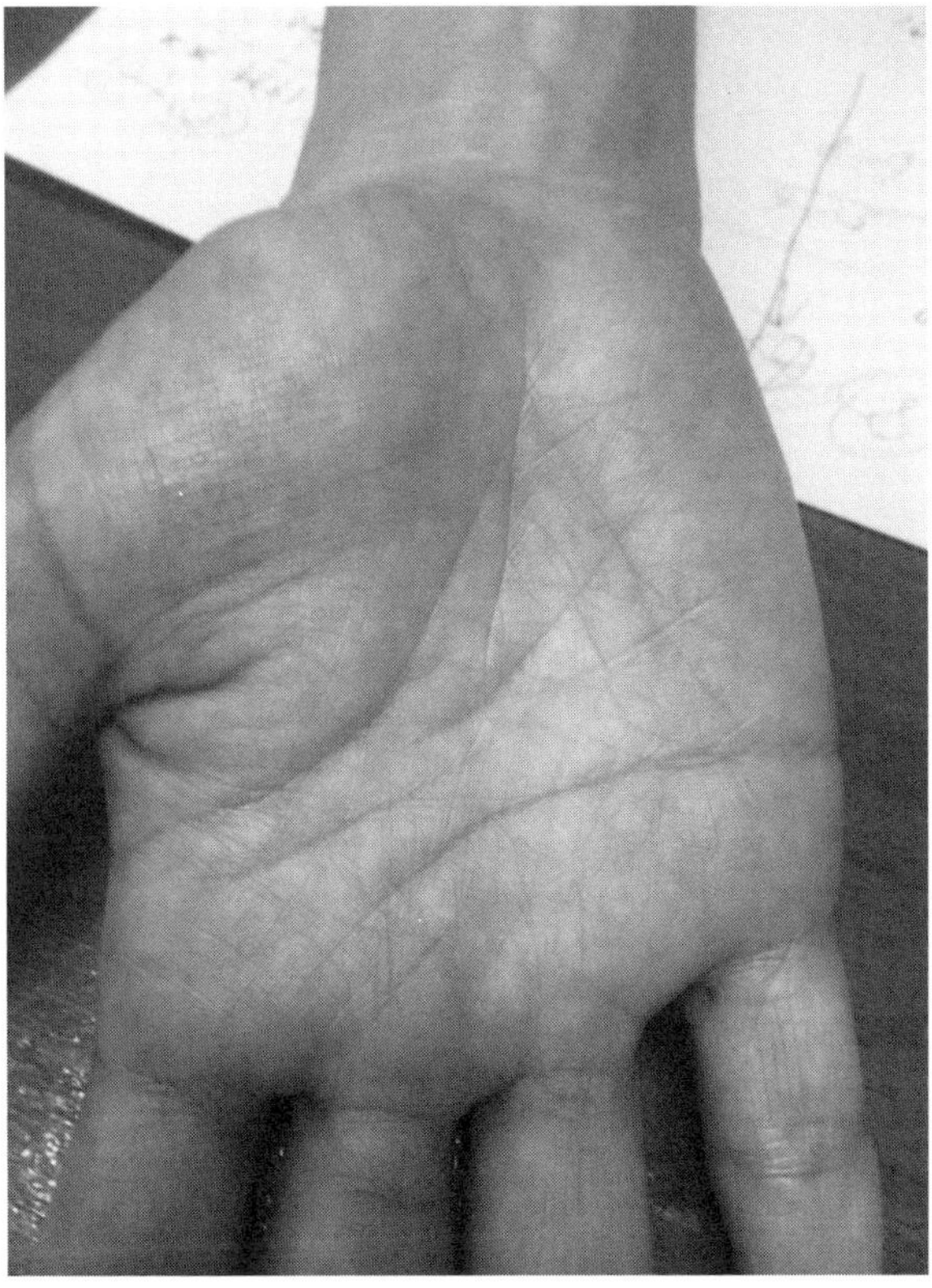

事例4

四月に姉の結婚が決まった方の写真です。

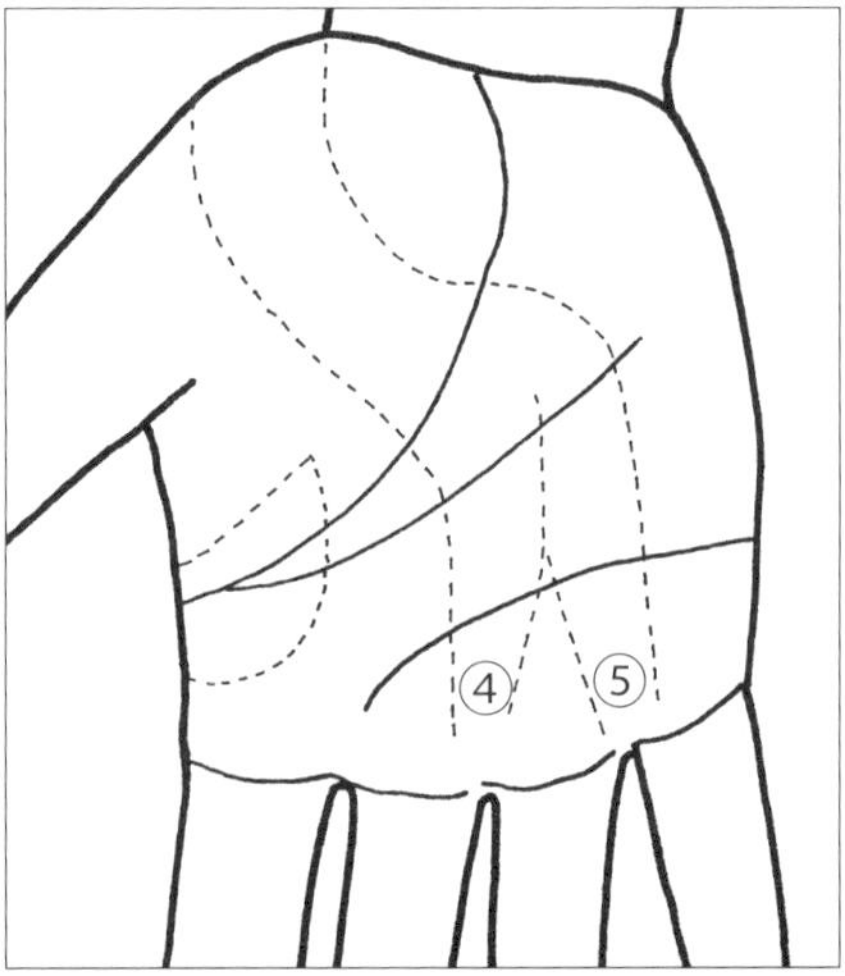

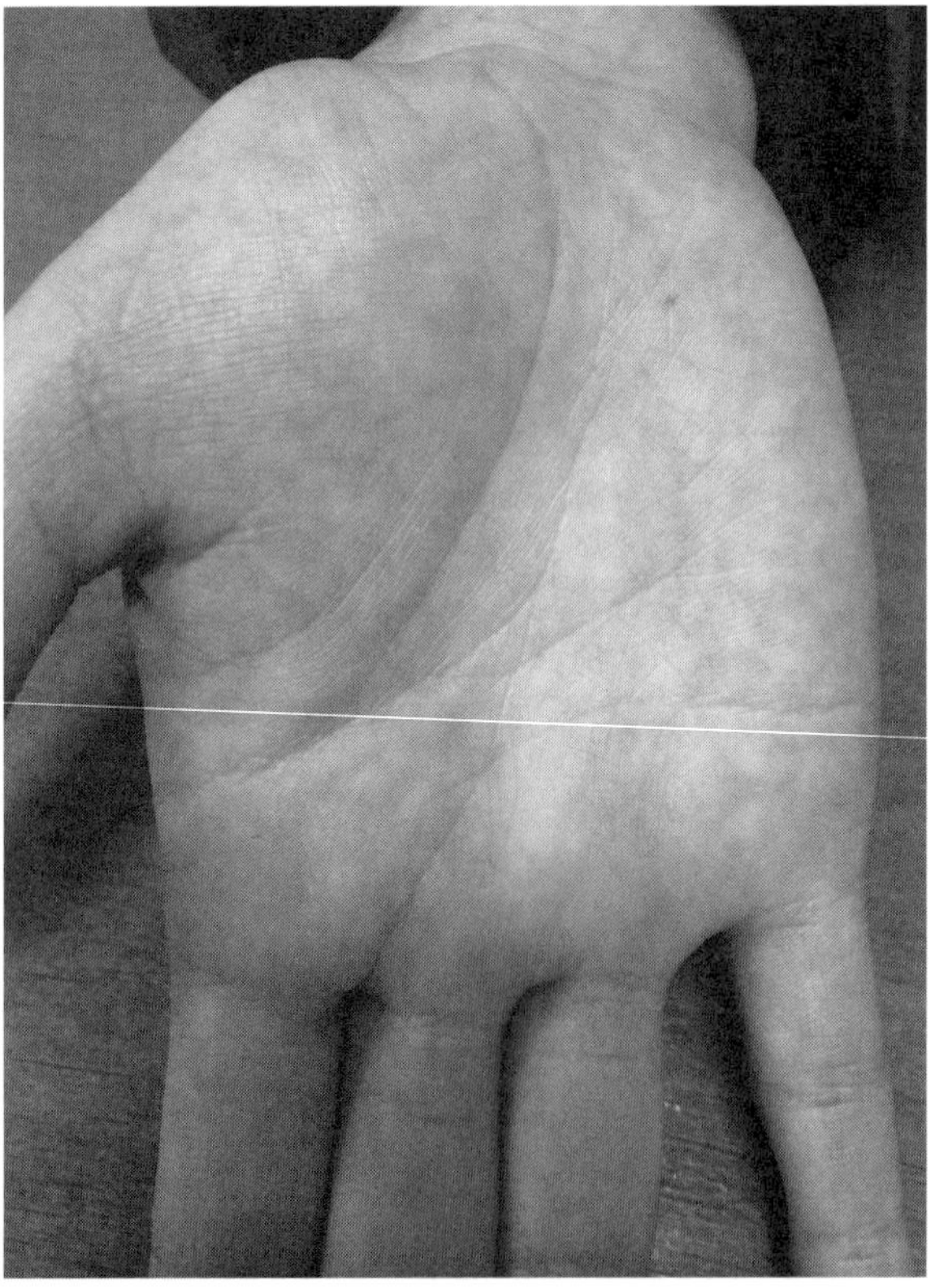

事例5

自分の結婚が来年六月と決まった方の写真です。

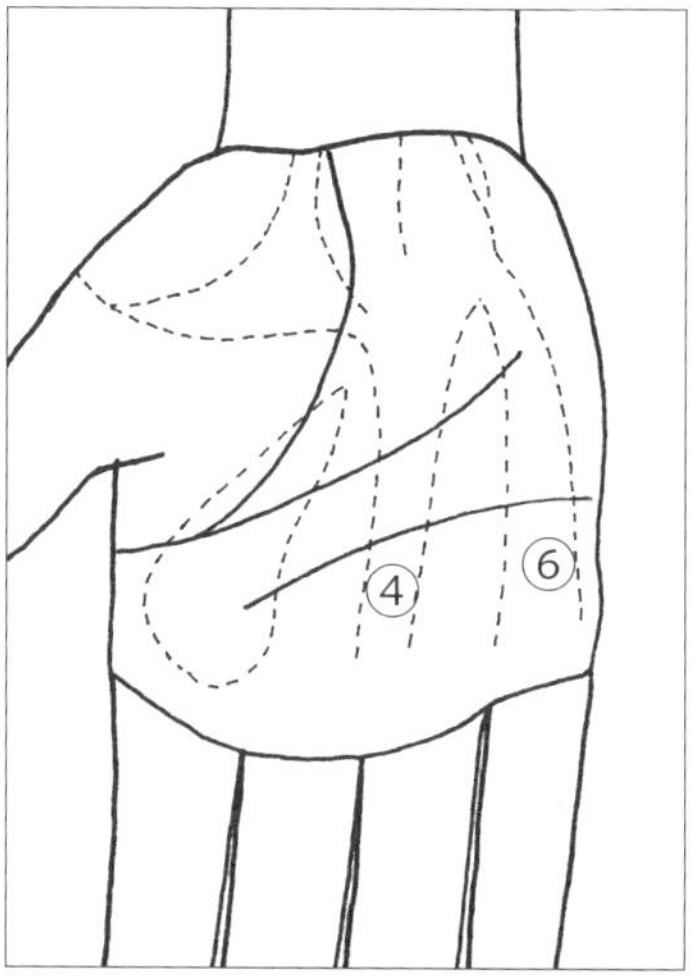

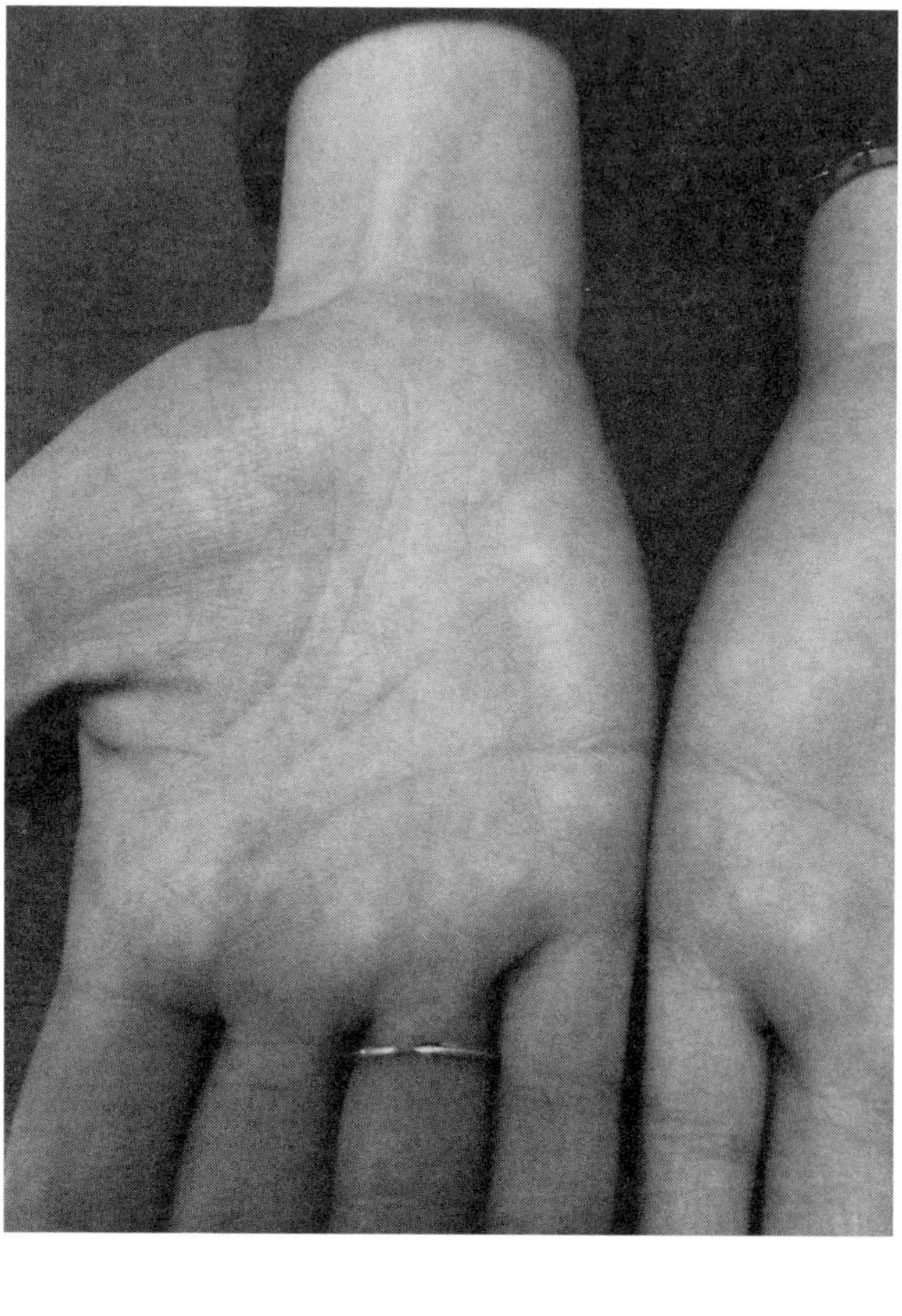

事例4と事例5の違いについて、わかりやすい図なので覚えておきましょう。事例4は姉の結婚で、大きな気の流れは④と⑤です。事例5は自分の結婚で、大きな気の流れは④と⑥です。

第四章　手相鑑定応用編

◎恋愛鑑定

人相では、女性が妊娠した時に、生まれて来る子が男の子か女の子かを見わけるのに、妊娠している女性ではなく、相手男性の目の下、「男女」（臥蚕《がさん》・涙堂《るいどう》）という場所に出ている気色・血色で見ます。

また、相手の状況や状態は、左目を本人にして、右目を相手にして見ます。以心伝心という言葉がありますが、相手の事がこちらに何らかの形で伝わって来るのです。

手相では、女性は右手で、相手の男性は左手に出てきます。

結婚している人は、相手の男性はご主人、まだ結婚していない人は、彼氏になります。そのため複数の男性と付き合っている場合は、「これだ！」という断定は難しくなります。

彼氏やご主人がいない場合は、右手は母方、左手は父方の家の事が出てきます。

恋愛は、大きな気の流れの⑥番目の流れです。

「乾宮」の夫から十二宮の「男女」を越えて、「兌宮」の契約、約束を越えて、「坤宮」の妻の場所まで流れます。これは男女とも同じです。

相談に来られたお客さんが、次のような手相の色なら、このように占います。

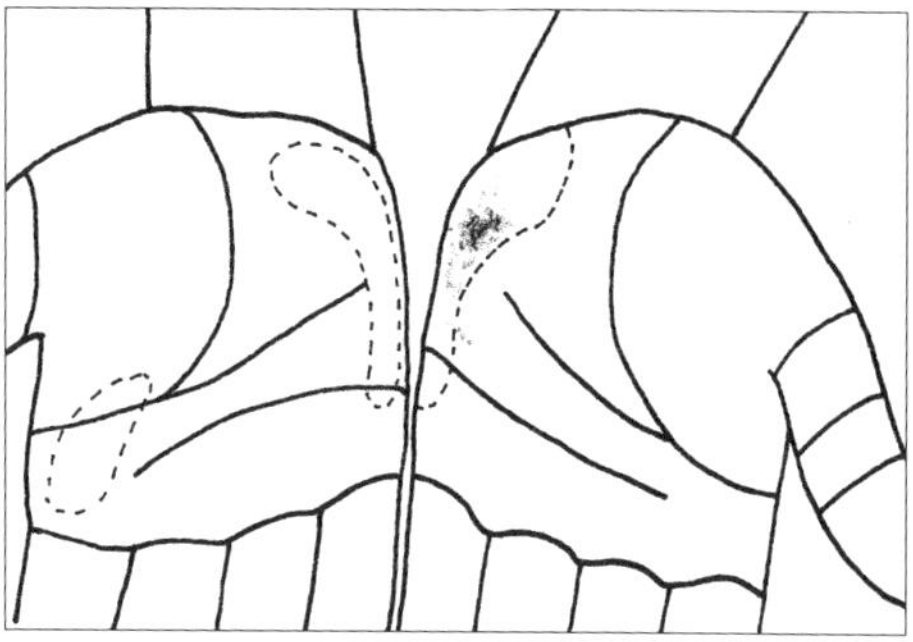

右手の「命宮」から小指の下の感情線まで綺麗な美色が出て、いつ結婚をしても良いくらいの準備が出来ていますが、相手の彼氏の「命宮」に白色の美色が無く、「乾宮」の32番に赤蒙色があるのは、相手に結婚の意志が無い事を意味しています。

「だらだら今の状態を続けるよりは、思い切って本心を聞いて判断して見たらどうでしょうか？」とアドバイスするのが一番です。

※相手に結婚の意志が有るか無いかは、32番が重要です。覚えておきましょう。

次の図は、結婚が決まった相手がいる女性の手相です。

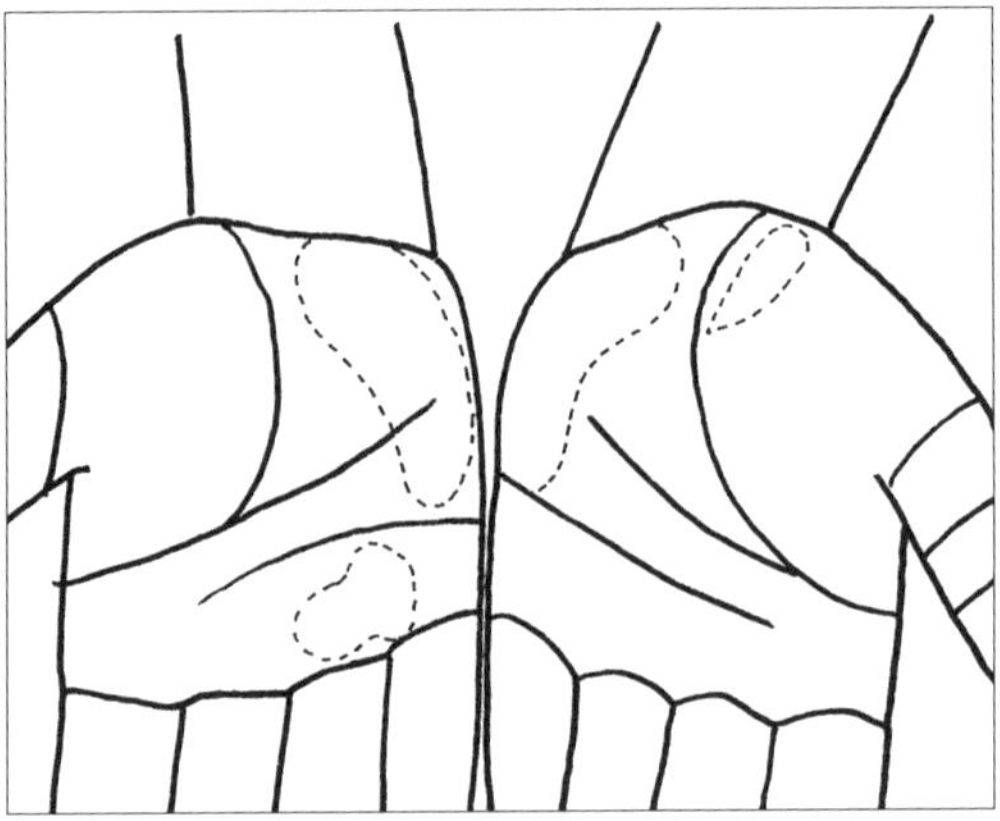

左手は、相手の男性です。

結婚前なので「命宮」に白色美色が出ます。

また、「兌宮」に向かって美色が昇ります。

そして、「乾宮」の32番あたりにも何も悪い色は無く、逆に美色が出ます。

「命宮」のあたりから「艮宮」の44番あたりまで白い気線を引くのは、この男性が今新居を探していうということです。

女性（本人）は、右手に出ます。

彼が新居を探している時、女性は、嫁入りの荷物の準備をします。

「坤宮」の10番あたりに、オレンジがかった血色が出ます。

その横の13番あたりに母親が出てきます。娘について荷物の買い物に出かけるので、このあたりの気色に動きがあるのはそのためです。

新婚旅行に海外に行くなら、彼氏の方にも自分の方にも、白い気色を引きます。場所としては、12、13と引いて出ます。

国内の旅行なら、「巽宮」の3、4、5番と白い気色が走って出ます。両手の「艮宮」には美色が出ますが、それは家族が喜んでいるからです。

◎お見合いの場合

左の上図は、お見合いの相手は、こちらを気に入るが、こちらは気に入らないことを表しています。

下図は、こちらは気に入るが、先方はこちらを気に入らないことを表しています。

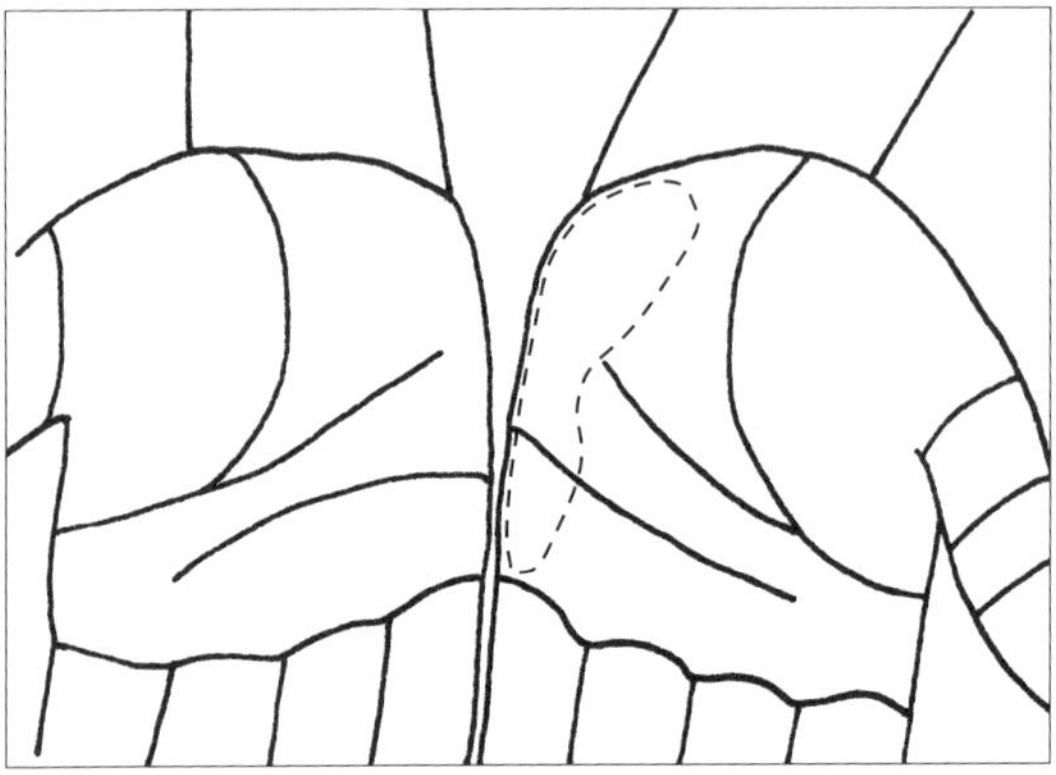

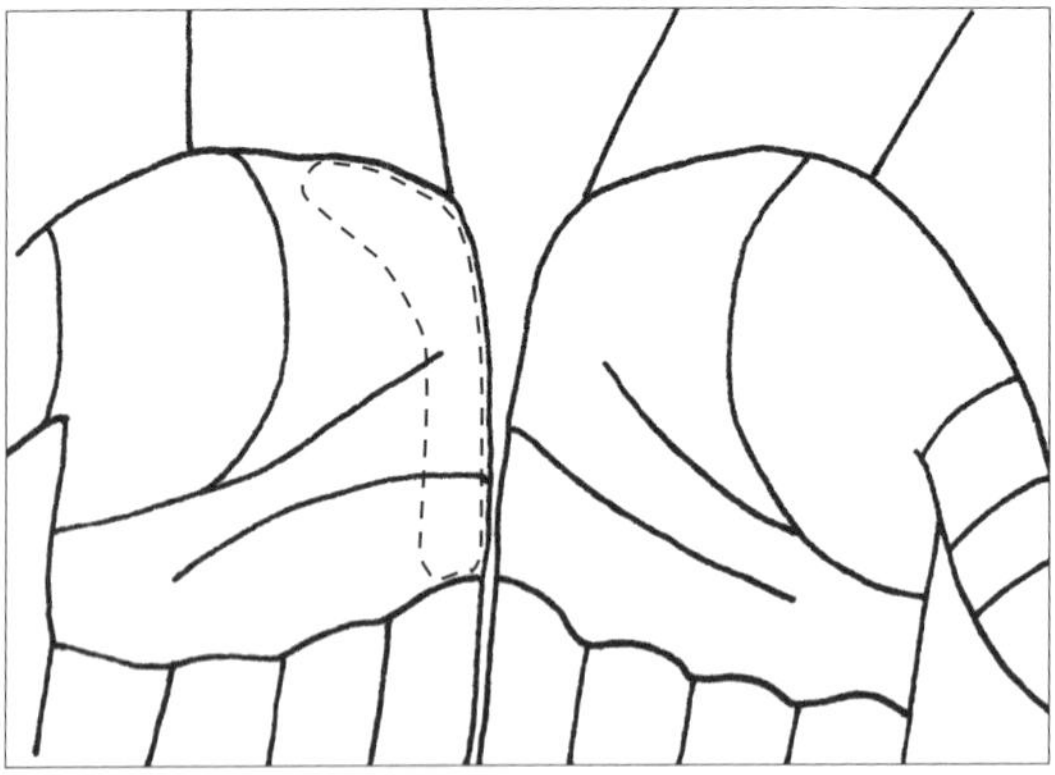

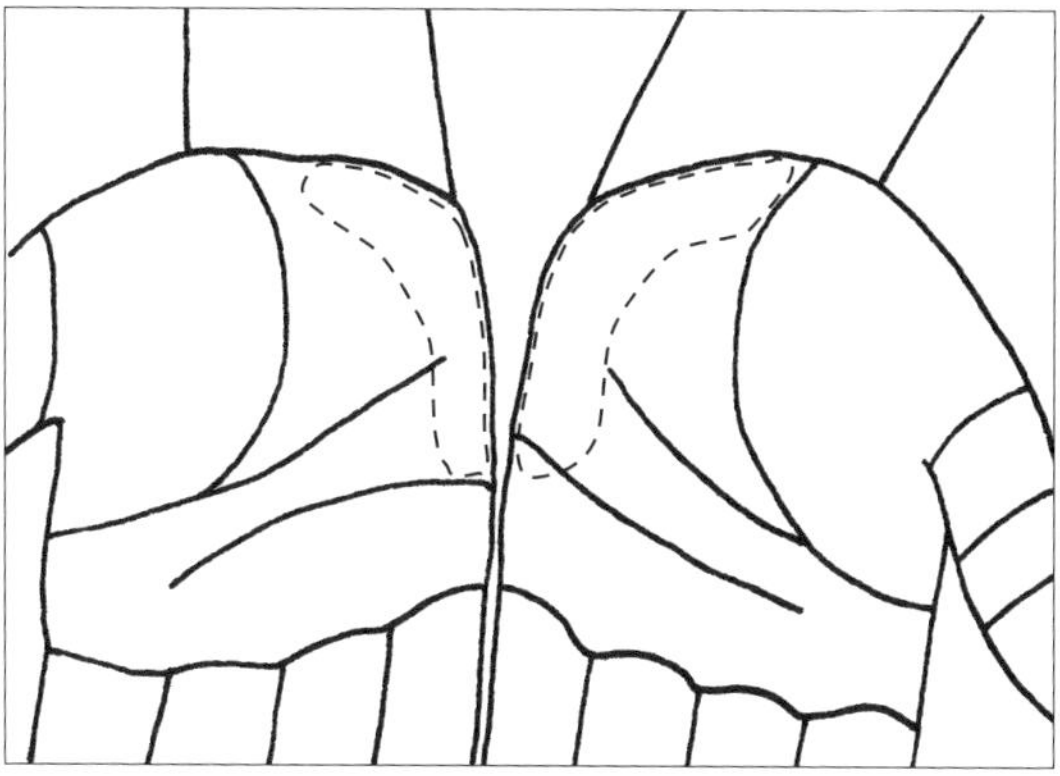

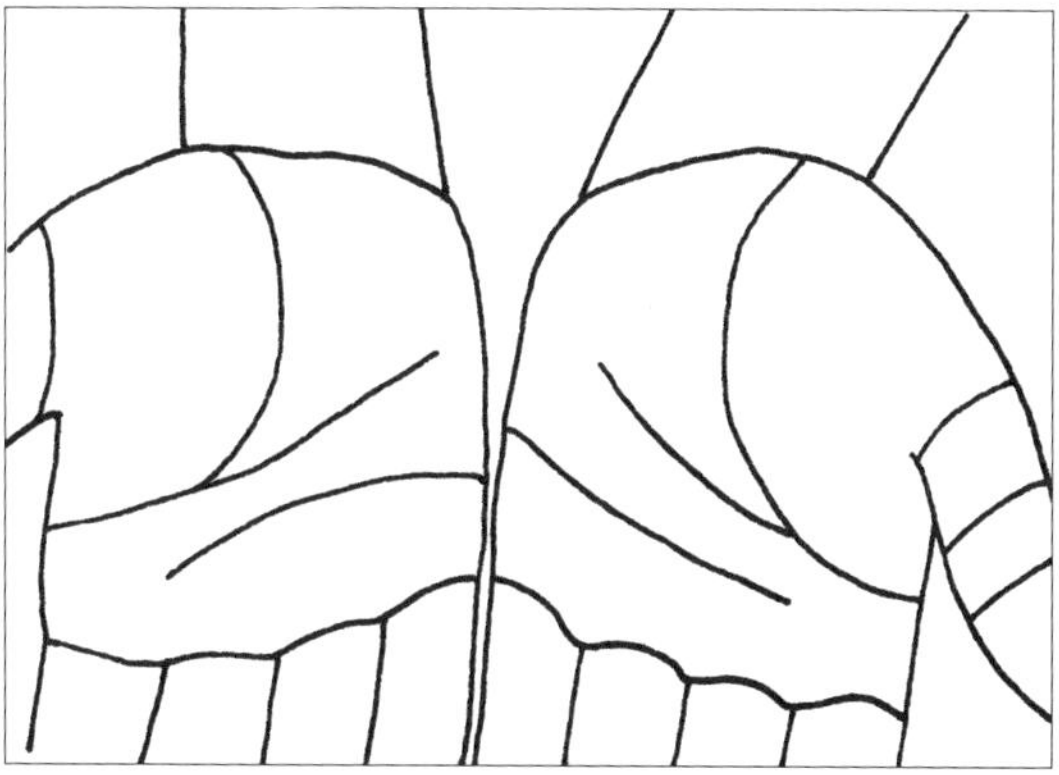

左の上図は、相手もこちらも気に入って結婚が成立します。
下図は、先方もこちらも気に入らないことを表します。

◎結婚が決まった人の気血色

この図には、大きな望み事を見る「明堂」に白色美色が出ていますが、これは希望が叶ったからです。

「震宮」の「妻妾」に白色美色が広がっているのは、縁談の話があるということです。

「坎宮」の「命宮」にも白色美色が出ており、これは、何事も順調にいっていることを表しており、結婚という大きな望み事が調って、ホッとしている状況も示唆しています。

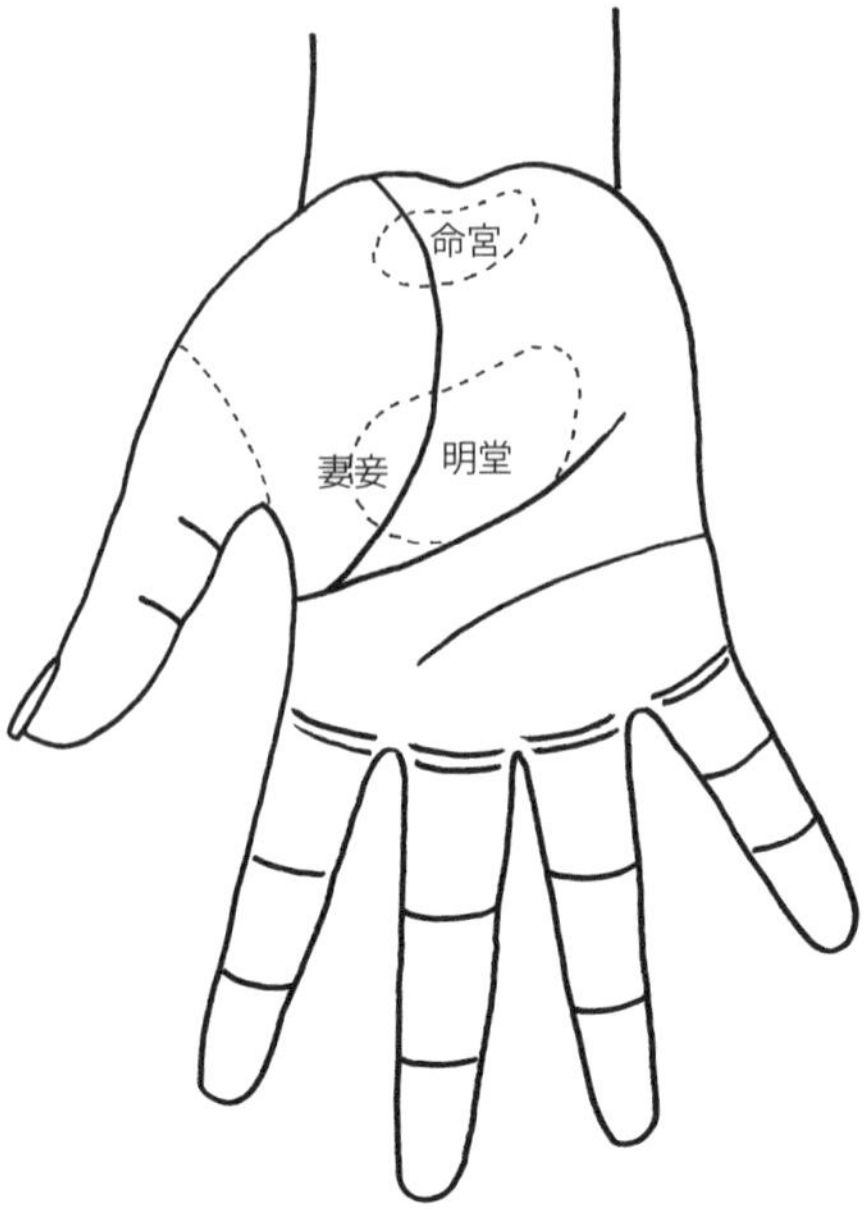

この図の「男女」の場所に美色があるのは、恋愛がうまくいっているということです。「貌宮」の美色と「命宮」の美色は、契約（婚約）がうまくいったということ。「母妻」の美色は、結婚が決まって本人も喜んでいるという状況です。

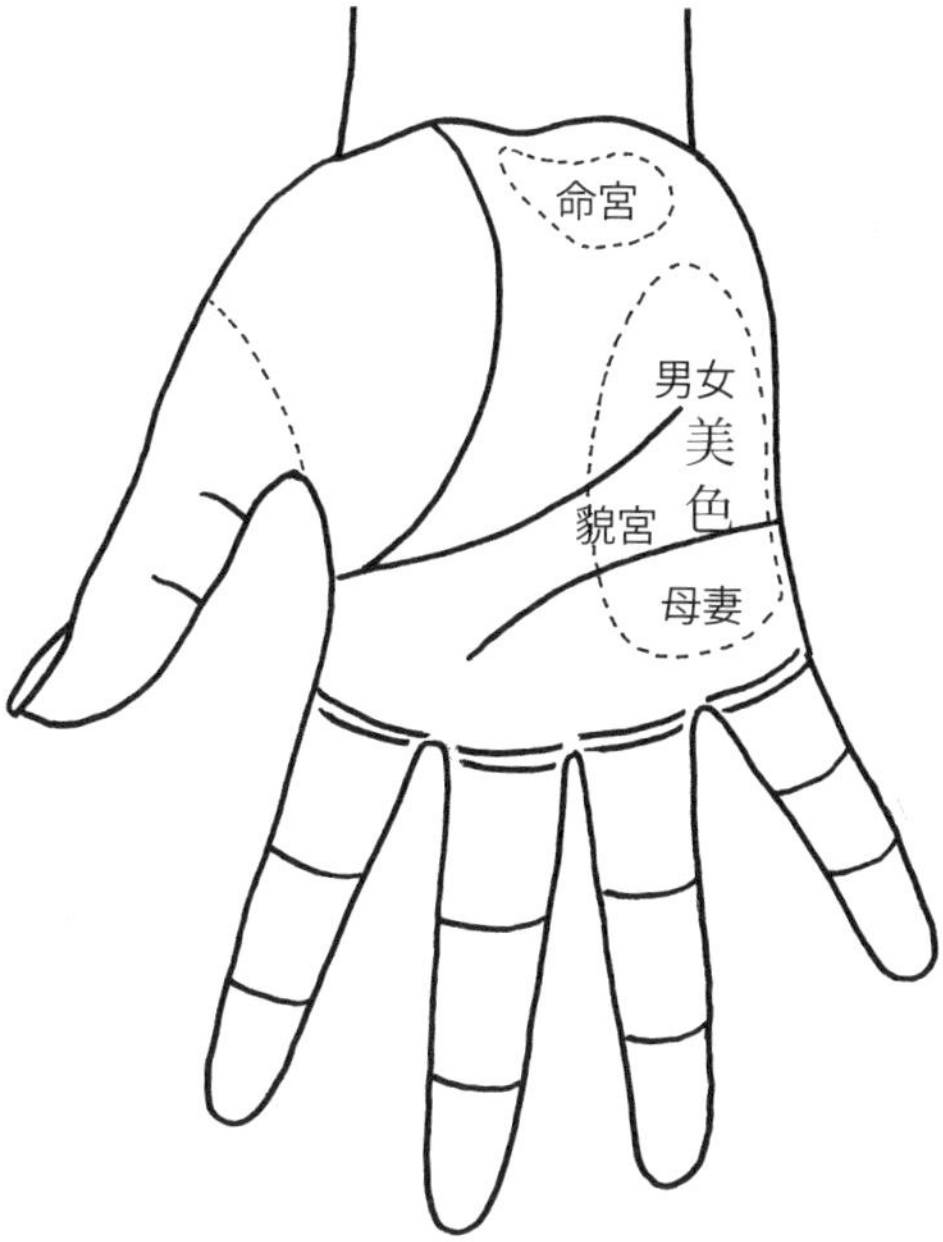

この図では、「震宮」の「妻妾」から、物事が調うという坎宮の「命宮」まで、白色美色が続いており、また、恋愛を表す「男女」から、契約を表す「兌宮」まで、色が続いています。

これは総合すると、恋愛相手との結婚が決まり、結納も終わりホッとしている状況です。

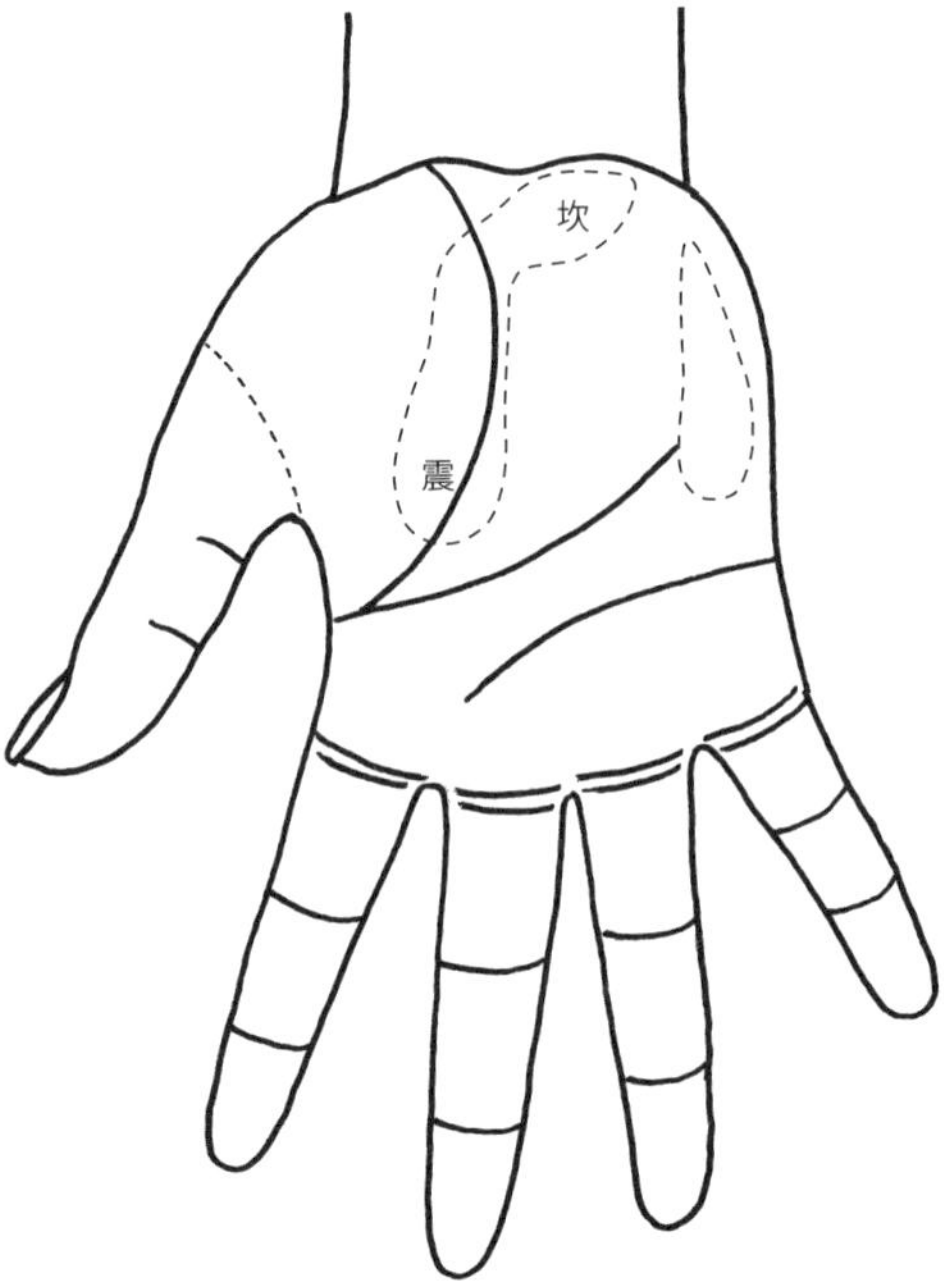

この図には、縁談の「巽宮」と、喜び事の「福徳」に、また、「震宮」の「妻妾」に白色美色が出ています。

物事が調うという「坎宮」の「命宮」にも白色美色が出ています。

手首に近い白色は、新居の不動産の話が出ていることを表します。

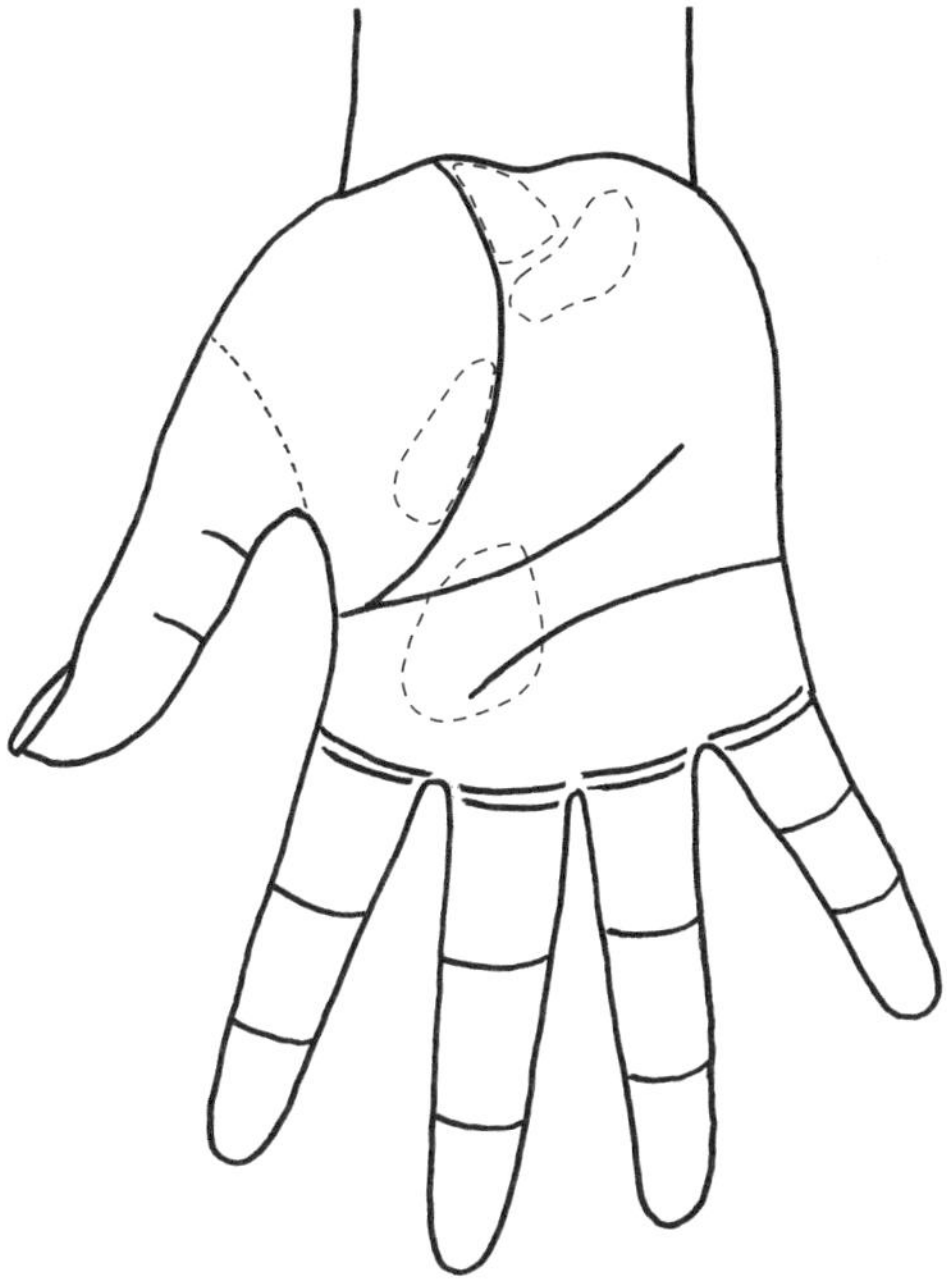

◎女性の失恋の場合

女性が男性と別れた時はどうでしょう。

別れてあまり時間が経っていない時は、十二宮の「男女」の場所（図1）に、針で突いたような赤点か赤色が出ます（図2）。

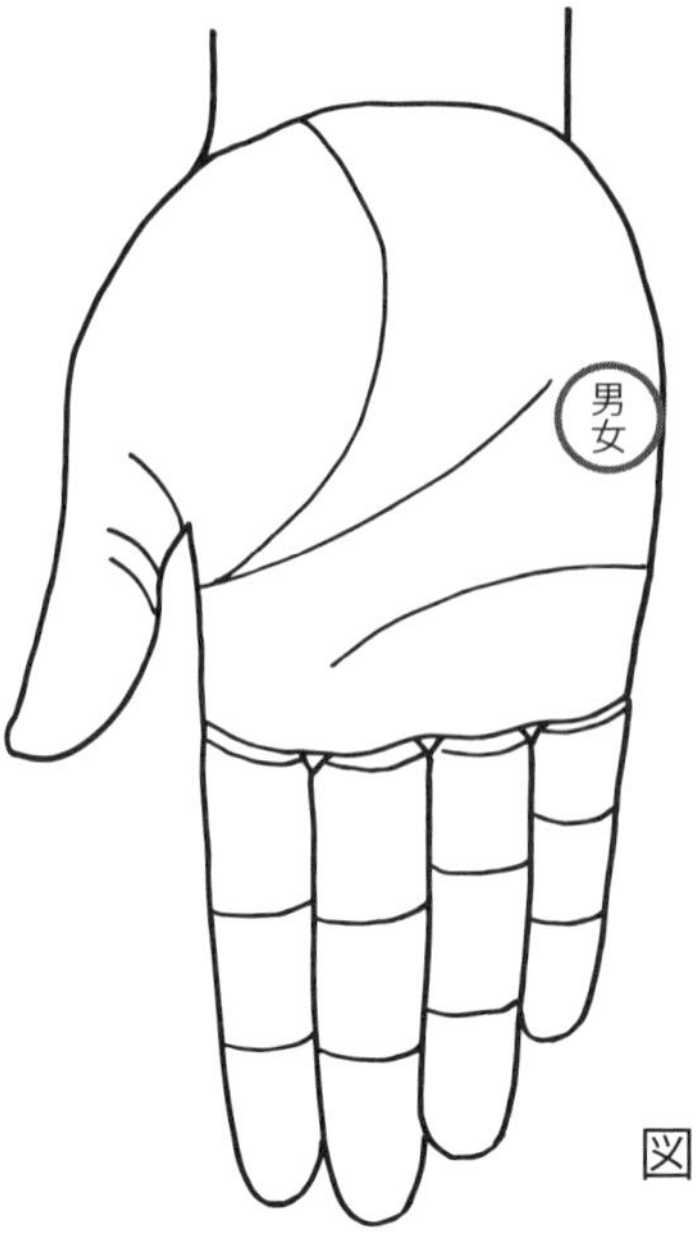

図1

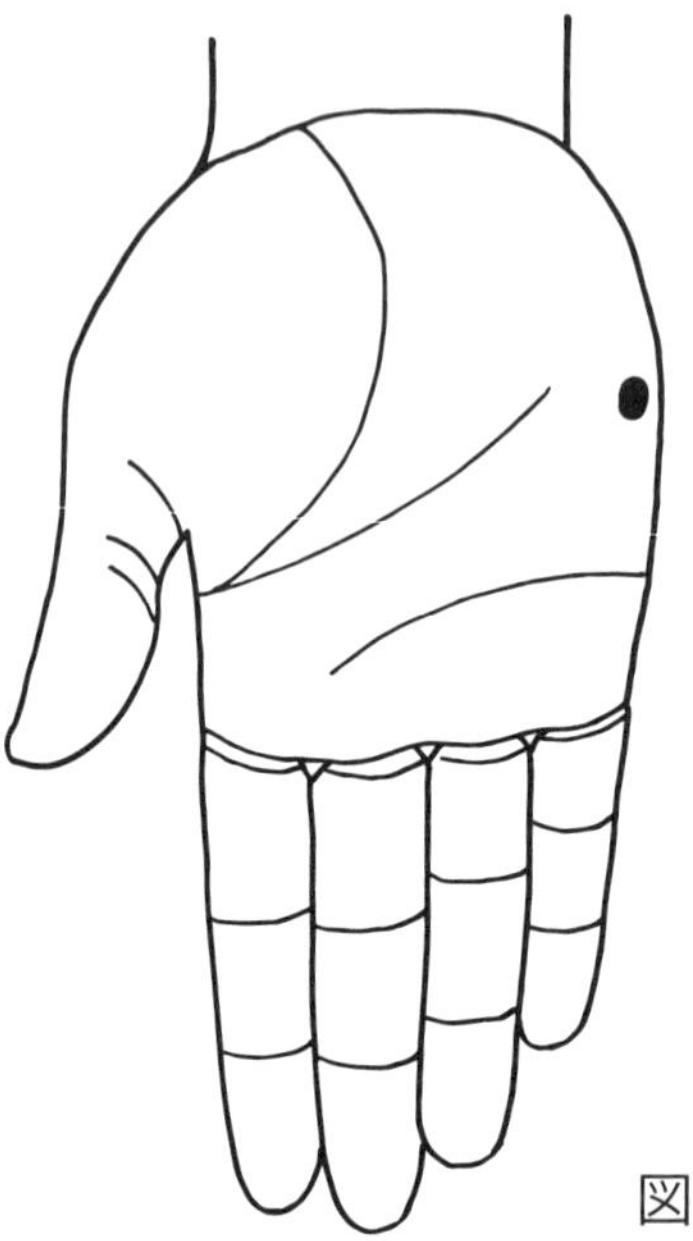

図2

別れてから時間がたってしまうと、掌中の健康線の上に蒙色や暗蒙色が出て来ます（図3）。

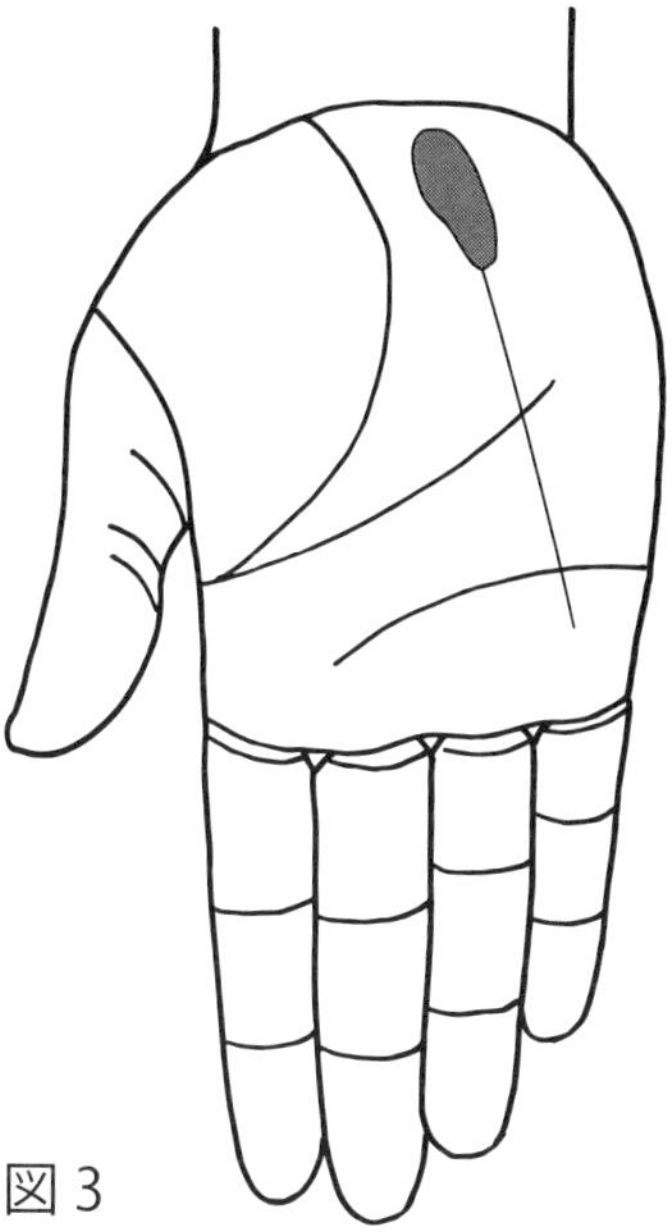
図3

健康線は健康な時にはあまり出ません。肉体が疲労した時や精神的に疲れた時に出てきます。失恋は病気ではないのですが、精神的ダメージが強いので、健康線に沿って気色血色がでます。当然、気色血色は蒙色か暗蒙色で出てきます。

手相の地図においては、気の流れの④の30番から、気の流れの⑤の20番に向かって、気色血色が出ます。健康線に沿って出ますので、健康線が出ていれば、それを目印に見ていけば良いと思います。

暗蒙色ならまだ新しい出来事であるし、暗滞蒙の固定された色なら、以前からの未練をまだ引きずっていると考えられます。

◎男性の失恋の場合

次頁の図は、男性の手相です。

本来は、左手に出てくる用件が右手に出て来ているのは稀なのですが、奥さんのいる男性にとっては、恋愛は表に出てはいけない事なので、右手に出たのかもしれません。

①の場所は妾ではありませんが、交際相手です。赤色が図のように広がり、生命線の内に沿って出ています。ここは「震宮」の領域で、隣は妻の場所です、妻の場所には何も色がないので、妻は何も知りません。

暗滞蒙の色が②の場所に出ています。前々から意見が合わず我慢していたことが読み取れます。「男女宮」より少し下、③の場所に赤色が出ています。ここは、「乾宮」の領域ですから、乾の「整える」場所に赤色が出て、意味が転じて、「整わない」、「別れた」ということになります。

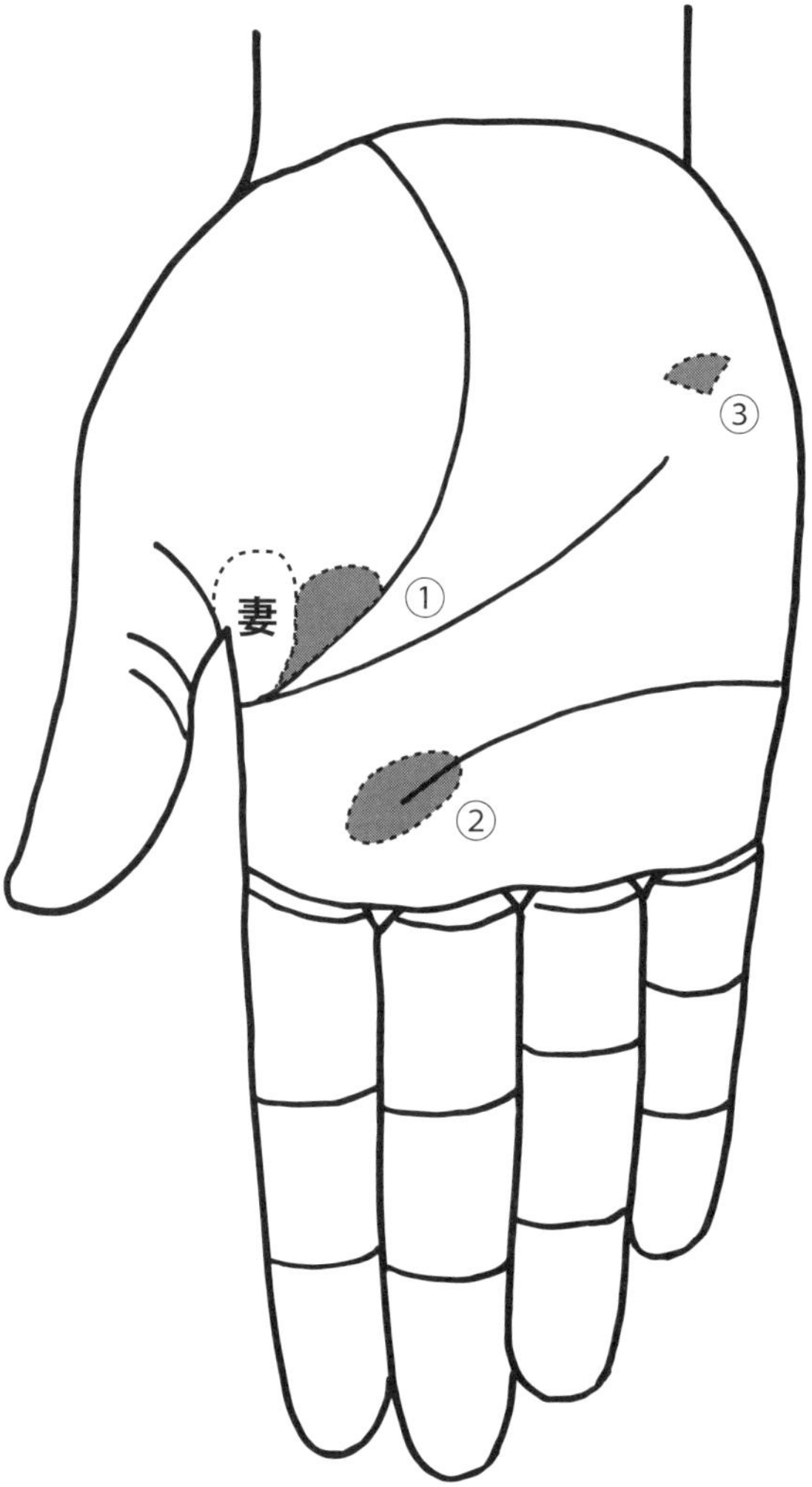
妻
①
②
③

◎金運（ボーナスが出て、銀行口座に入金がある）

ＯＬやサラリーマンの方に、夏や冬のボーナスが出て、会社から自分の口座に入金があった時の気色血色の出かたです。お金が入ったので、①の「財帛」を軸に気色血色が出ます。人差し指の下の「手相の地図」６番の場所（②）は銀行で、入金があったため白色美色が出ています。

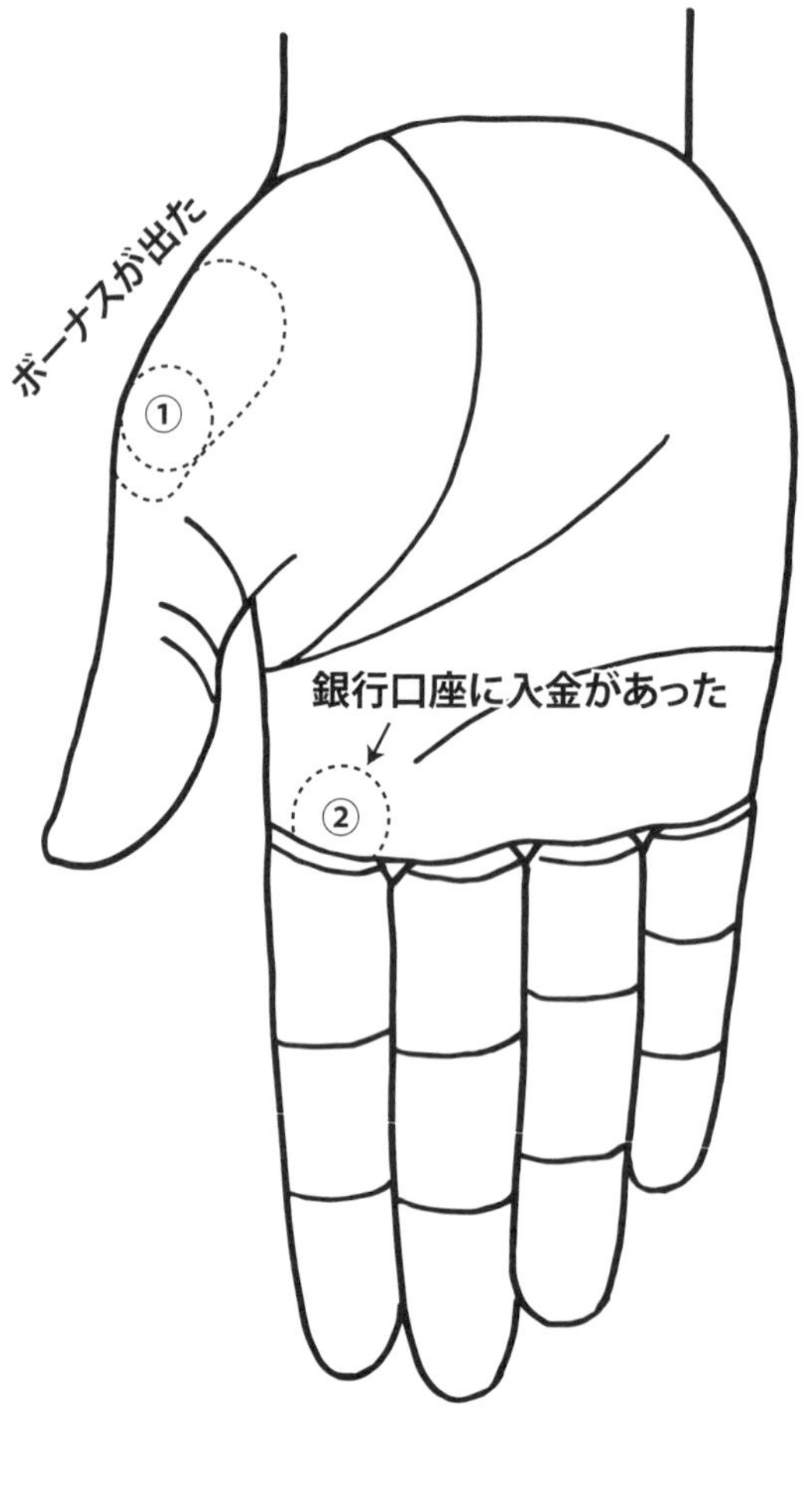

ボーナスが出た
①
銀行口座に入金があった
②

◎金運（マンションが売れて、入金がある）

次頁の図は、自分の持っているマンションを売って、お金を手にした時の血気色の出方です。不動産なので、「離宮」の8、9と、「炊宮」⑤の38、39、40に、白色、美色の気血色が出ています。お金に関しては、親指の根元の「財帛宮」①を軸に、「田宅宮」②まで、白色、美色の気血色が出ています。「手の地図」でいうと、55、52の「財帛宮」から、51、50、49の「田宅宮」まで色が出ます。

入金があれば、銀行③に白色、美色の気血色が出ます。

お金持ちの3千万と普通の人の3千万では、同じ金額でも喜びが違うので、お金のある人は気色、血色はそれほど目立たずに出ますが、普通の人であれは、はっきり出ます。

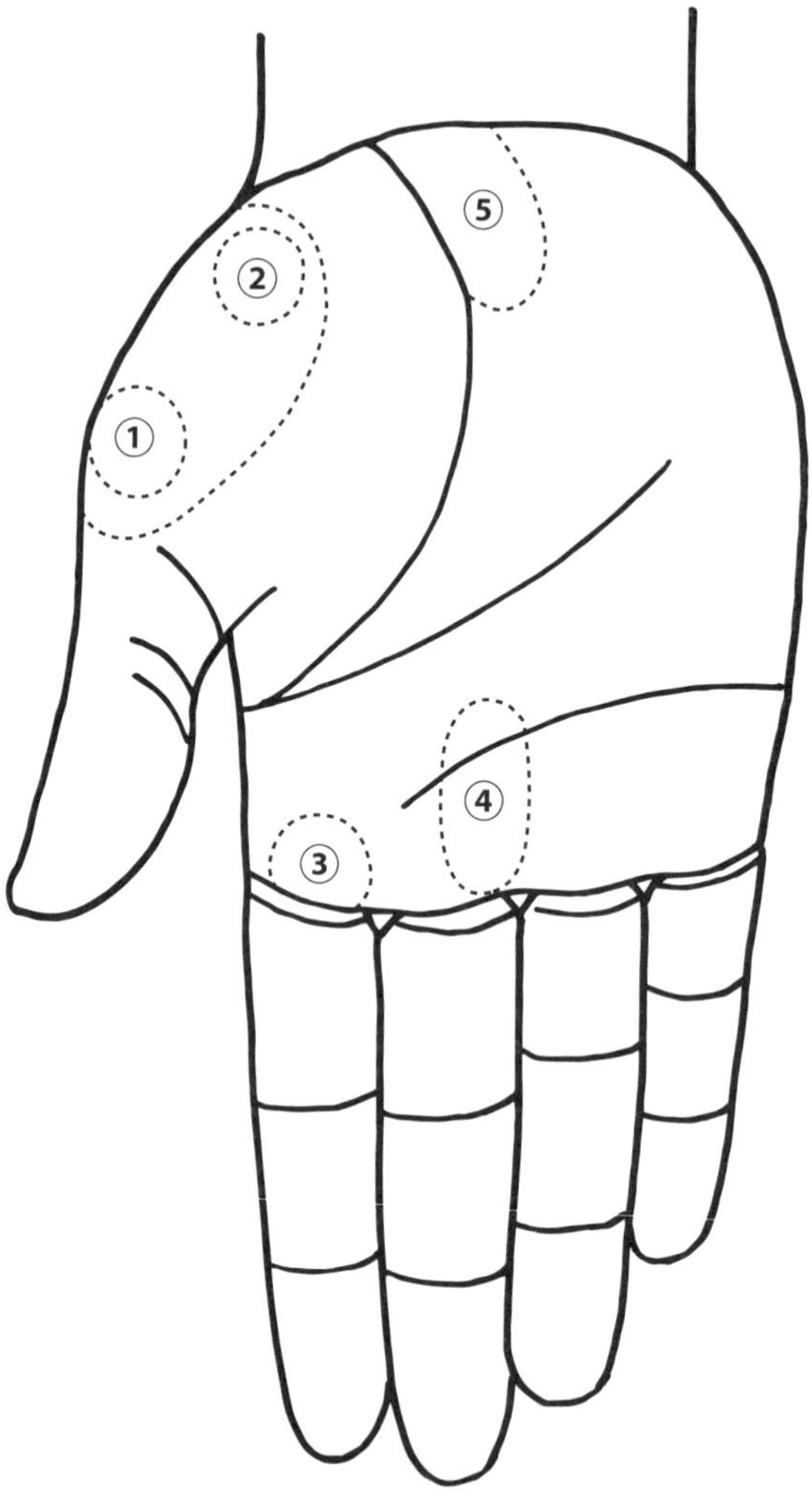
①
②
③
④
⑤

◎金運（宝くじが当たった）

次頁の図には、偶然のチャンスを掴んだということで、「福徳宮」②を中心に白色、美色が拡がり出ています。

また、希望が叶うということで、「貌宮」③を中心に、白色、美色が拡がり出ています。

「福徳」②と相対関係にある「命宮」④も、白色、美色が拡がり出ています。

最後に、お金のことですので、「財帛」①を中心にして、手首の方と手の平の中に向かって白色、美色が拡がり出ています。

不動産で手に入れたお金ではないので、出ている色は華やいで見えます。

「福徳」「貌宮」「命宮」「財帛」と、手相の重要な要所をおさえて、白色、美色が出ていますので、手の平は一目見ると輝いて見えます。

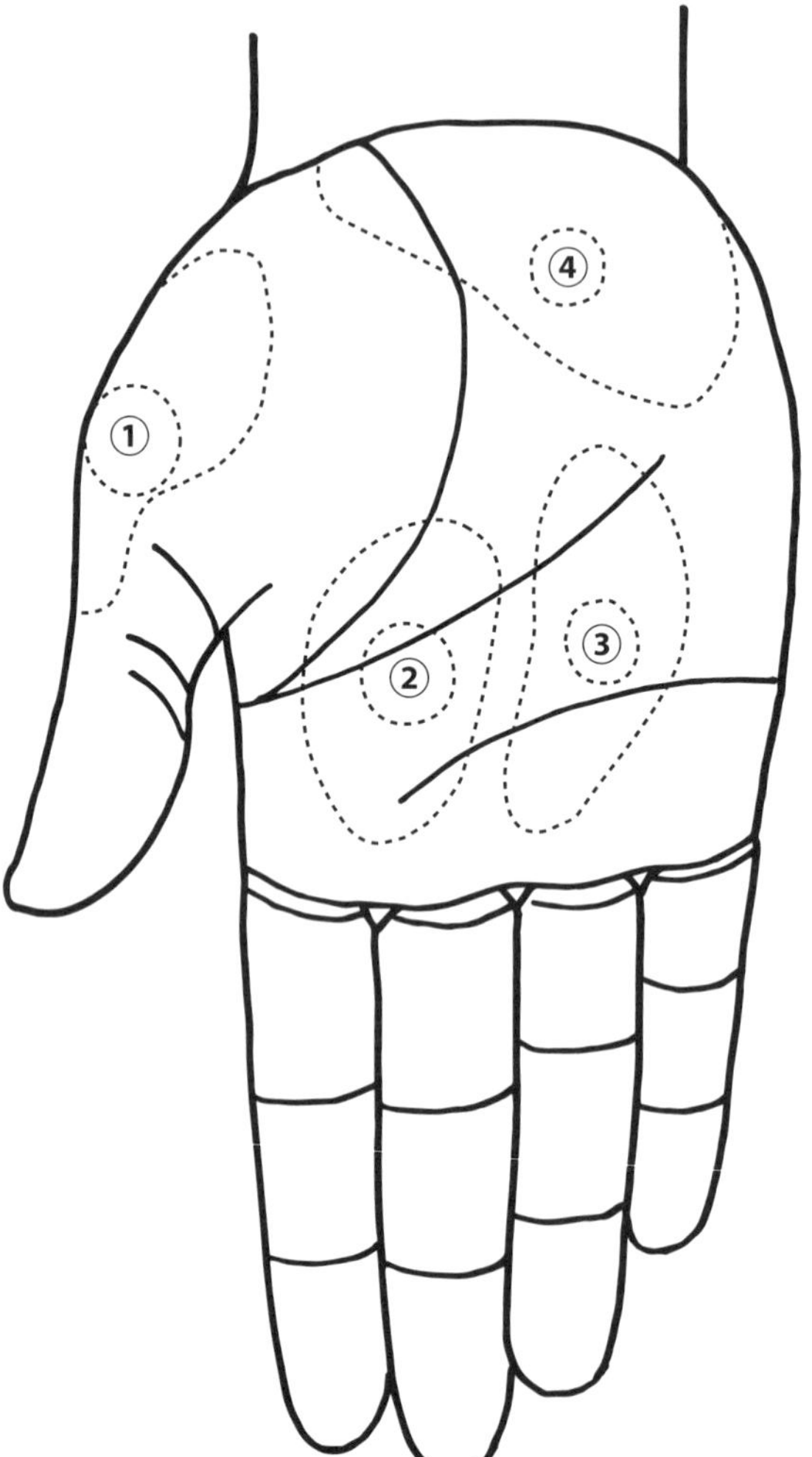
①
②
③
④

◎家族の事（御主人が銀行に融資を申し込んでいる）

若い女性の手相を見ると、人差し指の一節目の所から、手の平の銀行（6）の場所に、白色気色が下りて来ているので、融資を求めている事が分かります。

銀行に融資を求めているのは父親なので、本来は中指から気色が出るはずなのですが、融資で出たお金で母親が支払いをするので、融資を期待している母親の人差し指から白色気色が下がっている形になっています。

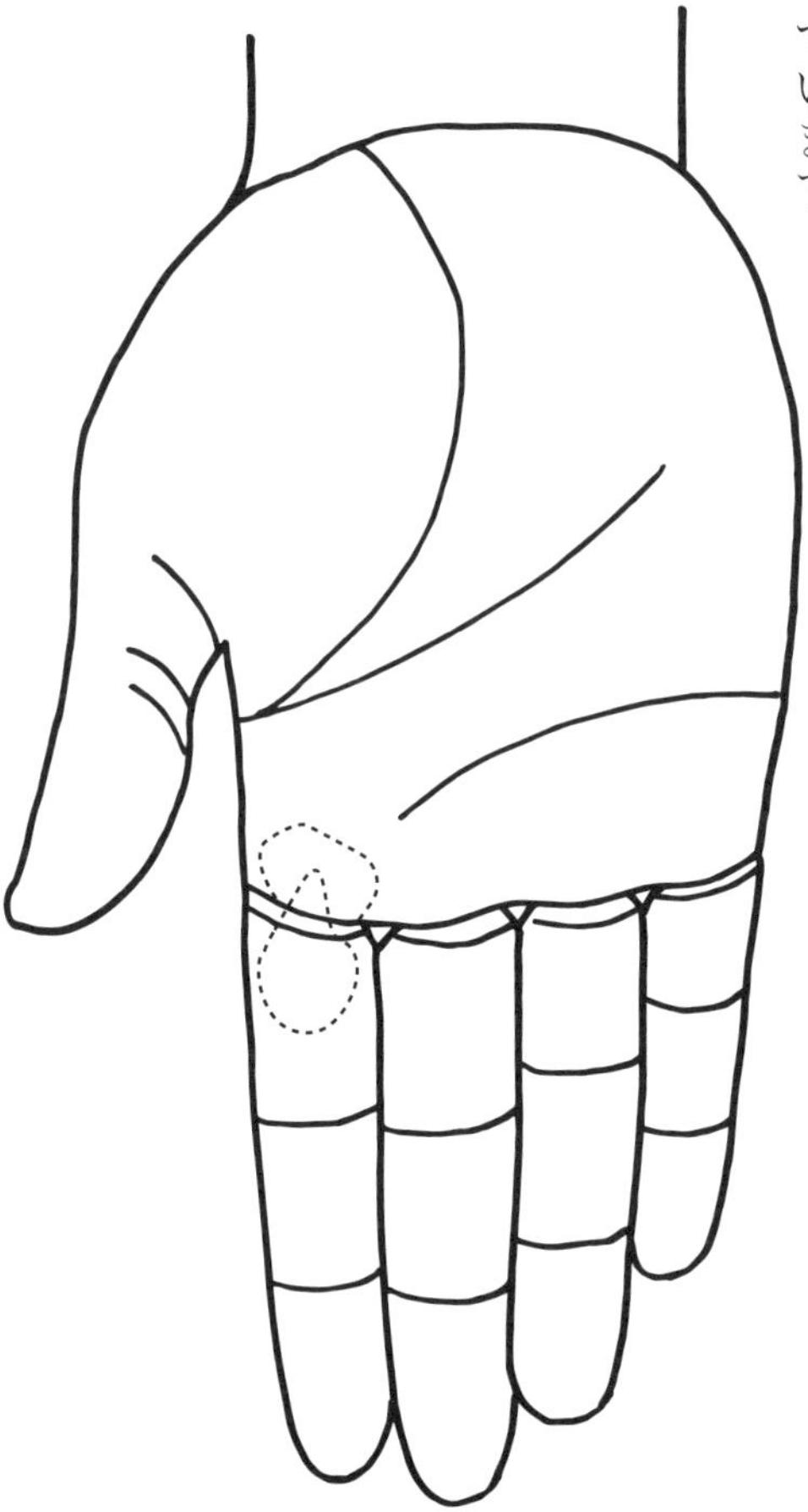

◎家族の事（妹の手術の日が決まっている）

妹（48）の場所に赤色があり、赤色の先が田宅（53）の方に流れています。この場合は、「田宅」の場所（53）は病院にあたります。

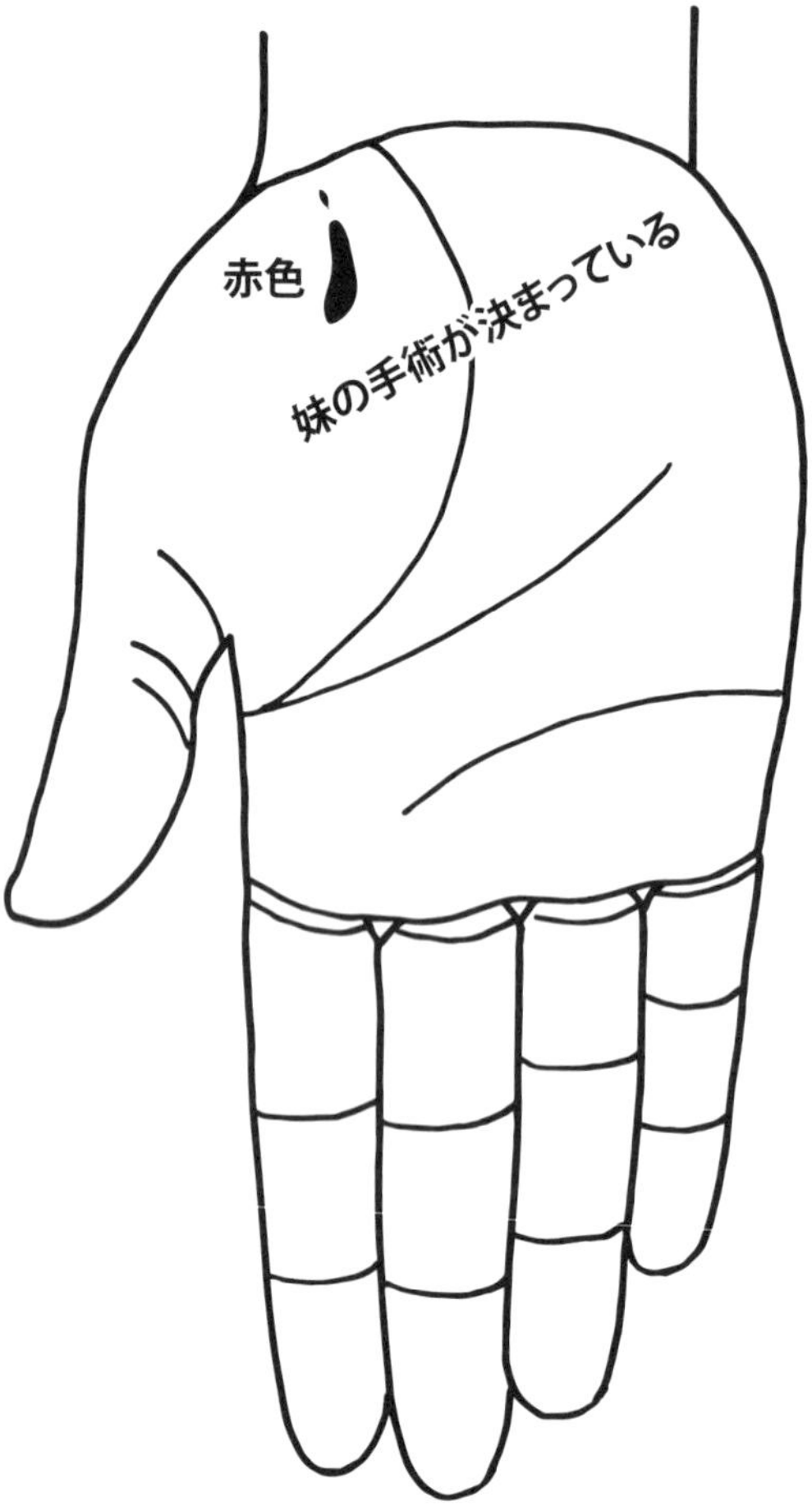

◎家族の事（主人が商社マンで、海外で暮らしている）

遷移宮（37）から手首の下に、白色気色があり、それより艮宮の（44）坎宮（40）の辺りまで、白色気色があり、また気線も引いています。

これは、家族（44）住居（40）に対して、海外（41）の父親が、まめに連絡をしているからです。

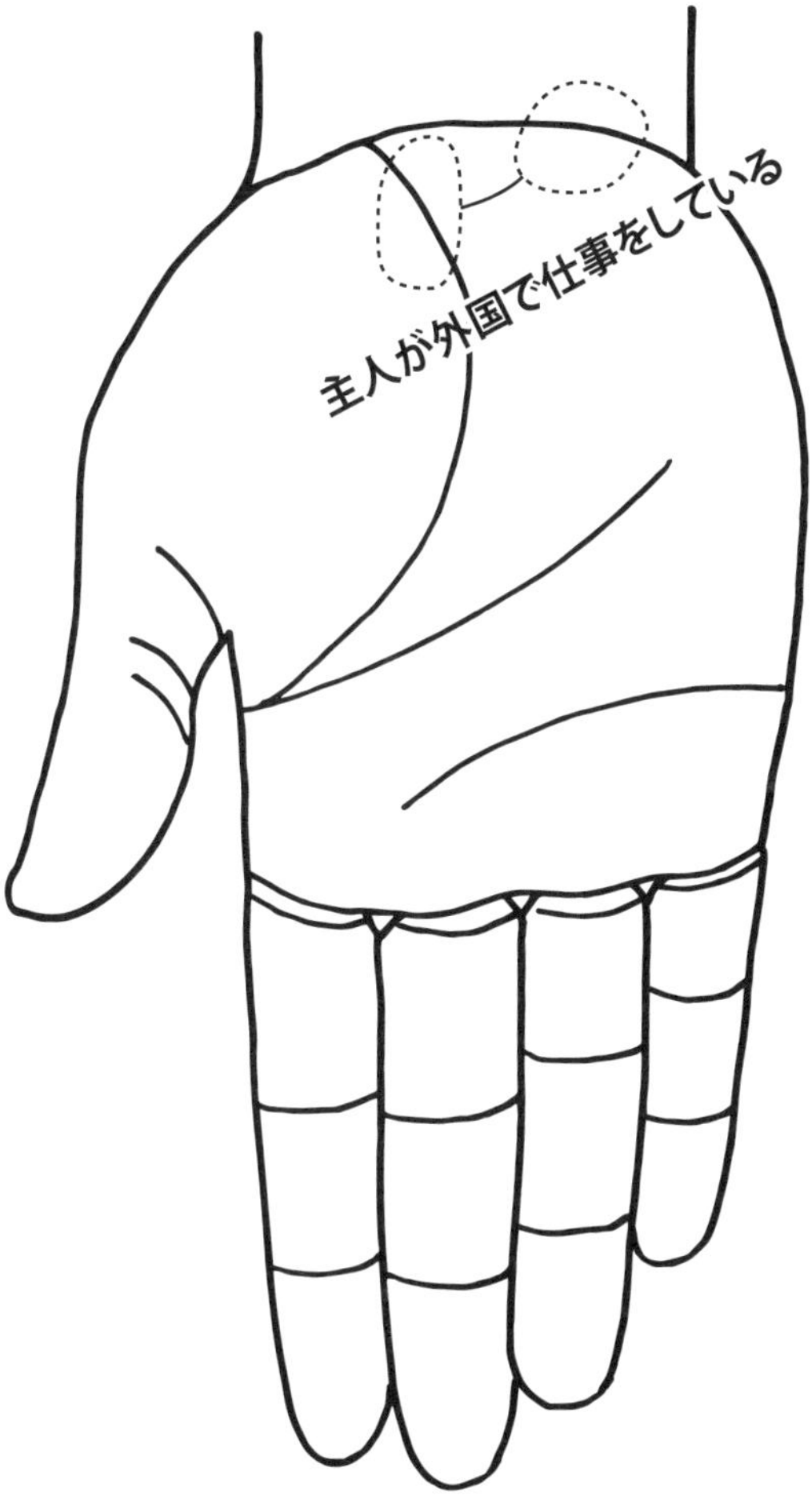
主人が外国で仕事をしている

◎家族の事（法事の年なので、母が身内（兄妹）に連絡を入れている）

「艮宮」の暗滞蒙は法事を表します。人差し指の一節目より気色が下がり、「兄弟宮」にかかるのは、母親を中心に法事供養が営まれるからです。兄妹は３人です。

米粒くらいの白色として現れますが、見る練習をすれば画相も見れると思いますので、頑張って探してください。

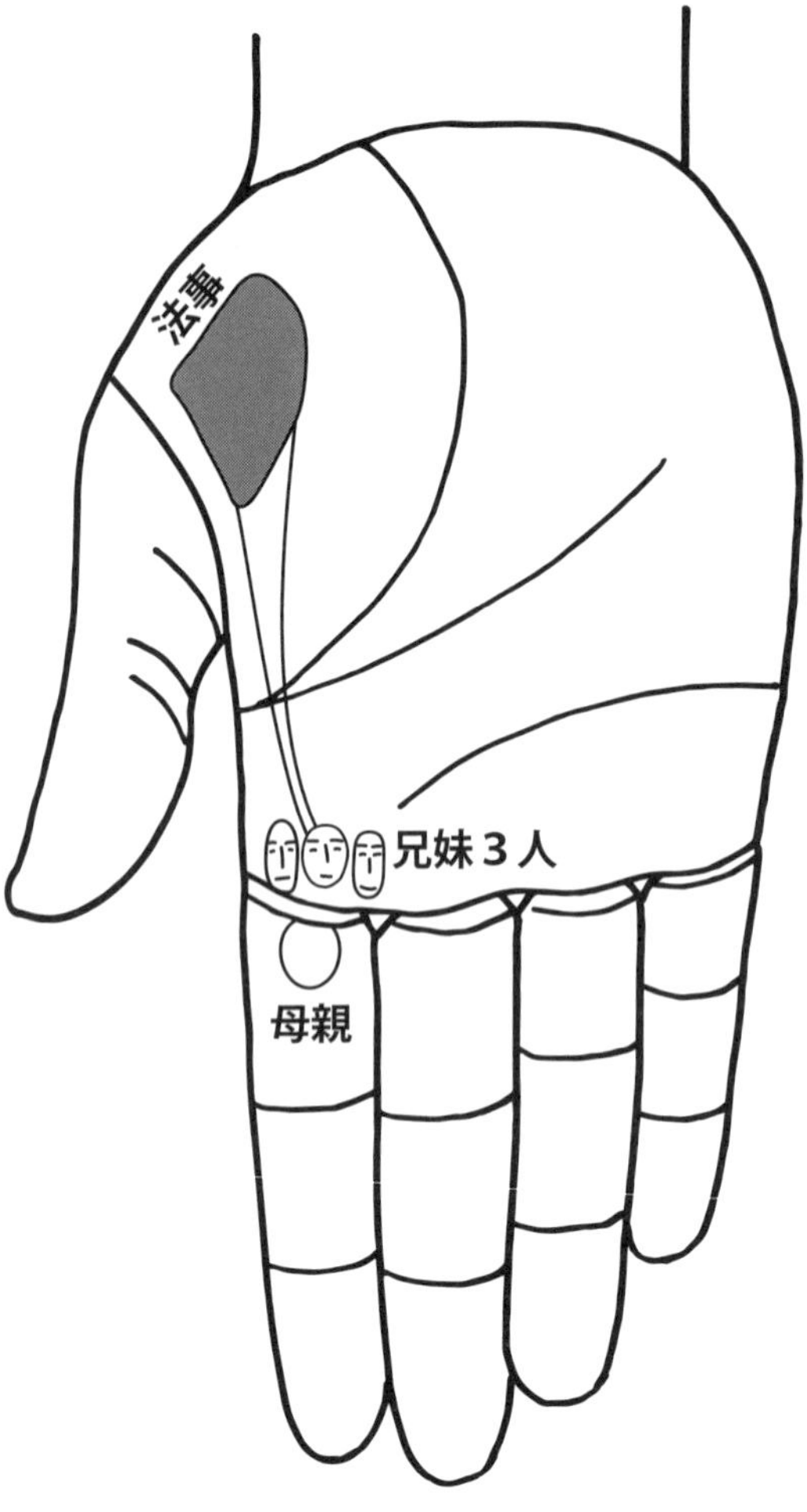

◎家族の事（おばあさんが亡くなって、相続で身内がもめている）

おばあさんの葬式の日から、相続で揉めだして、いまだに揉めています。親指の根元はおばあさんを表し暗蒙色です。また、「魚腹」は暗滞蒙の色です。

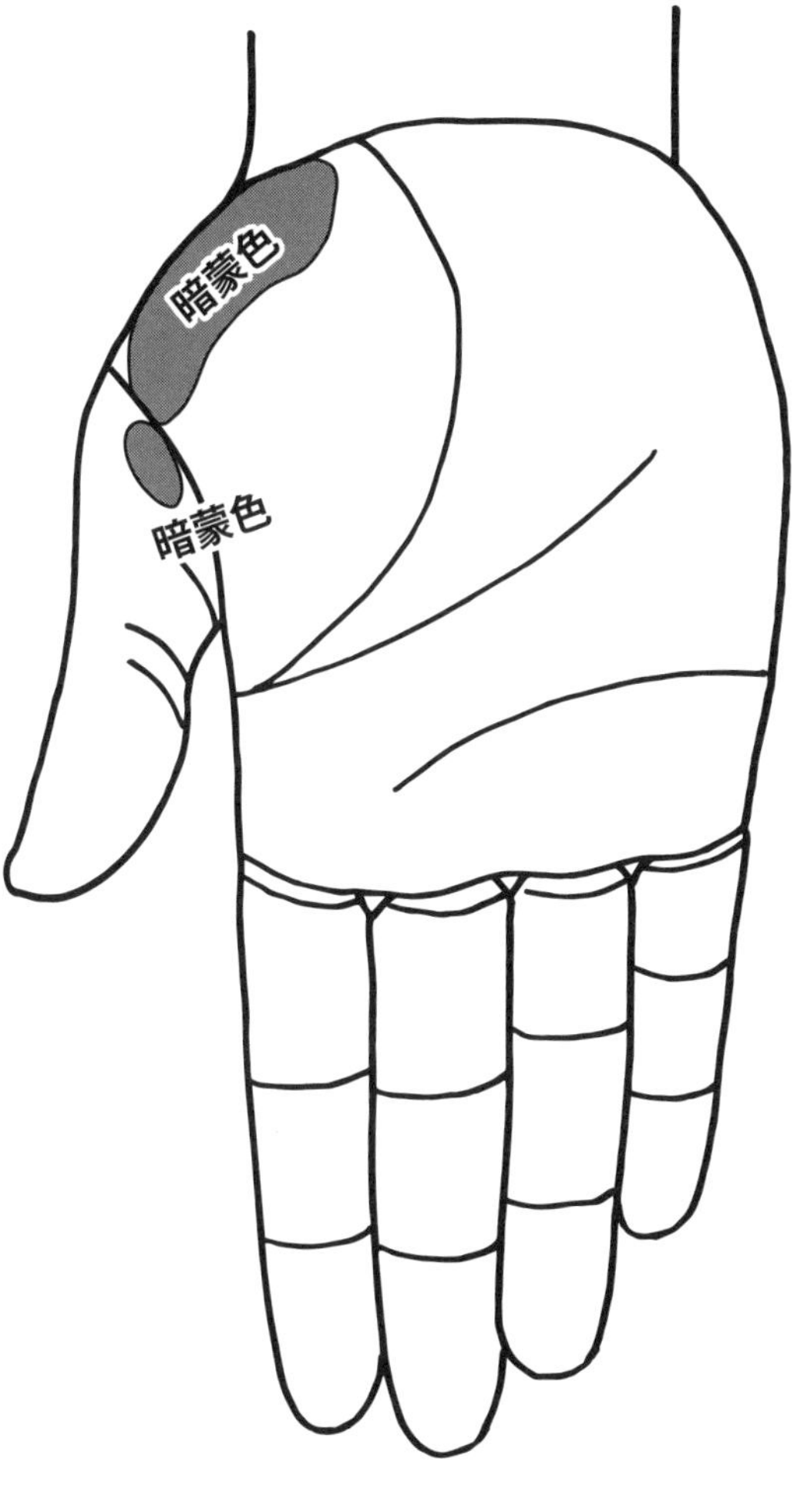

◎旅行の事（妻が友達と旅行に行く）

「震宮」の妻の横に、妻の友達が出ています。男性から見ると「彼女」の場所ですが、妻から見れば隣り合わせなので「友達」と見ます。人差し指の方（巽宮）へ気線を引いているので、「旅行」です。

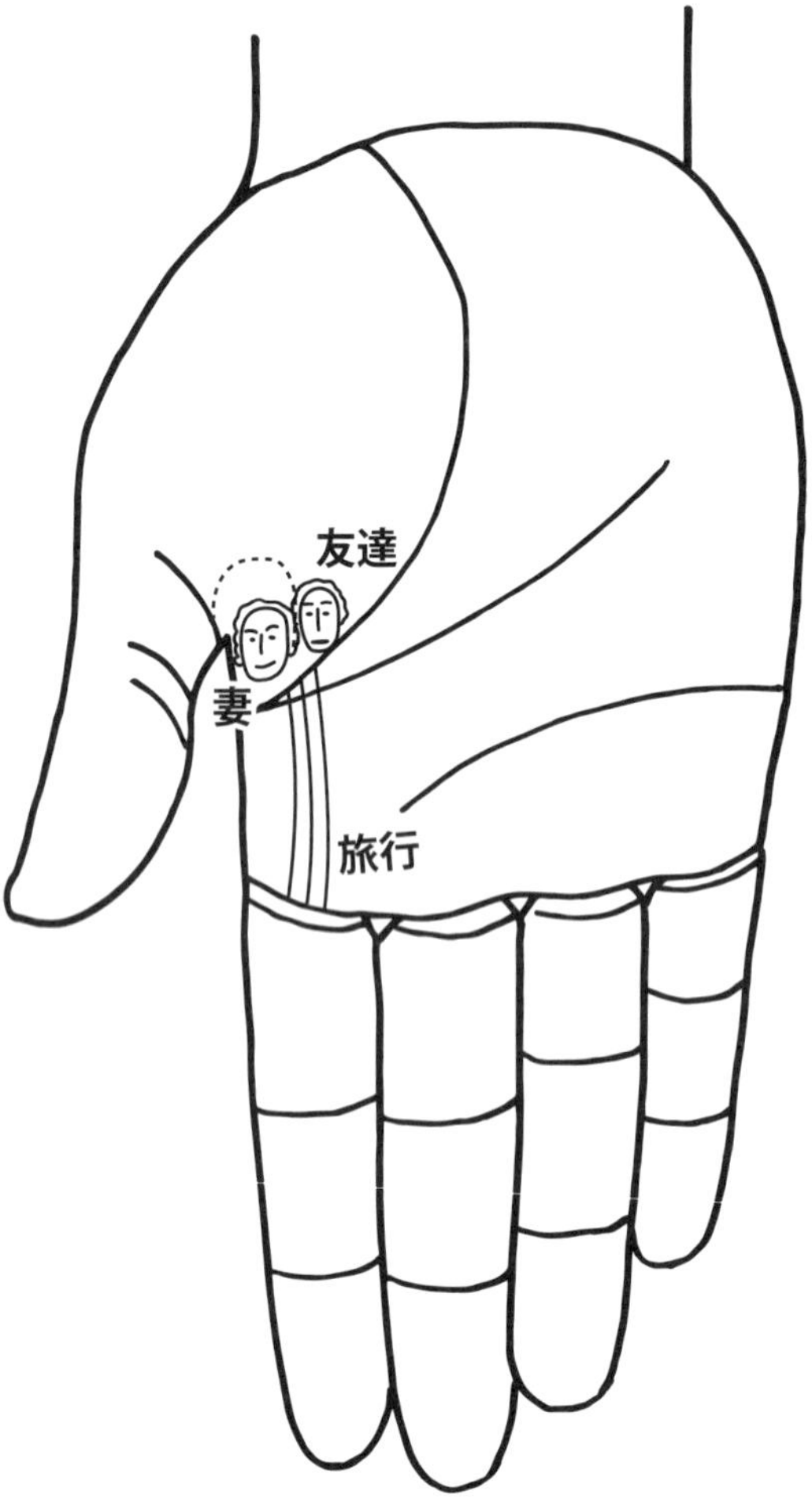

◎手相の応用編（複合的に見る）

次の写真は、ある相談者の手相です。手の平をじっくり見ると、左の上にいろいろな色が出ています。色の集まりに番号をつけて説明しますが、これは「手相の地図」に出ていますので、見慣れてくればすぐに分かります。

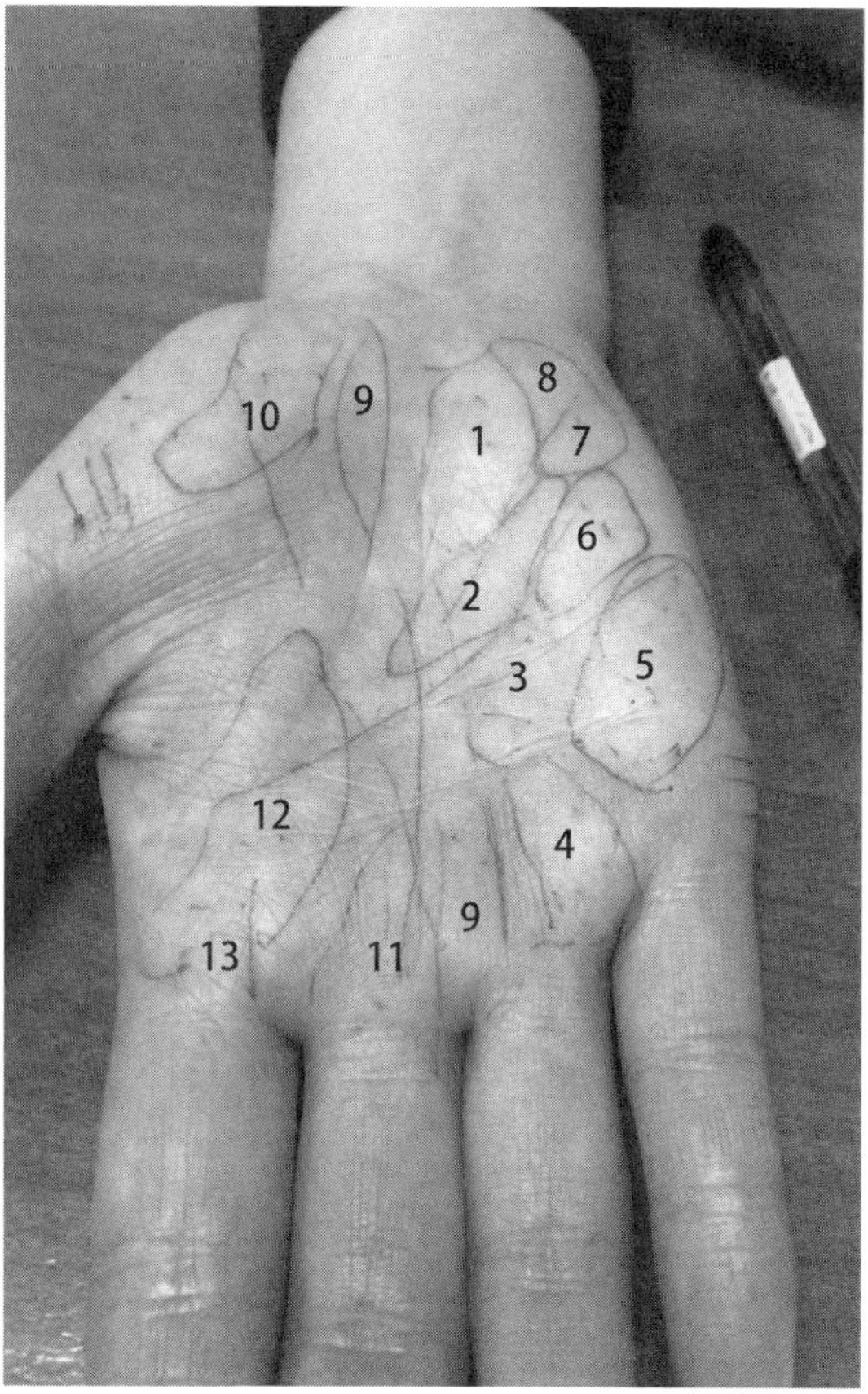

1　ハワイの場所である。
2　会社の上司に対する不満（暗滞蒙あり）。
3　自分の周りで妊娠出産の人がいる。
4　海外旅行に行く。
5　自分の結婚話が出ている。
6　まだ決まったわけではないが、次の仕事について考えている。
7　定期監査が終わった。
8　部下が会社を辞めた。
9　引越しの話。
10　身内や従兄弟の事について話が出る。
11　姉妹のお目出度。
12　何がしかの計画があり、そのために頑張っている。
13　銀行の話題。

これを総合的に組み立て、鑑定用にして説明をします。

この度、結婚が決まり（5）、その準備をしている（12）。資金的なことも考えている（13）。新婚旅行はハワイ（1）で海外に出かける。新居も決まり引越しをする（9）。仕事は上司との関係がうまくいかないので、転職を考えている（6）。定期監査も終わった（7）。部下は一足先に会社を辞めた（8）。周りでは、友達の妊娠もあり（3）、妹も結婚が決まった（11）。

ここに登場する話は良い話が多いので、気色・血色は、美色（ピンクがかった白色）である。ただ上司との関係で疲れている。（2）は少し暗色である。

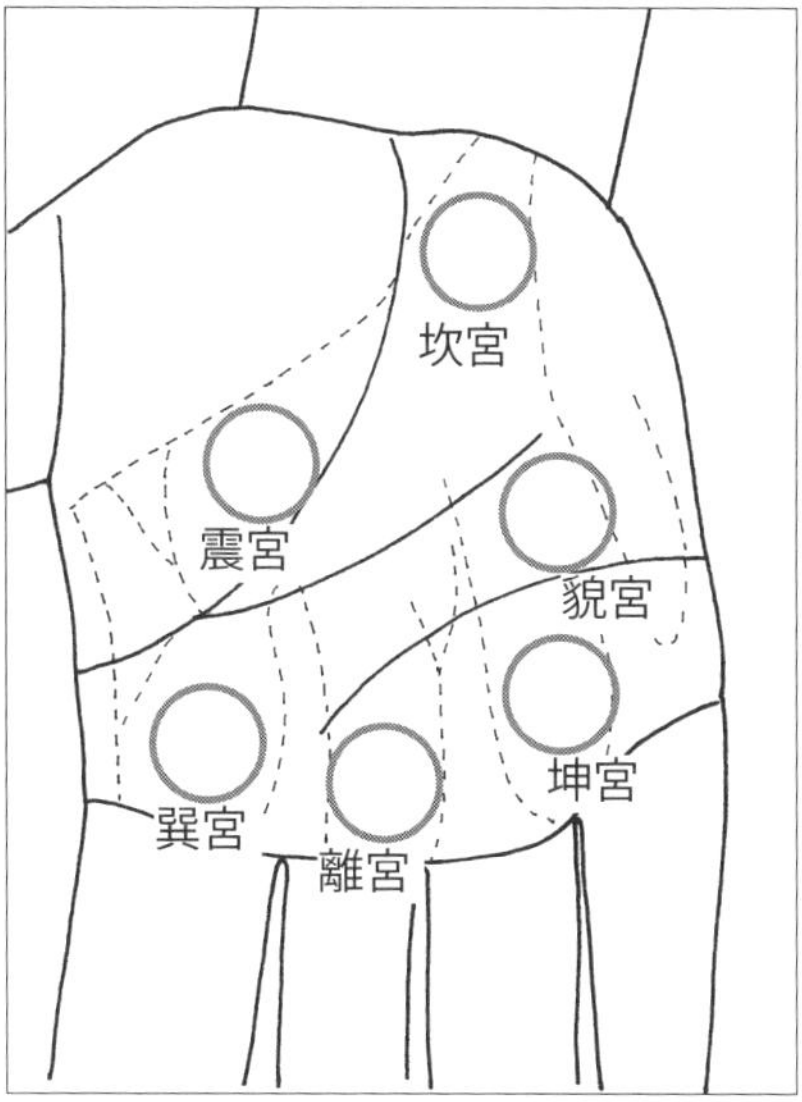

父親が十一月より病状が悪くなって、二月二十一日に亡くなった方の図と写真です。

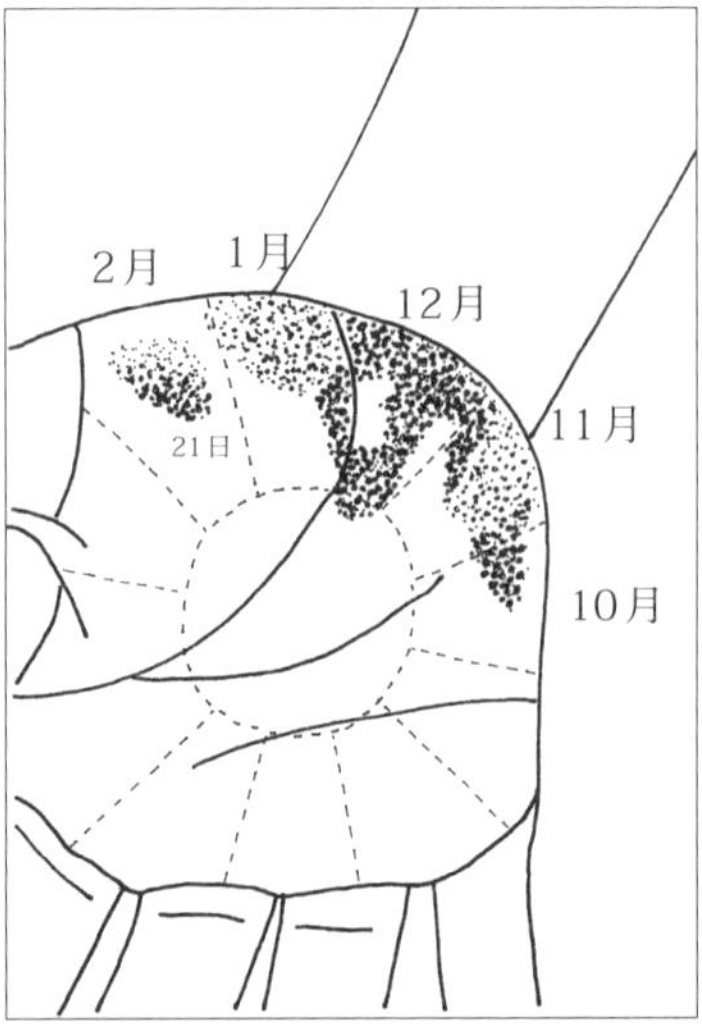

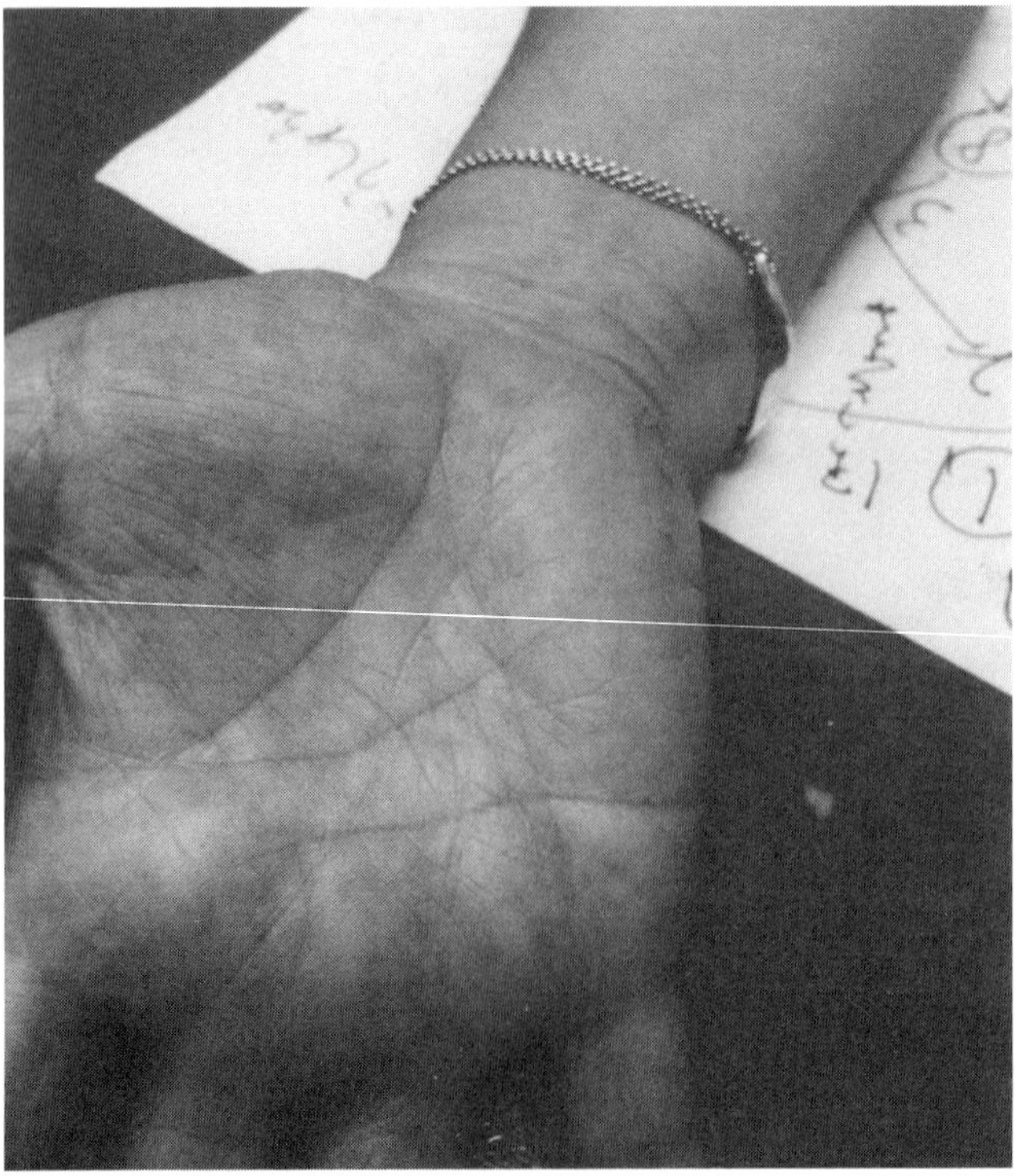

◎画相について

手相に顕れる画相は、人相のように大きいわけではなく、あまりはっきりしていないことが多いので、なかなか探しにくく見つけ難いものですが、手相にも画相は顕れます。

人相のように、ニキビや黒子を目や口に見たてるという事はできませんので、天眼鏡（虫めがね）で、気色・血色の中に米粒くらいの動かない定色の色を見つけて、二つを目に、一つを口に見たて、しばらくして顔の輪郭が出るようなら、画相だと思えば良いと思います。

次頁の右上の図は、艮宮に暗色があり、十二宮でいう所の「田宅」から、「坎宮」の領域まで暗滞蒙の色があり、「坎宮」の中に、米粒ほどの白点が三つあるものです。

これは、『続・手相即座考』の「坎宮の血色」で「白色が出ていると病人がいる」という箇所に該当します。

次頁の左下の図は、母が法事の年なので、二人の姉妹に連絡を入れて相談している姿です。母は画相では出ず、他の姉妹が横並びで出ていました。

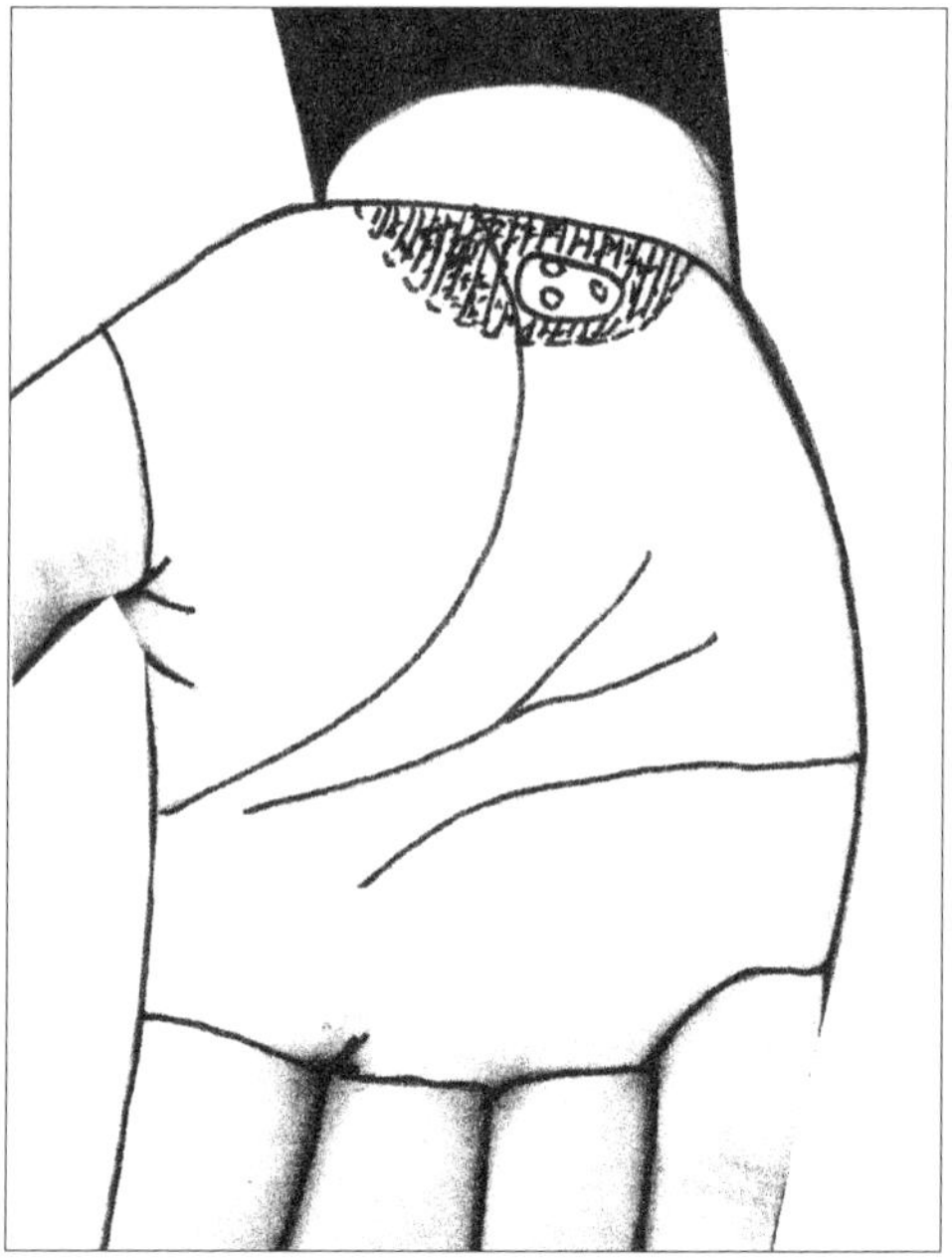

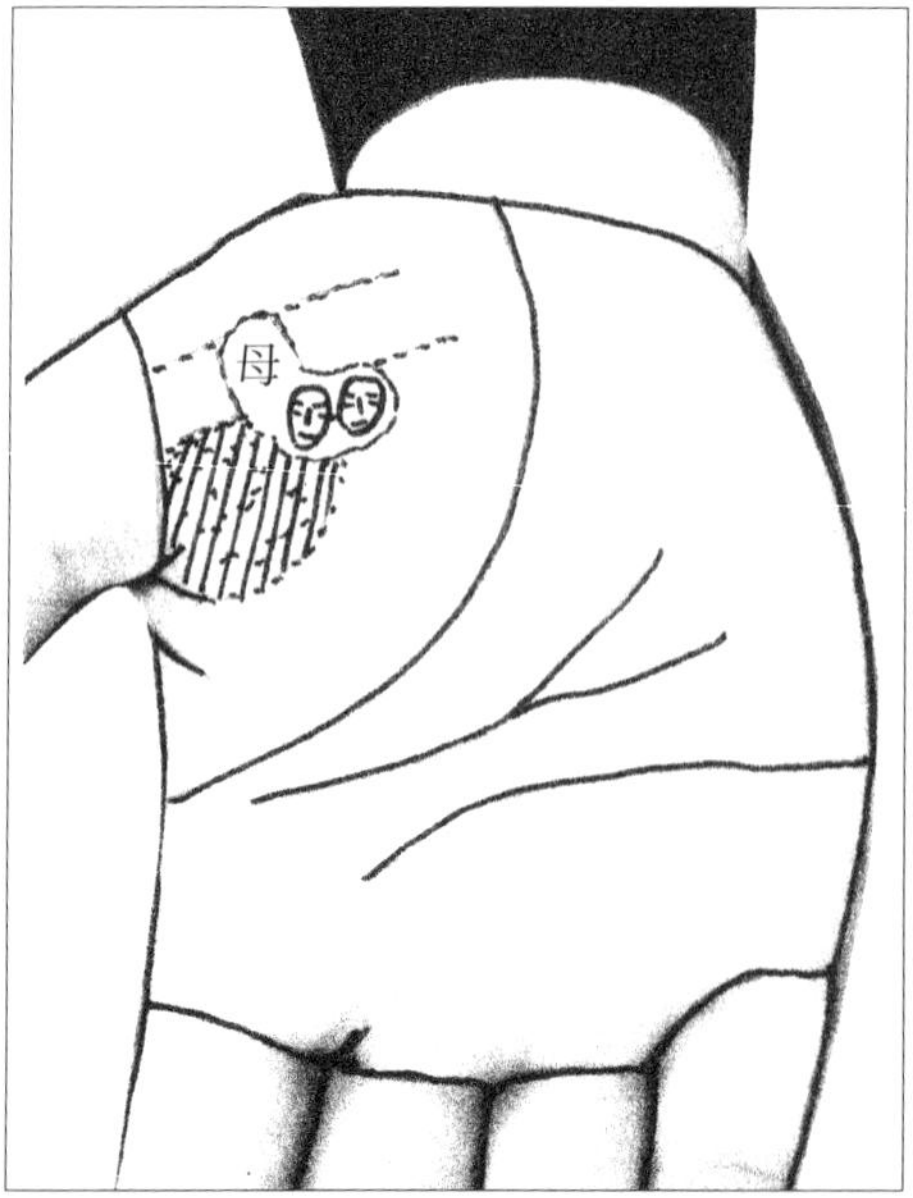
母

次の図ですが、手首の方の斜線は、今、現在病院に入院している祖母がいるとでています。親指の方の斜線は、今年、祖父の法事の年であることを表しています。法事でこちらの世界に来ている祖父が、病院に入院している祖母に、なにやら話しかけている姿があります。

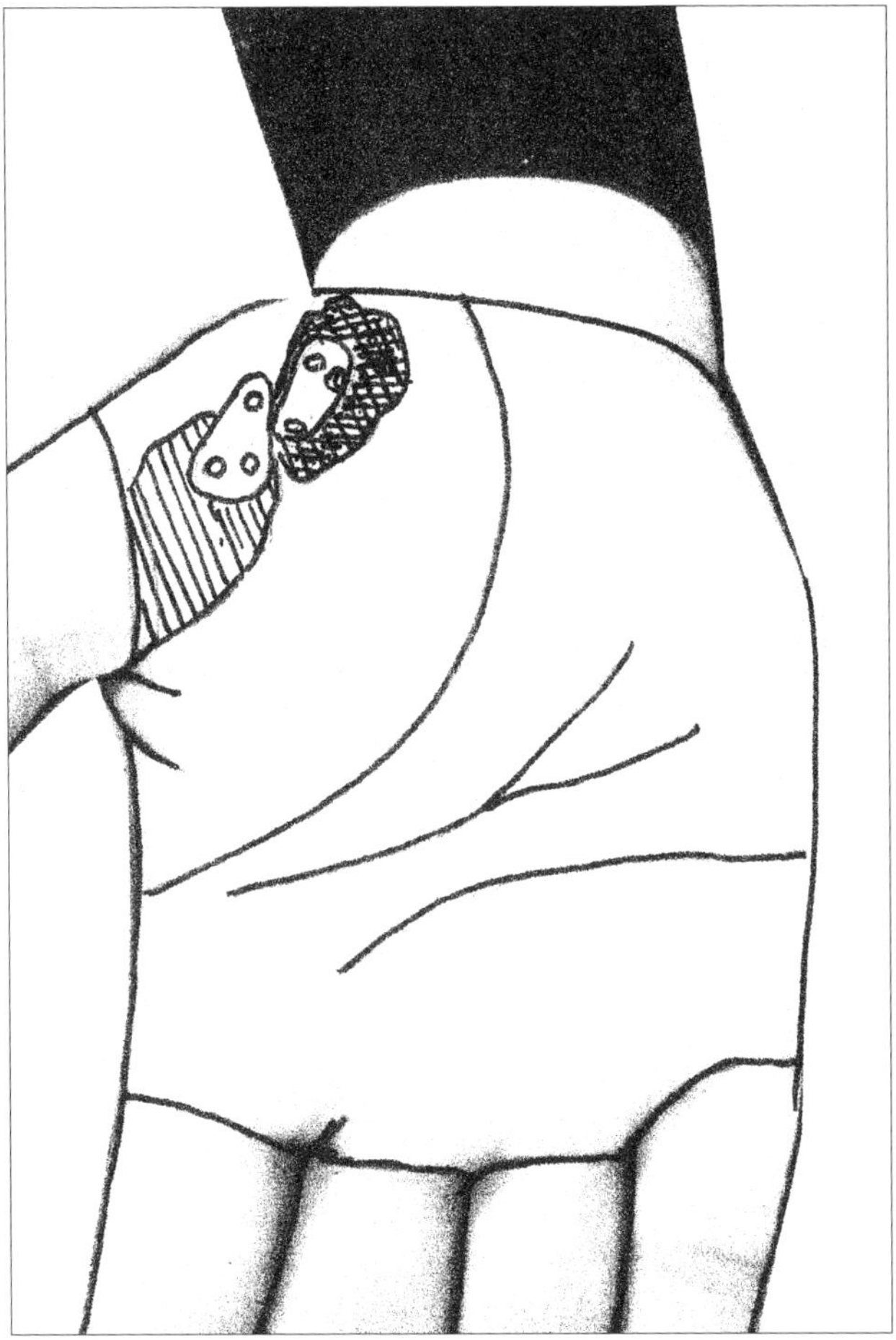

次の図ですが、別れた男が久しぶりに連絡をして来たことを表しています。

人相の良い感じを受けなかったので、あまり良い男ではないな、と相談者に話しますと、別れた夫という事でした。久しぶりの話というのも、借金の申し込みだったそうです。

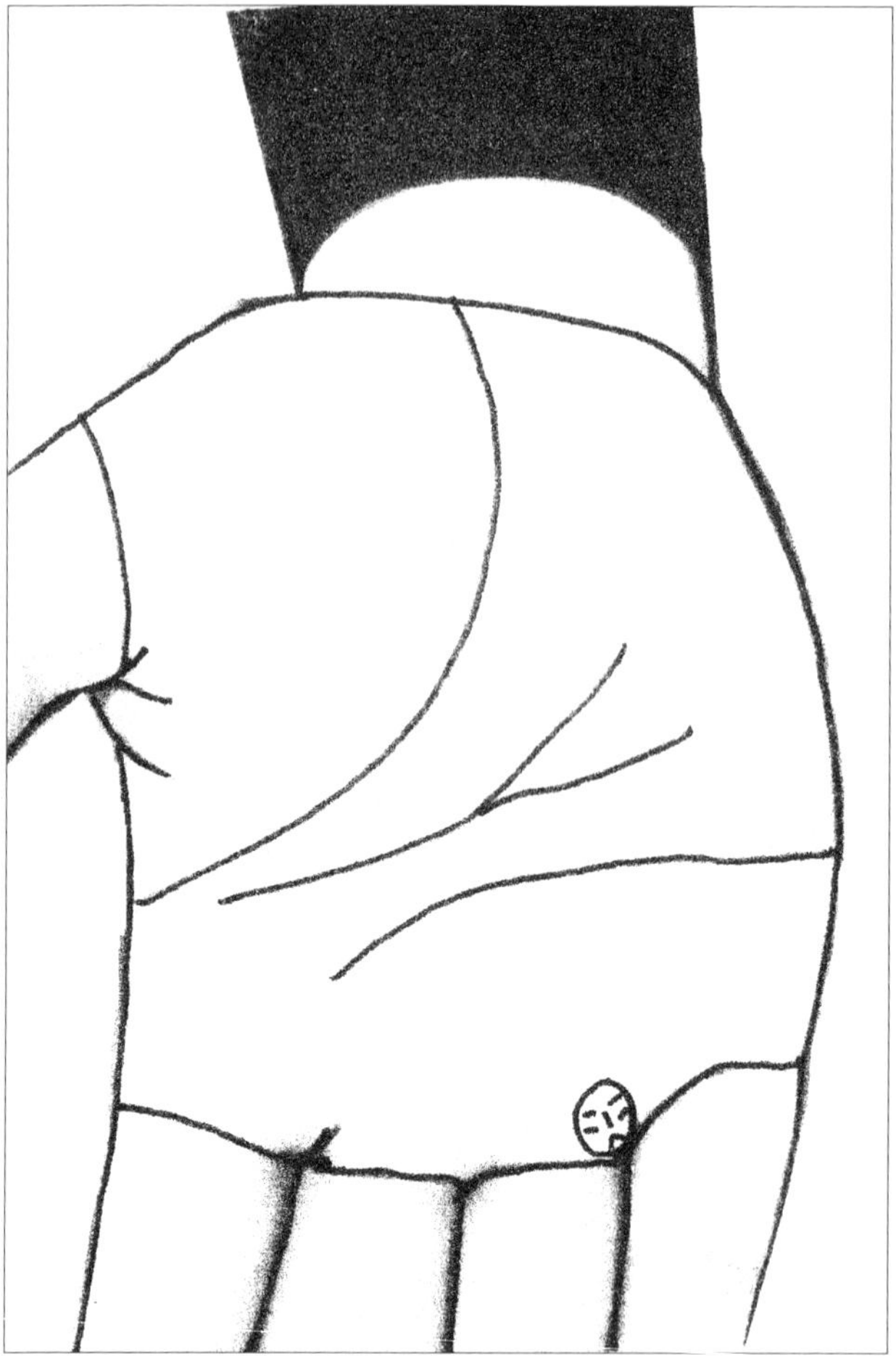

◎ストレスに対する手相の変化

ここでは、暗滞蒙の程度が、ストレスによって変化していくさまを見てみましょう。

①仕事をしていて何らかのストレスはあるが、まだ「疾厄」から蒙色や暗色が出ていないので、日常のリラクゼーションや気分転換をすることによって、なんとかやっていけるという図です。

②仕事がうまくいっていないか、人間関係において面白くないことが多いので、そろそろ転職を考えたほうが良いでしょう。

③年をまたいで、長年のストレスがあるようです。ご主人の家族と仕事が一緒の人などに多く見られます。

④ここまでくれば、「巽宮」が暗滞蒙の色なので、きっちりとした判断や計画を立てられなくなっています。

⑤もはや鬱《うつ》的症状を呈しています。ここまでくると、立ち直るのに時間がかかるでしょう。

⑥「明堂」に美色があり、ようやく鬱状態から脱しましたが、仕事はまだうまくいっていないようです。

①

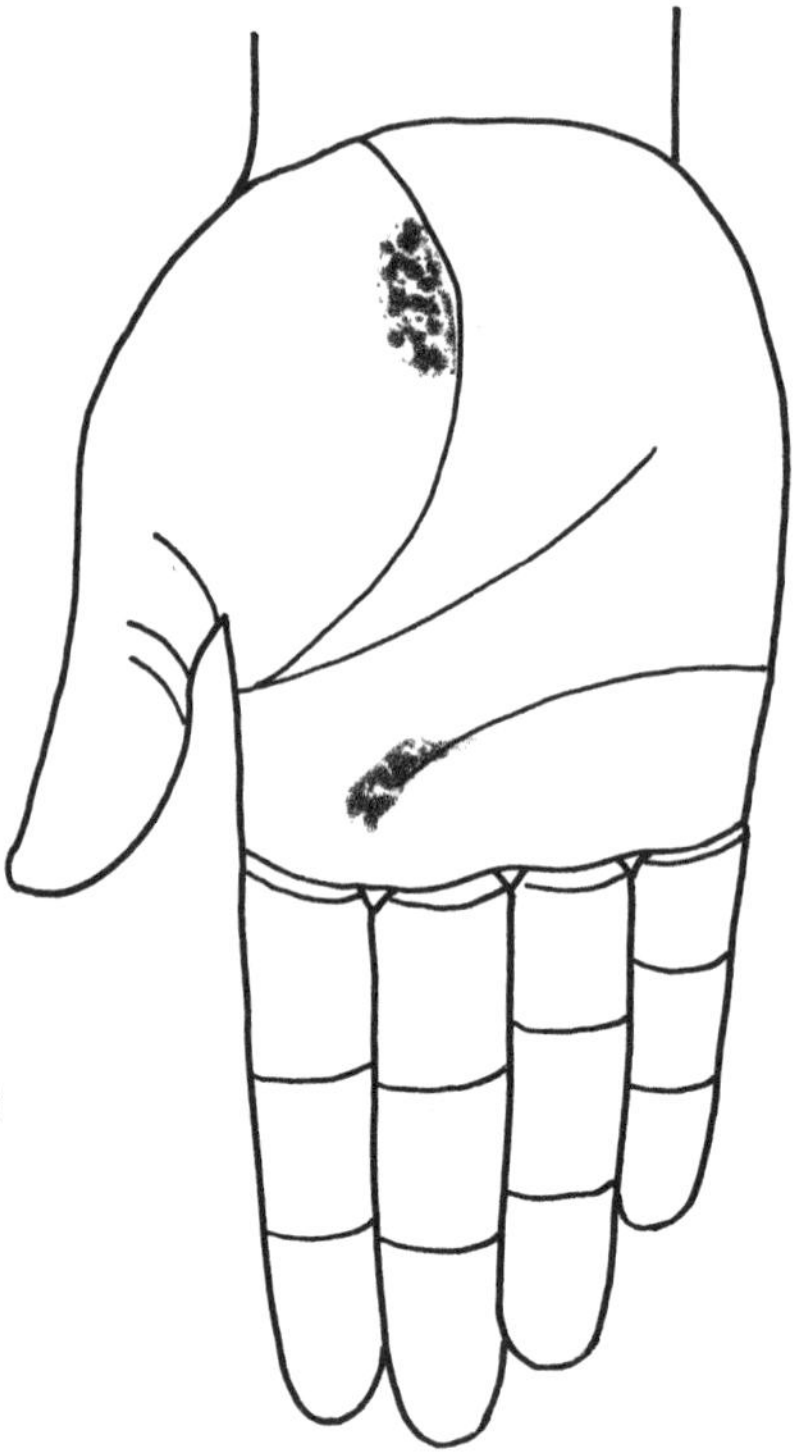

②

③

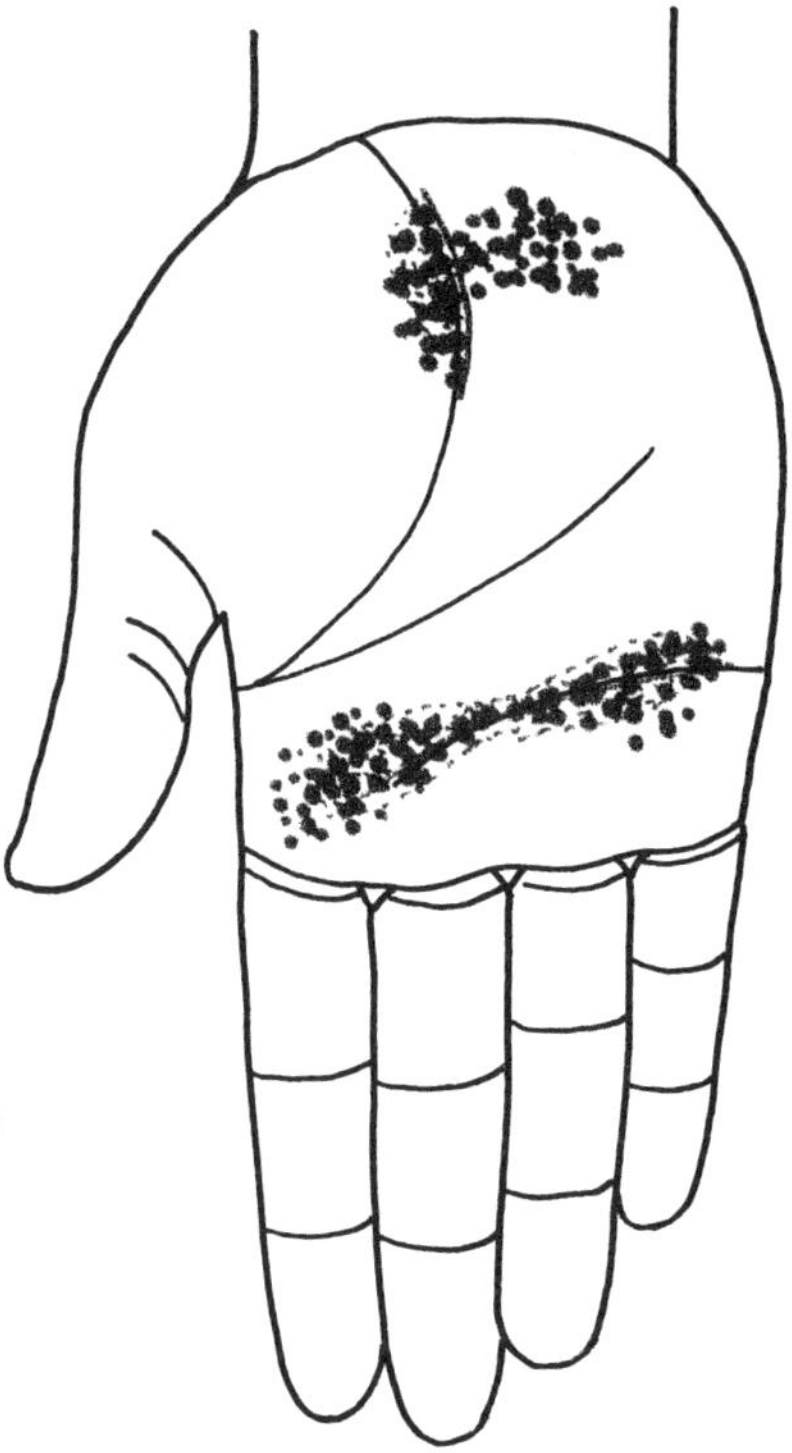

④

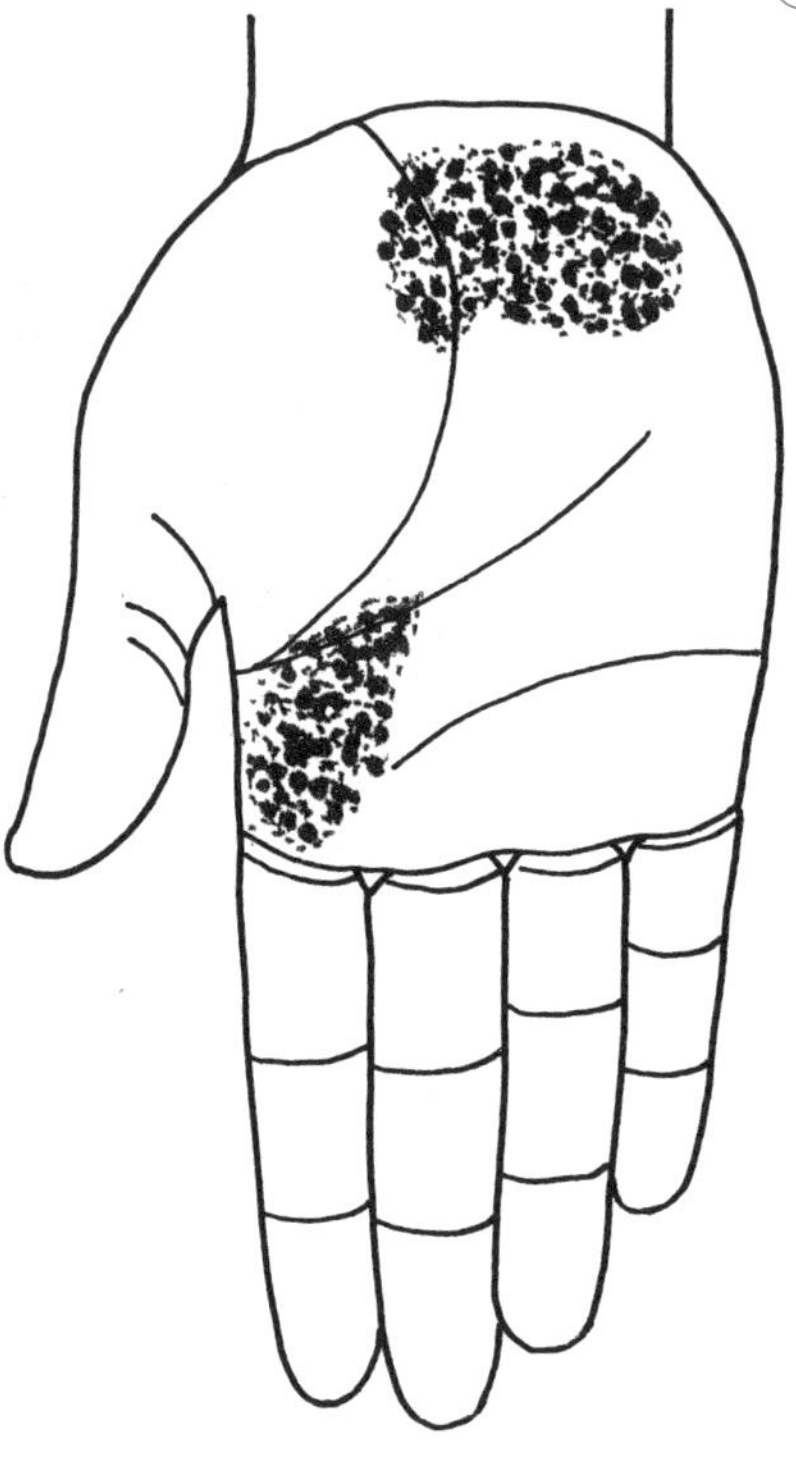

⑤

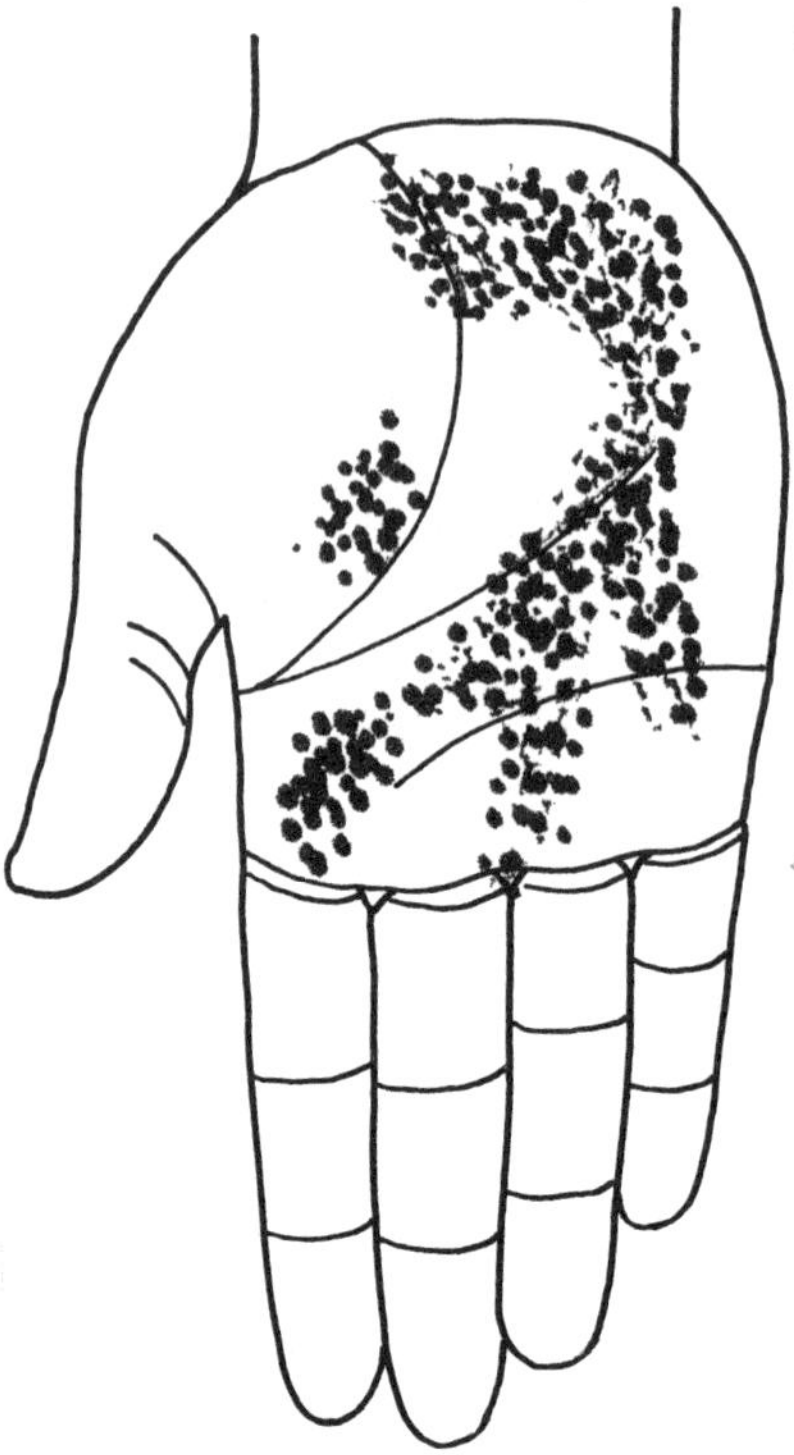

⑥

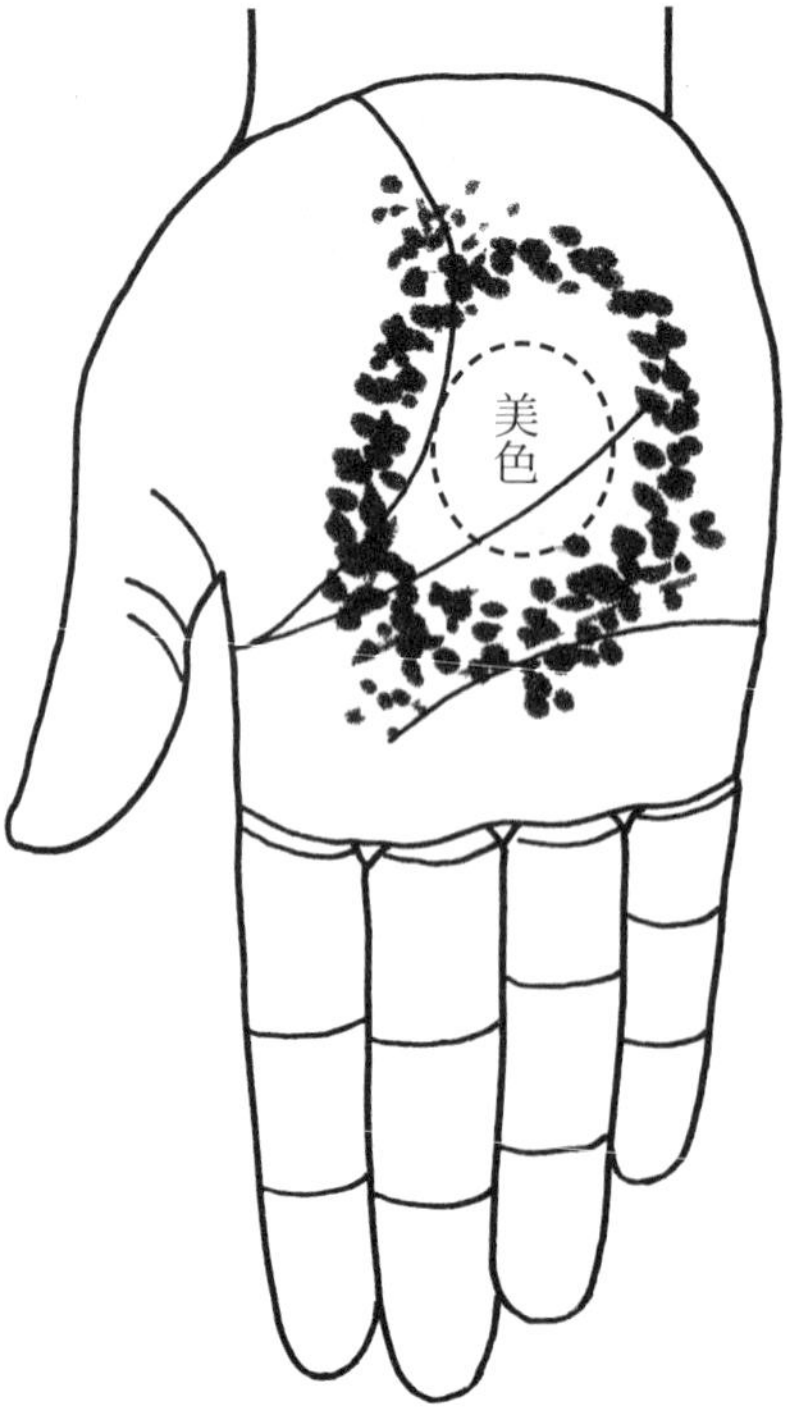

あとがき

このたび、『手相気血色鑑定秘伝』の出版にあたり、多くの方のご協力を得ましたので、ここに感謝をもって、お礼を申し上げたいと思います。

難解な質問にも即座に答え、教えていただいています。天道先生。天道先生の協力を得て、八幡書店の協力を得ました。

八幡書店では、武田崇元社長と編集の堀本敏雄さんの協力を得て、本が世に出る事が出来ました。堀本さんにおかれましては、誤字、脱字、意味不明な部分も親切に指摘していただいて助かりました。ありがとうございます。

また、普段から小さな用事から大きな用事まで、手伝って頂いています、事務局長の小沢啓良君にも、お礼を申し上げたいと思います。

この『手相気血色鑑定秘伝』は、蘆塚斎先生の『手相即座考』を軸に研究したものです。浅学で一字を解すのも下手な自分が仕上げた「手相気血色相法」ですので、多くの間違いや矛盾もあろうかと思います。

学識のある人や聡明な方が、この本を読み、間違いや意味の通らない所に気が付き、「ここは間違っている」「ここは、話が違う」という所が必ずや出てくると思います。その時、笑うのではなく、間違っている部分の代案をもって、その部分を指摘し、世の中に発表していただけましたら、手相の「気色血色相法」は、さらなる発展を遂げると思います。

『南北相法』の中の「道は、人を待って広まる」の一文を読んで、この道に入って来たものとしてお願いしたいのは、この「手相気血色相法」は入り口でしかありません。私は、寝ていた子供を起こしたに過ぎません。これをたたき台にして、皆さんの手で発展、発達させていただければ、幸いに思います。

二十年前、心斎橋の中尾書店で、たまたま手に入れた『手相即座考』が私の背中で重く載っていたのが、今日ここで無事降ろす事が出来ました。

次は、この本を手にした方が、背中に背負うなり、手に抱きかかえるなりして、大きく育てていただければ感謝の念にたえません。育てれば、必ずや将来大きな利益をもたらす、親孝行者に育つと信じて疑いません。

平成二十八年九月吉日

木村伯龍

■著者略歴

木村伯龍（きむら　はくりゅう）

1954年、大分県に生まれる。23歳の時、神戸の古本屋で水野南北『南北相法』と出会い、人相を学び始める。30歳より5年間、水商売に入り夜に働く女性の人間模様を観察し、成功するタイプと流されていくタイプの違いを学ぶ。35歳よりプロの占術家として活動し、38歳には現在のアメリカ村の事務所で独立。人相と手相の類似性に着目し、手相の研究を始める。また、人相の流年、流月と九星学気学の厄年、厄月の類似性に着目し、九星気学を研究する。

下記大阪鑑定所をベースに活動しているが、東京鑑定所（090-2010-1672）も銀座でスタート。

他に、「手相・人相」「九星気学」占術教室「龍源会」を主宰。

URL：http://www.kimurahakuryu.com
E-mail：kimura@ryugen.info
〒542-0086
大阪市中央区西心斎橋2-12-22　朝日プラザ心斎橋ビル419号
TEL：06-6212-1672

手相《てそう》 気血色《きけつしょく》 鑑定秘伝《かんていひでん》

2016年11月28日　初版発行

著　者　木村伯龍
発行者　堀本敏雄
発　行　八幡書店
東京都品川区平塚2-1-16 KKビル5F
TEL：03-3785-0881　FAX：03-3785-0882
印　刷　平文社
製　本　難波製本

装　幀　勝木雄二
イラスト協力　田村一花

ISBN978-4-89350-767-9 C0076 ¥3800E